Abuso de Autoridade

Abuso de Autoridade

2020

Coordenação
Fábio Ramazzini Bechara
Marco Aurélio Florêncio Filho

Organização
Felipe Chiarello de Souza Pinto
Gianpaolo Poggio Smanio
Olavo Evangelista Pezzotti
Tais Ramos

ABUSO DE AUTORIDADE
© Almedina, 2020

COORDENAÇÃO: Fábio Ramazzini Bechara e Marco Aurélio Florêncio Filho
ORGANIZAÇÃO: Felipe Chiarello de Souza Pinto, Gianpaolo Poggio Smanio,
Olavo Evangelista Pezzotti e Tais Ramos

DIRETOR ALMEDINA BRASIL: Rodrigo Mentz
EDITORA JURÍDICA: Manuella Santos de Castro
EDITOR DE DESENVOLVIMENTO: Aurélio Cesar Nogueira
ASSISTENTES EDITORIAIS: Isabela Leite e Marília Bellio

DIAGRAMAÇÃO: Almedina
DESIGN DE CAPA: FBA
ISBN: 9786556270999
Outubro, 2020

Dados Internacionais de Catalogação na Publicação (CIP)
(Câmara Brasileira do Livro, SP, Brasil)

Abuso de autoridade / organização Felipe Chiarello de Souza Pinto ... [et al.] ;
coordenação Fábio Ramazzini Bechara, Marco Aurélio Florêncio Filho.
-- 1. ed. – São Paulo : Almedina, 2020.
Outros organizadores: Gianpaolo Poggio Smanio,
Olavo Evangelista Pezzotti, Tais Ramos

ISBN 978-65-5627-099-9

1. Abuso de autoridade – Brasil 2. Direito penal 3. Direito penal – Brasil I.
Pinto, Felipe Chiarello de Souza. II. Smanio, Gianpaolo Poggio. III. Pezzotti,
Olavo Evangelista. IV. Ramos, Tais. V. Bechara, Fábio Ramazzini.
VI. Florêncio Filho, Marco Aurélio.

20-42334   CDU-343(81)

Índices para catálogo sistemático:

1. Brasil : Direito penal 343(81)

Maria Alice Ferreira - Bibliotecária - CRB-8/7964

Este livro segue as regras do novo Acordo Ortográfico da Língua Portuguesa (1990).

Todos os direitos reservados. Nenhuma parte deste livro, protegido por copyright, pode ser reproduzida, armazenada ou transmitida de alguma forma ou por algum meio, seja eletrônico ou mecânico, inclusive fotocópia, gravação ou qualquer sistema de armazenagem de informações, sem a permissão expressa e por escrito da editora.

EDITORA: Almedina Brasil
Rua José Maria Lisboa, 860, Conj.131 e 132, Jardim Paulista | 01423-001 São Paulo | Brasil
editora@almedina.com.br
www.almedina.com.breditora@almedina.com.br
www.almedina.com.br

SOBRE OS COORDENADORES

Fábio Ramazzini Bechara
Doutor em Direito pela USP. Professor dos Programas de Graduação em Doutorado e Mestrado em Direito Político e Econômico da Universidade Presbiteriana Mackenzie. Global Fellow no Woodrow Wilson International Center for Scholars. Líder do Grupo de Pesquisa Direito Penal Econômico e Justiça Internacional. Promotor de Justiça em São Paulo.

Marco Aurélio Florêncio Filho
Professor Permanente do Programa de Pós-Graduação (Mestrado e Doutorado) em Direito Político e Econômico da Universidade Presbiteriana Mackenzie. Líder do Grupo de Pesquisa Direito Penal Econômico e Justiça Penal Internacional da UPM. Pós-Doutor em Direito pela Universidade de Salamanca. Doutor em Direito pela PUC/SP.

SOBRE OS ORGANIZADORES

Felipe Chiarello de Souza Pinto
Mestre e Doutor em Direito pela Pontifícia Universidade Católica de São Paulo. Foi Diretor da Faculdade de Direito e atualmente é Pró-Reitor de Pesquisa e Pós-Graduação da Universidade Presbiteriana Mackenzie, Professor Titular da Faculdade de Direito e do Programa de Mestrado e Doutorado em Direito Político e Econômico, membro da Academia Mackenzista de Letras, Professor Colaborador do Programa de Pós Graduação em Direito da Universidade de Passo Fundo (UPF), Coordenador Adjunto de Programas Acadêmicos da Área de Direito da CAPES-MEC e Bolsista de Produtividade Nível 2 do CNPq.

Gianpaolo Poggio Smanio
Doutor e Mestre em Direito pela Pontifícia Universidade Católica de São Paulo (PUC-SP) e Graduado em Direito pela Universidade de São Paulo (USP). Procurador-Geral de Justiça do Estado de São Paulo. Diretor e Professor Titular da Faculdade de Direito e do Programa de Mestrado e Doutorado em Direito Político e Econômico da Universidade Presbiteriana Mackenzie (UPM). Foi Coordenador do Programa de Pós-graduação em Direito Político e Econômico da Universidade Presbiteriana Mackenzie (UPM) (2013-2020). Professor colaborador na Escola Superior do Ministério Público do Estado de São Paulo. Coordenador Adjunto da Comissão Solidariedade e Integração Regional e Membro da Comissão APCN da Área do Direito da CAPES. E-mail: gianpaolo.smanio@mackenzie.br.

Olavo Evangelista Pezzotti
Doutorando e Mestre em Direito Processual Penal pela Faculdade de Direito da Universidade de São Paulo. Especialista em Direito Penal pela Escola Superior do Ministério Público (SP). Promotor de Justiça (MPSP).

Tais Ramos

Doutoranda em Direito Político e Econômico na Universidade Presbiteriana Mackenzie (UPM), com período de Bolsa de Doutorado Sanduíche no País (SWP) do CNPq na Universidade Federal do Rio Grande do Sul (UFRGS). Mestre em Direitos Sociais e Políticas Públicas, Graduada em Direito e Especialista em Direito Processual Civil pela Universidade de Santa Cruz do Sul (UNISC). Advogada. Professora da Faculdade de Direito e Membro da Comissão de Planejamento Quadrienal e Autoavaliação do Programa de Pós-graduação em Direito Político e Econômico da Universidade Presbiteriana Mackenzie (UPM). Membro efetiva do Comitê de Informação e Documentação (Normas para trabalhos Acadêmicos) e do Comitê Governança das Organizações da Associação Brasileira de Normas Técnicas (ABNT).

SOBRE OS AUTORES

Ana Flávia Messa
Doutora em Direito Público pela Universidade de Coimbra. Doutora em Direito Público pela Universidade de São Paulo. Mestre em Direito Político e Econômico pela Universidade Presbiteriana Mackenzie. Membro da Academia Paulista de Letras Jurídicas. Membro do Conselho Científico da Academia Brasileira de Direito Tributário. Membro do Conselho Editorial da International Studies on Law and Education. Professora da Graduação e Pós-Graduação da Universidade Presbiteriana Mackenzie.

Antonio Sergio Cordeiro Piedade
Doutor e Mestre em Direito Penal pela PUC/SP – Pontifícia Universidade Católica, São Paulo, Brasil. Professor da Faculdade de Direito da Universidade Federal de Mato Grosso (UFMT, Campus Cuiabá), aprovado em concurso de provas e títulos. Professor do Programa de Mestrado em Direito da Universidade Federal de Mato Grosso (UFMT, Campus Cuiabá). Líder do Grupo de pesquisa Tutela Penal dos Bens Jurídicos Difusos da UFMT. Promotor de Justiça do Ministério Público do Estado de Mato Grosso.

Daniel de Resende Salgado
Procurador da República. Mestrando em Processo Penal pela USP. Ex-secretário de Pesquisa e Análise do Gabinete do Procurador-Geral da República (2013-2017). Foi membro auxiliar do Conselho Nacional do Ministério Público (2011-2013). Ex-membro do Grupo de Trabalho com objetivo de auxiliar o Procurador Geral da República na análise dos desdobramentos das investigações relacionadas à Lavajato (2016-2017). Foi membro do Conselho Penitenciário no Estado de Goiás. Ex-coordenador do Núcleo Criminal e de Controle Externo da Atividade Policial no MPF/GO. Professor e orientador pedagógico de cursos da Escola Superior do Ministério Público da União (ESMPU).

Daniel Paulo Fontana Bragagnollo
Doutorando e Mestre em Direito Processual Penal pela Faculdade de Direito da Universidade de São Paulo. Especialista em Direito Penal Econômico pela Universidade de Coimbra, em parceria com o Instituto Brasileiro de Ciências Criminais. Bacharel em Direito pela Faculdade de Direito da Universidade de São Paulo. Advogado criminalista sediado em São Paulo/SP.

Everton Luiz Zanella
Doutor em Direito Processual Penal e Mestre em Direito Penal pela PUC-SP. Professor de Direito Penal e Direito Processual Penal da Universidade Presbiteriana Mackenzie e da Escola Superior do Ministério Público de São Paulo. Professor convidado dos cursos de especialização da Escola Paulista de Direito e do Centro Universitário Toledo de Ensino (Presidente Prudente). Promotor de Justiça no Estado de São Paulo.

Fernanda Vilares
Mestre e Doutora em Processo Penal pela USP.
Procuradora da Fazenda Nacional em exercício na Assessoria Especial do Advogado-Geral da União.
Professora do FGVLAW e IDP.

Filipe Oliveira de Melo
Mestrando em Direito Penal e Ciências Criminais pela Universidade de Lisboa (UL); Especialista em Direito Penal e Medicina pela UL; Especialista em Direito Penal e Gênero pela UL; e Especialista em Direito Penal Econômico pela Universidade de Coimbra.

Giovani Agostini Saavedra
Doutor em Direito e em Filosofia pela Universidade Johann Wolfgang Goethe – Frankfurt am Main. Mestre em Direito pela PUCRS. Professor da Universidade Presbiteriana Mackenzie – SP (Graduação, Especialização, Mestrado e Doutorado).

Jairton Ferraz Júnior
Mestrando em Direito Político e Econômico pela Universidade Presbiteriana Mackenzie – bolsista CAPES. Professor convidado da especialização em Compliance da Pós-Graduação Lato Sensu da Universidade Presbiteriana Mackenzie. Professor de Criminologia e Direito Penal do Centro Universitário Santa Rita (UniSantaRita).

SOBRE OS AUTORES

João Paulo Martinelli
Advogado criminalista, Doutor em Direito Penal pela USP, Pós-doutor em Direitos Humanos pela Universidade de Coimbra, membro efetivo do Instituto dos Advogados de São Paulo e Professor do IBMEC-SP.

Leonardo Schmitt de Bem
Doutor em Direito Penal pela Università degli Studi di Milano (Itália), Doutor em Direitos Fundamentais e Liberdades Públicas pela Universidad de Castilla--La Mancha (Espanha), Professor Adjunto de Direito Penal na Universidade Estadual de Mato Grosso do Sul (UEMS).

Luiz Fernando Bugiga Rebellato
Mestrando em Direito Processual Penal pela USP. Graduado pela Pontifícia Universidade Católica de São Paulo. Promotor de Justiça em São Paulo.

Marcos Zilli
Professor Dr. de Direito Processual Penal da Faculdade de Direito da Universidade de São Paulo.

Maria Carolina de Melo Amorim
Doutora em Processo Penal pela PUC/SP. Mestre em Direito Público pela UFPE. Professora do Programa de Pós-Graduação da FADIC/PE. Conselheira Estadual da OAB/PE. Diretora Jurídica da UNACRIM. Advogada Criminalista em Recife.

Marta Saad
Professora Doutora de Direito Processual Penal da Faculdade de Direito da Universidade de São Paulo. Mestre e Doutora em Direito Processual Penal pela Faculdade de Direito da Universidade de São Paulo. Ex-Presidente do IBC-CRIM (Instituto Brasileiro de Ciências Criminais). Advogada.

Pablo Rodrigo Alflen
Professor Permanente do Programa de Pós-Graduação stricto sensu em Direito (PPGD) e do Departamento de Ciências Penais da Faculdade de Direito da Universidade Federal do Rio Grande do Sul (UFRGS). Doutor e Mestre em Ciências Criminais pela PUCRS. Conselheiro Científico do Centro de Estudos de Direito Penal e Processual Penal Latinoamericano da Universität Göttingen, Alemanha. Diretor do Núcleo de Direito Penal Internacional e Comparado da UFRGS.

Roberta Amá Ferrante Alves
Promotora de Justiça (MPSP). Integrante do Grupo de Atuação Especial de Combate ao Crime Organizado (GAECO).

Roberto Carvalho Veloso
Doutor e mestre pela Universidade Federal de Pernambuco. Professor associado da Universidade Federal do Maranhão. Professor pesquisador da Universidade CEUMA. Coordenador do Mestrado em Direito da UFMA. Ex-presidente da Associação dos Juízes Federais do Brasil-AJUFE.

Rodrigo Camargo Aranha
Doutorando e Mestre em Direito pela PUC/SP. Especialista em Direito Penal Econômico pela FGV. Professor convidado do programa de Pós-Graduação *lato sensu* da Universidade Presbiteriana Mackenzie.

Rodrigo de Andrade Figaro Caldeira
Promotor de Justiça no Ministério Público do Estado de São Paulo. Mestre em Direito Processual Penal pela Faculdade de Direito do Largo de São Francisco (USP). Professor convidado do curso de pós-graduação de Direito Penal e Direito Processual Penal da Faculdade Ibmec-SP, Instituto de Direito Damásio de Jesus e demais cursos de pós-graduação. Integrou a banca examinadora do 24º Concurso de Estagiários do Ministério Público do Estado de São Paulo. Parecerista na Revista Jurídica da Escola Superior do Ministério do Estado de São Paulo. Palestrante. Autor de livros jurídicos.

Rogério Cury
Advogado Criminalista, sócio do Cury & Cury Sociedade de Advogados. Professor de Direito Penal e Prática Penal da Universidade Mackenzie. Coordenador acadêmico do Curso de Pós-Graduação em Direito Processo Penal da Universidade Mackenzie. Cursou Direito Penal e Direito Processual Penal Alemão, Europeu e Transcontinental – George August Universitat – Alemanha. Professor convidado dos Cursos de Pós-Graduação em Direito Penal da PUC-SP/COGEAE e da Escola Paulista de Direito. Conselheiro Secional da OAB/SP (2019/2021) e Vice-Presidente da Comissão Especial de Processo Penal da OAB/SP (2019/2021).

Thamara Medeiros
Advogada, Doutora em Direito Penal e Política Criminal pela Universidade de Granada- ES, Professora da graduação e pós-graduação e Coordenadora acadêmica do curso de Pós-Graduação em Direito Penal Econômico e Empresarial da Universidade Mackenzie-SP.

APRESENTAÇÃO

Esta obra, na forma de coletânea, consiste em uma compilação da produção científica referente a reflexões sobre a Lei de Abuso de Autoridade, de docentes e discentes de diversas Instituições Públicas e Privadas de Ensino Superior, das Regiões Sul, Sudeste, Centro-oeste e Nordeste do Brasil e da Europa.

A ideia partiu dos coordenadores e organizadores da obra, professores da Universidade Presbiteriana Mackenzie e vinculados à grupos de pesquisa do Programa de Pós-Graduação *Stricto Sensu* em Direito Político e Econômico. O objetivo é apresentar aspectos importantes e relevantes e discussões atuais e interdisciplinar que permeiam a seara do Direito Penal Econômico e estão diretamente relacionadas com a Lei de Abuso de Autoridade.

Para isso, a presente obra é estruturada em duas partes: A primeira parte é dedicada aos cinco primeiros Capítulos da Lei de Abuso de Autoridade, os quais tratam (I) das Disposições Gerais; (II) dos Sujeitos do Crime; (III) da Ação Penal; (IV) dos Efeitos da Condenação e das Penas Restritivas de Direitos; e, por fim, (V) das Sanções de Natureza Civil e Administrativa. A segunda parte, embora composta de somente um Capítulo da Lei, aborda todos (VI) os Crimes e as Penas relativas ao Abuso de Autoridade. Todos os Artigos da Lei foram contemplados com um ou mais textos, exceto os Artigos da Lei que foram vetados. Vejamos:

Na Primeira Parte, os Capítulos I e II referentes, respectivamente, aos **Artigos 1º e 2º** da Lei, sobre as Disposições Gerais e Sujeitos do Crime, são estudados com destaque à exigência de especiais elementos subjetivos para a configuração de todos crimes, por *Maria Carolina de Melo Amorim e Filipe Oliveira de Melo.*

O **Artigo 3º** do Capítulo III e os **Artigos 4º e 5º** do Capítulo IV, respectivamente, sobre a Ação Penal e os Efeitos da Condenação e das Penas Restritivas de Direito, são analisados com reflexão crítica por *Everton Luiz Zanella*.

Para finalizar a Primeira Parte da obra, *Thamara Duarte Cunha Medeiros e Rogério Cury* esclarecem algumas premissas acerca das sanções de natureza civil e administrativa previstas nos **Artigos 6º, 7º e 8º** do Capítulo V, a partir da análise da independência e da autonomia das instâncias cíveis, administrativas e penais no ordenamento jurídico brasileiro.

A Segunda Parte da obra é especialmente dedicada aos Crimes e as Penas, referentes ao Capítulo VI da Lei de Abuso de Autoridade.

Os **Artigos 9º e 10,** sobre decretação de medida preventiva de liberdade e condução coercitiva de testemunha ou investigado, são abordados em dois textos, com perspectivas diferentes: *Daniel de Resende Salgado* avalia e compara-os com dispositivos similares previstos na revogada Lei 4.898/65. Já *Fernanda Vilares,* faz uma reflexão introdutória importante sobre a teoria geral do direito.

Rodrigo de Andrade Figaro Caldeira apresenta contribuições em dois textos separados relativos aos **Artigos 12 e 13**, sobre comunicação de prisão em flagrante à autoridade judiciária e constrangimento do preso ou detento mediante violência, respectivamente.

O **Artigo 15**, atinente ao crime de abuso de autoridade de constranger a depor, sob a ameaça de prisão, pessoa que, em razão de função, ministério, ofício ou profissão deva guardar segredo ou resguardar sigilo, é estudado e avaliado e por *Pablo Rodrigo Alflen da Silva e Tais Ramos*. Os mesmos autores examinam e criticam o **Artigo 16** referente ao crime de deixar de identificar-se ou identificar-se falsamente ao preso por ocasião de sua captura.

Giovani Agostini Saavedra e Jairton Ferraz Júnior analisam o contexto social sobre o qual se deu a promulgação da Lei de Abuso de Autoridade e avaliam, especificamente, os **Artigos 18 e 19**, os quais trazem a criminalização de condutas abusivas e arbitrárias no âmbito da persecução penal referentes à submeter o preso a interrogatório policial durante o período de repouso noturno e impedir ou retardar, injustificadamente, o envio de pleito de preso à autoridade judiciária.

APRESENTAÇÃO

Marta Cristina Cury Saad Gimenes analisa as condutas previstas nos **Artigos 20 e 21** da Lei de Abuso de Autoridade, as quais reforçam o direito de assessoramento e entrevista pessoal e reservada do preso com seu advogado e o direito de acusados, de sexos e idades diferentes, serem mantidos em celas ou espaços separados.

Os **Artigos 22 e 23** que trazem a criminalização de abusos de autoridade no tocante, respectivamente, à invasão de domicílio e fraude processual são investigados e apresentados por *Marco Aurélio Florêncio Filho e Rodrigo Camargo Aranha.*

Já *Ana Flávia Messa,* faz uma reflexão sobre o **Artigo 24**, o qual trata do crime de constrangimento, sob violência ou grave ameaça, de funcionário ou empregado de instituição hospitalar pública ou privada a admitir para tratamento pessoa cujo óbito já tenha ocorrido, com o fim de alterar local ou momento de crime, prejudicando sua apuração.

O **Artigo 25**, sobre o crime de obtenção de prova, em procedimento de investigação ou fiscalização, por meio manifestamente ilícito é indagado por *Marcos Alexandre Coelho Zilli.*

Fábio Ramazzini Bechara, Luiz Fernando Bugiga Rebellato e Gianpaolo Poggio Smanio concentram o estudo na análise dos **Artigos 27 e 28**, os quais pretenderam obstar a instauração e requisição de procedimento investigatório de infração penal ou administrativa, em desfavor de alguém, à falta de qualquer indício da prática de crime, de ilícito funcional ou de infração administrativa e, ainda, a proteção ao vazamento indevido de gravação ou trecho dela sem relação com a prova que se pretenda produzir, expondo a intimidade, vida privada ou ferindo a honra ou a imagem do investigado ou acusado.

Os **Artigos 29 e 30** com relação a prestação de informação falsa sobre procedimento e início ou prosseguimento de persecução sem justa causa são abordados, incluindo o conceito de autoridade pública e algumas críticas aos crimes analisados, por *João Paulo Martinelli e Leonardo Schmitt de Bem.*

Os autores *Daniel Paulo Fontana Bragagnollo, Olavo Evangelista Pezzotti e Roberta Amá Ferrante Alves* analisam os **Artigos 31 e 32** sobre a proteção do direito ao prazo razoável e procrastinação injustificada da investigação e negativa de acesso aos autos de procedimento investigatório ou impedimento de obtenção de cópias, respectivamente, em dois textos separados.

Roberto Carvalho Veloso analisa os **Artigos 33 e 36** e demonstra que a atividade cotidiana do juiz não pode configurar o crime de abuso de autoridade por ofender o princípio da independência judicial, não podendo a função de decidir sobre uma prisão ou uma busca e apreensão ser reservada apenas aos "super-heróis".

Por fim, *Antonio Sergio Cordeiro Piedade* discute o princípio da legalidade na vertente da determinação taxativa e o princípio da proporcionalidade, bem como os aspectos relevantes das infrações penais descritas, referentes aos **Artigos 37 e 38** da Lei de Abuso de Autoridade.

Desejamos uma boa leitura!

FÁBIO RAMAZZINI BECHARA
MARCO AURÉLIO FLORÊNCIO FILHO
Coordenadores

FELIPE CHIARELLO DE SOUZA PINTO
GIANPAOLO POGGIO SMANIO
OLAVO EVANGELISTA PEZZOTTI
TAIS RAMOS
Organizadores

PREFÁCIO

Honram-me os organizadores, coordenadores e autores, com o convite para prefaciar a obra "Abuso de Autoridade: reflexões sobre a Lei 13.869/2019", resultado do compromisso e seriedade com a ciência, elaborada por professores e pesquisadores de diferentes centros de pesquisa de excelência do país, e com notório reconhecimento intelectual.

O grande desafio institucional brasileiro da atualidade, como tenho reiterado em diversas oportunidades, é evoluir nas formas de combate à criminalidade, efetivando um maior entrosamento dos diversos órgãos governamentais na investigação à criminalidade organizada e violenta, na repressão à impunidade e na punição da corrupção, e, consequentemente, estabelecer uma legislação que fortaleça a união dos poderes Executivo, Legislativo e Judiciário, bem como do Ministério Público na área de persecução penal, no âmbito dos Estados da Federação.

O combate à criminalidade organizada, aos crimes violentos e a nociva e persistente prática de corrupção deve ser sério, rígido, eficaz, eficiente; jamais, porém, se afastando das regras constitucionais e legais instituidoras do Estado de Direito, que existirá onde houver a supremacia da legalidade, para o direito inglês a *The Rule of Law*, para o direito francês o *État Legal*, para o direito alemão o *Rechtsstaat*, ou ainda, a *always under law* do direito norte-americano; todas essas previsões tem em comum a necessidade de observância do devido processo legal e da sujeição de todos os atos de autoridade ao império da Lei.

O importante debate sobre suas inovações, seus limites, sua aplicação e sua adequação ao texto constitucional é essencial, pois a nova lei é produto da Democracia, tendo sido devidamente elaborada pelo Congresso Nacional, que somente se fortalece em um ambiente de total visibilidade e possibilidade de exposição crítica das diversas opiniões sobre as condutas públicas adotadas pelos governantes, como lembrado pelo JUSTICE HOLMES ao afirmar, com seu conhecido pragmatismo, a necessidade do exercício da política de desconfiança (*policy of distrust*) na formação do pensamento individual e na autodeterminação democrática.

Dessa maneira, para além das polêmicas e disputas que antecederam a entrada em vigor da lei sob análise, todas essenciais em uma Democracia, sustentadas no pluralismo de ideias, é preciso reconhecer a desatualização e a total inaplicação do marco legal anteriormente vigente. Conceitos indeterminados e imprecisos, questionáveis, inclusive, do ponto de vista constitucional, dada a aparente contradição com a taxatividade que decorre do princípio da reserva legal.

A presente obra analisa essa evolução legislativa e se divide em duas partes, trazendo, detalhadamente, as inovações da Lei 13.869/19, tais como a necessidade de "elemento subjetivo especialíssimo dos tipos penais", "os reflexos sobre a ação penal e os efeitos da condenação", "as sanções de natureza civil e administrativa".

Os diversos autores comentam a relação e tensão existentes entre os direitos e garantias fundamentais e as medidas persecutórias invasivas; analisando a necessidade da presença de justa causa, razoabilidade em seus prazos, transparência e acesso às investigações pela defesa constituída. As exigências de publicidade e transparência nas medidas coercitivas realizadas durante as investigações e persecuções penais, igualmente, estão entre as preocupações dos diversos autores, pois transpassam as esferas da administração pública, em que a discricionariedade é pautada pelo primado pela legalidade, pelo esforço contínuo de respeito das liberdades fundamentais, buscando compatibilizar de forma intransigente o bem comum e os direitos e garantias individuais.

Em boa hora é apresentada ao público a obra "Abuso de Autoridade: reflexões sobre a Lei 13.869/2019", que certamente ocupará merecido espaço de destaque pela qualidade e atualidade de seus comentários, que auxiliarão a todos – autoridades públicas, operadores do Direito e Sociedade Civil – uma análise crítica desse novo marco legal.

ALEXANDRE DE MORAES
Ministro do Supremo Tribunal Federal

SUMÁRIO

PARTE 1 – Capítulos I a V da Lei nº 13.869/2019

1. A nova Lei de Abuso de Autoridade e o elemento subjetivo especialíssimo dos tipos penais: análise do artigo 1º, §§ 1º e 2º da Lei nº 13.869/2019 25
   Maria Carolina de Melo Amorim
   Filipe Oliveira de Melo

2. A nova Lei de Abuso de Autoridade: reflexões sobre a ação penal, os efeitos da condenação e as penas restritivas de direito 43
   Everton Luiz Zanella

3. Das sanções de natureza civil e administrativa: comentários aos arts. 6º, 7º e 8º da Lei nº 13.869/2019 63
   Thamara Medeiros
   Rogério Cury

PARTE 2 – Capítulo VI da Lei nº 13.869/2019

4. A limitação à liberdade por ato judicial e o crime de abuso de autoridade... 75
   Daniel de Resende Salgado

5. Artigos 9º e 10 113
   Fernanda Vilares

6. Artigo 12 da Lei 13.869/2019 131
   Rodrigo de Andrade Figaro Caldeira

7. Artigo 13 da Lei 13.869/2019 149
   Rodrigo de Andrade Figaro Caldeira

8. Constrangimento a depor – Considerações sobre o Art. 15 da Lei
   nº 13.869/2019 159
   Pablo Rodrigo Alflen
   Tais Ramos

9. Falta de identificação ou falsa identificação – Considerações
   sobre o Art. 16 da Lei nº 13.869/2019............................... 177
   Pablo Rodrigo Alflen
   Tais Ramos

10. Prisão e Direitos fundamentais: comentário dos Arts. 18 e 19
    da nova Lei de Abuso de Autoridade............................... 191
    Giovani Agostini Saavedra
    Jairton Ferraz Júnior

11. Comentários aos artigos 20 e 21 da Lei nº 13.869/2019 205
    Marta Saad

12. Abuso de autoridade 219
    Marco Aurélio Florêncio Filho
    Rodrigo Camargo Aranha

13. Fraude processual no contexto do abuso de autoridade.............. 235
    Ana Flávia Messa

14. Artigo 25 da Lei nº 13.869/2019 251
    Marcos Zilli

15. Justa causa para a investigação e vazamento de gravações:
    análise crítica dos artigos 27 e 28................................ 283
    Fábio Ramazzini Bechara
    Gianpaolo Poggio Smanio
    Luiz Fernando Bugiga Rebellato

SUMÁRIO

16. A nova Lei de Abuso de Autoridade e os crimes de prestar informação falsa sobre procedimento e iniciar ou proceder a persecução sem justa causa.. 323

João Paulo Martinelli
Leonardo Schmitt de Bem

17. Proteção do Direito ao prazo razoável e procrastinação injustificada da investigação: Análise dogmática do art. 31 da Lei de Abuso de Autoridade 341

Daniel Paulo Fontana Bragagnollo
Olavo Evangelista Pezzotti
Roberta Amá Ferrante Alves

18. Artigo 32: negativa de acesso aos autos de procedimento investigatório ou impedimento de obtenção de cópias 361

Daniel Paulo Fontana Bragagnollo
Olavo Evangelista Pezzotti
Roberta Amá Ferrante Alves

19. O juiz herói e o abuso de autoridade: análise dos artigos 33 e 36 da Lei nº 13.869/2019 393

Roberto Carvalho Veloso

20. Aspectos relevantes dos tipos penais dos artigos 37 e 38 da nova Lei de Abuso de Autoridade 411

Antonio Sergio Cordeiro Piedade

PARTE 1

Capítulos I a V da Lei nº 13.869/2019

1. A nova Lei de Abuso de Autoridade e o elemento subjetivo especialíssimo dos tipos penais: análise do artigo 1º, §§ 1º e 2º da Lei nº 13.869/2019

MARIA CAROLINA DE MELO AMORIM
FILIPE OLIVEIRA DE MELO

Introdução

O combate à corrupção e ao crime organizado são a ordem do dia da sociedade brasileira, especialmente depois dos desdobramentos da "Operação Lava Jato". Nem mesmo para o cidadão mais desatento às questões sociopolíticas do Brasil, os termos "corrupção sistêmica"; "crime organizado"; "prisão preventiva" passam sem o registro de uma opinião pessoal.

Em meio à crise econômica brasileira, cujas consequências ainda não foram solvidas, os temas acima mencionados foram rapidamente associados à causa dos efeitos práticos da crise. Não por acaso, vivencia-se, ainda hoje, um clima de "caça às bruxas" cujos alvos principais e mais vistosos são políticos e empresários. Neste cenário, os órgãos de persecução criminal ganharam notável respaldo social para suas ações, mesmo que pouco ortodoxas e muitas vezes claramente contrárias à Constituição, sufocando diretamente garantias fundamentais mínimas.

A violação reiterada de tais garantias despertou a atenção dos atores políticos à grande lacuna normativa no ordenamento jurídico brasileiro acerca da *persecutio criminis* dos atos de abuso de autoridade. É natural que, numa democracia tão recente e vacilante como a brasileira, os freios ao autoritarismo ainda estivessem em vias de desenvolvimento.

Em setembro de 2019, um limite ao crescente autoritarismo promovido pelos órgãos de persecução e investigação eclodiu na forma da nova Lei de Abuso de Autoridade, a qual, apesar dos vetos, avançou nitidamente na criminalização de atos abusivos praticados por agentes estatais. O avanço é notável, seja por efeito comparativo com a lei anterior (Lei

ABUSO DE AUTORIDADE

nº 4.898/65), seja pelo fortalecimento do tino democrático da sociedade brasileira – mesmo que, com relação ao rigor punitivo, pouco se tenha evoluído.

Independente disso, a nova lei não ficou livre das mais diversas críticas. Infelizmente, os principais ataques se pautaram na lógica do terror, indicando a nova legislação como obstáculo ao combate à corrupção. Nessa lógica, segundo os críticos, a aprovação da lei 13.869/19 seria parte de um projeto arquitetado por políticos corruptos com o objetivo de se livrarem da justiça criminal[1]. Alegou-se, ainda, que a nova lei de abuso tipificava a interpretação diversa da lei e a autonomia da decisão do juiz, ou seja, seria criminalizada a interpretação dos dispositivos legais[2] quando essa contrariasse determinados interesses de uma classe política.

Tais críticas pareciam dirigidas unicamente aos ouvidos do cidadão leigo, uma vez que a simples leitura do artigo primeiro do texto da nova lei de abuso já demonstrava que a divergência na interpretação da legislação e a divergência na avaliação dos fatos e provas para tomada de decisão configuram causa excludente de tipicidade expressa (art. 1º, §2º). E mais: ainda que tal causa excludente não se encontrasse expressamente pre-

---

[1] Nesse sentido, o procurador da República que atua na Força tarefa da Lava Jato, Deltan Dallagnol, por exemplo, afirmou perante a imprensa que, se a lei fosse aprovada, os juízes iriam agir com preocupação ao prender poderosos, o que poderia configurar um obstáculo na luta contra a corrupção (https://congressoemfoco.uol.com.br/corrupcao/dallagnol-entra-em-campo-contra-projeto-de-abuso-de-autoridade-no-senado/). No mesmo sentido, diversas entrevistas de autoridades relacionadas ao Poder Judiciário, Ministério Público e órgãos policiais. A título exemplificativo: (I) https://www.migalhas.com.br/quentes/309443/delegado-da-pf-critica-projeto-de-abuso-de-autoridade-nao-e--bom -para-o-combate-a-corrupcao; (II) https://theintercept.com/2019/08/18/lei-abuso--autoridade-lava-jato-corporativismo/; (III) https://www.correiobraziliense.com.br/app/noticia/politica/2020/01/03/interna_politica, 817967/lei-do-abuso-de-autoridade-entra--em-vigor-hoje-sob-criticas.shtml
[2] Nesse sentido, em nota pública divulgada pela Procuradoria Geral da República ainda durante a tramitação do projeto de lei e logo após a sua aprovação pela Câmara dos Deputados, alegou-se que "o PL levará ao enfraquecimento das autoridades dedicadas à fiscalização, à investigação e a persecução de atos ilícitos e na defesa de direitos fundamentais, ferindo a independência dos poderes e permitindo a criminalização de suas funções essenciais". Fonte: http://www.mpf.mp.br/pgr/documentos/notapublicaccrsepfdc.pdf acesso em 20.01.2020.

vista na lei, o aplicador do direito poderia listar outros argumentos que afastassem a imputação penal da divergência interpretativa, como erro de tipo e ausência do *animus* de agir de forma abusiva. Por óbvio, aquele que atua em abuso de autoridade por acreditar que está cumprindo fielmente a lei em vigor não pode responder pelo crime, por flagrante ausência de dolo e inexistência da figura típica na modalidade culposa.

Além da referida cláusula, previu-se na nova lei, ainda, que as condutas só constituirão crime de autoridade acaso tenham como propósito "prejudicar outrem ou beneficiar a si mesmo ou a terceiro, ou, ainda, por mero capricho ou satisfação pessoal" (art. 1º, §1º). Trata-se, na perspectiva dogmática, do que já se convencionou denominar "elemento subjetivo especial do tipo".

Com ambas as previsões dos §§ 1º e 2º do art. 1º, dois argumentos foram construídos para bloquear a imputação penal. Ou a conduta não será típica porque o agente não foi movido pelos objetivos descritos (quais sejam, de prejudicar alguém, de beneficiar-se ou favorecer terceiro, de praticar o ato por mero capricho ou de satisfação pessoal), ou não será típica porque a conduta se manteve dentro dos limites da divergência interpretativa ou valorativa permitida.

A rigor, a intenção do legislador foi a de separar claramente as autoridades que erram e interpretam equivocadamente a lei ou avaliam erroneamente os fatos narrados e a prova produzida – como pode ocorrer a todos os nascidos sob o peso da condição humana – daquelas autoridades públicas que agem e decidem motivados por objetivos não democráticos. O que se quis, como se nota, foi dirimir quaisquer dúvidas entre o mau entendimento e a ação verdadeiramente abusiva.

Não obstante, o intuito do legislador, ainda que digno, resultou na criação de novos problemas para o jurista crítico.

Na prática, as limitações trazidas no artigo 1º da nova lei de abuso podem obstruir o intento punitivo legítimo sobre agentes públicos que praticam atos verdadeiramente abusivos. Isso porque, a dificuldade de comprovação dos especiais elementos subjetivos previstos no art. 1º, §1º, associado à falta de densidade daqueles conceitos subjetivos, atua como obstáculo à verificação da tipicidade penal. Não bastasse isso, a excludente de tipicidade do §2º representa um inoxidável escudo à constata-

ABUSO DE AUTORIDADE

ção do tipo, a ser afastado com muita dificuldade pelos órgãos de perse-cução que investigam o abuso.

É precisamente a esse ponto a que este artigo se dirige. Será discutida a natureza jurídica de ambas as cláusulas (§§ 1º e 2º) e como elas se arti-culam com a imputação dos crimes de abuso de autoridade tipificados na Lei nº 13.869/19.

1. A exigência do dolo especialíssimo e sua natureza

No direito penal, o juízo de atribuição de culpa se funda, num primeiro momento, na adequação objetiva entre o fato (ação ou omissão) e os ele-mentos descritivos e normativos do tipo legal. Busca-se, também nesse momento, verificar as possíveis conexões causais entre o desvalor da con-duta proibida e o resultado juridicamente desvalioso[3].

Não é por acaso que a essa tarefa de montagem ou reconstrução dos elementos objetivos do fato criminoso e a sua ligação causal com uma conduta é denominada pela doutrina como "imputação objetiva do resul-tado à conduta"[4].

Assegurada a imputação objetiva, o segundo momento de atribuição de culpa é iniciado: a imputação subjetiva, cuja finalidade é conectar a consciência (saber) e a vontade (querer) do agente na prática do crime. Já aqui se pode perceber, sem maiores digressões, que os pilares da atri-buição da imputação subjetiva, ou seja, do vínculo subjetivo entre o ato e o resultado, são precisamente dois elementos, quais sejam: o intelectual e o volitivo. A presença mais ou menos forte de um ou de ambos os elemen-tos é o que define a qualificação da conduta como dolosa ou culposa[5].

Ao que nos importa, a conduta dolosa se assenta numa presença forte do elemento intelectual, consubstanciado na representação do resultado e nos meios pelos quais tal resultado poderá ser produzido, e numa pre-sença igualmente forte do elemento volitivo, seja por um querer direto,

---

[3] PALMA, Maria Fernanda. Direito Penal: a teoria geral da infração como teoria da decisão penal.5ª ed. AAFDL: Lisboa, 2020, p. 107.

[4] PALMA, Maria Fernanda. Op. Cit, p. 109.

[5] DIAS, Jorge de Figueiredo. Direito Penal. Questões Fundamentais a Teoria Geral do Crime. Coimbra: Coimbra Editora, 2012, p. 349-350

seja por uma aceitação sem qualquer remorso de que o resultado desvalioso possa vir a ser produzido.

Nesse sentido, Faria Costa elucida que: "o dolo nada mais é do que a passagem da potência de conhecer e querer ao ato de efetivo conhecer e querer"[6]. O conhecer e o querer do agente, entretanto, dizem respeito ao conhecimento dos elementos típicos da norma penal que se projetam sobre o fato e o desejo de praticar a conduta necessária para o aparecimento do resultado planejado, bem como a apropriação dos resultados desvaliosos produzidos.

Vale destacar, porém, que a distinção entre as condutas culposa e dolosa recai, decisivamente, no elemento volitivo. É que o elemento intelectual (representação / consciência) também se encontra presente nas condutas culposas, como na culpa consciente, na qual a representação do agente em nada se diferencia acaso se estivesse diante de uma conduta dolosa.

A propósito, Figueiredo Dias ensina que "é, pois, o elemento volitivo, quando ligado ao elemento intelectual requerido, que verdadeiramente serve para indiciar (embora não para fundamentar) uma posição ou atitude do agente contrária ou indiferente à norma de comportamento, numa palavra, uma culpa dolosa e a consequente possibilidade de o agente ser punido à título de dolo"[7].

Diante da *decisividade* do elemento volitivo na distinção entre condutas dolosa e culposa, estimula-se a criação de tipos penais cujo tipo subjetivo seja complementado, para além do dolo, por elementos de **intenção** e **querer** que possam revelar um especial tendência desviante do agente. Não se trata do simples dolo da conduta (genérico), mas de elementos subjetivos *"extra dolo do tipo"*, que a ele se associam na demonstração de uma atitude interna manifestamente antijurídica. São eles os especiais elementos do tipo subjetivo[8].

O uso pelo legislador de tais elementos especiais subjetivos (intenções, motivos, impulsos afetivos etc.) é extremamente delicado, pois

---

[6] Costa, José de Faria. Direito Penal. Lisboa: Imprensa Nacional, 2017, p. 399

[7] Dias, Jorge de Figueiredo. Direito Penal. Questões Fundamentais a Teoria Geral do Crime. Coimbra: Coimbra Editora, 2012, p. 350

[8] Roxin, Claus. *Derecho Penal: parte general*. 2ª ed. Madrid: Civitas, 1997, p. 309-310

raramente se materializam em fatos externos: na esmagadora parte dos casos, não extrapolam a esfera íntima do indivíduo. Até porque, "o mundo psíquico do agente é simplesmente inacessível ao conhecimento do intérprete ou julgador"[9].

A discussão tem valor inegável para o tema aqui discutido, na medida em que se os especiais elementos subjetivos estiverem à serviço da caracterização de um delito de certa espécie e estiverem perceptíveis nos elementos normativos do tipo – como em parte das vezes estão, quando esses últimos elementos se referem a juízos de valores claramente antijurídicos, a exemplo dos termos "manifestamente" ou "injustamente" –, a verificação da tipicidade se deduz pela própria ocorrência da conduta.

Não se quer dizer com isto, atente-se, que será dispensável a busca pelo dolo, mas que ao constatá-lo em face de um tipo penal recheado de elementos outros que reflitam claramente uma intenção antiética, os especiais elementos subjetivos poderão ser encarados como inerentes à ação. Entendemos por essa linha de pensamento, diante da clara intenção do legislador brasileiro.

É dizer, a prática da conduta típica pressupõe que o agente tenha se motivado segundo os especiais elementos do tipo subjetivo definidos no tipo legal, em probabilidade para além do razoável, pois o conjunto, sobretudo, de elementos normativos a serem valorados induzem, de imediato, um valor moral, ético, social ou cultural vinculado à ilicitude do ato.

Tal ideia perpassa pelo conceito de *co-consciência imanente à ação*, o qual surge em meio ao debate da exigência da consciência sobre os elementos fáticos do ilícito, procurando-se definir se a consciência para representação deve ser aquela refletida e ponderada, ou se é necessária apenas a consciência atual dos elementos de fato para se atestar a presença do dolo[10].

A *consciência atual* não é, necessariamente, a representação de todos os termos e elementos de um tipo no momento da prática criminosa, até porque, se fosse esse o caso, apenas juristas experientes poderiam

---

[9] COSTA, José de Faria. Direito Penal. p. 406

[10] STRATENWERTH, Gunther; KUHLEN, Lothar. Strafrecht Allgemeiner Teil: Die Straftat. Vahlen franz Gmbh, 2011, §8, nº 76. Apud DIAS, Jorge de Figueiredo, Direito Penal. p. 356.

cometer crimes dolosos. A *consciência atual* requerida para a configuração do tipo subjetivo seria aquela que representa e apreende os elementos fáticos, mas também poderia consistir naquela "co-consciencializada", ou seja, a não explícita, assumida pela consciência por meio de outros conteúdos conscientemente considerados[11]. Nesse raciocínio, também essa "co-consciência", implícita, deve ser entendida como incorporada à consciência atual, suficiente à caracterização do dolo.

A construção da co-consciência imanente se articula com o estudo dos crimes de abuso de autoridade porque os tipos penais presentes na nova lei são ricos em elementos (normativos, descritivos, objetivos, pessoais, etc.) que se referem diretamente à valores de juízo antiético e às questões inerentes à má prática funcional. A proximidade de tais juízos de correspondência entre os valores éticos, a conduta abusiva e a má prática, todos no tipo penal, fornece indícios marcantes de que o agente se motivou por razões contrárias ao Direito e à ordem ética, e já poderiam, por si sós, comprovar a consciência do agente para perfazer o dolo exigido.

Em outras palavras, a consciência exigida para a caracterização da tipicidade abarcaria também aqueles conhecimentos que indiretamente pudessem acender o sinal vermelho da consciência do agente acerca da ilicitude de sua conduta. Por exemplo, um guarda prisional que pratica atos sexuais com alguém que se encontra custodiado, abusando de suas funções. Dificilmente no momento do crime o guarda iria lembrar exatamente de quais entre os deveres atinentes à função por ele ocupada estaria sendo violado ou até mesmo iria se lembrar da existência de tais deveres para se conscientizar de que estaria abusando de suas funções. Nesses casos, Stratenwerth afirma que sobre o agente recai um "permanente saber acompanhante"[12], que bastaria para confirmar o dolo do tipo. Mas a caracterização do dolo não será assim cristalina em todas as imputações de abuso de autoridade e, em casos de dúvida quanto ao conhecimento implícito, valeria a máxima do *in dubio pro reo*.

---

[11] Como formulou Platzgummer, a partir da construção de Rohracher (PLATZGUMMER, *Die Bewusstseinsform des Vorsatz. Eine strafrechtsdogmatische Untersuchung auf Grundlage*, 1964, p. 83. *Apud* DIAS, Jorge de Figueiredo, Direito Penal. p. 355)

[12] STRATENWERTH, Gunther; KUHLEN, Lothar. Strafrecht Allgemeiner Teil: Die Straftat. Vahlen franz Gmbh, 2011, §8, nº 76. Apud DIAS, Jorge de Figueiredo, Direito Penal. p. 356

A tipicidade objetiva e subjetiva da conduta (tendo como referência os crimes de abuso de autoridade) estaria, portanto, satisfeita, quando o agente público viesse a praticar atos abusivos cujo valor ético-jurídico estivesse próximo daqueles inerentes à função ocupada. Nesse caso, bastaria que o agente conhecesse os pressupostos materiais da valoração para se afirmar a existência do dolo, posto que o conhecimento de tais pressupostos já orientaria (ou deveria orientar) suficientemente a consciência do agente ao desvalor global do fato[13].

O que acaba de ser dito nos leva a outra reflexão: se a cláusula prevista no artigo 1º, §1º, da Lei nº 13.869/2019 não se trata, na realidade, de elementos vinculados à ideia de juízo de culpabilidade e não de exclusão de tipicidade. Isso porque, como afirmou Roxin a respeito dos especiais elementos subjetivos, *"cuando un elemento no se refiere al tipo delictivo, sino que unicamente describe motivos, sentimientos y actitudes internas independientes de àquel (y agravantes por regla general), se trata de elementos de la culpabilidad"*[14]. Em outras palavras, a cláusula presente no §1º do artigo 1º não teria a natureza de excludente de tipicidade, mas de suporte ao juízo de culpa[15].

Ocorre que o legislador, ao pensar a Lei 13.869/2019, optou por definir que as condutas ali tipificadas só serão consideradas penalmente relevantes quando o agente tenha agido com a "finalidade específica de

---

[13] Dias, Jorge de Figueiredo, Direito Penal. p. 354-355

[14] Roxin, Claus. Derecho Penal: parte general. p. 312

[15] Ora, é inegável que os intuitos de "prejudicar outrem ou beneficiar a si mesmo ou a terceiro, ou, ainda, por mero capricho ou satisfação pessoal" são atitudes internas e motivos que movem o agente à prática de um ato ilícito, mas a pergunta que deve ser feita é: se tais atitudes internas definem a caracterização do tipo penal ou revelariam apenas um maior desvalor na culpa. No primeiro caso, o disposto no §1º se comportaria como causa excludente de tipicidade. Sem a presença desses especiais elementos não haveria relevância penal no comportamento. No segundo, seriam parâmetros para a avaliação da culpabilidade do agente, as quais teriam sido equivocadamente levadas ao tipo penal. Francisco Muñoz Conde reconhece que os especiais elementos subjetivos não coincidem com o dolo, mas o legislador poderia, sim, requisitá-los para a fundamentação do injusto. Ou seja, para além do conhecimento e a vontade de praticar a conduta típica, poderá ser exigida um ânimo especial ou tendência subjetiva do agente. Em outras ocasiões (que não essas nas quais o legislador os levou ao tipo), o especial elemento do tipo pertenceria à culpabilidade (Muñoz Conde, Francisco; Arán, Mercedes García. *Derecho Penal: parte general*. 8ª ed. Valencia: Tirant lo blanch, 2010, p .274-275).

prejudicar outrem ou beneficiar a si mesmo ou a terceiro, ou, ainda, por mero capricho ou satisfação pessoal". Logo, o que caracteriza os tipos dos crimes de abuso é, além da manifesta contrariedade objetiva do ato com Direito (como se extrai das condutas tipificadas), uma especial intenção de agir.

E mais: tal intenção especial é o grande divisor de águas entre uma conduta fora dos padrões da normalidade, mas sem relevância penal, e uma conduta penalmente típica, mesmo que seja de difícil aferição probatória. Ou seja, os crimes de abuso de autoridade se distinguem de condutas tecnicamente duvidosas justamente pela intenção revelada pelo agente no fato.

Não obstante a dúvida doutrinária existente entre a localização sistêmica dos motivos e das intenções pessoais do agente, comungamos da posição defendida por Gunther Jakobs em sua distinção quanto à função desempenhada por tais ânimos de agir na configuração do crime. Segundo ele, caso tais elementos especiais sirvam para punir a reprovabilidade da vontade de agir, estariam localizados na culpa; e quando servirem para estabelecer a relação de finalidade elaborada pela vontade de agir, o ideal seria interpretá-los como elementos do tipo subjetivo[16]. A diferença reside, portanto, em se o especial elemento subjetivo se presta a definir o grau de culpa ou caracterizar fundamentalmente a conduta penal.

Entendemos que o legislador brasileiro quis mesmo priorizar tal segunda opção, colocando a finalidade de agir como elemento necessário à caracterização típica de todas as condutas previstas na lei, a partir da sua previsão nas disposições gerais da lei 13.869/19.

Por consequência disso, os especiais elementos subjetivos definidos na Lei nº 13.869/19 devem ser encarados como pertencentes ao tipo subjetivo, sem os quais se afastaria qualquer juízo de tipicidade subjetiva.

Já com relação ao elencado no §2º, houve expressa previsão de excludente de tipicidade penal, ao dispor a lei que a divergência na interpretação de lei ou na avaliação de fatos e provas não configura abuso de autoridade. O raciocínio lógico, quando se conjuga ambos os parágrafos do

---

[16] JAKOBS, Gunther. *Derecho Penal: parte general (Fundamentos y teoria de la imputación).* Madrid: Marcial Pons, 1995, p. 373

ABUSO DE AUTORIDADE

artigo 1º, é que quem age por interpretação equivocada da lei, dos fatos ou das provas apresentadas não estaria, logicamente, imbuído da motivação desviante explícita no §1º, mas sim atuando sob um condição de mero desacerto quanto a conduta adotada. Embora tal raciocínio já fosse previsível (a indicar a desnecessidade da própria previsão do §2º), agiu com redobrada cautela o legislador, afastando as críticas de que haveria punição ao simples exercício das funções das autoridades.

1.1. A finalidade específica de prejudicar outrem ou beneficiar a si mesmo ou a terceiro e o mero capricho ou satisfação pessoal

Como já delineado na introdução, a exigência de caracterização do dolo especial de motivação veio expressamente prevista na introdução da lei, a qual funcionou como uma espécie de "disposições gerais" (só que *ab initio*) para cumprir uma importante missão: a de esclarecer às autoridades que o exercício da função pública imbuído de bons sentimentos, ainda que atinja o direito de terceiro, não poderia caracterizar abuso de autoridade.

Em outras palavras, a decisão ou o ato equivocado, mal utilizado, ou errôneo, ou simplesmente diverso de outros considerados mais acertados, não representam, sobremaneira, abuso de autoridade. Para a configuração do abuso, especifica a lei, é preciso que essa decisão ou esse ato tenha sido praticado com a finalidade especial de *prejudicar outrem* ou *beneficiar-se a si mesmo ou a terceiro*, ou, ainda, que tenha sido praticado por *mero capricho* ou *satisfação pessoal*. Trata-se, como visto, de uma exigência do tipo subjetivo e, consequentemente, sua ausência exclui a tipicidade penal (já que o dolo está no tipo).

É claro que algumas condutas previstas na nova lei, por si sós, já têm o condão de caracterizar esse mau uso do poder da autoridade, sem que seja necessária buscar-se a comprovação da finalidade de agir. É o caso do exemplo do artigo 13, II, da lei, que prevê a conduta de constranger o preso ou o detento, mediante violência, grave ameaça ou redução de sua capacidade de resistência, a "submeter-se a situação vexatória ou a constrangimento não autorizado em lei". Imagine que o detento foi, mediante violência, grave ameaça ou redução de sua capacidade de resistência (elementos exigidos no *caput* do art.13), submetido à prática de atos sexuais com o carcereiro. Um típico exemplo que nos vem à mente são os relatos de humilhações sexuais e torturas dos presos da prisão de Guantánamo com relação aos policiais guardiões da prisão, amplamente divulgado em documentos internacionais e em obras publicadas sobre aquelas custódias[17]. É clara a percepção da motivação desviante do mero capricho ou satisfação pessoal, e a intenção flagrante do prejuízo do detento. Ora, nesse caso mencionado, não há como argumentar que não havia o pleno entendimento das autoridades acerca da proibição legal daqueles atos vexatórios, mormente porque houve, também, a redução da capacidade de reação do custodiado.

No entanto, alguns tipos da nova lei abrem espaço para a dificuldade da comprovação do dolo da conduta, a exemplo da conduta descrita no artigo 15, de *"constranger a depor, sob ameaça de prisão, pessoa que, em razão de função, ministério, ofício ou profissão, deva guardar segredo ou resguardar sigilo"*. Isso porque, para comprovar que um agente policial ou um juiz agiu com abuso de autoridade ao chamar e obrigar a depor como testemunha, por ex., um psicólogo que devia guardar sigilo profissional, para que ele conte tudo o que sabe sobre aqueles fatos em investigação, ter-se-ia de demonstrar que ele agiu por capricho ou satisfação pessoal, ou com o intuito de prejudicar/beneficiar pessoas, e não estava, portanto, imbuído do objetivo lícito e legítimo de tão somente desvendar os graves fatos criminosos da investigação que presidia. Caberá ao órgão acusatório tal difícil tarefa de demonstração dos elementos especialíssimos subjetivos do tipo para a caracterização do abuso de autoridade, portanto.

A finalidade específica de prejudicar alguém, beneficiar-se ou beneficiar terceiro, pode representar a concretização de interesses de ordem moral, política, patrimonial, social ou pessoal, e é de difícil constatação, porque cinge-se à mera intenção do agente, relacionada a seus processos psíquicos, os quais muitas vezes não são demonstrados no mundo exterior. Desse raciocínio se extrai que outros fatos e condutas do agente deverão ser usadas para comprovar a motivação, como sói ocorrer nos crimes que exigem dolo específico.

E o que poderia ser definido como mero capricho ou satisfação pessoal?

---

[17] KHAN, Mahvish Rukhsana. Diário de Guantánamo: os detentos e as histórias que eles contaram. Tradução Constantino K. Korovaeff. São Paulo: Larousse, 2008.

ABUSO DE AUTORIDADE

Segundo o dicionário, *mero capricho* pode ser definido como *vontade súbita sem justificativa ou sem razão, ou por teimosia,* ou, ainda, *obstinação injustificada*[18].

Para Juarez Cirino, o *mero capricho* ou *satisfação pessoal* são estados psíquicos ou tendências psíquicas especiais definíveis como *motivos* do agente, de natureza emocional ou afetiva, cuja existência real se exaure no âmbito da subjetividade do autor, ou seja, não precisam demonstrar--se no mundo exterior, embora existam como força propulsora da ação[19].

Não se olvide de que o legislador brasileiro já trouxe situação parecida com a disposição do crime de prevaricação (artigo 319 do CP), no qual é punido o retardo ou a omissão indevida de ato de ofício, ou a prática do ato contra disposição de lei, quando praticados para *satisfazer interesse ou sentimento pessoal.* Nesse caso, a doutrina especifica que tal *interesse pessoal* pode ser qualquer proveito, ou vantagem auferido pelo agente, não necessariamente de ordem patrimonial, enquanto *sentimento pessoal* é a disposição afetiva do agente em relação a algum bem ou valor: o funcionário que, para fazer um favor e beneficiar outrem, retarda ato de ofício pratica a prevaricação agindo com *interesse pessoal*; enquanto aquele que retarda o ato para atrapalhar um inimigo, o faria sob o móvel do *sentimento pessoal*[20]. O mesmo raciocínio pode ser aqui aplicado aos tipos de abuso de autoridade, para explicar as hipóteses nas quais o abuso *é praticado por satisfação pessoal,* nela podendo ser incluídos os impulsos relacionados ao sentimento e interesse pessoal, como disposição afetiva ou repulsa, vingança, ou formas de garantir ao agente seu prazer ou deleite com o ato abusivo.

1.2. A divergência de interpretação do §2º do art. 1º

O §2º do art. 1º claramente veio afastar as críticas calcadas no medo de algumas autoridades de que houvesse punição pelo simples exercício do

---

[18] SPITZER, Carlos. Dicionário analógico da língua portuguesa. 2ªed. Editora Globo: Rio de Janeiro, 1962, p. 21

[19] SANTOS, Juarez Cirino dos. Lei de abuso de poder ou de proteção da autoridade? Boletim IBCCRIM, Março de 2020.

[20] NUCCI, Guilherme de Souza. Código Penal Comentado. 10ª Edição. São Paulo: RT, 2010. Pág. 1116.

poder, como meio de "revanchismo" contra os avanços de operações e processos judiciais. Mal a lei entrou em vigor, foram prolatadas algumas decisões revogando prisões preventivas antes decretadas ou liberando valores de penhora, utilizando-se do argumento de receio de incidência da nova lei[21]. Tal receio não é mais cabível diante da expressa dicção do §2º.

A divergência do §2º pode ser de três tipos: interpretação equivocada da lei, avaliação errônea dos fatos apresentados à autoridade ou avaliação equivocada das provas apuradas.

Quanto à primeira hipótese (interpretação equivocada da lei), o problema inicialmente verificado é a amplitude das hipóteses de divergência, já que na maioria das possibilidades delitivas trazidas na lei pode-se alegar ter havido erro sobre tal interpretação. Nesse raciocínio, qualquer divergência de compreensão da lei, como construção psíquica de interpretação pessoal, é suficiente para excluir o crime, independente do fundamento jurídico e da consistência do argumento divergente[22].

Em termos dogmáticos, a aludida cláusula pode ser encarada como uma excludente de tipicidade objetiva. No entanto, certamente não será toda e qualquer divergência interpretativa suscetível de ser agraciada pela cláusula do §2º do artigo 1º. Isso porque, a divergência de interpretação deverá se manter nos padrões da normalidade de discordância na ciência jurídica, de natureza discursiva.

Portanto, a "divergência na interpretação" deve ser considerada dentro do parâmetro da razoabilidade das condutas ou decisões passíveis de

---

[21] Por exemplo, decisão adotada nos autos do processo 2641-40.2017, em 25.09.2019, pela juíza Pollyanna Maria Barbosa Pirauá Cotrim, da 1ª Vara do Tribunal do Júri da comarca de Garanhuns/PE, que revogou a prisão preventiva de 12 acusados de integrar uma organização criminosa, em verdadeiro "protesto" contra a edição da lei, na medida em que assim dispôs: "Apesar da gravidade do crime, em tese praticado, com advento da Lei nº 13.869/2019, tornou-se crime manter alguém preso quando manifestamente cabível sua soltura ou medida cautelar. Ocorre que a expressão 'manifestamente' é tipo aberto, considerando a plêiade de decisões nos mais diversos tribunais brasileiros e até mesmo as mudanças de entendimento do Supremo Tribunal Federal. Diante disso, enquanto não sedimentado pelo STF qual o rol taxativo de hipóteses em que a prisão é manifestamente devida, a regra será a soltura, ainda que a vítima e a sociedade estejam em risco".
[22] Santos, Juarez Cirino dos. Op. Cit., 2020.

ABUSO DE AUTORIDADE

punição pela nova lei de abuso de autoridade. Em outras palavras, acaso o ato ou decisão se descole de modo grave do padrão normal de discordância interpretativa, a conduta será penalmente relevante. Um exemplo nesse sentido é a decretação de prisão preventiva tão somente baseada na prolatação de sentença condenatória, sem que a decisão judicial se socorra de qualquer fundamento do art. 312 do CPP. É conhecida pelos operadores do direito a revogação do antigo dispositivo do artigo 594 do CPP, que exigia o recolhimento à prisão para processamento do recurso defensivo, bem como a exigência de fundamentação para decretação da medida prisional e a sua excepcionalidade, de forma que a aplicação da prisão processual sem a análise, por mais simples que seja, da observância dos seus requisitos da lei, fugiria à racionalidade trazida pelo §2º ora comentada. Diferentemente é o caso no qual o juiz, analisando expressamente as hipóteses do art. 312 do CPP, entendeu que a prisão seria cabível ao caso concreto, quando a cautelar poderia ser facilmente substituída por outra medida menos gravosa. Nesse último caso, trata-se de plena divergência na interpretação da lei, justamente a hipótese resguardada no §2º para excluir a tipicidade penal.

Não se nega, contudo, a dificuldade de comprovação dessas situações.

Já com relação à avaliação equivocada dos fatos ou das provas, antes de mais nada, deve-se atentar que todo processo de conhecimento é nascido do sistema de referência individual do sujeito[23]. Em outras palavras, é a experiência de vida de cada um que determinará o seu conceito das coisas, sua visão e sua avaliação sobre fatos e circunstâncias. Tal sistema explica a diferente visão que cada operador do direito detém sobre determinado fato, adotando-se decisões completamente díspares em casos idênticos[24].

---

[23] O sistema de referência pode ser definido como a vivência particular, sensorial e empírica que cada um detém para a construção de sua interpretação dos objetos. Nas palavras de Fabiana del Padre Tomé, "Cada pessoa, conforme seus sistemas de referência, ou seja, suas vivências, dispõe de um particular e específico *saber de*. É uma consequência disso que um mesmo evento ou um único fato podem ser interpretados diferentemente pelos indivíduos" (TOMÉ, Fabiana del Padre. A prova no direito tributário. São Paulo: Noeses, 2005. p. 8).

[24] AMORIM, Maria Carolina de Melo. A sentença penal e o método de decisão do construtivismo lógico semântico: as influências do magistrado na criação da norma penal individual e concreta. *In:* As Contribuições do Construtivismo Lógico Semântico para

Ao tratar da subjetividade do conhecimento judicial, FERRAJOLI explica que o Juiz está sempre condicionado pelas circunstâncias ambientais nas quais atua, pelos seus sentimentos, suas inclinações, suas emoções e seus valores éticos-políticos[25]. O mesmo raciocínio pode ser estendido às demais autoridades às quais se sujeitam à lei 13.869 e que, em seus atos, exercem atividade interpretativa e valorativa.

Assim, também se torna de difícil averiguação a percepção da própria avaliação dos fatos e provas que eram acessíveis ao agente quando da prática do ato supostamente abusivo. De qualquer sorte, são aqui válidos os já abalizados raciocínios sobre o erro de tipo (art. 20 do CP), já que, se a avaliação sobre os fatos e sobre a prova apresentada for viciada, o agente teria percepção equivocada quanto aos elementos objetivos do tipo que define o abuso de autoridade.

Conclusões

A leitura do artigo primeiro da Lei 13.869/19 indica que todas as condutas ali descritas só constituirão crime de autoridade acaso tenham como propósito "prejudicar outrem ou beneficiar a si mesmo ou a terceiro, ou, ainda, por mero capricho ou satisfação pessoal" (art. 1º, §1º). Trata-se, na perspectiva dogmática, do que já se convencionou denominar "elemento subjetivo especial do tipo".

Não bastasse isso, a divergência na interpretação da legislação e a divergência na avaliação dos fatos e provas para tomada de decisão configuram causa excludente de tipicidade expressa (art. 1º, §2º). Tal cláusula seria desnecessária, uma vez que aquele que atua acreditando cumprir fielmente a letra da lei (seja por sua interpretação, ou pela avaliação que faz dos fatos e das provas) já não poderia responder pelo crime, por flagrante ausência de dolo e inexistência da figura típica na modalidade culposa. De qualquer forma, o legislador optou por expressamente afastar as críticas formuladas por parte da comunidade jurídica, de que poderia

---

temas de Direito Administrativo, Penal, Tributário e Urbanístico: estudos em homenagem ao Professor Paulo de Barros Carvalho. Coordenação: LINS, Robson Maia. Editora Jam Jurídica: Salvador, 2014. Pág. 245.

[25] FERRAJOLI, Luigi. **Direito e Razão:** Teoria do Garantismo Penal. Tradução de Ana Paula Zomer Sica e outros. 2ª edição. São Paulo: RT, 2006, p. 58.

haver punição ao exercício jurisdicional interpretativo que desafiasse os interesses de alguns.

Assim, dois argumentos foram construídos para bloquear a imputação penal dos agentes: ou a conduta não será típica porque o agente não foi movido pelos objetivos descritos (quais sejam, de prejudicar alguém, de beneficiar-se ou favorecer terceiro, de praticar o ato por mero capricho ou de satisfação pessoal), ou não será típica porque a conduta se manteve dentro dos limites da divergência interpretativa ou valorativa permitida.

Ocorre que, na prática, tais limitações podem obstruir o intento punitivo legítimo sobre agentes públicos que praticam atos verdadeiramente abusivos. A consciência exigida para a caracterização da tipicidade é mais facilmente demonstrável quando patente a irrazoabilidade da conduta, como, por exemplo, um guarda prisional que pratica atos sexuais com alguém que se encontra custodiado e com reduzida capacidade de defesa. Fora os casos nos quais salta aos olhos a motivação desviada, as dificuldades de comprovação e as dúvidas quanto ao conhecimento implícito do agente (se agiu ou não imbuído dos sentimentos previstos no §1º) acabaria implicando na aplicação do *in dubio pro reo*.

A teoria da co-consciência imanente à ação é uma alterativa doutrinária válida para se garantir a aplicação da justiça penal aos atos abusivos nos casos em que o tipo penal for repleto de elementos (normativos, descritivos ou pessoais) que se refiram diretamente à juízos de valor profundamente antiéticos relacionados à má prática funcional. Embora possa haver grande dificuldade em demonstrar de maneira cabal que o agente teve a consciência refletida (representação) sobre todo o comportamento típico abstrato, a existência de elementos do tipo ligados à juízos de má conduta internalizados pelo agente pode servir como indicativo do intuito de prejudicar alguém, beneficiar-se ou beneficiar a terceiro, ou do agir por mero capricho ou satisfação pessoal, na forma do §1º do artigo 1º da lei. A solução não significa o afastamento da necessidade de verificação do tipo subjetivo, mas apenas uma maior ênfase ao elemento intelectual do dolo (consciência), dando-se menor importância à constatação do elemento volitivo (vontade), esse último de mais difícil comprovação, no nosso entender. Em outras palavras, haveria casos em que o elemento *consciência* seria tão forte que tornaria prescindível a comprovação do elemento *vontade*, como no exemplo em que, verificadas as circunstâncias do caso e a experiência do agente, é facilmente perceptível que o ato praticado contraria descaradamente valores éticos e jurídicos atinentes à sua função. Aqui caberia o exemplo mencionado no texto, de um policial que pratica atos sexuais com uma custodiada.

Ainda, para averiguar se houve a "divergência na interpretação" e assim aplicar a excludente do §2º, pode-se lançar mão da análise da razoabilidade dos atos. Acaso o ato tido por abusivo fuja do padrão normal de discordância interpretativa, a conduta será penalmente relevante, como no caso em que o juiz que decreta a prisão como exigência para processamento do recurso da defesa, sem fazer qualquer referência aos requisitos do art. 312 do CPP. A dificuldade de comprovação dessas situações, por ausência de densidade na descrição das hipóteses legais representará inegável dificuldade na aplicação da lei, mormente porque cada operador do direito, na avaliação que faz dos fatos e das provas, leva em conta seu sistema de referência individual, ou seja, sua percepção de vida e experiências, as quais interferem na sua forma de avaliar fatos, provas e sua própria conduta. Espera-se, então, que os §§ 1º e 2º do art. 1º, quando começarem a ser aplicados pelo Judiciário, não acabem se tornando obstáculos instransponíveis à punição dos atos abusivos.

Referências

AMORIM, Maria Carolina de Melo. A sentença penal e o método de decisão do construtivismo lógico semântico. *In:* As Contribuições do Construtivismo Lógico Semântico para temas de Direito Administrativo, Penal, Tributário e Urbanístico: estudos em homenagem ao Professor Paulo de Barros Carvalho. Coord. LINS, Robson Maia. Editora Jam Jurídica: Salvador, 2014.

COSTA, José de Faria. Direito Penal. Lisboa: Imprensa Nacional, 2017.

DIAS, Jorge de Figueiredo. Direito Penal. Questões Fundamentais a Teoria Geral do Crime. Coimbra: Coimbra Editora, 2012.

JAKOBS, Gunther. *Derecho Penal: parte general (Fundamentos y teoria de la imputación).* Madrid: Marcial Pons, 1995.

KHAN, Mahvish Rukhsana. Diário de Guantánamo: os detentos e as histórias que eles contaram. Tradução Constantino K. Korovaeff. São Paulo: Larousse, 2008.

Muñoz Conde, Francisco; Arán, Mercedes García. *Derecho Penal: parte general.* 8ª ed. Valencia: Tirant lo blanch, 2010.

Palma, Maria Fernanda. Direito Penal: a teoria geral da infração como teoria da decisão penal.5ª ed. AAFDL: Lisboa, 2020.

Nucci, Guilherme de Souza. Código Penal Comentado. 10ª Edição. São Paulo: RT, 2010. Pág. 1116.

Roxin, Claus. *Derecho Penal: parte general.* 2ª ed. Madrid: Civitas, 1997.

Santos, Juarez Cirino dos. Lei de abuso de poder ou de proteção da autoridade? Boletim IBCCRIM, Março de 2020.

Spitzer, Carlos. Dicionário analógico da língua portuguesa. 2ªed. Editora Globo: Rio de Janeiro, 1962.

Tomé, Fabiana del Padre. A prova no direito tributário. São Paulo: Noeses, 2005.

2. A nova Lei de Abuso de Autoridade: reflexões sobre a ação penal, os efeitos da condenação e as penas restritivas de direito

EVERTON LUIZ ZANELLA

Introdução

O presente artigo fará uma abordagem dos artigos 3º, 4º e 5º da nova Lei nº 13.869/2019, de 05 de setembro de 2019, em vigor desde 05 de janeiro de 2020.

No item 1 deste trabalho estudaremos a natureza da ação penal nos crimes de abuso de autoridade (artigo 3º da Lei) – pública incondicionada – e a possibilidade de o ofendido promover a ação penal privada subsidiária da pública quando da inércia do Ministério Público. Veremos as hipótese de aceitação ou não da queixa subsidiária, os prazos legais e a inadmissibilidade dos institutos da perempção e decadência. A abordagem será feita já de acordo com a Lei nº 13.964/2019, vigente desde 23 de janeiro de 2020 ("pacite anticrime"), em especial devido à modificação do artigo 28 e da inserção do artigo 28-A no Código de Processo Penal, e de acordo com a recentíssima decisão do Supremo Tribunal Federal, que suspendeu parte da referida norma legal em medida cautelar nas ações diretas de inconstitucionalidade nº 6.298, 6.299, 6.300 e 6.305.

No item 2 trataremos dos efeitos da condenação previstos no artigo 4º, incisos I, II e III da Lei 13.869/2019, fazendo um comparativo com os efeitos já antes previstos no Código Penal e no Código de Processo Penal. Examinaremos a fixação do valor mínimo de indenização para reparação dos danos causados e a legitimidade para o pleito; a inabilitação temporária para o exercício de cargo, mandato ou função pública para o réu reincidente específico e a possibilidade ou não de retroatividade da Lei; e a perda definitiva do cargo, emprego ou função pública e quando terá ela cabimento, frente às novas disposições legais e seu aparente confronto com o artigo 92, I, "a", do Código Penal.

Por derradeiro, faremos, no item 3, uma análise das penas restritivas de direito que podem ser aplicadas ao condenado por abuso de autoridade: prestação de serviços à comunidade e suspensão temporária do exercício do cargo, função ou mandato. Verificaremos os requisitos legais para a substituição, fazendo um paralelo entre os artigos 44, 46 e 47 do Código Penal com a novel legislação.

1. A ação penal nos crimes de abuso de autoridade

O capítulo III da Lei nº 13.869/2019 traz o artigo 3º, com a seguinte redação:

> *Art. 3º Os crimes previstos nesta Lei são de ação penal pública incondicionada.*
> *§ 1º Será admitida ação privada se a ação penal pública não for intentada no prazo legal, cabendo ao Ministério Público aditar a queixa, repudiá-la e oferecer denúncia substitutiva, intervir em todos os termos do processo, fornecer elementos de prova, interpor recurso e, a todo tempo, no caso de negligência do querelante, retomar a ação como parte principal.*
> *§ 2º A ação privada subsidiária será exercida no prazo de 6 (seis) meses, contado da data em que se esgotar o prazo para oferecimento da denúncia.*

A ação penal movida em face do autor de qualquer dos crimes de abuso de autoridade previstos na Lei (artigos 9º a 38) é **pública incondicionada**. Nem poderia deixar de ser diferente. Primeiro porque a natureza pública incondicionada é a regra geral do sistema processual penal brasileiro, nos termos do artigo 100 do Código Penal (*"a ação penal é pública, salvo quando a lei expressamente a declara privativa do ofendido"*). Segundo porque, havendo abuso de poder por parte das autoridades descritas no artigo 2º da Lei nº 13.869/2019 (servidores públicos e militares, membros dos Poderes Legislativo, Executivo e Judiciário, membros do Ministério Público e dos Tribunais ou Conselhos de Contas), que, no exercício da função, ajam com a finalidade específica de prejudicar outrem ou beneficiar a si ou terceiro, ou que ajam por mero capricho ou satisfação pessoal (artigo 1º, caput e § 1º, da Lei), torna-se evidente o interesse público na persecução da causa.

Sendo pública a ação penal, ela é intentada pelo Ministério Público, titular exclusivo da ação penal pública, nos termos do artigo 129, I, da

Constituição Federal, artigo 100, § 1º, 1ª parte, do Código Penal, e artigo 24, 1ª parte, do Código de Processo Penal. O fato de ser incondicionada significa que ela independe de qualquer condição de procedibilidade, como representação do ofendido ou requisição do Ministro da Justiça (condições existentes nas ação penais públicas condicionadas, conforme artigo 100, § 1º, 2ª parte, do Código Penal, e artigo 24, 2ª parte, do Código de Processo Penal).

Aliás, não faria nenhum sentido a exigência de qualquer condição de procedibilidade, já que o ofendido pelo abuso do poder da autoridade não é isoladamente o particular que sofre diretamente o ato abusivo, mas sim a sociedade como um todo, já que existe interesse público e supraindividual na legalidade e lisura das condutas de todos os agentes públicos.

Tendo em vista o rol de agentes públicos que podem ser autores dos delitos de abuso de autoridade, importante lembrar que muitos deles terão prerrogativa constitucional de foro, o que implicará na definição da atribuição do membro do Ministério Público legitimado para a propositura da ação penal. Exemplo: se o autor do abuso for um membro do Congresso Nacional (artigo 2º, II, da Lei nº 13.869/2019), a competência para julgamento será do Supremo Tribunal Federal (artigo 102, I, "b", da Constituição Federal) e, por conseguinte, a atribuição ministerial será do Procurador-Geral da República (artigo 46, *caput* e III, da Lei Complementar Federal nº 75/1993). Outro exemplo: se o autor do abuso for um Juiz de Direito estadual, a competência para julgamento será do Tribunal de Justiça do respectivo Estado (artigo 96, III, da Constituição Federal) e, por consequência, a atribuição ministerial será do Procurador-Geral de Justiça da mesma unidade federativa (artigo 29, V, da Lei Federal nº 8.625/1993).

O §§ 1º e 2º do artigo 2º da nova Lei estabelecem a admissão da ação penal privada subsidiária da pública se esta última não for intentada dentro do prazo legal[1], devendo o querelante (autor da queixa-crime[2] subsidiária da denúncia[3]) ajuizar a demanda no prazo de 6 (seis) meses a con-

---

[1] Tal como já era antes previsto na antiga lei de abuso de autoridade, qual seja a revogada Lei nº 4898/1965.

[2] Nome dado à petição inicial da ação privada.

[3] Nome dado à petição inicial da ação pública.

tar da data em que se esgotar o prazo para o Ministério Público ofertar a denúncia.

Para Igor Pereira Pinheiro, André Clark Nunes Cavalcante e Emerson Castelo Branco, a ação privada subsidiária da pública *"constitui um claro mandamento constitucional anticorrupção e deve ter seu uso estimulado em qualquer hipótese"*[4]. Com razão os autores, pois a ação residual é inegavelmente uma forma de controle popular sobre atos do Poder Público (no caso o Ministério Público), evitando-se a ausência de ação penal por desídia ou má-fé.

Oferecida a queixa-crime, o Ministério Público, consoante dispositivo legal ora em estudo, poderá aditá-la, repudiá-la ou oferecer denúncia substitutiva, sem prejuízo de intervir em todos os atos processuais, fornecer elementos de prova, interpor recurso e, a todo momento, caso haja desídia do querelante, retomar a ação penal como parte principal. Tudo isso ocorre porque a ação penal por abuso de autoridade não perde a natureza de ação pública. A previsão de um particular oferecer queixa subsidiária visa, tão somente, impedir ou evitar uma omissão do Ministério Público, titular privativo da ação pública.

Relevante lembrar que a ação penal privada não é passível de perempção[5]. Primeiro porque o artigo 60 do Código de Processo Penal se refere à perempção da ação exclusivamente privada (e não à subsidiária); segundo porque há interesse público e não meramente individual na demanda, de maneira que, havendo omissão do querelante, a titularidade retorna a quem de direito, ou seja, ao Ministério Público.

Éimportante a informação de que referido dispositivo legal (artigo 3º da Lei nº 13.869/2019) foi vetado pela Presidência da República, sendo o veto, porém, rejeitado pelo Congresso Nacional.

As razões do veto foram assim redigidas pela Presidência:

---

[4] Nova Lei do Abuso de Autoridade. JH Mizuno. Leme/SP, 2020, p. 54.

[5] Extinção da ação penal e da punibilidade do querelado (artigo 107, IV, do Código Penal) em razão da inércia processual do querelante, ou, nas palavras de Mirabete e Fabbrini, *"perda do direito de prosseguir na ação penal de iniciativa privada, ou seja, a sanção jurídica de extinção da punibilidade acarretada pela inércia do querelante"* (MIRABETE, Julio Fabbrini; FABBRINI, Renato N. Código Penal Interpretado. 9.ed. São Paulo: Atlas, 2015, p. 652).

"A ação penal será sempre pública incondicionada, salvo quando a lei expressamente declarar o contrário, nos termos do art. 100 do Código Penal, logo, é **desnecessária a previsão do caput do dispositivo proposto.** *Ademais, a matéria, quanto à admissão de ação penal privada, já é suficientemente tratada na codificação penal vigente, devendo ser observado o princípio segundo o qual* **o mesmo assunto não poderá ser disciplinado em mais de uma lei,** *nos termos do inciso IV do art. 7º da Lei Complementar 95, de 1998. Ressalta-se, ainda, que nos crimes que se procedam mediante ação pública incondicionada não há risco de extinção da punibilidade pela decadência prevista no art. 103 cumulada com o inciso IV do art. 107 do CP, conforme precedentes do STF (v.g. STF. RHC 108.382/SC. Rel. Min. Ricardo Lewandowski. T1, j. 21/06/2011)"* – o grifo é nosso.

O veto presidencial foi lógico e acertado, pois o artigo 3º da nova lei de abuso de autoridade simplesmente repete normas já há muito tempo existentes em nosso ordenamento jurídico. Com efeito, o artigo 100, caput, do Código Penal prevê a regra geral da ação penal pública incondicionada, ao passo que seu § 3º admite a possibilidade da ação penal privada subsidiária da pública. Nos mesmos moldes, os artigos 24 e 29 do Código de Processo Penal, que dispõem, respectivamente, sobre a regra geral da ação pública incondicionada e a possibilidade de queixa subsidiária na inércia do órgão ministerial.

No mais, o instituto da ação privada subsidiária da pública é previsto na própria Constituição Feral, em seu artigo 5º, LIX: *"será admitida ação privada nos crimes de ação pública, se esta não for intentada no prazo legal".*

Nenhuma novidade foi instituída pelo discutido artigo 3º da nova lei. Além da previsão anterior da regra geral da ação pública incondicionada e da admissão de queixa subsidiária, o artigo 29 do Código de Processo Penal possui redação praticamente idêntica à do § 1º do artigo 3º da Lei nº 13.869/2019, ao permitir que o representante do Ministério Público adite[6], repudie ou substitua a queixa por denúncia, bem como prevê sua intervenção em todos os termos do processo, produção de provas, interposição de recursos e retomada da titularidade da ação em caso de negligência do querelante.

---

[6] O prazo para eventual aditamento é de 3 (três) dias, conforme artigo 46, § 2º, do Código de Processo Penal.

O prazo estatuído pelo § 2º do estudado artigo 3º da nova lei, qual seja, de 6 meses para ajuizamento da queixa subsidiária, a contar do término do prazo do Ministério Público, também é o mesmo do artigo 103 do Código Penal e do 38 do Código de Processo Penal.

Vemos, portanto, que o legislador tão apenas reproduziu, no artigo 3º, caput e parágrafos, a redação de dispositivos legais já antes existentes, o que, além de dispensável (pois repetitivo), é vedado pelo artigo 7º, IV, da Lei nº Complementar Federal nº 95/1998: "*o mesmo assunto não poderá ser disciplinado por mais de uma lei, exceto quando a subsequente se destine a complementar lei considerada básica, vinculando-se a essa por remissão expressa*".

De qualquer forma, o Poder Legislativo derrubou o veto do Poder Executivo, com fundamento no artigo 66, § 4º, da Constituição Federal.

Sobre tal aspecto, Gabriela Marques e Ivan Marques entendem que "*agiu muito bem a equipe ministerial e presidencial em vetar este artigo pois, além de desnecessário, descumpre a legislação repetindo texto que já existe*". Ponderam os autores, contudo, que a repetição, em especial da possibilidade de queixa-crime pelo particular, "*não foi mero acaso*", mas algo proposital por parte do legislador, "*como um mecanismo de segurança para que possa realmente apurar os casos de abuso de autoridade*", uma espécie de "*recado*" para evitar a omissão do Ministério Público, o qual deverá sempre, dentro do prazo legal, "*denunciar, requerer arquivamento ou requisitar novas diligências*"[7].

De qualquer forma, a possibilidade de ação privada subsidiária é limitada à inércia do órgão ministerial. Ora, o Ministério Público detém, por prerrogativa constitucional, a titularidade privativa da ação penal pública, cabendo a ação privada subsidiária na restritíssima hipótese de o representante ministerial, por desídia ou inércia, não se manifestar dentro do prazo legal que lhe é confiado.

Embora as normas vigentes – Constituição Federal, Código Penal, Código de Processo Penal e, agora também a atual lei de abuso de autoridade – admitam a queixa subsidiária se o Ministério Público não ajuizar a denúncia no prazo legal, é evidente – e já há muito tempo pacífico – que a ação privada só tem cabimento na omissão ministerial em tomar uma das possíveis providências previstas em lei, quais sejam, oferecer denúncia

---

[7] MARQUES, Gabriela; MARQUES, Ivan. A nova lei de abuso de autoridade. São Paulo: RT, 2019, p. 38-39.

(nos moldes do artigo 41 do Código de Processo Penal); propor arquivamento do inquérito policial, procedimento investigatório criminal ou outras peças de informação (nos termos do artigo 28 do Código de Processo Penal[8]); requisitar diligências essenciais para a formação de sua *opinio delicti* (artigo 47 do Código de Processo Penal); oferecer a transação penal quando o crime de abuso de autoridade for considerado de menor potencial ofensivo (artigo 76 da Lei nº 9099/95)[9]; ou formular acordo de não persecução penal, previsto no novo artigo 28-A do Código de Processo Penal, inserido pela nova Lei nº 13.964/2019. Assim, jamais caberá ação privada subsidiária se, dentro de seu prazo, o Ministério agir, seja qual for a providência legal adotada pelo órgão.

Desta feita, ao receber os autos de um procedimento que apura crime de abuso de autoridade (inquérito policial, procedimento investigatório criminal do próprio Ministério Público, ou de quaisquer outras peças informativas de natureza investigativa), o membro do *Parquet*, frisa-se, poderá, dentro de suas atribuições e no prazo legal, oferecer denúncia, requisitar novas diligências, propor arquivamento, oferecer a transação penal (quando cabível) ou realizar acordo de não persecução penal com

---

[8] Observar que o artigo 28 do Código de Processo Penal, que trata do arquivamento pelo Ministério Público, foi alterado pela Lei nº 13.964/2019 (alcunhada de "pacote anticrime"), que previu que "*o órgão do Ministério Público comunicará à vítima, ao investigado e à autoridade policial e encaminhará os autos para a instância de revisão ministerial para fins de homologação, na forma da lei*". Todavia, em 22/01/2020, um dia antes da entrada em vigor da Lei nº 13.964/2019, o Supremo Tribunal Federal, em julgamento monocrático (Ministro Relator Luiz Fux) da medida cautelar nas ações diretas de inconstitucionalidade nº 6.298, 6.299, 6.300 e 6.305, **suspendeu a eficácia de diversos dispositivos legais acrescidos ou modificados pela nova Lei, dentre eles o artigo 28 do CPP**. Atualmente, então, segue vigente a redação anterior, qual seja: "*se o órgão do Ministério Público, ao invés de apresentar a denúncia, requerer o arquivamento do inquérito policial ou de quaisquer peças de informação, o juiz, no caso de considerar improcedentes as razões invocadas, fará remessa do inquérito ou peças de informação ao procurador-geral, e este oferecerá a denúncia, designará outro órgão do Ministério Público para oferecê-la, ou insistirá no pedido de arquivamento, ao qual só então estará o juiz obrigado a atender*".
[9] A Lei nº 9099/95, em seu artigo 61, com redação a Lei 11.313/2006, prevê que são crimes de menor potencial ofensivo aqueles cuja pena máxima atribuída pelo legislador for de até 2 (dois) anos. Encaixam-se nesta baliza os delitos tipificados nos artigos 12, 16, 18, 20, 27, 29, 31, 32, 33, 37 e 38 da Lei nº 13.869/2019.

o investigado[10]. **Adotada qualquer uma destas hipóteses, não caberá queixa-crime subsidiária.** Noutras palavras, esta somente terá cabimento se desidioso o órgão ministerial.

O prazo de manifestação do Ministério Público está descrito no artigo 46 do Código de Processo Penal: 5 (cinco) dias se o agente estiver preso cautelarmente e 15 (quinze) dias se o agente estiver solto, contando-se o prazo da data em que o órgão ministerial receber os autos do inquérito policial, procedimento investigatório ou peças de informação.

É evidente que a tomada de decisão por parte do Ministério Público dependerá de acurada análise do caso por seu representante legal. É o membro do *Parquet* com atribuição para atuação quem verificará se houve ou não abuso de poder do investigado. Esse exame contemplará, além da verificação concreta dos elementos do tipo penal em apreço (artigos 9º a 38 da novel lei de abuso de autoridade), também se houve um dos elementos subjetivos (dolo específico) exigidos pela Lei, isto é, a intenção deliberada de prejudicar outrem; beneficiar a si mesmo ou a terceiro; agir por mero capricho ou por satisfação pessoal.

Casos haverá em que o membro do Ministério Público entenderá inexistir dolo específico e promoverá o arquivamento da investigação, a qual será encaminhada para homologação do Juiz de Direito competente (*consoante antiga redação do artigo 28 do Código de Processo Penal, que segue vigente por força da suspensão, pelo Supremo Tribunal Federal, da alteração legislativa promovida pela Lei nº 13.964/2019 – vide nota de rodapé nº 6*). A homologação judicial colocará termo na investigação, que será arquivada, ao passo que

---

[10] Para a realização do acordo de não persecução, deverão estar preenchidos os requisitos objetivos e subjetivos previstos em Lei: não ser caso de arquivamento; haver confissão do investigado; infração penal sem violência ou grave ameaça, com pena mínima inferior a 4 (quatro) anos e que não envolva violência doméstica ou familiar contra a mulher; primariedade ou ausência de habitualidade criminosa; não fruição do mesmo benefício pelo agente nos últimos 5 (cinco) anos. Observamos, aqui, que **todos os crimes de abuso de autoridade previstos na Lei nº 13.869/2019 possuem pena mínima inferior a 4 anos**, não cabendo, a princípio, o acordo de não persecução somente naqueles em que **há violência ou grave ameaça**, tais como os tipos penais dos artigos 13, 22, I, e 24 da Lei; ou naqueles cuja pena máxima é inferior ou igual a 2 (dois) anos, nos quais caberão, **preferencialmente, a transação penal** (artigo 28-A, § 2º, I, da nova redação do Código de Processo Penal). Nos demais, deverão ser analisados os outros requisitos da norma legal.

A NOVA LEI DE ABUSO DE AUTORIDADE: REFLEXÕES SOBRE A AÇÃO PENAL...

a discordância do Juiz fará o caso ser encaminhado ao Procurador-Geral (chefe do Ministério Público), a quem caberá tomar uma decisão final pela denúncia ou arquivamento.

É claro que o entendimento do *Parquet*, recepcionado e homologado pelo Poder Judiciário (ou decidido pelo Procurador-Geral após aplicação do antigo artigo 28 do Código de Processo Penal), pode não ser compactuado, por exemplo, por um particular que foi atingido pelo abuso de poder da autoridade investigada. Nesse caso, o particular nada poderá fazer na esfera criminal, pois a homologação judicial do arquivamento (ou a decisão do Procurador-Geral) põe um ponto final no caso. Porém, é importante considerar que o novo artigo 28 do Código de Processo Penal (redação da Lei nº 13.964/2019) está apenas suspenso pelo Supremo Tribunal Federal, cautelarmente, até julgamento final das ADINs 6.298, 6.299, 6.300 e 6.305. Se a Corte decidir, afinal, pela constitucionalidade da nova redação, poderá o particular, vítima do abuso de poder[11], "*submeter a matéria à revisão da instância competente do órgão ministerial, conforme dispuser a respectiva lei orgânica*" (art. 28, § 1º, do Código de Processo Penal, com redação da Lei nº 13.964/2019, por ora, destaca-se, suspensa).

Por fim, relevante consignar que não há decadência da ação penal privada subsidiária da pública[12], ponto já decidido pelo Supremo Tribunal Federal no RHC 108.382-SC, Rel. Min. Ricardo Lewandowski, 1ªT, j. 21/06/2011. Portanto, nos ensinamentos de Avena, nos crimes de ação penal pública incondicionada (é o caso dos delitos de abuso de autori-

---

[11] Cumpre-nos notar que, na nossa visão, o crime de abuso de autoridade tem como bem jurídico principal a própria Administração Pública, já que há um interesse social, supraindividual, de que as autoridades ajam dentro da estrita legalidade, sem abusos. Entretanto, temos inegavelmente, um segundo bem jurídico protegido pela norma, que é o direito individual violado pelo agente público, v.g. a integridade física ou saúde mental de um particular, seu sigilo, domicílio etc.

[12] A decadência é "*a perda do direito de queixa ou de representação em face da inércia de seu titular durante o prazo legalmente previsto*" (MASSON, Cleber. Código Penal Comentado. 7.ed. São Paulo: Método, 2019, p. 524). Ela ocorre nas ações públicas condicionadas à representação e nas ações exclusivamente privadas, se a vítima não agir dentro do prazo de 6 (seis) meses a contar da data da ciência da autoria do fato (art. 103 do Código Penal e 38 do Código de Processo Penal) e gera a extinção da punibilidade do agente (artigo 107, IV, do Código Penal).

dade) a legitimidade do Ministério para propositura da ação é exclusiva dentro de seu prazo legal (5 ou 15 dias, conforme o caso); *"escoado este lapso, daí em diante e até o decurso do prazo de seis meses, haverá legitimação concorrente"* (tanto o Ministério Público pode ajuizar denúncia, como o particular poderá mover a queixa); *"ultrapassados esses seis meses, dá-se, para o ofendido, a decadência imprópria de seu direito de promover a ação penal subsidiária"*[13].

A decadência é imprópria porque não resulta em extinção da punibilidade do autor do delito e, como existe o interesse público, a legitimidade retorna a ser privativa do *Parquet*, que poderá demandar o caso até que ocorra outra causa extintiva da punibilidade (como a prescrição, por exemplo), já que o prazo para oferecimento de denúncia é um prazo também impróprio, cuja perda não afeta o processo[14].

2. Os efeitos da condenação

O Capítulo IV da novel legislação trata de dois assuntos distintos: dos efeitos da condenação (artigo 4º) e das penas restritivas de direito (artigo 5º, que será estudado no próximo item deste artigo).

O artigo 4º estabelece que:

Art. 4º São efeitos da condenação:
I – tornar certa a obrigação de indenizar o dano causado pelo crime, devendo o juiz, a requerimento do ofendido, fixar na sentença o valor mínimo para reparação dos danos causados pela infração, considerando os prejuízos por ele sofridos;
II – a inabilitação para o exercício de cargo, mandato ou função pública, pelo período de 1 (um) a 5 (cinco) anos;
III – a perda do cargo, do mandato ou da função pública.
Parágrafo único. Os efeitos previstos nos incisos II e III do **caput** *deste artigo são condicionados à ocorrência de reincidência em crime de abuso de autoridade e não são automáticos, devendo ser declarados motivadamente na sentença.*

---

[13] AVENA, Norberto. Processo Penal. 11.ed. São Paulo: Método, 2019, p. 249-250.
[14] Podendo acarretar, claro, em responsabilidade administrativa ou disciplinar para o membro do Ministério Público, se o atraso for injustificado.

Nas lições de Renato Brasileiro de Lima, *"efeitos da condenação são todas as consequências que, direta ou indiretamente, atingem a pessoa do condenado por sentença penal transitada em julgado"*[15]. A Lei nº 13.869/2019 estabeleceu três efeitos específicos para a condenação do agente público que pratique os crimes de abuso de autoridade.

O primeiro efeito da condenação do agente público autor de abuso de poder é a **obrigação de indenizar** o dano causado pelo crime, devendo o Juiz fixar na sentença, a requerimento do ofendido, o **valor mínimo** para a reparação dos prejuízos causados pela infração.

A obrigação de reparar os danos causados pelo crime não é novidade legislativa. Já é prevista no artigo 91, I, do Código Penal, desde a reforma de 1984. O valor mínimo fixado pelo Juiz sentenciante também já encontrava previsão no artigo 387, IV, do Código de Processo Penal, com redação dada pela Lei nº 11.719/2008. Porém, a Lei nº 13.869/2019 inova, em parte, ao fundir os dois dispositivos legais mencionados. Consoante normativa, a condenação criminal gera o **efeito automático** de reparação do dano na esfera cível, já que o ilícito criminal é, também, um ilícito civil, até por força do artigo 927 do Código Civil e 63 do Código de Processo Penal. Todavia, caberá ao Juiz fixar um valor mínimo de indenização para reparação dos prejuízos causados pelo abuso.

Ao se estabelecer valor mínimo, fica claro que o ofendido pode ajuizar ação cível de conhecimento buscando uma indenização complementar, sobretudo por fatos não discutidos na seara criminal, como lucros cessantes e dano moral, por exemplo[16]. Aliás, o próprio parágrafo único do artigo 63 do Código de Processo Penal estabelece que *"transitada em julgado a sentença (penal) condenatória, a execução poderá ser fixada pelo valor fixado nos termos do inciso IV do caput do artigo 387 deste código, sem prejuízo da liquidação para apuração do dano efetivamente sofrido"*. O valor pago pelo condenado no processo de execução da pena será descontado de eventual

---

[15] Nova lei de abuso de autoridade. Salvador: Jus Podivm, 2020, p. 58.

[16] Não que a sentença penal não possa fixar valor de indenização por dano moral. Ela pode, até porque o artigo 387, IV, do Código de Processo Penal trata genericamente de "reparação dos danos", podendo ser materiais ou morais. O próprio STJ, no REsp 1585684, j. 24/08/2016, admitiu essa possibilidade. Contudo, na prática, é muito difícil a discussão de questões afetas ao dano moral perante o Juízo Criminal.

condenação posterior em processo cível específico para a indenização complementar.

O art. 4º, I, da Lei nº 13.869/2019 prevê, expressamente, que **o ofendido deverá requerer** tal valor mínimo de indenização, o que não foi previsto no artigo 387, IV, do Código de Processo Penal, o qual é silente sobre a legitimidade para pugnar o montante.

Avena, em comentário ao inciso IV do artigo 387 do Código de Processo Penal, expressa o entendimento de que o valor da indenização resultante do crime poderia ser postulada em juízo tanto pelo Ministério Público (titular da ação) como pelo ofendido, por meio de advogado, admitindo, também, a possibilidade de a indenização mínima ser arbitrada de ofício pelo Juiz[17].

Para a jurisprudência majoritária, contudo, o Juiz não pode agir *ex officio*, dependendo de provocação do ofendido. Neste sentido:

> *"(...) 1. A permissão legal de cumulação de pretensão acusatória com a indenizatória* **não dispensa a existência de expresso pedido formulado pelo ofendido, dada a natureza privada e exclusiva da vítima.** *2. A fixação da reparação civil mínima também não dispensa a participação do réu, sob pena de frontal violação ao seu direito ao contraditório e à ampla defesa (...) (STJ, REsp 1290263-MG, Rel. Min. Marco Aurélio Bellizze, j. 02/10/2012, 5ªT) – O grifo é nosso.*

Parece-nos, particularmente, que não caberia ao Juiz fixar de ofício o valor mínimo de indenização, já que a sentença seria *extrapetita* e, mais que isso, imporia ao réu indenização não discutida nos trâmite do processo, o que de fato ofenderia o contraditório e a ampla defesa. Porém, ao contrário do exposto no supracitado acórdão do E. Superior Tribunal de Justiça, entendemos que, para qualquer crime que se processe mediante ação pública, a legitimidade para o pleito (pedido de fixação do valor mínimo) é concorrente entre Ministério Público **e ofendido**.

Ora, os crimes de abuso de autoridade se processam por ação pública incondicionada, até porque, como já sustentamos nesse artigo, eles afrontam a Administração Pública e portanto interesses supraindivi-

---

[17] Avena, Norberto, op. cit., p. 301.

duais. Ora, não teria sentido o Ministério Público, titular da ação penal, não ter legitimidade para postular a fixação da indenização ao ofendido, até porque o artigo 68 do Código de Processo Penal permite ainda mais: que o Ministério Público promova a própria ação de execução civil em favor do ofendido pobre[18].

Por outro lado, em que pese a natureza da ação e o bem jurídico primariamente tutelado (Administração Pública), também enxergamos a legitimidade daquele que tem atingido um direito fundamental, violado pela autoridade transgressora da norma, como, por exemplo, alguém que tem sua casa invadida sem mandado de busca e apreensão e sem haver as hipóteses permissivas do art. 5º, XI, da Constituição Federal. Este ofendido também pode (aliás, o artigo 4º, I, da Lei é expresso neste sentido) fazer o requerimento de indenização de um valor mínimo, trazendo aos autos, v.g., provas de que teve objetos danificados na sua casa.

Pensamos, pois, que duas soluções são viáveis para o ofendido: postular a indenização diretamente em Juízo, por meio de advogado que se habilite como assistente de acusação ao Ministério Público (artigo 268 e seguintes do Código de Processo Penal), comprovando, pelos meios de prova admitidos, os danos sofridos; buscar sua pretensão junto ao membro do *Parquet* responsável pela ação penal, entregando-lhe provas ou simplesmente declarando quais foram seus prejuízos, sendo as suas declarações reduzidas a termo, para acompanhar a denúncia, na qual constaria o pedido expresso de um valor mínimo para a reparação do dano[19].

O segundo efeito da condenação expresso na Lei (artigo 4º, II) é **a inabilitação do exercício do cargo, mandado ou função pública, pelo período de 1 (um) a 5 (cinco) anos**, o qual somente terá cabimento

---

[18] É fato que se discute a constitucionalidade deste artigo, já que permite ao Ministério Público atuar em nome próprio na defesa de interesse individual e disponível, o que não é sua missão constitucional. Porém, o Supremo Tribunal Federal posicionou-se pela possibilidade de atuação do Ministério Público nesses casos em localidades em que a Defensoria Pública ainda não estiver estruturada para o exercício deste mister (STF, Pleno, RExt 135328-SP, Rel. Min. Marco Aurélio, j. 29/06/1994).

[19] Para Gabriela Marques e Ivan Marques, o pedido deverá ser feito pelo Ministério Público, mas os autores também enxergam a possibilidade de *"oitiva obrigatória da vítima de abuso para que possa, nos autos, apresentar argumentos e elementos quantitativos de eventual dano para viabilizar a sua fixação pelo magistrado"* (op. cit., p. 45).

em caso de **reincidência específica** em crime de abuso de autoridade e desde que a inabilitação seja **expressa e motivadamente declarada na sentença** (parágrafo único).

A antiga Lei de abuso de autoridade (Lei nº 4.898/1965), revogada pela atual, previa no artigo 6º, § 3º, "c", a inabilitação para o exercício de qualquer função pública pelo prazo de até 3 anos.

A nova Lei, portanto, aumenta o prazo máximo da inabilitação ao serviço público (de 3 para 5 anos) e, de outro vértice, regulamenta um prazo mínimo, que ainda não existia, dando-se uma maior segurança ao aplicador da Lei. Ela também exige, expressamente, a reincidência específica do agente, o que não era prevista na legislação pretérita.

Assim, a nova Lei pode, potencialmente, ser lei penal mais benéfica ou mais rigorosa ao agente condenado por abuso de autoridade na vigência da Lei anterior. Podemos, em razão disso, aplicar retroativamente a nova lei (exemplo, para não permitir a inabilitação de um agente primário) ou aplicar ultrativamente a Lei anterior (exemplo, para não impor a inabilitação por prazo superior a 3 anos), tudo a depender do caso concreto.

Observar que a inabilitação de um a cinco anos para o exercício de cargo ou função pública ou de mandato eletivo possui dois pressupostos.

O primeiro é a reincidência específica em crime de abuso de autoridade, isto é, o agente possui condenação transitada em julgado por crime de abuso de autoridade e é condenado novamente por novo crime da mesma natureza dentro de um período de até 5 (cinco) anos a contar do término da primeira pena (artigos 63 e 64 do Código Penal). Ultrapassado o período depurador da reincidência, o agente volta a ser tecnicamente primário, sendo-lhe inaplicável a inabilitação para suas atividades públicas como consequência da nova condenação.

O segundo requisito é que a inabilitação seja expressamente declarada na sentença condenatória, devendo o Juiz fundamentar sua decisão (artigo 93, IX, da Constituição Federal). Neste segundo aspecto, o Juiz apreciará, dentro do caso concreto, considerando as circunstâncias do artigo 59 do Código Penal, se inabilitará ou não o agente.

A novel Lei prevê, ainda, um terceiro efeito da condenação: **perda do cargo, mandato ou função pública** (artigo 4º, III). Tal como ocorre com a inabilitação temporária, a perda também é condicionada à reincidência específica cumulada com a necessidade de declaração expressa e motivada na sentença penal condenatória. A diferença é que a perda é permanente.

A perda do cargo, função ou mandato eletivo como efeito da condenação é também prevista no artigo 92, I, do Código Penal, com redação da Lei nº 9.268/1996. Ela ocorre em duas hipóteses: *a) quando aplicada pena privativa de liberdade por tempo igual ou superior a 1 (um) ano, nos crimes praticados com abuso de poder ou violação de dever para com a Administração Pública; b) quando for aplicada pena privativa de liberdade por tempo superior a 4 (quatro) anos nos demais casos.*

Pensamos que ao autor de abuso de autoridade (crimes dos artigos 9º a 38 da Lei nº 13869/2019) não mais se aplica o previsto no artigo 92, I, "a", do Código Penal. Isto porque a lei especial (que prevalece sobre a geral) estabelece pressuposto próprio para a perda do cargo, função ou mandato: a reincidência específica. Assim, sendo o agente reincidente em crime de abuso de autoridade, ele poderá perder o cargo, função ou mandato, **independentemente da pena aplicada**, consoante artigo 4º, III, da nova Lei[20]. Todavia, sendo primário, esta perda é vedada, ainda que a pena do delito seja igual ou superior a um ano.

Desta feita, ainda que o artigo 92, I, "a" se refira a crime "*com abuso de poder ou violação de dever para com a Administração Pública*", entendemos que sua aplicação ficará restrita a outros crimes contra a Administração Pública que envolvem abuso da função (como corrupção passiva, peculato, concussão, advocacia administrativa etc.), mas sem aplicação aos delitos da nova lei de abuso de autoridade.

Quanto à alínea "b" do artigo 92, I, do Código Penal, esta é aplicável a outros crimes que não sejam contra a Administração Pública. Assim, se um agente público, v.g., matar um terceiro e for condenado a uma pena de 6 anos (artigo 121, caput, do Código Penal), ele poderá perder o cargo, função ou mandato eletivo, ainda que o delito praticado (homicídio) não tenha nexo de causalidade com a atividade pública.

---

[20] É o entendimento, também, de Renato Brasileiro de Lima: "*Funciona, assim, o inciso III do art. 4º da Lei nº 13.869/19, como* **norma especial** *em relação ao art. 92, I, do Código Penal, daí porque, em se tratando de crimes dessa natureza, a aplicação motivada desse efeito poderá ocorrer inde-* ***pendentemente do tipo de pena ou quantum de pena aplicada***, *desde que o agente seja reincidente específico em crime de abuso de autoridade*" (op. cit., p. 64) – o grifo é nosso.

3. As penas restritivas de direitos

O artigo 5º da nova Lei de abuso de autoridade dispõe sobre as penas restritivas de direito que podem ser aplicadas pelo Juiz ao autor dos crimes previstos na norma. Rezou o legislador que:

> *Art. 5º As penas restritivas de direitos substitutivas das privativas de liberdade previstas nesta Lei são:*
> *I – prestação de serviços à comunidade ou a entidades públicas;*
> *II – suspensão do exercício do cargo, da função ou do mandato, pelo prazo de 1 (um) a 6 (seis) meses, com a perda dos vencimentos e das vantagens;*
> *III – (VETADO).*
> *Parágrafo único. As penas restritivas de direitos podem ser aplicadas autônoma ou cumulativamente.*

As penas restritivas de direito são sanções autônomas, que substituem a pena privativa de liberdade. Duas delas foram previstas para o autor condenado por abuso de autoridade: prestação de serviços comunitários e a suspensão temporária (1 a 6 meses) do exercício do cargo, função ou mandato[21]. Em razão disso, pensamos que as demais penas restritivas previstas no ordenamento jurídico brasileiro (v.g., no artigo 43 do Código Penal) não são aplicáveis aos condenados por abuso de autoridade.

A Lei nº 13.869/2019 não tratou dos requisitos para a substituição da pena privativa de liberdade pelas duas restritivas de direito ali previstas. Em razão disso, consoante artigo 12 do Código Penal, aplicam-se as regras gerais deste estatuto, as quais estão previstas no artigo 44, com redação dada pela Lei nº 9.714/1998.

Somente caberá a substituição, então: se a pena fixada for de no máximo 4 (quatro) anos (artigo 44, I, do Código Penal); não pode haver

---

[21] O legislador previu uma terceira pena restritiva de direito, no inciso III do artigo 5º: *"proibição de exercer funções de natureza policial ou militar no Município em que tiver sido praticado o crime e naquele em que residir ou trabalhar a vítima, pelo prazo de 1 (um) a 3 (três) anos"*. Todavia, a Presidência da República **vetou** este dispositivo, sendo o veto **mantido** pelo Congresso Nacional. As razões do veto foram a ofensa ao princípio constitucional da isonomia, devido ao prejuízo que seria causado às forças de segurança de determinada localidade, prejudicando a sua população.

violência ou ameaça contra a pessoa (artigo 44, I, do Código Penal); o réu não pode ser reincidente específico (artigo 44, II e § 3º, do Código Penal); se o réu for reincidente não-específico, a medida deve ser socialmente recomendável (artigo 44, § 3º, do Código Penal); a substituição deve ser suficiente e adequada à repressão do fato, consoante critérios do artigo 59 do Código Penal (artigo 44, III, do Código Penal). Preenchidos os requisitos legais, a substituição é um direito subjetivo do condenado[22].

Se a pena aplicada for de até 1 (um) ano, o Juiz poderá substituir a pena por multa ou por um das duas penas restritivas de direito; se superior a um ano poderá substituir por uma pena restritiva mais multa ou pelas duas penas restritivas fixadas no artigo 5º da Lei de abuso de autoridade (nos termos do artigo 44, § 2º, do Código Penal).

A prestação de serviços à comunidade deve seguir aos ditames do artigo 46, caput e parágrafos, do Código Penal. Noutras palavras, possuirão as seguintes características: o serviço prestado à comunidade é gratuito (sem remuneração, já que se trata de pena); será realizado em programas comunitários ou estatais, entidades assistenciais, hospitais, escolas, orfanatos ou estabelecimentos congêneres; as tarefas serão atribuídas conforme aptidão do condenado, na ordem de uma hora de tarefa diária por dia de condenação, fixadas de modo a não prejudicar a jornada normal de trabalho do condenado junto à Administração Pública; é facultado ao condenado exercer períodos mais longos de atividade diária, para com isso reduzir o tempo de cumprimento da pena fixada (mas o tempo da prestação de serviços comunitários não pode ser inferior ao período de metade da pena privativa de liberdade).

Entendemos que somente não se aplica ao condenado por abuso de autoridade a restrição prevista no caput do artigo 46 do Código Penal, qual seja, a possibilidade de substituição da pena privativa de liberdade por restritiva de direito tão apenas quando a primeira for *superior* a 6 (seis) meses. Na nossa visão, se um agente for condenado, por exemplo, pelo artigo 18 da nova Lei nº 13.869/2019, a uma pena de 6 (seis) meses, poderá ele ter sua pena privativa de liberdade normalmente substituída por prestação de serviços à comunidade, já que a lei especial se silenciou

---

[22] Neste diapasão, Pinheiro, Cavalcante e Castelo Branco (op. cit., p. 65).

a respeito do *quantum* da sanção para fins de substituição, de forma que não enxergamos a necessidade de impor a limitação estatuída no Código Penal. Além disso, prestar serviço é a sanção alternativa mais benéfica prevista na Lei, não sendo razoável deixar de aplicá-la ao agente que recebe a pena mínima para o crime (6 meses).

A outra pena restritiva de direito abraçada pela nova lei de abuso de autoridade foi a suspensão do cargo, função ou mandato pelo prazo de 1 (um) a 6 (seis) meses, com a perda dos vencimentos e das vantagens.

O Código Penal prevê no artigo 47 a pena restritiva de interdição temporária de direitos, trazendo em seu inciso I a *"proibição do exercício de cargo, função ou atividade pública, bem como de mandato eletivo"*. Consoante palavras de Masson, essa sanção é específica, pois *"somente é aplicável ao crime cometido no exercício da profissão, atividade, ofício, cargo ou função, sempre que houver violação dos deveres que lhe são inerentes (art. 56 do CP)"*. Leciona, ainda, que *"com o integral cumprimento da pena, encerra-se a proibição do exercício do direito"*[23].

A Lei de abuso de autoridade, no entanto, foi ainda mais específica e, por ser norma especial, prevalece sobre o Código Penal. Assim, se a pena aplicada ao condenado por abuso de autoridade for de, por exemplo, um ou dois anos de detenção, a suspensão das atividades públicas não perdurará pelo tempo de condenação, mas sim por 1 (um) a 6 (seis) meses, nos termos do artigo 5º, II, da Lei nº 13.869/2019. O período de suspensão será dosado pelo Juiz em observância à presença das circunstâncias do artigo 59 do Código Penal.

De qualquer forma, foi expressa a Lei no sentido de que o condenado, além de afastado temporariamente de suas atividades públicas, ficará sem recebimento de seus vencimentos e das vantagens (como verbas oriundas de eventuais gratificações).

Conclusões

O presente artigo trouxe a lume uma reflexão sobre os artigos 3º, 4º e 5º da Lei nº 13.869/2019, que entrou em vigor em 05 de janeiro de 2020.

Dividimos o texto em três itens.

---

[23] Masson, Cleber, op. cit., p. 363-364.

No primeiro deles (1) estudamos a natureza e legitimidade para a ação penal, que é pública incondicionada, e a possibilidade de queixa subsidiária no prazo legal de seis meses, concluindo que esta somente é possível em caso de inércia ou desídia do membro do Ministério Público, sendo incabível quando este promover o arquivamento dos autos da investigação, requisitar diligências, ofertar transação penal (quando cabível), ou celebrar acordo de não persecução penal nos termos do atual artigo 28-A do Código de Processo Penal, com redação da Lei nº 13.964/2019.

No segundo item (2) discutimos os efeitos da condenação do agente público por abuso de autoridade, fazendo uma análise do valor mínimo de indenização aplicável em sentença e dos institutos da inabilitação temporária para exercício do cargo, mandato eletivo ou função pública e, também, da perda do cargo, função ou mandato. Arrematamos que a indenização na esfera criminal deve ser requerida pelo Ministério Público ou ofendido, não cabendo ao Juiz dá-la de ofício, e que ela não impede a complementação na esfera cível. Concluímos, também, que a inabilitação e a perda da atividade pública possuem uma regulamentação especial em relação ao Código Penal, somente podendo ser aplicada, nos termos da Lei nº 13.869/2019, ao agente público reincidente específico e desde que sejam elas declaradas expressamente e fundamentadas na sentença penal condenatória.

Por fim, este trabalho tratou das penas restritivas de direito, sanções autônomas que substituem a pena privativa de liberdade, nos termos do artigo 44 do Código Penal. A Lei nº 13.869/2019 traz duas penas restritivas especiais para o agente público condenado por abuso de poder: a prestação de serviços à comunidade, cuja regulamentação deve ser quase que integralmente buscada no artigo 46 do Código Penal, e a suspensão temporária da atividade pública, com a perda dos vencimentos e vantagens, sanção similar àquela do artigo 47, I, do Código Penal, porém com prazo específico de um a seis meses de duração, independentemente do montante da pena aplicada em sentença.

Referências

AVENA, Norberto. *Processo Penal*. 11.ed. São Paulo: Método, 2019.

LIMA, Renato Brasileiro de. *Nova lei de abuso de autoridade*. Salvador: Jus Podivm, 2020.

MARQUES, Gabriela; MARQUES, Ivan. *A nova lei de abuso de autoridade*. São Paulo: RT, 2019.

MASSON, Cleber. *Código Penal Comentado*. 7.ed. São Paulo: Método, 2019.

MIRABETE, Julio Fabbrini; FABBRINI, Renato N. *Código Penal Interpretado*. 9.ed. São Paulo: Atlas, 2015.

PINHEIRO, Igor Pereira; CAVALCANTE, André Clark Nunes; CASTELO BRANCO, Emerson. *Nova Lei do Abuso de Autoridade*. JH Mizuno. Leme/SP, 2020.

3. Das sanções de natureza civil e administrativa: comentários aos arts. 6º, 7º e 8º da Lei nº 13.869/2019

THAMARA MEDEIROS
ROGÉRIO CURY

Introdução

O agente público que praticar atos de abuso de autoridade estará sujeito a responsabilização civil, penal e administrativa pelos atos praticados.

A nova Lei de Abuso de Autoridade, nos artigos 6º, 7º e 8º, estabelece, em síntese, a independência das responsabilidades civil e administrativa, da criminal, sendo, portanto, mais específica do que a anterior revogada (Lei 4.898/65).

Nesse sentido, o presente artigo tem por objetivo esclarecer algumas premissas acerca das sanções de natureza civil e administrativa previstas–Lei. nº. 13. 869/19, a partir da análise da independência e da autonomia das instâncias cíveis, administrativas e penais no ordenamento jurídico brasileiro.

1. Independência e Autonomia das Instâncias

> *Art. 6º As penas previstas nesta Lei serão aplicadas independentemente das sanções de natureza civil ou administrativa cabíveis.*

Nos ensinamentos do Mestre Nelson Hungria[1]:

A ilicitude jurídica é uma só, do mesmo modo que um só, na sua essência, é o dever jurídico... Assim, não há falar-se de um ilícito administrativo onto-

---

[1] HUNGRIA, Nelson. *Ilícito administrativo e ilícito penal*. Revista de Direito Administrativo, Rio de Janeiro, ano 1, n.1, p.24-31, jan./mar. 1945. Disponível em: http://bibliotecadigital. fgv.br/ojs/index.php/rda/article/view/8302/7076 Acesso em: 10 de jan de 2020.

logicamente distinto de ilícito penal. A separação entre um e outro atende apenas a critério de conveniência ou de oportunidade, afeiçoados à medida do interesse da sociedade e do Estado, variável no tempo e no espaço.

Nestes termos, é possível compreender que a infração jurídica, seja civil, administrativa ou penal decorre do descumprimento de um dever legal. Uma mesma conduta pode representar, simultaneamente, ilícito penal, civil e administrativo, assim, o autor de uma infração jurídica poderá ser responsabilizado nas três esferas, sem configurar *bis in idem*, pois as instâncias são independentes.

A independência e autonomia das instâncias encontra previsão constitucional nos seguintes artigos da Constituição Federal:

Art. 37, § 4º, estabelece que: "Os atos de improbidade administrativa importarão a suspensão dos direitos políticos, a perda da função pública, a indisponibilidade dos bens e o ressarcimento ao erário, na forma e gradação previstas em lei, sem prejuízo da ação penal cabível".

Art. 225. [...] § 3º. As condutas e atividades consideradas lesivas ao meio ambiente sujeitarão os infratores, pessoas físicas ou jurídicas, a sanções penais e administrativas, independentemente da obrigação de reparar os danos causados.

Nota-se que uma única conduta pode caracterizar ilícito penal, administrativo e civil, e ensejar a tríplice responsabilização de forma simultânea e independente. Na lição de Fábio Medina Osório[2], "*a tentativa de punir todas as condutas declaradas ilícitas pelo Poder Legislativo sustenta o dogma da autonomia de instâncias no ordenamento jurídico brasileiro.*"

Em argumento similar, Lucas Rocha Furtado[3] explica:

---

[2] OSÓRIO, Fábio Medina. *Direito administrativo sancionador*. 2. ed. São Paulo: Revista dos Tribunais, 2005, p. 353.

[3] ROCHA, Furtado, Lucas. *Curso de Direito Administrativo*. 4 ed. Belo Horizonte: Editora Fórum, 2013. P. 803

DAS SANÇÕES DE NATUREZA CIVIL E ADMINISTRATIVA...

[...] Fixa a lei, portanto, a regra de que a condenação ou a absolvição em uma instância não deve importar em absolvição ou em condenação nas outras instâncias. Fixa-se, ademais, a regra de que as sanções decorrentes das diferentes instâncias, ainda que relacionadas à prática de um só ato, podem ser acumuladas sem que isto caracterize dupla ou tripla punição. A regra, portanto, é a da independência de instâncias.

Nessa ambiência, a lei de abuso de autoridade, nos termos de seu art. 6º, incorpora a separação das esferas de responsabilização civil e administrativa, ratificando, a independência e autonomia das instâncias já prevista na Constituição Federal em outros diplomas legais infraconstitucionais, tais como: art. 12, caput, da Lei 8.429/92 (Lei de Improbidade Administrativa); art. 125, da Lei 8.112/90 (Estatuto dos Servidores Federais) ; art. 82, da Lei 8.666 (Lei das Licitações) e arts. 68 e 82, da Lei 12. 529/2011 (Lei do Conselho Administrativo de Defesa Econômica).

Desse modo, a ação penal para apurar a prática de crime de abuso de autoridade poderá ser instaurada independentemente do início do processo administrativo. Da mesma forma, a ação civil para a reparação de danos poderá ser promovida ainda que não haja responsabilidade penal apurada.

A despeito do que foi dito, prevalece no STJ o entendimento de que:

II – A sanção administrativa é aplicada para salvaguardar os interesses exclusivamente funcionais da Administração Pública, enquanto a sanção criminal destina-se à proteção da coletividade. Consoante entendimento desta Corte, a independência entre as instâncias penal, civil e administrativa, consagrada na doutrina e na jurisprudência, permite à Administração impor punição disciplinar ao servidor faltoso à revelia de anterior julgamento no âmbito criminal, ou em sede de ação civil, mesmo que a conduta imputada configure crime em tese[4].

O Supremo Tribunal Federal sempre reconheceu a autonomia entre as instâncias administrativa, cível e penal. Sobre o tema, editou o enun-

---

[4] *RMS 18688/RJ; RECURSO ORDINÁRIO EM MANDADO DE SEGURANÇA 2004/ 0106448-7-*

ciado da sua Súmula nº. 18: *"Pela falta residual, não compreendida na absolvição pelo juízo criminal, é admissível a punição administrativa do servidor público."*

Cabe ressaltar que lei revogada nº 4.898/65[5] já estabelecia a tríplice responsabilização prevista no referido artigo. No entanto, o parágrafo único do art. 6º inova ao dispor que *"As notícias de crimes previstos nesta Lei que descreverem falta funcional serão informadas à autoridade competente com vistas à apuração."* Entende-se por notícia crime a comunicação às autoridades competentes da prática de um fato previsto como crime. O escopo dessa comunicação consiste em apurar infração funcional para fins de responsabilidade administrativa.

A nova lei dispõe que os crimes de abuso de autoridade sujeitam-se a ação penal pública incondicionada, portanto, qualquer pessoa que tiver conhecimento de um fato definido como crime de abuso de autoridade poderá noticiar o ocorrido, nos termos no §3º do art. 5º do Código de Processo Penal[6].

Relevante destacar que comunicação de fato sabidamente falso para prejudicar o agente público implicará em crime de denunciação caluniosa, previsto no art. 329 do CP, portanto, a *"noticias criminis"* exige cautela[7].

2. Relativização da Independência e Autonomia das Instâncias

> *O art. 7º As responsabilidades civil e administrativa são independentes da criminal, não se podendo mais questionar sobre a existência ou a autoria do fato quando essas questões tenham sido decididas no juízo criminal.*

O art. *7º* da Lei n. 13.869/19 encontra correspondência similar no art. 935 do Código Civil brasileiro: *"A responsabilidade civil é independente da*

---

[5] Art. 6º da Lei n. 4.898/65 O abuso de autoridade sujeitará o seu autor à sanção administrativa civil e penal.

[6] Art. 5º, §3º do CPP: Nos crimes de ação pública o inquérito policial será iniciado: Qualquer pessoa do povo que tiver conhecimento da existência de infração penal em que caiba ação pública poderá, verbalmente ou por escrito, comunicá-la à autoridade policial, e esta, verificada a procedência das informações, mandará instaurar inquérito.

[7] PINHEIRO, Igor Pereira; CAVALCANTE, André Clark Nunes; BRANCO, Emerson Castelo. A nova *Lei do Abuso de Autoridade, comentada artigo por artigo. Análise comparativa e crítica.* São Paulo: JH Mizuno, 2020.

DAS SANÇÕES DE NATUREZA CIVIL E ADMINISTRATIVA...

criminal, não se podendo questionar mais sobre a existência do fato, ou sobre quem seja o seu autor, quando estas questões se acharem decididas no juízo criminal." O referido artigo informa a relatividade da independência e autonomia das instâncias, ressaltando a interdependência ou comunicabilidade das esferas.

Fábio Medida Osório explica que comunicabilidade entre as instâncias resulta *"de um compromisso político do sistema punitivo com os valores da coerência e da unidade do ordenamento jurídico, resguardando vetores funcionais suficientes para estancar atos ilícitos dentro destes esquemas normativos[8]".*

O professor Cretella Junior[9], em artigo sobre a repercussão da sentença penal na esfera administrativa, registra que: *"As jurisdições civil, administrativa e penal são manifestações da soberania do Estado. Não devem opor-se. Ao contrário, devem ser harmônicas, servindo como referencial necessário a sentença penal".*

Vê-se, pois, que na ocorrência da comunicação de instâncias, a referência será a instância penal, no sentido de se verificar *"quais os reflexos que a decisão proferida no processo penal irá produzir em relação às instâncias administrativa e civil. Este é o ponto central da discussão da comunicação de instâncias"[10].*

Sobre essa questão já se posicionou o STF no sentido de reconhecer a independência e autonomia das instâncias, ressalvando as hipóteses de absolvição por inexistência de fato ou negativa de autoria, vejamos:

AG.REG. NO HABEAS CORPUS 147.576 DISTRITO FEDERAL 24/08/ 2018 RELATOR: MIN. LUIZ FUX
As instâncias civil, penal e administrativa são independentes, sem que haja interferência recíproca entre seus respectivos julgados, ressalvadas as hipóteses de absolvição por inexistência de fato ou de negativa de autoria. Precedentes: MS 34.420-AgR, Segunda Turma, Rel. Min. Dias Toffoli, DJe de 19/05/2017; RMS 26951-AgR, Primeira Turma, Rel. Min. Luiz Fux, Dje de 18/11/2015; e ARE 841.612-AgR, Segunda Turma, Rel. Min. Cármen Lúcia, DJe de 28/11/2014.

---

[8] Osório, Fábio Medina. *Direito administrativo sancionador. Op.Cit.,* p. 353
[9] Cretella, José Júnior. *Repercussão da sentença penal na esfera administrativa.* Disponível em:
[10] *Ibidem.*

Nessa sistemática, as ações cíveis e administrativas para apurar a responsabilidade do agente público por ato de abuso de autoridade serão promovidas de forma independente e autônoma e as decisões proferidas em ambos os processos de responsabilização não impactam a instância penal. Não obstante, a decisão juízo criminal que houver decidido sobre a existência ou autoria do fato produz reflexos nas demais instâncias, não se podendo mais questionar a autoria e a materialidade delitiva, portanto, se o agente público for absolvido na esfera penal por esses fundamentos, não poderá ser responsabilizado administrativa ou civilmente, pelo mesmo fato.

2.1. Excludentes de ilicitude e a comunicabilidade da sentença penal

> *Art. 8º Faz coisa julgada em âmbito cível, assim como no administrativo-disciplinar, a sentença penal que reconhecer ter sido o ato praticado em estado de necessidade, em legítima defesa, em estrito cumprimento de dever legal ou no exercício regular de direito.*

O art. 8º da Lei em comento reproduz o dispositivo do art. 65 do Código de Processo Penal *"Art. 65. Faz coisa julgada no cível a sentença penal que reconhecer ter sido o ato praticado em estado de necessidade, em legítima defesa, em estrito cumprimento de dever legal ou no exercício regular de direito".*

De forma similar, sobre o tema, prevê o Código Civil que: *Art. 188. Não constituem atos ilícitos: I – os praticados em legítima defesa ou no exercício regular de um direito reconhecido;*

Depreende-se do art. 8º em análise que a sentença absolutória por crime de abuso de autoridade, fundada nas excludentes de ilicitude previstas no art. 23 do Código Penal – estado de necessidade, legítima defesa, exercício regular de direito e estrito cumprimento dever legal, produz efeitos nas demais esferas de responsabilização.

O reconhecimento de tais excludentes, em sentença penal absolutória sumária ou ao final do processo, trata-se de pronunciamento de mérito resultando em coisa julgada formal e material que produz efeitos extrapenais, reconhecendo-se que o agente agiu conforme a legislação vigente, como um todo, e não apenas de acordo com a legislação penal.

DAS SANÇÕES DE NATUREZA CIVIL E ADMINISTRATIVA...

Em verdade, como o processo penal busca a chamada verdade processual (também denominada por muitos como verdade real), traz à prova extrema confiança e segurança jurídica, haja vista que a absolvição fundamentada nas excludentes de antijuridicidade somente deve ser prolatada após profunda produção probatória, produzida sob o crivo do princípio constitucional do devido processo legal, em especial da ampla defesa e contraditório.

Assim, reconhecido de forma definitiva, no âmbito penal, a excludente de ilicitude não há cogitar-se de ato ilícito no juízo cível ou administrativo-disciplinar.

Evidente que o processo penal impõe um limite à discussão do tema excludentes de ilicitude, não podendo a decisão penal, após o trânsito em julgado, ser questionada ou contrariada no juízo cível ou em âmbito administrativo-disciplinar. Importante salientar que as excludentes em questão devem ser as reais e não as descriminantes putativas, tendo em vista se tratar de excludentes de culpabilidade ou tipicidade.

Ademais, também não resultará coisa julgada no cível e no âmbito administrativo-disciplinar a sentença penal transitada em julgado que reconheceu o excesso na prática das excludentes de ilicitude

Como o artigo 8º da Lei de Abuso de Autoridade utiliza o termo *sentença penal*, sem fazer menção expressa se ela deve ser absolutória e proferida no curso ou no final da Ação Penal, entendemos que a decisão judicial que determina o arquivamento dos autos de inquérito policial, reconhecendo que o fato foi praticado em estado de necessidade, legítima defesa, exercício regular de direito ou estrito cumprimento de dever legal, desde que não embasada em provas fraudadas, também faz coisa julgada formal e material no âmbito cível e administrativo-disciplinar, pois há o julgamento do mérito da causa e o procedimento investigatório não poderá ser desarquivado, mesmo com o surgimento de novas provas.

Nesse sentido, caminha a jurisprudência do Superior Tribunal de Justiça:

RECURSO ORDINÁRIO EM HABEAS CORPUS. ART. 1º, §§ 2º E 4º, DA LEI N. 9.455/1997. TRANCAMENTO DA AÇÃO PENAL. BIS IN IDEM. OCORRÊNCIA. DECISÃO DA JUSTIÇA MILITAR QUE DETERMINOU O ARQUIVAMENTO DE INQUÉRITO POLICIAL MILITAR COM BASE

EM EXCLUDENTE DE ILICITUDE. COISA JULGADA MATERIAL. OFE-RECIMENTO DE DENÚNCIA POSTERIOR PELOS MESMOS FATOS. IMPOSSIBILIDADE. CONSTRANGIMENTO ILEGAL EVIDENCIADO. 1. A par da atipicidade da conduta e da presença de causa extintiva da punibilidade, o arquivamento de inquérito policial lastreado em circunstância excludente de ilicitude também produz coisa julgada material. 2. Levando-se em consideração que o arquivamento com base na atipicidade do fato faz coisa julgada formal e material, a decisão que arquiva o inquérito por considerar a conduta lícita também o faz, isso porque nas duas situações não existe crime e há manifestação a respeito da matéria de mérito. 3. A mera qualificação diversa do crime, que permanece essencialmente o mesmo, não constitui fato ensejador da denúncia após o primeiro arquivamento. 4. Recurso provido para determinar o trancamento da ação penal. **RHC 46.666/MS, Rel. Ministro SEBASTIÃO REIS JÚNIOR, SEXTA TURMA, julgado em 05/02/2015.**

Por sua vez, entendemos que o Supremo Tribunal Federal, só reconhece a coisa julgada material, na espécie, desde que não embasado em provas fraudadas:

O arquivamento de inquérito policial por excludente de ilicitude realizado com base em provas fraudadas não faz coisa julgada material.
Com base nesse entendimento, o Plenário, por maioria, denegou a ordem de "habeas corpus".
No caso, após o arquivamento do inquérito, o Ministério Público reinquiriu testemunhas e concluiu que as declarações prestadas naquele inquérito teriam sido alteradas por autoridade policial. Diante dessas novas provas, o "Parquet" ofereceu denúncia contra os pacientes — v. Informativos 446, 512 e 597.
O Tribunal entendeu possível a reabertura das investigações, nos termos do art. 18 do CPP (*), ante os novos elementos de convicção colhidos pelo Ministério Público.
Asseverou que o arquivamento do inquérito não faz coisa julgada, desde que não tenha sido por atipicidade do fato ou por preclusão.
Vencidos os ministros Marco Aurélio, Joaquim Barbosa e Cezar Peluso, que deferiam a ordem. Frisavam que o arquivamento com base em excludente de

ilicitude faz coisa julgada material, o que impediria o desarquivamento do inquérito policial, mesmo com novas provas.

(*) CPP, art. 18: "Depois de ordenado o arquivamento do inquérito pela autoridade judiciária, por falta de base para a denúncia, a autoridade policial poderá proceder a novas pesquisas, se de outras provas tiver notícia".

HC 87395/PR, rel. Min. Ricardo Lewandowski, julgamento em 23.3. 2017.

Em que pese abalizadas opiniões em contrário, sustentamos que o STF reconhece a viabilidade da coisa julgada material mitigada, no caso, ou seja, a decisão só poderia ser desfeita se a prova que deu origem ao reconhecimento da excludente de ilicitude foi fraudada. Portanto, entendemos que a decisão de arquivamento de inquérito policial que reconhece a excludente, também fará coisa julgada na esfera cível e administrativa-disciplinar.

Conclusões

A nova Lei de Abuso de Autoridade reforça a tríplice responsabilização do agente público já consagrada em diversos dispositivos normativos do ordenamento jurídico brasileiro. Nesse sentido, os preceitos normativos previsto nos arts. 6º, 7º e 8º reconhecem a independência e autonomia das instâncias, assim as três esferas de responsabilização – civil, penal e administrativa são independentes e autônomas entre si, portanto, não haverá, como regra, interferência de uma esfera na outra, ou seja, as responsabilidades administrativa, cível e penal não prejudicam umas às outras.

Não obstante, a independência e autonomia das instancias não é absoluta, os art. 7º e 8º excepcionam a regra e autorizam comunicabilidade das instâncias, possibilitando que a sentença penal interfira na decisão das demais esferas.

Logo, se agente público for absolvido da prática de crime de abuso de autoridade em razão da inexistência do fato e negativa de autoria ou em razão da ocorrência das causas excludentes de ilicitude, a sentença penal absolutória prevalecerá sobre as demais instâncias de responsabilização.

Na hipótese de agente público ser condenado por crime de abuso de autoridade, a sentença penal condenatória com trânsito em julgado produz reflexos nas demais instancias, pois a autoria e materialidade delitiva já foram comprovadas e, portanto, tais questões não devem ser rediscutidas nos processos de responsabilização civil e administrativo.

Referências

AGI, Samer. *Comentários à nova Lei de Abuso de Autoridade*. Brasília: CP Iuris, 2019.

CRETELLA JÚNIOR, José. *Do ilícito administrativo*. Disponível em: http://www.revistas.usp.br/rfdusp/article/viewFile/66693/69303 Acesso em: 11 fev 2020.

—. *Repercussão da sentença penal na esfera administrativa*. Disponível em: http://www.revistas.usp.br/rfdusp/article/view/66647 Acesso em 11 de fev 2020.

FILHO, Moreira Guaracy. *Nova lei do abuso de autoridade comentada, artigo por artigo*. 2 ed. São Paulo: Editora Rideel, 2020.

HUNGRIA, Nelson. *Ilícito administrativo e ilícito penal*. Revista de Direito Administrativo, Rio de Janeiro, ano 1, n.1, p.24-31, jan./mar. 1945. Disponível em: http://bibliotecadigital.fgv.br/ojs/index.php/rda/article/view/8302/7076 Acesso em: 10 de jan de 2020.

OSÓRIO, Fábio Medina. *Direito administrativo sancionador*. 2. ed. São Paulo: Revista dos Tribunais, 2005.

ROCHA, Furtado, Lucas. *Curso de Direito Administrativo*. 4 ed. Belo Horizonte: Editora Fórum, 2013.

PARTE 2

Capítulo VI da Lei n. 13.869/2019

4. A limitação à liberdade por ato judicial e o crime de abuso de autoridade

DANIEL DE RESENDE SALGADO

Introdução

O tensionamento entre a liberdade individual e o dever de proteção à coletividade é uma constante. Ao tempo em que se deve limitar o poder de intervenção do Estado na esfera particular, não se pode olvidar que há deveres estatais de tutela a determinados valores caros à sociedade, inclusive em face de agressões ou ameaças provenientes de atores privados[1]. Em outros termos, ao passo em que o Estado não pode atuar com excessos, tampouco deve agir de maneira insuficiente na proteção de seus cidadãos contra comportamentos delitivos.

Reconhece-se uma espécie de dupla tutela a direitos fundamentais[2]: uma a proteger os indivíduos dos excessos estatais e outra a escudar seus membros das práticas espúrias perpetradas por outro particular, inclusive à custa de sua liberdade individual. Dito de outra forma, o Estado também poderá desproteger direitos fundamentais assegurados pela Carta Política ao atuar de forma insuficiente[3]. Sob uma perspectiva, portanto, o Estado, possuidor do monopólio legítimo da força, é potencial violador de direitos fundamentais, mas, sob outra, considerando-se que

---

[1] SARLET, Ingo. Constituição e Proporcionalidade: o direito penal e os direitos fundamentais entre proibição de excesso e insuficiência. São Paulo, **Revista Brasileira de Ciências Criminais,** n. 47, março/abril de 2004, p. 93.

[2] STRECK, Lenio Luiz. A dupla face do princípio da proporcionalidade: da proibição de excesso (*Übermassverbot*) à proibição de proteção deficiente (*Untermassverbot*) ou de como não há blindagem contra normas penais inconstitucionais. Porto Alegre, **Revista da Ajuris: Associação dos Juízes do Rio Grande do Sul,** n. 97, março de 2005, p. 180.

[3] SCHÄFER STRECK, Maria Luiza. **Direito Penal e Constituição: a face oculta da proteção dos direitos fundamentais.** Porto Alegre: Livraria do Advogado, 2009, p. 92.

ABUSO DE AUTORIDADE

valores constitucionais mais transcendentes à coexistência humana são constantemente ameaçados, passa a ser garante de tais direitos.

Não se descarta, entretanto, que, mesmo na busca de equalização entre a proibição do excesso e a proibição da proteção insuficiente, autoridades públicas, como *longa manus* do Estado, acabem por afetar de modo desproporcional direitos fundamentais, inclusive daqueles a quem estejam sendo imputadas violações a terceiros[4].

Se os poderes outorgados ao agente estatal, especialmente em relação aos detentores do monopólio legal da violência, são utilizados, tanto em intensidade, como em extensão[5], para além do necessário à obtenção de um efeito jurídico, podem caracterizar atos abusivos. Os administrativistas costumam apresentar o abuso de poder sob duas perspectivas: excesso de poder e desvio de poder/finalidade[6]. Naquele, em apertada síntese, o agente rompe os limites estabelecidos por lei a sua função ou contorna os seus lindes para, dissimuladamente, lhe atribuir poderes que não possui[7], enquanto que no desvio de poder o agente atua dentro de sua atribuição, mas pratica o ato visando a, conscientemente, atingir uma finalidade diversa, explícita ou implicitamente, a sua esfera de competência ou tem sua ação alicerçada em motivos ou fins outros aqueles previstos em lei ou exigidos pelo interesse público[8].

Tais atos, por seu turno, podem ir além do abuso de poder de feição cível/administrativa e ser erigidos à categoria de tipos penais. Nesses casos, são reconhecidos com o *nomen iuris* de abuso de autoridade. Antes previsto na Lei 4.898/65, legislação editada durante o início do regime de exceção, mas proposta em um período de plenitude democrática[9], o

---

[4] SCHÄFER STRECK, Maria Luiza. **Direito Penal...**, p. 88/89.

[5] BANDEIRA DE MELLO, Celso Antônio. **Curso de Direito Administrativo.** 12ª ed. São Paulo: Malheiros, 2000, p. 683.

[6] GARCIA, Emerson; ALVES, Rogério Pacheco. **Improbidade Administrativa.** Rio de Janeiro: Lumen Juris, 2002, p. 248.

[7] BERNARDINO, Talitha Braz. **O abuso de poder na atuação do Ministério Público.** Belo Horizonte: Forum, 2019, p. 72.

[8] GARCIA, Emerson; ALVES, Rogério Pacheco. **Improbidade...**, p. 249.

[9] O texto tem origem no projeto de lei 952/1956 de autoria do então deputado pela UDN Bilac Pinto, parlamentar atuante durante o governo de Juscelino Kubistchek. Na época da propositura do projeto, o Brasil se encontrava em um período de pleno regime demo-

A LIMITAÇÃO À LIBERDADE POR ATO JUDICIAL E O CRIME DE ABUSO DE AUTORIDADE

abuso de autoridade era indicado por tipos penais de proteção aparentemente categórica (entretanto, mais simbólica do que efetiva[10]) a direitos individuais, como a liberdade de locomoção, o sigilo de correspondência, a inviolabilidade de domicílio, a incolumidade física[11]. Em outros termos, os tipos possuíam uma dúplice *ratio legis*: além de proteger a própria administração pública, dado que o abuso constitui uma lesão efetiva à dignidade e confiança ameaçadas pelos comportamentos espúrios de seus representantes, visavam a conferir uma incisiva tutela aos clássicos direitos e garantias de cunho liberal-iluminista em face de intervenções arbitrárias na esfera individual por agentes do Estado encarregados, justamente, pela força da autoridade, de assegurar tais direitos[12].

crático. Na seara internacional, o clima pós 2ª Guerra Mundial trazia consigo a fundação da ONU e a Declaração Universal de Direitos Humanos na década anterior. (ZAPATER, Maíra. Abuso de autoridade ou crime contra a humanidade? **Justificando**, 2019. Disponível em: <www.justificando.com/2019/03/29/abuso-de-autoridade-ou-crime-contra-a--humanidade/>. Acesso em: 30 dez. 2019).

[10] "Na busca sobre o assunto 'abuso de autoridade', foram encontrados 442 resultados, ou seja: o TJSP registra em seu *site*, entre 2015 e 2019, **442 sentenças** referentes às condutas consideradas criminosas da **Lei de Abuso de Autoridade**. Ao se restringir essa busca para que fossem exibidas apenas as sentenças condenatórias, o afunilamento reduziu o resultado para **43 sentenças** (ou seja: **9,72%**, menos de 1/10)." (ZAPATER, Maíra. Abuso de autoridade ou crime contra a humanidade? Justificando, 2019. Disponível em: <www. justificando.com/2019/03/29/abuso-de-autoridade-ou-crime-contra-a-humanidade/>. Acesso em: 30 dez. 2019).

[11] PASSOS DE FREITAS, Gilberto; PASSOS DE FREITAS, Vladimir. **Abuso de Autoridade**. 9ª ed. São Paulo: Revista dos Tribunais, 2001, p. 18.

[12] Na justificação ao Projeto de lei 952/1956, Bilac Pinto aduziu: "Previu a Constituição, ao instituir as regras fundamentais que caracterizam o estado de direito e ao inscrever no seu texto direitos e garantias individuais, que abusos poderiam ser cometidos pelas autoridades encarregadas de velar pela execução das leis e pela manutenção e vigências dos princípios asseguradores dos direitos. Conferiu, por isso mesmo, a quem quer que seja, o direito de representar contra os abusos de autoridades e de promover a responsabilidade delas por tais abusos (CF, art. 141, § 47). Dos três tipos de responsabilidade a que está sujeito o servidor público – a administrativa, a civil e a penal – a última é a que constitui instrumento mais eficaz para prevenir os abusos de autoridades, dados o valor intimidativo da pena, o aparato e a publicidade do julgamento penal. Nos casos em que o abuso de autoridade se consuma é também a sanção penal a que se revela adequada aos fins visados pela Constituição, por ser a que contém mais denso conteúdo punitivo (...) O objetivo que nos anima é o de contemplar a Constituição para que os direitos e

ABUSO DE AUTORIDADE

Ao criminalizar alguns atos abusivos, o legislador passa a considerar que a lesão a determinados direitos por agentes estatais é de gravidade tamanha que as sanções cíveis/administrativas são insuficientes para dissuadir e apenar os visos de arbitrariedade pública. Isso porque, em razão do princípio da intervenção mínima, nem toda irregularidade no exercício de competência ou funções públicas interessa ao direito penal, ainda que tenha um móvel espúrio, caso outras vias sejam suficientes para obter a revogação do ato administrativo, a indenização por possíveis prejuízos causados ou a sanção disciplinar do funcionário[13].

Em 5 de setembro de 2019, a Lei 4.898/65 foi expressamente revogada com a publicação, em edição extra-A do Diário Oficial da União, da Lei 13.869. O novo diploma legal foi sancionado pelo presidente da República em um momento conturbado, no qual se cogitou que sua célere tramitação pelas Casas Legislativas seria, na realidade, uma resposta do Parlamento ao trabalho desenvolvido pelas forças tarefas ligadas à intitulada Operação Lava Jato. Talvez tais suspeitas tenham chamado atenção para lei e incentivado reações, como a apresentação de diversas sugestões de vetos pelas associações de classes representativas dos interesses do Ministério Público e da Magistratura. Os artigos 9º e 10 da Lei 13.869/19 acabaram vetados pelo Presidente da República, contudo os vetos foram rejeitados pelo Poder Legislativo[14].

Sob esse contexto, abordaremos alguns aspectos dos artigos 9º e 10 da Lei 13.869/19, dispositivos que tratam diretamente da criminalização de atos abusivos oriundos da decretação de medidas cautelares pessoais ou da omissão em seu relaxamento/revogação.

---

garantias nela assegurados deixem de constituir letra morta em numerosíssimos municípios brasileiros." (Diário do Congresso Nacional, Seção I, Suplemento, de 17/01/1956, p. 4. Disponível em: <http://imagem.camara.gov.br/Imagem/d/pdf/DCD17JAN1956SUP. pdf#page=3>. Acesso em: 30 dez. 2019).

[13] CUEVA, Lorenzo Morillas. Reflexiones acerca del delito de prevaricación: desde su interpretación extensiva a su motivación reduccionista. **Revista de Derecho, Empresa y Sociedad (REDS)**, n. 9, julio-diciembre, 2016, p. 19.

[14] Em razão disso, foram apresentadas ADIs por associações de classes vergastando determinados dispositivos da nova legislação. Os artigos 9º e 10 da lei 13.869/19 foram objeto da ADI 6236, aviada pela Associação dos Magistrados Brasileiros (AMB), e da ADI 6239, ajuizada pela Associação dos Juízes Federais do Brasil (Ajufe).

1. O abuso de autoridade no Brasil: o cotejo entre a Lei 4.898/65 e a Lei 13.869/19

1.1. Os limites ao alcance dos tipos penais

A criminalização de condutas consideradas gravemente arbitrárias e ilegais não ficou alheia às distintas legislações, apesar da dissonância de conteúdo. No terreno sul-americano, para ficarmos em nosso continente, a maioria dos países se preocupou em reconhecer a prolação de atos decisórios abusivos perpetrados por agentes públicos no exercício de suas funções como figuras penalmente típicas[15].

---

[15] O artigo 248 do Código Penal argentino prevê sanção à conduta do funcionário público que proferir atos ou ordem contrárias às constituições ou lei nacionais ou provinciais, chamando-a de *abuso de autoridade*. Por sua vez, há uma figura delitiva específica dirigida a juízes denominada *prevaricato del juez*, cujo artigo 269, primeiro parágrafo, criminaliza a conduta de prolatar sentença penal condenatória contrária aos termos expressos na lei ou com fundamentação alicerçada em premissas sabidamente falsas. Já o artigo 270 sanciona o juiz que decretar prisão preventiva pela prática de delito não passível de tal medida cautelar ou que a prolongar além do prazo máximo, conforme artigo 24 da Legislação Criminal. O Código Penal chileno prevê o crime de *prevaricación*. O artigo 223, § 1º, sanciona o juiz que sabidamente decidir contra lei expressa e vigente. Já o artigo 224 estabelece pena aos magistrados que, por negligência ou ignorância inescusável, proferirem sentença manifestamente injusta em juízo criminal, que maliciosamente deixem de decretar prisão quando há motivo para fazê-lo ou deixem de colocar o preso em liberdade, conforme os ditames legais. Há, outrossim, o crime de *abuso contra particulares*, dirigido a empregados públicos em geral que praticam determinados atos contra terceiros (artigos 255 a 259). Na Colômbia, o Código Penal (lei 599/2000), em seu artigo 416, nomina *abuso de autoridade* a conduta genérica do servidor público que, em razão de sua função ou a excedendo, venha a cometer ato arbitrário e injusto. É um tipo suplementar e aberto, pois visa a punir atos não previstos especificamente em outros dispositivos penais. Há, outrossim, previsão do delito de *prevaricato*, ao apenar o servidor que profira decisão manifestamente contrária à lei (art. 413) ou omitir, retardar, recusar ou denegar um ato próprio de suas funções (artigo 414). Em caso de o servidor público pertencer aos quadros de órgão de controle do Estado, a pena é aumentada de 1/6 a 1/2 (artigo 33 da lei 1.474/11, normativa que estabeleceu mecanismos de enfrentamento à corrupção). Da mesma forma, a legislação penal paraguaia prevê o crime de *prevaricato,* ao sancionar o juiz que resolver questão jurídica favorecendo ou prejudicando uma das partes por meio de violação de direito (art. 305, §§ 1º e 2º). O delito de *prevaricato* também é descrito no Código Penal peruano. Tipificado no artigo 418, podem incorrer em sanções os juízes e os membros do Ministério Público que profe-

No Brasil, a temática foi obra de legislações especiais, como já visto. Inicialmente modulados pela Lei 4.898/65, os crimes de abuso de autoridade atualmente se encontram regidos pela Lei 13.869/19. Apesar de seus defeitos, tal legislação, se comparada ao diploma legal anterior, é, em muitos aspectos, tecnicamente superior e mais protetiva aos agentes públicos.

Com efeito, a Lei 13.869/19 exige a presença de uma finalidade específica para a caracterização do crime de abuso de autoridade (art. 1º, § 1º). Destarte, para a configuração dos delitos previstos na legislação, mister demonstrar que a conduta do servidor foi dirigida especificamente a *"prejudicar outrem ou beneficiar a si mesmo ou a terceiro"* ou, ainda, que a sua ação foi perpetrada *"por mero capricho ou para satisfação pessoal"*. Destarte, só se considera crime abuso de autoridade se restar cabalmente comprovado

rirem decisões manifestamente contrárias ao texto expresso e claro da lei, mencionarem provas não produzidas ou fatos falsos, bem como se apoiarem em leis inexistentes ou derrogadas. Há, outrossim, o delito de *detenção ilegal*, ao sancionar o juiz que maliciosamente ou sem motivo legal ordena a prisão ou não outorga liberdade a quem de direito (artigo 419). Os demais funcionários públicos respondem por crime de *abuso de autoridade* ao cometerem ou ordenarem ato arbitrário em prejuízo de outrem (artigo 376).

Na mesma linha, o Código do Sistema Penal boliviano prevê o delito de *prevaricato*. Assim, o artigo 173 sanciona o juiz que, no exercício de suas funções, proferir decisão manifestamente contrária à Constituição ou à lei. Além disso, se, como resultado do *prevaricato*, condenar um inocente, impuser ao sentenciado pena mais grave que a justificável ou lhe aplicar ilegitimamente uma detenção preventiva, a sanção aplicável ao magistrado será agravada de 1/3. No caso dos demais agentes públicos, inclusive membros do Ministério Público, resta aplicável o artigo 153.

O direito equatoriano prevê o *prevaricato de los jueces* no artigo 268 do Código Orgânico Integral Penal, apenando os magistrados que decidirem contra o que dispõe expressamente a lei, em prejuízo a uma das partes, façam o que a lei proíbe ou deixem de fazer o que a norma jurídica estabelece.

Por fim, no Uruguai o crime de *prevaricato* possui outro sentido, uma vez que as figuras delitivas assim nominadas são, em seu conjunto, dirigidas a advogados/procuradores (artigo 194). Entretanto, há um tipo extremamente aberto, vago e suplementar que procura alcançar atos abusivos perpetrados por agentes públicos não atingidos por dispositivos penais especiais: o artigo 162 do Código Penal com o *nomen iuis* de *abuso de funciones en casos no previstos especialmente por la ley*, prevendo sanção ao funcionário público que, com abuso de seu cargo (ou seja, abuso de poder), cometer ou ordenar ato arbitrário em prejuízo da administração ou de particulares.

que o agente age em claro desvio de poder, isto é, sem contemplar o interesse público, objetivando simplesmente atender e satisfazer interesses individuais seus ou de outrem. Nesse aspecto, não há dúvidas de que o novel diploma, ao restringir o alcance dos tipos penais ali insculpidos, escuda o agente público para que possa exercer livremente e sem receio suas atribuições. Previsão análoga, diga-se de passagem, não se encontrava na Lei 4.898/65. Sob sua vigência, a finalidade específica foi moldada somente a partir de construções doutrinárias[16] e jurisprudenciais[17].

Ademais, a Lei 13.869/19 dispõe expressamente que a divergência interpretativa ou a dissensão na análise dos fatos e provas não são configu-

---

[16] "Aliás, os crimes de abuso de autoridade, o elemento do injusto deve ser apreciado com cuidado, merecendo punição somente nas hipóteses em que se constata que o agente agiu com o propósito de vingança, perseguição ou capricho e não no interesse da defesa social. Sempre será necessário observar os casos concretos, a fim de poder divisar-se a nem sempre clara faixa que separa os atos discricionários dos arbitrários. É imprescindível que se proceda uma profunda apreciação do elemento subjetivo do injusto, devendo ser punido apenas aquele que, não visando a defesa social, proceda com arbitrariedade, com capricho, maldade, enfim, com propósito de praticar injustiças." (PASSOS DE FREITAS, Gilberto; PASSOS DE FREITAS, Vladimir. **Abuso...**, p. 30).

[17] Ementa: AÇÃO PENAL ORIGINÁRIA. ABUSO DE AUTORIDADE. ART. 4º, "A", DA LEI Nº 4.898/65. DESEMBARGADOR. DECISÃO JUDICIAL. CONFRONTO COM DECISÃO DE RELATOR DO STF. CONDUÇÃO COMPULSÓRIA PARA LAVRATURA DE TERMO CIRCUNSTANCIADO. QUESTÕES ATINENTES À ATIVIDADE JUDICANTE. ATRIBUTOS DA FUNÇÃO JURISDICIONAL.

1. Faz parte da atividade jurisdicional proferir decisões com o vício in judicando e in procedendo, razão por que, para a configuração do delito de abuso de autoridade há necessidade da demonstração de um mínimo de "má-fé" e de "maldade" por parte do julgador, que proferiu a decisão com a evidente intenção de causar dano à pessoa.

2. Por essa razão, não se pode acolher denúncia oferecida contra a atuação do magistrado sem a configuração mínima do dolo exigido pelo tipo do injusto, que, no caso presente, não restou demonstrado na própria descrição da peça inicial de acusação para se caracterizar o abuso de autoridade.

3. Ademais, de todo o contexto, o que se conclui é que houve uma verdadeira guerra de autoridades no plano jurídico, cada qual com suas armas e poderes, que, ao final, bem ou mal, conseguiram garantir a proteção das instituições e dos seus representantes, não possibilitando a esta Corte a inferência da prática de conduta penalmente relevante.

4. Denúncia rejeitada. (Processo: APn 858/DF; Ação Penal 2017/0035146-9; Relator(a): Ministra Maria Thereza de Assis Moura (1131): Órgão Julgador: CE – Corte Especial; Data do Julgamento: 24/10/2018; Data da Publicação/Fonte: DJe 21/11/2018).

radoras de abuso de autoridade (art. 1º, § 2º). Com isso, a situação conhecida como *crime de hermenêutica*, expressão cunhada a partir da construção argumentativa desenvolvida no século XIX por Rui Barbosa na defesa da independência funcional do juiz de direito Mendonça Filho[18], já devidamente rechaçada pela jurisprudência[19], resta legalmente sepultada.

---

[18] Anote-se o seguinte trecho dos escritos de Rui Barbosa: "Para fazer do magistrado uma impotência equivalente, criaram a novidade da doutrina, que inventou para o Juiz os crimes de hermenêutica, responsabilizando-o penalmente pelas rebeldias da sua consciência ao padrão oficial no entendimento dos textos. Esta hipérbole do absurdo não tem linhagem conhecida: nasceu entre nós por geração espontânea. E, se passar, fará da toga a mais humilde das profissões servis, estabelecendo, para o aplicador judicial das leis, uma subalternidade constantemente ameaçada pelos oráculos da ortodoxia cortesã. Se o julgador, cuja opinião não condiga com a dos seus julgadores na análise do Direito escrito, incorrer, por essa dissidência, em sanção criminal, a hierarquia judiciária, em vez de ser a garantia da justiça contra os erros individuais dos juízes, pelo sistema dos recursos, ter-se-á convertido, a benefício dos interesses poderosos, em mecanismo de pressão, para substituir a consciência pessoal do magistrado, base de toda a confiança na judicatura, pela ação cominatória do terror, que dissolve o homem em escravo." (BARBOSA, Rui. **Obras Completas.** Vl. XXIII, 1896, Tomo III. Rio de Janeiro: Fundação Casa Rui Barbosa, 1978, p. 228).

[19] Ementa: PROCESSO PENAL. AGRAVO REGIMENTAL. ARQUIVAMENTO DE INQUÉRITO. PREVARICAÇÃO. AUSÊNCIA DE ILEGALIDADE NA PRÁTICA DO ATO. ATIPICIDADE DA CONDUTA. PRINCÍPIO DA SUBSIDIARIEDADE. DESPROVIMENTO DO AGRAVO. 1. No caso dos autos, verifica-se, de plano, a atipicidade da conduta, tendo em vista a legalidade do ato praticado pelo indiciado, na medida em que competente para proferir a decisão apontada como ilegal. 2. Decisão que ostenta fundamentação razoável. Observância dos princípios da independência e da livre convicção motivada dos magistrados. Ausência de excesso de linguagem. Impossibilidade de se criminalizar a atividade hermenêutica. 3. Inexistência de vício declarada, em sede administrativa, pelo Conselho Nacional de Justiça. Circunstância que reclama a observância do princípio da subsidiariedade do Direito Penal. Ausência de razoabilidade no prosseguimento da persecução penal para apuração de conduta considerada lícita e não viciada por órgão de controle administrativo específico da atividade objeto da investigação. 4. O art. 28 do Código de Processo Penal se limita a impedir que, pedido o arquivamento pelo Ministério Público e confirmado este entendimento no âmbito do próprio Ministério Público, possa o juiz se negar a deferi-lo, mas não obriga o Juiz a arquivar o inquérito somente quando o arquivamento for expressamente requerido pelo Ministério Público. 5. Desprovimento do recurso. (Inq 4744 AgR/DF – Distrito Federal; Ag.Reg. no inquérito; Relator(a): Min. Roberto Barroso; Julgamento: 27/09/2019; Órgão Julgador: Primeira Turma; Publicação: Acórdão Eletrônico: DJe-221 Divulg 10-10-2019 Public 11-10-2019).

A LIMITAÇÃO À LIBERDADE POR ATO JUDICIAL E O CRIME DE ABUSO DE AUTORIDADE

Assim, ao prever o óbvio, o dispositivo procura separar o potencial equívoco proveniente da autonomia intelectual do magistrado ao interpretar e aplicar a lei, suscetível de correção pela via recursal ou por ações constitucionais (como o *habeas corpus*), de um possível delito decorrente de uma decisão judicial mal-intencionada, que objetiva satisfazer o interesse pessoal do magistrado ou de pessoas a ele ligadas. Tal dispositivo também não se encontrava inserido na lei 4.898/65.

Tem-se, dessa forma, que os parágrafos do artigo 1º da Lei 13.869/19 são, se comparados à lei anterior, passíveis de resguardar os magistrados contra perseguições e ameaças que poderiam advir do exercício de seus misteres, aptas a quebrantar a coragem ou a cercear a criatividade interpretativa dos juízes.

1.2. A resposta ao atentado à liberdade de locomoção na Lei 4.898/65 e na Lei 13.869/19

1.2.1. O princípio da liberdade e as limitações cautelares determinadas pela autoridade judiciária

O princípio segundo o qual "*a liberdade individual não pode ser limitada, salvo nos casos determinados pela lei e nos limites do interesse público*" faz parte do âmbito dos "princípios supremos" de onde foi matriz a Declaração Universal dos Direitos do Homem e do Cidadão[20]. Sob esta linha de ideia, tal princípio também se coloca na Convenção Americana de Direitos Humanos (art. 7.2) e na Carta Política Brasileira (artigo 5º, LXI, LXV e LXVI).

Com efeito, emana do artigo 5º, LXI, que ninguém será preso senão em flagrante delito ou por ordem escrita e fundamentada de autoridade judiciária competente, salvo nos casos de transgressão militar ou crime propriamente militar, definidos em lei. Por seu turno, o inciso LXV do mesmo artigo reza que a prisão ilegal será imediatamente relaxada pela autoridade judiciária, enquanto o inciso LXVI estabelece que ninguém será levado à prisão ou nela mantido, quando a lei admitir a liberdade provisória com ou sem fiança. Note-se que nosso regime constitucional

---

[20] PISANI, Mario. Art. 5 – Diritto alla libertà e sicurezza. In: BARTOLE, Sergio; CONFORTI, Benedetto; RAIMONDI, Guido (org.). **Commentario alla Convenzione Europea per la tutela dei diritti dell'uomo e delle libertà fondamentali.** Padova: Cedam, 2001, p. 116.

é peremptório em divisar que a liberdade é a regra e a sua privação ou restrição[21] são excepcionais.

Em razão disso, deflui-se que, ressalvadas as hipóteses de flagrante delito, transgressões e crimes propriamente militares, a prisão só pode ser decretada por determinação escrita e fundamentada de um magistrado prévia e aparentemente competente, quando incabível sua substituição por outra medida cautelar (art. 282, § 6º, do Código de Processo Penal) e sob determinados pressupostos e requisitos estabelecidos em lei. Assim o são as prisões eivadas de cautelaridade para fins criminais, como a prisão preventiva (arts. 311 a 314 do Código de Processo Penal e artigo 30 da Lei 7.492/86), a prisão temporária (arts. 1º e 2º da Lei 7.960/89) e a prisão domiciliar (artigos 317 a 318-A do Código de Processo Penal). Por óbvio, quando não presentes os requisitos e pressupostos de cautelaridade estabelecidos na lei para a prisão, o juiz deve conceder liberdade provisória, podendo, se for o caso, impor outras medidas cautelares previstas no artigo 319 do Código de Processo Penal (art. 321 do CPP).

Se não bastasse, nossa legislação processual, também como mecanismo balizador do direito à liberdade, prevê, em seu artigo 310, que, ao receber o auto de prisão em flagrante, o juiz deve convertê-la em preventiva quando presentes os seus pressupostos e requisitos e se revelarem inadequadas ou insuficientes outras medidas cautelares pessoais diversas da prisão (inciso II); relaxá-la, se ilegal (inciso I); ou conceder a liberdade provisória com ou sem fiança (inciso III). Já o § 1º do mesmo dispositivo, alterado pela Lei 13.964/19, é peremptório em estabelecer que, no caso de conduta praticada sob excludentes de ilicitude, o juiz poderá, de forma motivada, conceder liberdade provisória, mediante termo de comparecimento a todos os atos processuais, sob pena de revogação.

Por seu turno, a mesma Lei 13.964/19 intensificou o controle sobre a privação cautelar da liberdade, ao reconhecer expressamente, entre

---

[21] Há quem estabeleça distinção entre privação e restrição da liberdade. Nesse sentido, Andrey Borges de Mendonça explica que "segundo a Corte Europeia, a distinção entre *privação* e *restrição* é mais de *grau ou intensidade* que propriamente de natureza ou essência." (MENDONÇA, Andrey Borges de. **Prisão preventiva na lei 12.403/11: Análise de acordo com modelos estrangeiros e com a Convenção Americana de Direitos Humanos. 2ª** ed. Salvador: Edirora Juspodvm, 2017, p. 272).

outros, a necessidade de realização de audiência de custódia (alteração ao artigo 310 do CPP); a imprescindibilidade de se conferir um maior realce à motivação (alteração do artigo 315 e parágrafos, por exemplo); a revisão nonagesimal da prisão preventiva (acréscimo do parágrafo único ao artigo 316 do CPP).

Associado ao direito à liberdade se encontra o direito à segurança individual e coletiva, também insculpido no *caput* do artigo 5º da Constituição Federal e no artigo 7.1 do Pacto de São José da Costa Rica, por exemplo. O direito à segurança também se apresenta sob algumas facetas: para o que nos interessa, compreende tanto um direito de prestação positiva do Estado, no sentido de assegurar a tutela da liberdade dos cidadãos contra ataques de outros indivíduos, quanto a proteção do cidadão contra uma *"arbitrária interferência da autoridade pública em sua liberdade"*[22] ao garantir, por exemplo, remédios constitucionais como o *habeas corpus, writ* previsto no inciso LXVIII do artigo 5º da Carta Política.

Portanto, como já aduzido, há um constante tensionamento entre a liberdade e a segurança. De um lado, o princípio da liberdade, do qual deflui o princípio da presunção de inocência[23], impõe contenções ao poder persecutório, inclusive *"mediante a construção de um modelo normativo que assegure o indivíduo, estabelecendo garantias contra o abuso por parte do poder estatal"*[24]. De outro, a proteção coletiva e a efetividade do processo, valores também insculpidos na Carta Magna, alicerçam medidas privativas/restritivas a determinados direitos individuais, como o é a liberdade. A grande dificuldade do aplicador do direito é, justamente, conseguir alcançar o equilíbrio entre a liberdade, a independência judicial e a força estatal.

A vista disso, como instrumento limitador de direito fundamental, as privações/restrições da liberdade também devem se submeter ao princípio da proporcionalidade[25]. Contudo, não somente sob seu cariz negativo, como simples sinônimo de proibição de excesso, mas também sob

---

[22] PISANI, Mario. Art. 5 – Diritto alla libertà..., p. 117.

[23] MENDONÇA, Andrey Borges de. **Prisão e outras medidas cautelares pessoais.** São Paulo: Editora Método, 2011, p. 38.

[24] MENDONÇA, Andrey Borges de. **Prisão**..., p. 39.

[25] MENDONÇA, Andrey Borges de. **Prisão**..., p. 40.

ABUSO DE AUTORIDADE

a vertente positiva da proibição de proteção insuficiente[26], conforme já abordado. Nesse aspecto, por exemplo, se o juiz deixar de aplicar uma medida cautelar que não alcance, de forma efetiva e adequada, as finalidades indicadas no artigo 282 do Código de Processo Penal, pode ele violar o princípio da proporcionalidade em seu viés positivo[27].

Como se vê, tais regras e princípios são balizadores da privação e restrição da liberdade individual. A inobservância de tal matriz normativa pode ensejar ilegalidade ou arbitrariedade. A respeito, a Corte Interamericana de Direitos Humanos assinala que as detenções ilegais são aquelas realizadas vulnerando os requisitos formais (cumprimento de procedimentos, formas e prazos) ou materiais (efetivada sem atender os pressupostos e requisitos estabelecidos na Constituição Federal e nas leis), enquanto que as prisões arbitrárias são aquelas que, mesmo objetivamente amoldadas à legislação, são desrespeitosas a direitos fundamentais e, portanto, desproporcionais ou desarrazoadas.[28] [29]

---

[26] Assim também são os escólios de Virgílio Afonso: "Outra questão terminológica a ser resolvida refere-se ao uso do conceito de *proibição de excesso*, visto que muitos autores tratam a regra da proporcionalidade como sinônimo de proibição de excesso. Ainda que, inicialmente, ambos os conceitos estivessem imprescindivelmente ligados, principalmente na construção jurisprudencial do Tribunal Constitucional alemão, há razões para que essa identificação seja abandonada. Conquanto a regra da proporcionalidade ainda seja predominantemente entendida como instrumento de controle contra *excesso* dos poderes estatais, cada vez mais vem ganhando importância a discussão sobre a utilização para finalidade oposta, isto é, como instrumento contra a *omissão* ou contra a *ação insuficiente* dos poderes estatais." (SILVA, Luís Virgílio Afonso da. O proporcional e o razoável. São Paulo, **Revista dos Tribunais,** ano 91, n. 798, abr. 2002, p. 26-27).

[27] MENDONÇA, Andrey Borges de. **Prisão...,** p. 59.

[28] REMOTTI CARBONEL, José Carlos. **La Corte Interamericana de Derechos Humanos: estructura, funcionamiento y jurisprudencia.** Barcelona: Instituto Europeo de Derecho. 2004, p. 284.

[29] "Esta disposición contiene como garantías específicas, descritas en sus incisos 2 y 3, la prohibición de detenciones o arrestos ilegales o arbitrarios, respectivamente. Según el primero de tales supuestos normativos, nadie puede verse privado de la libertad personal sino por las causas, casos o circunstancias expresamente tipificadas en la ley (aspecto material), pero, además, con estricta sujeción a los procedimientos objetivamente definidos por la misma (aspecto formal). En el segundo supuesto, se está en presencia de una condición según la cual nadie puede ser sometido a detención o encarcelamiento por causas y métodos que -aún calificados de legales- puedan reputarse como incompatibles

Em todo caso, as prisões devem ser controladas por órgão judicial independente e imparcial, com poderes e atribuições efetivas para examinar, de forma célere e eficaz, a legalidade dos motivos do encarceramento e a sua duração dentro dos limites razoáveis/necessários à cautelaridade. Qualquer infração a normas (regras e princípios[30]) que norteiam a prisão pode, a depender da situação, constituir ilegalidade, arbitrariedade e, no limite, abuso de autoridade. É o que desenvolveremos a seguir.

1.2.2. Análise comparativa da proteção penal em face das limitações abusivas à liberdade individual

Em relação a crimes decorrentes de atos abusivos cometidos por autoridades judiciárias, a lei 4.898/65 previa, de forma genérica e vaga, em seu artigo 3º, que *"constitui abuso de autoridade qualquer atentado: a- à liberdade de locomoção"*. Ademais, o artigo 4º, também dispunha como caracterizadoras de tais delitos, as seguintes condutas: *a- ordenar (...) medida privativa da liberdade individual, sem as formalidades legais ou com abuso de poder (...); d- deixar o juiz de ordenar o relaxamento de prisão ou detenção ilegal que lhe seja comunicada (...); e- levar à prisão ou nela deter quem quer que se proponha prestar fiança, permitida em lei; i- prolongar a execução de prisão temporária, de pena ou de medida de segurança, deixando de expedir em tempo oportuno (...) ordem de liberdade.* Destaca-se que em nenhum dos dois artigos havia previsão de penas específicas para cada uma das condutas. Era o artigo 6º, § 3º, que dispunha sobre as sanções privativas de liberdade a todos os dispositivos, variando a pena entre 10 dias e 6 meses de detenção.

Por seu turno, a novel Lei 13.869/19 foi um pouco mais técnica na previsão de tipos análogos. O seu art. 9º criminaliza a conduta do agente público (não somente a autoridade judiciária, mas no presente texto nos

---

con el respeto a los derechos fundamentales del individuo por ser, entre otras cosas, irrazonables, imprevisibles, o faltos de proporcionalidad." (Corte IDH, Caso *Gangaram Panday vs Suriname*, Sentença de 21 de janeiro de 1994, fundamento 47).

[30] A norma se divide em regras e princípios. Aquelas são mais descritivas e não suscetíveis de ponderação. A norma-princípio é elaborada e deve ser interpretada para que seja aplicada *"no maior grau de realização possível, tendo em vista as condições fáticas e jurídicas."* (MORAES, Maurício Zanoide de. **Presunção de Inocência no Processo Penal Brasileiro: análise de sua estrutura normativa para a elaboração legislativa e para a decisão judicial**. Rio de Janeiro: editora Lumen Iuris, 2010, p. 271).

ABUSO DE AUTORIDADE

ateremos a ela) em decretar medida de privação de liberdade em manifesta desconformidade com a lei, prevendo, como preceito secundário, uma pena de um a quatro anos e multa. A mesma sanção é imposta ao magistrado que, dentro de prazo razoável, se omitir a relaxar prisão manifestamente ilegal; deixar de substituir a prisão preventiva por medida cautelar diversa ou de conceder liberdade provisória, quando manifestamente cabível; ou de deferir liminar ou ordem de *habeas corpus*, quando manifestamente cabível. Ademais, o artigo 10 prevê as mesmas penas ao servidor público que determinar condução coercitiva de testemunha ou investigado manifestamente descabida ou sem prévia intimação de comparecimento ao juízo.

Na versão pré-vigente, em face da possível multiplicidade de manifestações de atentado à liberdade de locomoção, o legislador optou por estabelecer no artigo 3º um tipo penal para condutas que se considerassem genericamente abusivas. Ao que parece, ante a impossibilidade de prever todas as hipóteses de abuso a tal direito fundamental e com o escopo de impedir que nada escapasse à repressão, criou-se uma figura de alcance tão amplo quanto difuso. Com isso, a proibição ali contida não resultava identificável ou previsível ao servidor no desempenho de sua atividade funcional. Assim, ao vulnerar a exigência de certeza, não desenvolvendo com exatidão os termos da imputação, o tipo passou a romper o princípio da legalidade[31], *"coluna fundamental de legitimação do direito penal"*[32]. Note-se que, em face do estabelecimento de um amplíssimo espectro exegético, poderia ser considerado abuso de autoridade, em tese, o decreto de

---

[31] ALLER, Germán. Sobre la derrogación del delito de abuso de funciones. **Facultad de Derecho: Universidad de la República. Uruguay,** 2020. Disponível em < https://www. fder.edu.uy/node/787>. Acesso em 04 jan 2020.
Reconhecido no artigo 5º, XXXIX, da CF e no art. 1º do Código Penal, deve ser dotado de todas as exigêcias liberais, quais sejam, *lex scripta, lex populi, lex certa, lex clara, lex determinata, lex proporcionalis, lex stricta, lex paevia e nulla lex sine iniuria.* (GOMES, Luiz Flávio; BIANCHINI, Alice. **O direito penal na era da globalização – série as ciências criminais do século XXI,** vl. 10. São Paulo: Revista dos Tribunais, 2002, p. 131).

[32] GOMES, Luiz Flavio; YACOBUCCI, Guillermo Jorge. **As grandes transformações do direito penal tradicional – série as ciências criminais do século XXI,** vl. 13. São Paulo: Revista dos Tribunais, 2005, p. 115-116.

qualquer medida cautelar restritiva da liberdade na qual não se reconhecesse, em sede revisional, a presença de seus pressupostos e requisitos.

Se não bastasse, a intensificar a confusão legislativa, o artigo 4º, "a", além de repetir as palavras do disposto no artigo 350, *caput*, do CP, encontrava-se inserido dentro da amplitude normativa descrita pela própria figura da letra "a" do artigo 3º.

Não se tem dificuldade em concluir, dessa forma, que tal figura típica resultava indefinida, residual e extremamente aberta, sendo, portanto, em termos de vulneração de direitos, mais grave e rechaçável se comparada aos tipos penais dos artigos 9º e 10 da novel legislação, em especial porque claramente violentava princípios fundamentais do direito penal como, entre outros, o da legalidade, da tipicidade e da subsidiariedade, algo inadmissível em um sistema que pretenda ser representativo de um Estado Social e Democrático de Direito. Vislumbra-se, entretanto, que tipos análogos aos artigos 3º e 4º da Lei 4.898/65 (ou até mais abertos) ainda se encontram em vigor em outros países, como se pode notar, por exemplo, da legislação uruguaia[33].

Por outro lado, chama atenção o fato de que os crimes específicos insculpidos nos artigos 9º e 10 da Lei 13.869/19 trazem um qualificativo que não se encontrava previsto nos artigos 3º e 4º da Lei 4.898/65, restringindo, em consequência, o alcance dos injustos penais. Atualmente resta incidente o novel tipo, em seu viés objetivo, somente se a ação ou omissão do magistrado for *manifestamente* ilegal. Tal elemento normativo (*manifestamente*), também previsto nas legislações colombiana[34], perua-

---

[33] Art. 162. Abuso de funciones en casos no previstos especialmente por la ley. El funcionario público que con abuso de su cargo, cometiere u ordenare cualquier acto arbitrario en perjuicio de la Administración o de los particulares, que no se hallare especialmente previsto en las disposiciones del Código o de las leyes especiales, será castigado con tres meses de prisión a tres años de penitenciaria, inhabilitación especial de dos a cuatro años y multa de 10 UR (diez unidades reajustables) a 3.000 UR (tres mil unidades reajustables).

[34] Art. 413. Prevaricato por accion: El servidor público que profiera resolución, dictamen o concepto *manifiestamente* contrario a la ley, incurrirá en prisión de cuarenta y ocho (48) a ciento cuarenta y cuatro (144) meses, multa de sesenta y seis punto sesenta y seis (66.66) a trescientos (300) salarios mínimos legales mensuales vigentes, e inhabilitación para el ejercicio de derechos y funciones públicas de ochenta (80) a ciento cuarenta y cuatro (144) meses.

ABUSO DE AUTORIDADE

na[35] e boliviana[36], reforça que só há subsunção do fato ao tipo objetivo se a interpretação de um preceito legal (de qualquer hierarquia normativa), a análise de um enunciado fático ou do peso conferido a um elemento de prova, por sua clareza e contundência, não permitirem uma opção hermenêutica alternativa e juridicamente aceitável/defensável pela decretação ou pela manutenção da privação/restrição da liberdade individual[37]. Em outros termos, é da essência dos delitos que não basta a prolação de

[35] Art. 418. – Prevaricato. El juez o el fiscal que dicta resolución o emite dictamen, *manifiestamente* contrarios al texto expreso y claro de la ley, o cita pruebas inexistentes o hechos falsos, o se apoya en leyes supuestas o derogadas, será reprimido con pena privativa de libertad no menor de tres ni mayor de cinco años.
Destaca-se, entretanto, que no caso de detenção ilegal o tipo não prevê o elemento normativo *manifestamente*. Anote-se o artigo 419: "Detención ilegal. El juez que, maliciosamente o sin motivo legal, ordena la detención de una persona o no otorga la libertad de un detenido o preso, que debió decretar, será reprimido con pena privativa de libertad no menor de dos ni mayor de cuatro años".

[36] Art. 173º. – (Prevaricato). La jueza o el juez, que en el ejercicio de sus funciones dictare resoluciones *manifiestamente* contrarias a la Ley, será sancionado con privación de libertad de cinco a diez años.
Si como resultado del prevaricato en proceso penal se condenare a una persona inocente, se le impusiere pena más grave que la justificable o se aplicare ilegítimamente la detención preventiva, la pena será agravada en un tercio a la establecida en el párrafo anterior.

[37] O direito penal espanhol prevê figuras típicas que têm por fundamento comum o fato de *distorcer o direito*, denominando-as *prevaricación*. São elas a ação de decidir de forma injusta (art. 446), que se estende à negativa em julgar (artigo 448) ou em retardar o julgamento de forma maliciosa (art. 449). Na STS 102/2009, de 3 de fevereiro de 2009, ao tratar de tais injustos, o Tribunal Supremo Espanhol decidiu que: "Objetivamente, por el contrario, se afirma que la esencia del delito de prevaricación radica en el quebrantamiento del Derecho objetivo, y se entiende que existe el quebrantamiento cuando la aplicación del mismo no resulta objetivamente sostenible, exigiéndose una indudable infracción del Derecho. De esta manera allí donde caben varias conductas y decisiones objetivamente sostenibles o donde existen dudas fundadas, no buscadas, en la interpretación del Derecho, la elección de una u otra de estas interpretaciones posibles -independientemente de la convicción del juez- no dará lugar a una acción prevaricadora, dado que el juez se habrá mantenido dentro de lo jurídicamente aceptable. La anterior teoría es complementada por la teoría de la infracción del deber que salva las críticas a la formulación objetiva respecto de las normas de contenido impreciso. En estos supuestos y en los de decisiones sobre facultades discrecionales se afirma la posibilidad de decisión prevaricadora cuando el juez excede el contenido de la autorización, cuando el juez decide motivado por consideraciones ajenas al ordenamiento jurídico, o cuando el juez se aparte del método previsto en el ordenamiento."

A LIMITAÇÃO À LIBERDADE POR ATO JUDICIAL E O CRIME DE ABUSO DE AUTORIDADE

uma decisão carente de sustento legal ou fático. O ato deve ser de ausência grosseira, patente e ostensiva, de tal sorte que de seu conteúdo se infira de forma evidente e retumbante a violação à norma. É de dizer: o tipo se refere a transgressão inequívoca de uma norma cuja interpretação não outorga margens de dúvidas, opiniões ou critérios diversos. Note-se, assim, que na prática não será simples e, em certos casos, será improvável encontrar elementos de prova suficientes para constatar tal nível de intensidade em determinadas condutas, com o condão de viabilizar a incidência objetiva dos mencionados tipos penais.

2. O abuso de autoridade e o suposto refreamento à autonomia interpretativa dos juízes em um Estado Social e Democrático de Direito

A existência de uma autoridade que desenvolva a função jurisdicional é um dos básicos pilares de um Estado de Direito. A legitimidade desse mesmo Estado, inclusive, é assegurada, entre outros fatores, pela independência da autoridade que exerce tal função frente a influência que poderia advir dos demais poderes do Estado alheios ao judiciário (independência externa) ou, até mesmo, frente as ingerências indevidas que poderiam provir de outros órgãos do próprio Poder Judiciário (independência interna)[38]. Contudo, a garantia geral de independência não autoriza o magistrado a decidir da forma como bem entender, como um simples produto de sua vontade convertida irracionalmente em aparente fonte de normatividade[39]. Liberdade de interpretação e de valoração dos elementos de prova sempre deve existir, mas isso não pode significar arbitrariedade. Destarte, uma das balizas fundamentais da independência judicial é a vinculação da consciência do magistrado às orientações normativas vigentes. Em outros termos, a estrita sujeição do juiz à norma[40] elaborada por outro poder representativo da soberania popular, é o que sustenta a ausência de responsabilização pelas decisões que venha a ado-

---

[38] GOMES FILHO, Antonio Magalhães. **A motivação das decisões penais.** 2ª ed. São Paulo: Revista dos Tribunais, 2013, p. 31/32.

[39] CUEVA, Lorenzo Morillas. Reflexiones..., p. 40.

[40] SÁNCHEZ, Juan Domingos Acosta. Aspectos Generales de la prevaricación. **Revista Chilena de Derecho,** vl. 10, n. 1, enero-abril de 1983, p. 115.

tar e, paralelamente, garante a realização do direito, bem como a proteção jurídica dos cidadãos.

Nesse sentido, a independência dos magistrados é legitimada democraticamente porque o juiz vincula suas decisões ao que fora, de forma apriorística, estabelecido pela vontade do parlamento eleito pelos cidadãos para representá-los. É o magistrado o garante dos princípios e regras fundamentais insculpidos na Carta Política e na legislação. Por meio da independência judicial, o sistema jurídico dá efetividade e concretude, pela resolução dos conflitos, ao ideário de justiça em um Estado de Direito[41]. Tal atributo, junto à imparcialidade, está de tal forma arraigado ao conceito de magistrado que, sem ele, este perderia seu significado[42]. Enfim, é tal qualidade que *"permite ao juiz exercer suas funções sem temer sanções, sujeitando-se somente à lei e decidindo segundo suas próprias convicções pessoais."*[43]

Entretanto, a complexa tarefa de julgar é suscetível de anomalias e excessos. Estes podem nascer da falibilidade, disfunções próprias de uma estrutura judicial formada por seres humanos. Para correção de erros, o sistema apresenta como solução as vias recursais fundadas em regime colegiado de revisão, por um grau superior, das decisões judiciais, tudo com o escopo de, por um lado, minimizar o engano e irracionalidade na resolução dos conflitos, mas, por outro, também conferir segurança ao próprio magistrado, uma vez que este necessita saber se, deveras, cumpre com sua obrigação de decidir escorreitamente as pretensões processuais[44]. Não se obrigará o juiz, contudo, a decidir contrariamente àquilo que acredita adequado ao caso concreto, mormente porque a autonomia técnica para interpretação das normas, oriunda da independência judicial, é, com visto, da essência de toda magistratura em qualquer grau de jurisdição.

A questão referente a responsabilidade penal começa, no extremo, a partir do momento em que a aplicação incorreta da lei não possa ser imputada à falibilidade humana, mas ao abuso na função de julgar, causador do

---

[41] SÁNCHEZ, Juan Domingos Acosta. Aspectos Generales..., p. 116.

[42] GOMES FILHO, Antonio Magalhães. **A motivação...**, p. 31.

[43] GOMES FILHO, Antonio Magalhães. **A motivação...**p. 32.

[44] SÁNCHEZ, Juan Domingos Acosta. Aspectos Generales..., p. 117.

desequilíbrio e da desigualdade que não só prejudica a imagem de um poder judiciário independente, mas também a do magistrado como um garante vinculado unicamente aos ditames da norma, requisito essencial ao Estado Social e Democrático de Direito, comprometendo a percepção de seriedade da justiça e gerando, assim, perda da confiança[45].

Destarte, a resposta das legislações a decisões gravemente ilegais e dolosas dos juízes, a garantir, no exercício de suas funções públicas, o devido respeito ao princípio da legalidade se dá, considerando-se a natureza de *ultima ratio* do direito penal[46], por meio da incidência de tipos que erigiram os excessos e desvios de poder a crimes de abuso de autoridade.

Contudo, a importância dos direitos fundamentais e dos bens jurídicos objeto de proteção penal, somada à constante busca de um equilíbrio entre a proteção eficiente e a proibição do excesso, projeta ao juiz uma maior potestade na tarefa de interpretação e aplicação do direito, inserindo-o, em consequência, no processo de configuração e construção do próprio ordenamento jurídico. Não é sua função, ao decidir uma pretensão processual, simplesmente subsumir, de forma mecanizada, os fatos às normas. Ao vivificar a lei à realidade social[47], o magistrado vai além, a ponto de objetivar que o resultado de sua interpretação se ajuste ao máximo ao ordenamento jurídico[48] e complemente, na seara penal, a política criminal construída pelo Poder Legislativo[49]. Surge, dessa forma, a possibilidade de existência de distintas concepções e posturas de justiça, a respaldar diversos entendimentos judiciais sobre casos análogos.

Somado a isso, é princípio básico que, em nenhum caso, o direito penal, tanto na formação dos tipos, quanto em sua interpretação, possa vir a derivar um expansionismo injustificado violador dos direitos que conferem alicerce ao Estado Social e Democrático, como o é a independência do judiciário[50].

---

[45] HERRERA, Esiquio Manuel Sánchez. Prevaricación: Plus de antijuridicidad. **Revista Derecho Penal y Criminología,** vl. XXXIV, n. 96, enero-junio de 2013, p. 115.

[46] CUEVA, Lorenzo Morillas. Reflexiones..., p. 19.

[47] SÁNCHEZ, Juan Domingos Acosta. Aspectos Generales...., p. 117.

[48] HERRERA, Esiquio Manuel Sánchez. Prevaricación...p. 120.

[49] GOMES, Luiz Flavio; YACOBUCCI, Guillermo Jorge. **As grandes**..., p. 116.

[50] CUEVA, Lorenzo Morillas. Reflexiones..., p. 31.

ABUSO DE AUTORIDADE

Portanto, o erro, a ignorância, a negligência ou o equívoco, posturas sem o intento de executar um ato ilídimo, impedem a consumação de qualquer crime relacionado a ato decisório, mormente quando os tipos de abuso de autoridade também encontram fundamento na garantia da indepedência judicial, que, por sua vez, se materializa na intangibilidade das decisões judiciais, nos distintos níveis da estrutura do poder judiciário. Nesse sentido, é referência, por exemplo, o Estatuto da Corte Interamericana de Direitos Humanos, ao estabelecer, em seu artigo 15, item 2, que *"não se poderá exigir aos juízes responsabilidades em tempo algum por votos e opiniões emitidos ou por atos desempenhados no exercício de suas funções."*

Os crimes de abuso de autoridade por ato judicial decisório precisam ser analisados e executados com alicerces em tais parâmetros. Isso quer dizer que para a incidência de tais tipos penais não é suficiente a mera contradição com o direito, pois pressuporia, na prática, invalidar o controle dos Tribunais, ampliando de forma desmedida o âmbito de atuação do direito penal, que perderia sua essência de *ultima ratio*[51].

Em face disso, o alcance da intervenção penal deve ser extremamente restritivo. Reitere-se que o direito penal só se aplica, em face do princípio da intervenção mínima, para resolver conflitos quando seja imprescindível, devendo ficar circunscrito às situações não resolvíveis por outros instrumentos estatais[52]. Em nenhum caso pode ser instrumentalizado, por exemplo, para resolução ou criação de conflitos políticos[53].

2.1. Alguns aspectos gerais relativos às figuras típicas previstas no artigo 9º e 10 da Lei 13.869/19

2.1.1. A estrutura objetiva dos injustos

Em sua estrutura puramente objetiva, o esquema reitor que informa as condutas comissivas e omissivas descritas nos artigos 9º e 10 da Lei 13.869/19 consiste, em resumo, em decidir em contrariedade à norma expressa e vigente. Implica, deveras, na violação à organização norma-

---

[51] CUEVA, Lorenzo Morillas. Reflexiones..., p. 38/39.
[52] BIANCHINI, Alice. **Pressupostos materiais mínimos da tutela penal – série as ciências criminais do século XXI**, vl. 7. São Paulo: Revista dos Tribunais, 2002, p. 28.
[53] CUEVA, Lorenzo Morillas. Reflexiones..., p. 31.

tiva que impõe a todos os agentes do Estado o respeito ao princípio da legalidade. Dito de outra forma, a incidência típica se observa, em um viés objetivo, quando o magistrado, autoridade investida de poder estatal, emite, em nome do Estado, uma decisão patentemente contrária ao marco normativo a ele imposto.

Não há dúvida, ademais, que os mencionados dispositivos são normas penais em branco, porquanto contém um preceito genérico e parcialmente indeterminado a ser complementado por outra fonte jurídica legítima que lhe dê sentido e especificidade[54]. Com efeito, a Carta Política[55] e, em regra, o Código de Processo Penal[56], ao estabelecerem os lindes para a manutenção ou decretação de prisão e de outras medidas limitativas à liberdade ambulatorial, são os moldes para valoração de todo marco legal que envolve o objeto das infrações, uma vez que complementam a incidência típica.

Entretanto, os diplomas normativos que os completam, apesar de indicarem os casos e a forma da privação de liberdade, apresentam-se, em regra, com termos imprecisos, inclusive, em alguns casos, transbordando os objetivos puramente cautelares e processuais que deveriam ser observados na decretação de determinadas medidas privativas/restritivas da liberdade[57]. Em consequência, outorgam uma ampla margem de escolha/discricionariedade ao juiz. Assim o é, a título de exemplo, o termo *garantia da ordem pública*, hipótese intencionalmente vaga e fluida, caracterizada sobretudo pela ampla extensão de seu campo semântico, para decretação de prisão preventiva (artigo 312 do Código de Processo

---

[54] ALLER, Germán. Sobre la derrogación del delito de abuso de funciones. **Facultad de Derecho: Universidad de la República. Uruguay,** 2020. Disponível em < https://www.fder.edu.uy/node/787>. Acesso em 04 jan 2020.

[55] Artigo 5º, *caput*, e incisos LXI, LXV e LXVI.

[56] Assim o são, por exemplo, os artigos 282 a 350 do CPP, ao tratarem das prisões, liberdades e outras medidas cautelares; a lei 7.960/89, ao tratar da prisão temporária; os artigos 647 a 649 do CPP, ao tratarem do *habeas corpus*.

[57] Uma das funções da prisão é, justamente, seu propósito cautelar processual penal, "quando dirigida ao imputado e tiver como finalidade assegurar o resultado efetivo do processo penal no território nacional ou, em outras palavras, proteger contra riscos inerentes ao processo ou para evitar a continuidade delitiva." (MENDONÇA, Andrey Borges de. **Prisão preventiva...,** p. 283).

ABUSO DE AUTORIDADE

Penal). Em face de sua imprecisão, a jurisprudência e a doutrina procuraram estabelecer lindes exegéticos a tal requisito. Assim, já entenderam incorporado em seu conceito o clamor público, a repercussão do crime na comunidade, a necessidade de preservação da credibilidade do Estado e da Justiça, a proteção à paz pública, a comoção social[58] ou evitamento da prática de novas infrações. Seu âmbito interpretativo, note-se, é enorme. Nesse contexto, um juiz que buscar, a partir de redes argumentativas defensáveis e plausíveis, o significado de ordem pública para a tutela adequada do direito, afasta a incidência do tipo de abuso de autoridade em sua vertente objetiva.

Em outros termos, se há uma escolha interpretativa do conceito de *ordem pública* razoavelmente amoldável ao contexto do caso concreto e não afastável da finalidade da norma, não se pode entender pela incidência do tipo em seu cariz objetivo, mesmo se o magistrado, aparando-se em critério interpretativo distinto, contrarie atuais precedentes consolidados dos Tribunais Superiores.

Com efeito, não se nega que a hermenêutica jurídica, dotada de diversos cânones de interpretação comumente aceitáveis, e os indeterminismos da linguagem plasmada da lei não só autorizam, mas obrigam o juiz a interpretá-la à procura uma correta aplicação do direito. São comuns no universo jurídico opiniões discrepantes, mesmo em relação a temas que aparentemente não ofereçam dificuldade alguma para serem solucionados. A exigência que recai sobre o juiz, então, está na necessidade de expor uma justificação, dentro de uma discricionariedade racionalizada[59], apta a servir de sustentáculo a sua decisão.

Mesmo assim, poder-se-ia sustentar que a decretação ou manutenção de uma medida privativa/restritiva de liberdade em inobservância

---

[58] Um périplo jurisprudencial e doutrinário interessante sobre o tema encontra-se estruturado no texto "A inconstitucionalidade do clamor público como fundamento da prisão preventiva" de Odone Sanguiné (SAGUINÉ, Odone. A inconstitucionalidade do clamor público como fundamento da prisão preventiva. In SHECAIRA, Sérgio Salomão. **Estudos em homenagem a Evandro Lins e Silva**. São Paulo, Método, 2001, p. 257-295).

[59] TARUFFO, Michelle. **Uma simples verdade: o juiz e a construção dos fatos**. São Paulo: Marcial Pons, 2012, p. 189.

A LIMITAÇÃO À LIBERDADE POR ATO JUDICIAL E O CRIME DE ABUSO DE AUTORIDADE

a enunciado de súmula, jurisprudência ou precedente[60] invocado pela parte, sem o juiz demonstrar a existência de distinção no caso em julgamento ou a superação do entendimento, viabilizaria a incidência objetiva dos tipos penais de abuso de autoridade, em face da alteração conferida ao artigo 315 do CPP pela lei 13.964/19. Isso porque o mencionado dispositivo reza que a decisão que decretar, substituir ou denegar prisão será sempre motivada. Por seu turno, o § 2º apresenta um rol daquilo que não é considerada fundamentação válida, encontrando-se no inciso VI justamente a situação em que o magistrado deixa de seguir diretrizes dos Tribunais Superiores para julgamento de casos análogos. Ora, nessa hipótese, estaria o juiz, em tese, a agir em desconformidade com a lei, porquanto, em razão da alteração legislativa, o respeito e o valor conferido aos precedentes passaram a ser verificados não só pelo conteúdo de suas razões, mas também por imposição legal[61].

Assim, não haveria liberdade judicial para deixar de seguir precedentes orientativos, sob pena de violação a regras básicas do Estado de Direito, como o necessário tratamento isonômico aos cidadãos[62]. Ademais, a sua observância obrigatória transformaria o sistema processual penal em um

---

[60] A dogmática processual as diferenciam no seguinte sentido: "As súmulas, como dito, são resumos de reiterados julgamentos judiciais proferidos pelos Tribunais. As súmulas, em geral, são apenas interpretativas do direito e servem de técnica de decisão e fundamentação para a uniformização do direito e sua celeridade. As súmulas com efeitos vinculantes se constituem de resumos enunciados genérico e abstratos que devem ser respeitados como se lei fossem. Os motivos que levaram a edição das súmulas com efeito vinculante não são relevantes para sua aplicação, tendo em vista seu caráter abstrato e genérico. Já os precedentes judiciais são decisões proferidas pelos Tribunais, em casos importantes, e que servem de paradigmas para outras decisões semelhantes. Nos precedentes judiciais, a fundamentação das decisões é importante para a verificação de sua aplicação em outro caso concreto." (SOARES, Carlos Henrique. O precedente judicial e a súmula com efeito vinculante no novo Código de Processo Civil Brasileiro. In ALVIM, Thereza et al (Coord). **O novo Código de Processo Civil Brasileiro.** Rio de Janeiro: Forense, 2015, p. 389).

[61] JUNQUILHO, Tainá Aguiar; FREITAS, Elias Canal. As diretrizes da fundamentação judicial e o modo de aplicação da teoria dos precedentes no art. 489, § 1º, V e VI do CPC/2015. In: DIAS, Luciano Souto (coord). **Temas controvertidos no novo Código de Processo Civil.** Curitiba: Juruá Editora, 2016, p. 164.

[62] KIRCHER, Luís Felipe Schneider. **Uma teoria dos precedentes vinculantes no processo penal.** Salvador: Editora Juspodivm, 2018, p. 131.

corpo mais coerente, densificando e prestigiando a segurança jurídica, a igualdade e o respeito à liberdade[63] (fundamentos deontológicos), além de conferir mais celeridade à tramitação processual (fundamento pragmático).

Deveras, é até louvável, com base em tais premissas, a busca da estabilidade, da segurança jurídica e da coerência do ordenamento jurídico pátrio. Tais qualidades não são alcançáveis se houver a renúncia ao fato de que são os tribunais de vértice os órgãos realmente gestados para proferir a derradeira palavra sobre a interpretação do direito[64].

Contudo, nosso sistema é culturalmente instável quanto a fixação das diretrizes pelos Tribunais Superiores[65], mormente por ainda não se encontrar consolidada uma verdadeira teoria dos precedentes no Brasil. Não é do costume de nosso direito de tradição continental, outrossim, que a jurisprudência assuma caráter vinculativo[66], apesar de passar a ter, com a alteração legislativa, sua influência legalmente intensificada. Ademais, ao interpretar o § 2º do artigo 315, conciliando-o com o princípio da independência judicial, pode-se concluir que aparentemente o regramento possui um cariz mais orientativo ao magistrado, estabelecendo balizas mínimas aos fundamentos da decisão judicial por exortá-lo a apri-

---

[63] KIRCHER, Luís Felipe Schneider. **Uma teoria...**, p. 141.

[64] SCHIETTI CRUZ, Rogerio. Dever de motivação das decisões judiciais no novo Código de Processo Civil e reflexos na justiça criminal. In CABRAL, Antonio do Passo; PACELLI, Eugenio; SCHIETTI CRUZ, Rogerio (Coord). **Coleção repercussões do novo CPC: Processo Penal,** vl. 13. Salvador: Editora Juspodvm, 2016, p. 352.

[65] Veja, por exemplo, a seguinte crítica de Douglas Fischer: "'Fixam-se entendimentos' absolutamente díspares, que passam a ser repetidos, mas que, se confrontados, não conduzem a nenhum critério racional e sustentável, a não ser mediante a aceitação pura e simples de um verdadeiro *argumento de autoridade,* assim compreendido como algo já decidido e não se admitem mais discussões, sequer comparativas." (FISCHER, Douglas. Em busca da aplicação correta e justa das penas perdidas: o caos decorrente de um sistema anacrônico e repetitivo de "precedentes-ementas". In: BEDÊ JUNIOR, Américo; CAMPOS, Gabriel Silveira de Queirós (Coord). **Sentença Criminal e aplicação da pena: ensaios sobre discricionariedade, individualização e proporcionalidade.** Salvador: Editora Juspodvm, 2017, p. 188).

[66] RAMOS, Carlos Henrique; MOUSINHO, Isabel Ribeiro. O novo Código de Processo Civil e o sistema de precedentes vinculantes. **Revista Brasileira de Direito Processual – RBDPro,** ano 25, n. 98, abr./jun. 2017, p. 59-60.

A LIMITAÇÃO À LIBERDADE POR ATO JUDICIAL E O CRIME DE ABUSO DE AUTORIDADE

morar a sua força analítica/argumentativa em busca de uma maior segurança jurídica. É, na realidade, um reforço de sentido ao artigo 93, IX, da CF[67]. Destarte, a suposta obrigatoriedade de observância às diretrizes superiores não possui, e nem poderia possuir, alcance criminal.

Somado a isso, os tipos, como já aduzido, têm lugar quando o juiz profere decisão *manifestamente* contrária ao escopo da norma. É certo que, com os dispositivos da lei de abuso de autoridade, o legislador pretende preservar o princípio da liberdade, mas o faz com alicerce no princípio da legalidade, isto é, a partir da exigência de observância da norma em sentido estrito, e não a partir das construções interpretativas realizadas pelos Tribunais, mesmo estáveis e consolidadas, especialmente por estas ainda serem consideradas fontes auxiliares da atividade judicial[68]. Ao exceder o campo semântico máximo que habita o enunciado normativo[69], sob o pretexto de resguardar a segurança jurídica e igualdade na aplicação da lei, acaba-se, na realidade, a aplicar uma analogia *in malam partem*, medida de utilização proibida pelo direito penal moderno.

Se assim não se entender, as consequências serão totalmente disfuncionais a nosso modelo de organização judiciária de tradição continental[70], preservador da liberdade interpretativa do juiz, além de vulnerar o já mencionado princípio da intervenção mínima ao utilizar os delitos de abuso de autoridade como reforço punitivo para lograr a unificação da jurisprudência, coerência e a igualdade na aplicação da lei, finalidades, como dito, até louváveis, em especial em se tratando do direito à liber-

---

[67] TASSINARI, Clarissa; LOPES, Ziel Ferreira. Aproximações hermenêuticas sobre o art. 489, § 1º, do NCPC; 'julgamento analítico ou fundamentação da fundamentação'? In ALVIM, Thereza et al (Coord). **O novo Código de Processo Civil Brasileiro.** Rio de Janeiro: Forense, 2015, p. p. 100.

[68] VELASQUÉZ, Fernando Velasquéz. La jurisprudencia como fuente formal del Derecho Penal. Prevaricato por desconocimiento del precedente jurisprudencial. **Cuadernos de Derecho Penal**, n. 9, junio de 2013, p. 155-156.

[69] GOMES, Luiz Flavio; YACOBUCCI, Guillermo Jorge. **As grandes...**, p. 115.

[70] PETIT, Guilhermo Benlloch. ¿Prevarica el juez que se aparta de la 'Doctrina consolidada del Tribunal Supremo? Comentario crítico a la Sentencia de la Sala Segunda del Tribunal Supremo de 11 de diciembre de 2001 («caso Santiago Raposo»). **Revista de Derecho Penal y Criminología.** 2ª época, n. 11, 2003, p. 319.

ABUSO DE AUTORIDADE

dade dos cidadãos, mas que não devem ser perseguidas por meio do sistema de justiça criminal[71].

Cabe assinalar que, em casos tais, a inobservância de jurisprudência consolidada de Cortes Superiores é atacável pelos instrumentos processuais que o ordenamento jurídico estabelece, entre eles as vias recursais legalmente constituídas. Ameaçar com uma sanção penal a não observância da jurisprudência de um tribunal de vértice, por mais que esteja em processo de consolidação em um determinado momento histórico, supõe a possibilidade de adoção de um regime judiciário autoritário e impõe, inclusive, grave obstáculo à revaloração do direito, impedindo-se a adaptação jurisprudencial iniciada pelos magistrados de piso, em face das alterações da realidade sempre cambiante[72].

Acrescenta-se a isso que em um sistema jurídico como o nosso, no qual se confia na independência judicial a ponto de permitir que um magistrado declare incidentalmente a inconstitucionalidade de uma lei, soa inusitado não autorizar ou, pior, criminalizar, a conduta do desses mesmos juízes quando discrepem, em suas decisões, da interpretação da lei realizada por outros órgãos do Poder no qual estão inseridos.

O entendimento é diverso, por óbvio, quando o Supremo Tribunal Federal utiliza técnicas de interpretação conforme a constituição, no qual elimina a inconstitucionalidade da norma ao suprimir determinadas hipóteses interpretativas do ordenamento jurídico[73], ou a declaração de inconstitucionalidade sem redução de texto, onde exclui alguns casos específicos do alcance da lei[74] (a norma "x" só é inconstitucional se aplicada em tal situação). Em situações tais, por disposição expressa do artigo 28, parágrafo único, da lei 9.868/99, a eficácia do pronunciamento do Pretório Excelso obriga a todos os órgãos do Poder Judiciário, espe-

---

[71] PETIT, Guilhermo Benlloch. ¿Prevarica el juez..., p. 318.

[72] PETIT, Guilhermo Benlloch. ¿Prevarica el juez.., p. 323. Em sentido diverso, Luís Felipe Kircher aduz que os juízes podem estimular a alteração orientativa dos Tribunais Superiores por meio da exposição de equívocos nas decisões que venham a aplicar os precedentes (KIRCHER, Luís Felipe Schneider. **Uma teoria...**, p. 131).

[73] BONAVIDES, Paulo. **Curso de Direito Constitucional.** 6ª ed. São Paulo: Malheiros, 1996, p. 474.

[74] SILVA, Luís Virgílio Afonso da.Interpretação conforme a Constituição: entre a trivialidade e a centralização judicial. **Revista Direito GV**, v. 2, n. 01, jan-jul de 2010, p. 201.

cialmente pelo fato de determinadas opções interpretativas terem sido retiradas do ordenamento jurídico.

Dessa forma, tudo que caiba dentro dos limites da interpretação da lei está fora do espectro da incidência típica de abuso de autoridade previsto nos artigos 9º e 10 da lei 13.869/19 em sua vertente objetiva, sendo o alcance do tipo, portanto, extremamente limitado. Tal conclusão é ainda mais tonificada pelo já mencionado artigo 1º, § 2º, da novel legislação, onde o legislador deixa luzente que divergências na interpretação, na análise de fatos ou na valoração de elementos de prova não configuram abuso de autoridade.

O certo nisso tudo, entretanto, é que a salvaguarda do magistrado contra alegações de abuso de autoridade por ato decisório está na motivação e na racionalidade das decisões que decretam ou mantêm a prisão ou outra medida de restrição/privação da liberdade. Deve o juiz, até para se escudar, esclarecer racional e cabalmente o *iter* analítico que o levou a chegar àquela determinada decisão[75] como a melhor a ser proferida para determinado caso concreto.

No bojo do Agravo Regimental no Inquérito 4.744/DF[76], por exemplo, fica patente que a motivação estruturada e técnica foi salvaguarda a desembargador federal investigado por suposto crime perpetrado por meio de ato decisório, servindo de alicerce argumentativo aos ministros do Supremo Tribunal Federal para sustentarem o trancamento do procedimento investigatório que contra ele tramitava. Em seu voto condutor, o Ministro Roberto Barroso deixa acentuado que a liberdade de atuação do juiz é exercida em observância ao dever de motivação, independentemente de sua correção na apreciação da prova ou na aplicação do direito. Basta o magistrado se valer de fundamentos minimamente plausíveis, que se encontrem declinadas as premissas e que estas tenham coerência com o dispositivo, para a exigência constitucional do artigo 93, IX, restar satisfeita[77].

---

[75] MENDONÇA, Andrey Borges de. **Prisão Preventiva**..., p. 290.

[76] Inq 4744 Agr/ DF – Distrito Federal; Ag.Reg. no Inquérito; Relator(a): Min. Roberto Barroso; Julgamento: 27/09/2019; Órgão Julgador: Primeira Turma.

[77] Interessantes os seguintes trechos do voto condutor proferido pelo Ministro Roberto Barroso: "Aqui cumpre esclarecer que o ordenamento jurídico brasileiro, ao estabelecer

ABUSO DE AUTORIDADE

Não há dúvidas, dessa forma, que motivação e a forma como ela se apresenta, além de assegurar os limites da independência do juiz e minimizar escolhas subjetivas ou provenientes de pressões externas[78], antepara o magistrado, porquanto permite aferir se o ordenamento jurídico foi por ele devidamente respeitado no caso concreto, se há racionalidade em sua atividade interpretativa e se agiu com imparcialidade e justiça, demonstrando que se afastou do autoritarismo, da mera subjetividade e de seus desejos individuais.

Nesse sentido, nota-se que se o magistrado proferir, em um caso específico, uma decisão contrária à convicção jurídica que vinha apresentando, não comete tais crimes quando a interpretação de que se vale é materialmente plausível. Não há, assim, incidência do tipo objetivo.

O tipo incidirá de forma mais clara nos casos em que o juiz, por exemplo, decreta prisão preventiva/temporária ou outras formas de privação à liberdade, como o é, a depender das circunstâncias concretas, a condução coercitiva[79], clara e patentemente fora do âmbito de sua competên-

---

os princípios da independência e da livre convicção motivada, o que faz em benefício dos jurisdicionados, não admite a glosa ou a impugnação às decisões judiciais que não seja pela via judicial, sob pena da nefasta criminalização da hermenêutica. A liberdade de atuação dos magistrados é exercida com observância do dever de fundamentação justamente para permitir a impugnação das decisões pela via judicial (art. 93, IX, CF) (...) repise-se: o magistrado é livre para julgar conforme seu convencimento, desde que o faça fundamentadamente (...). No mesmo sentido é a jurisprudência firmada pelo Supremo Tribunal Federal, ao assentar que: 'O que a Constituição exige, no art. 93, IX, é que a decisão judicial seja fundamentada. Não que a fundamentação seja correta, na solução das questões de fato ou de direito da lide: declinadas no julgado as premissas, corretamente assentadas ou não, mas coerentes com o dispositivo do acórdão, está satisfeita a exigência constitucional' (RE 140.370, Rel. Min. Sepúlveda Pertence). Isso até mesmo porque a decisão poderá sempre ser alvo de recurso – como efetivamente foi –, caso não pacifique o ânimo da parte prejudicada. Cito a lição do saudoso Ministro Mário Guimarães na obra O Juiz e a Função Jurisdicional (1ª ed. Rio de Janeiro: Forense, 1958. p. 229): 'na parte contenciosa, decide o magistrado unicamente de acordo com a lei e a sua consciência. Se errar, será, mediante recurso, proferida pela instância superior nova decisão, que se substituirá à primeira e a revogará. Não se obrigará, porém, o juiz a decidir contrariamente ao seu foro íntimo'."
[78] GOMES FILHO, Antonio Magalhães. **A motivação**..., p. 83.
[79] A condução coercitiva é uma forma de restrição ou privação da liberdade em sentido amplo. Assim assevera Andrey Borges de Mendonça: "No tocante à condução coercitiva do imputado (investigado ou acusado) para a realização de algum ato processual, para sua

102

cia constitucional ou legal. Assim será quando um juiz criminal estadual determinar um encarceramento cautelar de um governador pela suposta prática de crime de patente competência do Superior Tribunal de Justiça. Nesse caso, poderia, em tese, o tipo incidir em sua vertente objetivo.

Da mesma forma, quando a própria questão de fundo desborde claramente da legislação vigente, há incidência do tipo em seu viés objetivo. Isso acontece nos casos em que o juiz determina uma prisão, afastando-se das hipóteses da lei 7.960/89, simplesmente para averiguação, modalidade não prevista em lei[80], ou quando determina a prisão de um parente do foragido para incentivar a sua apresentação. Outra hipótese em que poderia incidir o tipo penal em seu cariz objetivo seria quando o magistrado alicerça sua decisão, restringindo a liberdade, em normas reconhecidamente inconstitucionais ou em leis derrogadas, como no caso recentíssimo de declaração de não recepção do termo *"para interrogatório"* contido no artigo 260 do Código de Processo Penal, por incompatibilidade, com a Carta Constitucional, da condução coercitiva de investigados ou de réus para interrogatório[81].

2.1.2. A estrutura subjetiva dos injustos

Contudo, não basta a incidência objetiva do tipo para configuração do crime. Mister, a partir do ponto de vista subjetivo, a conduta dolosa, ao exigir o conhecimento por parte do magistrado de que sua manifestação decisória contraria ou é incompatível, de forma ostensiva, com ordena-

---

identificação ou, ainda, para a colheita de elementos de prova contrários a sua vontade, *a depender das circunstâncias concretas*, pode haver verdadeira privação de liberdade ambulatorial, com a consequente necessidade de observância de todas as garantias constitucionais." (MENDONÇA, Andrey Borges de. Prisão Preventiva...p. 276).

[80] Nesse sentido, ainda com base na legislação anterior, já se sustentava que tal modalidade de prisão, mesmo se existisse em nossa legislação infraconstitucional, estaria eivada de inconstitucionalidade (DAVID, Fernando Lopes. **Abuso de autoridade visto pelos Tribunais.** Bauru: Edipro, 1994, p. 86). No mesmo sentido, "as prisões retrorreferidas (...), apesar do intuito de apuração de crimes, ou seja, *para averiguações*, caracterizam, sem dúvida alguma, abuso de autoridade por parte de quem as determinou e as executou." (PASSOS DE FREITAS, Gilberto; PASSOS DE FREITAS, Vladimir. **Abuso...**, p. 71).

[81] ADPF 444/DF, relator Ministro Gilmar Mendes, julgado em 14 de junho de 2018, publicado no DJE de 22/05/2019.

mento legal, ou seja, que profere decisão sabidamente fora das margens da correta aplicação do direito (elemento cognitivo) e que sua vontade se dirija à realização do tipo (elemento volitivo)[82]. Não há em nosso ordenamento jurídico, como presentes nas legislações chilena[83] e espanhola[84], a modalidade culposa, mesmo em casos de erros inescusáveis.

Com efeito, o magistrado deve ter plena consciência de que o preceito que sustenta a interpretação contida no decreto ou na manutenção da prisão não é amoldável ao caso concreto, sendo formal e materialmente contrária aquilo que o texto ou o sentido da norma indicam a determinado contexto fático. Com isso, o simples erro ou ignorância na qualificação dos fatos ou o raciocínio interpretativo equivocado afastam o dolo. Destarte, excessos retóricos dos Tribunais ao afirmarem, em alguns casos, que uma decisão é manifestação ilegal, não é passível, por si só, de viabilizar o reconhecimento imediato do elemento subjetivo do tipo[85]. Podem

---

[82] VARGAS, Liz Patricia Benavides. El delito de prevaticato en el Perú. **Revista Lex**, ano XV, 2017, p. 246.

[83] Art. 224. Sufrirán las penas de inhabilitación absoluta temporal para cargos y oficios públicos en cualquiera de sus grados y la de presidio o reclusión menores en sus grados mínimos a medios: 1º Cuando por negligencia o ignorancia inexcusables dictaren sentencia manifiestamente injusta en causa criminal.

[84] Art. 447. El Juez o Magistrado que por imprudencia grave o ignorancia inexcusable dictara sentencia o resolución manifiestamente injusta incurrirá en la pena de inhabilitación especial para empleo o cargo público por tiempo de dos a seis años.

[85] Veja o seguinte precedente: PROCESSO PENAL. HABEAS CORPUS SUBSTITUTIVO DE RECURSO PRÓPRIO. INADEQUAÇÃO. TRÁFICO DE DROGAS. REALIZAÇÃO DE EXAME DE DEPENDÊNCIA TOXICOLÓGICA. INDEFERIMENTO MOTIVADO. INEXISTÊNCIA DE CERCEAMENTO DO DIREITO DE DEFESA. INTERROGATÓRIO. ÚLTIMO ATO. APLICAÇÃO DO ART. 400 DO CPP. PRINCÍPIO DA AMPLA DEFESA. PREPONDERÂNCIA SOBRE O DA ESPECIALIDADE. MANIFESTA ILEGALIDADE VERIFICADA. WRIT NÃO CONHECIDO. ORDEM CONCEDIDA DE OFÍCIO. 1. Esta Corte e o Supremo Tribunal Federal pacificaram orientação no sentido de que não cabe habeas corpus substitutivo do recurso legalmente previsto para a hipótese, impondo-se o não conhecimento da impetração, salvo quando constatada a existência de flagrante ilegalidade no ato judicial impugnado. 2 [...]. 7. Habeas corpus não conhecido. Ordem concedida, de ofício, para anular a ação penal a partir da audiência de instrução e julgamento, determinando que o interrogatório do paciente seja o último ato da instrução, em observância ao art. 400 do CPP. (HC 446.698/SP, Rel. Ministro Ribeiro Dantas, Quinta Turma, julgado em 06/06/2019, DJe 11/06/2019).

A LIMITAÇÃO À LIBERDADE POR ATO JUDICIAL E O CRIME DE ABUSO DE AUTORIDADE

até autorizar apenação na seara cível ou administrativa sancionadora, mas não pelo direito penal.

Há quem sustente que, nesses casos, o elemento subjetivo não se prova, apenas se atribui ao autor com base em critérios de referência social assumidos pelo direito[86]. Na espécie, portanto, o dolo seria presumido, uma vez que o conhecimento da norma está inserido na função do próprio julgador. Ora, como o magistrado é um técnico em direito, não seria sustentável o desconhecimento do caráter ilegal de sua decisão. Portanto, factível, em atenção a suas circunstâncias pessoais, uma presunção de ciência, consciência e vontade prévias.

Em outros termos, tal dogmática vale-se do preceito segundo o qual sempre que se prove a ocorrência de um tipo objetivo de um delito também se tem por provado, nos casos de abuso por ato decisório, o correspondente dolo. A *praesumptio doli* se alicerça na máxima de experiência de que, como é normal que as pessoas e, em especial, os magistrados, saibam o que estão fazendo, os resultados e as consequências de seus atos devem ser considerados produtos de conduta dolosa[87]. Assim, desde que se encontre provado o nexo de causalidade entre a conduta e o resultado e não existam outros elementos de prova que conduzam à conclusão contrária, o elemento subjetivo restará demonstrado[88].

Entretanto, tal método vem sendo, há muito, criticado pela doutrina justamente por vergastar a presunção de inocência, na medida em que a *praesumptio doli*, ao ser uma espécie de prova pré-constituída, direciona o sistema a enxergar o imputado como detentor de um estado de culpa[89]. Não há dúvidas, contudo, de que o dolo, como qualquer outro elemento do tipo penal, caracterizado por ser um conglomerado de fatos[90], tam-

---

Nesse caso, o Superior Tribunal de Justiça qualificou a decisão como manifestamente ilegal. Contudo, tal adjetivação não é passível, por si só, de nos levar à conclusão de que os membros do Tribunal de Justiça paulista agiram com abuso de autoridade.

[86] García Cavero, Percy. **Derecho Penal – Parte General**, 2ª ed. Lima: Jurista Editoras, 2012, p. 493-494.

[87] Kader, Eliana Maria. **A prova do dolo**. 2012. 160 f. Dissertação (Mestrado). Universidade do Estado do Rio de Janeiro, Rio de Janeiro, 2012, p. 84.

[88] Kader, Eliana Maria. **A prova...** p. 84.

[89] Kader, Eliana Maria. **A prova...**, p. 89.

[90] Kader, Eliana Maria. **A prova...**, p. 91.

bém deve ser demonstrado pela acusação, por meio de, no mínimo, provas circunstanciais. Explicando de outro modo, o elemento subjetivo do tipo pode ser extraído a partir das circunstâncias da realidade fática objetivamente concreta ou pelo modo de execução do delito (*dolus ex re*[91]).

Em caso interessante decidido na STS 9.695 de 11 de dezembro de 2001, o Tribunal Supremo Espanhol, ao enfrentar o caráter subjetivo do tipo de *prevaricación* judicial, crime este semelhante, em alguns aspectos, ao abuso de autoridade brasileiro, parte do pressuposto de que, em casos tais, o dolo é evidente, pois se presume o juiz conhecedor do direito. Contudo, a Corte agregou a tal premissa outros indicadores, elementos circunstanciais que reforçaram, robusteceram e consolidaram o dolo do magistrado ao proferir, no caso concreto, decisão tendenciosa e enviesada[92].

---

[91] KADER, Eliana Maria. **A prova...**, p. 95.

[92] Veja o seguinte trecho da STS 9695, de 11 de dezembro de 2001: "El delito de prevaricación dolosa descrito en el art. 446-3º del Código Penal por el que ha sido condenado el recurrente, se integra por dos elementos: uno de naturaleza objetiva integrado por el dictado de una resolución injusta, y otro subjetivo, integrado por el elementos subjetivo del injusto consistente en saber que se está dictando una resolución injusta, lo que queda objetivado en la expresión "a sabiendas" que aparece en todos los supuestos de la prevaricación dolosa (...). El elemento subjetivo del tipo, aparece representado en la expresión "a sabiendas" es decir la conciencia de estar dictando una resolución con total apartamiento del principio de legalidad y de las interpretaciones usuales y admisibles en derecho, en aquellos casos en los que la norma pueda ser susceptible de distintas interpretaciones, elemento que debe ser puesto en relación con la condición del Juez de técnico en derecho, y por tanto conocedor del derecho y de la ciencia jurídica --iura novit curia-- (...).

En relación al elemento subjetivo concretado en la expresión "a sabiendas" que emplea el tipo penal es evidente que desde la condición del recurrente de experimentado Magistrado DIRECCION001 de una Sección Penal de la Audiencia Provincial de DIRECCION000 , y como tal conocedor del derecho, el claro apartamiento de la legalidad que se evidencia en dicho auto es exponente de una intencionalidad clara de actuar como tal – con independencia de los móviles concretos los que no forman parte del tipo penal--, pero en el presente caso, existen datos y probanzas concurrentes que robustecen la existencia de tal intencionalidad. A ellos también se refiere la sentencia recurrida en el séptimo de sus fundamentos con reflejo en el factum. Son los siguientes:

a) Hubo alteración de las reglas de reparto de asuntos en la Sección, ya que al DIRECCION001 de la Sección --el recurrente-- se le turnaban los asuntos terminados en los dígitos 0 y 5. Ninguno de los tres recursos de queja acumulados que resuelve el Auto

Ainda assim, somente a verificação da presença dos elementos objetivos, normativos do tipo e do referido elemento subjetivo na conduta do juiz não basta para a configuração dos delitos de abuso de autoridade por ato decisório. Necessário, como já averbado, a presença de um elemento adicional à configuração do injusto penal, qual seja, a finalidade específica (art. 1º, § 1º do novel diploma legal). Mister que a conduta do juiz sabidamente afrontosa à lei esteja eivada de má-fé, malícia, capricho, vingança, com consciente propósito de praticar perseguições e injustiças. Em outros termos, deve-se demonstrar que o magistrado, mediante comissão ou omissão, se move por deliberada e mal-intencionada vontade dirigida a prejudicar terceiros e/ou a favorecer a si ou a outrem, afastando-se, assim, do interesse público.

prevaricador, termina en 0 ó 5 --son los nº 3011/98, 3012/98 y 3013/98, criterio que regía también para las acumulaciones de autos. En tal caso, la ponencia se adjudicaba al Magistrado que aparece como ponente del primero rollo. Solo en el presente caso del año 1998, quebró este criterio de reparto, pues se designó ponente al recurrente a pesar de que ninguno de los rollos acumulados, ni tampoco el primero, le correspondía por el último dígito del número del rollo.
b) Según consta de las declaraciones de los otros dos Magistrados que conformaban con el recurrente el Tribunal, la deliberación del asunto fue muy somera y ambas Magistradas, firmaron el auto en la creencia de que se estaba indicando un solo delito fiscal, y no tres y en ese sentido se habló en la deliberación siendo significativo que este dato aparece muy desvaído en el propio auto, de suerte que, como se afirma en la sentencia, "....de forma subrepticia, el ponente introduce la prescripción de las tres anualidades en su resolución....", siendo irrelevante que en la querella el Ministerio Fiscal se refiriese a un solo delito fiscal continuado, pues en tal caso, la prescripción contaría al finalizar el tercer ejercicio, coincidente con la consumación del mismo, aunque ya es conocida la doctrina de esta Sala que estima como delitos autónomos los de cada ejercicio fiscal. Todo ello, lleva a esta Sala a estimar, también con la sentencia que la información facilitada por el recurrente a sus compañeras de Tribunal, fue "parcial y sesgada".
c) Se acordó la precaución "....muy poco justificada...." de evitar que continuara la causa, que se hablaba (sic) en aquellos momentos muy avanzada mediante acordar la suspensión de la misma.
Todos estos datos y declaraciones actúan como claros indicadores que refuerzan y consolidan la clara intencionalidad del recurrente, y en definitiva la conciencia y voluntad de éste al dictar el auto prevaricador, con independencia de la concurrencia o no de móvil, pues el móvil que induce a un actuar delictivo, no forma parte del tipo penal."

Conclusões

Em conclusão, nota-se que, pelas características do tipo penal, em muito poucos casos se poderá ter configurado o crime de abuso de autoridade por ato decisório. Destarte, para imputar tal delito a um magistrado, não basta demonstrar a incorreção jurídica da decisão que decreta ou mantém prisão. Mister que se comprove claramente a incorreção moral do juiz. Nenhuma decisão judicial que esteja em conformidade com alguma das interpretações possíveis do direito positivo poderá integrar o delito de abuso de autoridade, uma vez que tal crime não consiste na dissonância, por si só, entre o direito declarado pelo juiz e o direito objetivo[93].

É necessário que a falta contra a norma expressa seja luzente, maliciosa, que se cometa por um ato decisório voluntária e conscientemente dirigido a atender interesse particular próprio ou de outrem, mas não por erro de juízo, circunstância na qual o magistrado acredita atuar de maneira regular no cumprimento das atribuições inerentes a sua função, que é justamente valorar fatos e elementos de provas, interpretar a lei e aplicá-la de forma mais adequada ao caso concreto.

Dessa forma, o magistrado que entende, fundamentadamente, pela necessidade da permanência do encarceramento ou da decretação de prisão onde outros, por razões devidamente motivadas, não conseguem vê-la, pode até ser considerado um juiz injusto, mas não será um juiz criminoso.

Referências

ALLER, Germán. Sobre la derrogación del delito de abuso de funciones. *Facultad de Derecho: Universidad de la República*. Uruguay, 2020. Disponível em < https://www.fder.edu.uy/node/787>. Acesso em 04 jan 2020.

BANDEIRA DE MELLO, Celso Antônio. *Curso de Direito Administrativo*. 12ª ed. São Paulo: Malheiros, 2000.

---

[93] FERNANDEZ, José A. Nociones generales sobre el prevaricato. **ABC Color**, 2013. Disponível em: <https://www.abc.com.py/edicion-impresa/suplementos/judicial/nociones--generales-sobre-el-prevaricato-610434.html>. Acesso em: 4 de jan de 2020.

BARBOSA, Rui. *Obras Completas*. Vl. XXIII, 1896, Tomo III. Rio de Janeiro: Fundação Casa Rui Barbosa, 1978.

BERNARDINO, Talitha Braz. *O abuso de poder na atuação do Ministério Público*. Belo Horizonte: Forum, 2019.

BIANCHINI, Alice. *Pressupostos materiais mínimos da tutela penal* – série as ciências criminais do século XXI, vl. 7. São Paulo: Revista dos Tribunais, 2002.

BONAVIDES, Paulo. *Curso de Direito Constitucional*. 6ª ed. São Paulo: Malheiros, 1996.

CAVERO, Percy García. *Derecho Penal* – Parte General, 2ª ed. Lima: Jurista Editoras, 2012.

CUEVA, Lorenzo Morillas. Reflexiones acerca del delito de prevaricación: desde su interpretación extensiva a su motivación reduccionista. *Revista de Derecho, Empresa y Sociedad (REDS)*, n. 9, julio-diciembre, 2016, p. 16-47.

DAVID, Fernando Lopes. *Abuso de autoridade visto pelos Tribunais*. Bauru: Edipro, 1994.

FERNANDEZ, José A. Nociones generales sobre el prevaricato. *ABC Color*, 2013. Disponível em: <https://www.abc.com.py/edicion-impresa/suplementos/judicial/nociones-generales-sobre-el-prevaricato-610434.html>. Acesso em: 4 de jan de 2020.

FISCHER, Douglas. Em busca da aplicação correta e justa das penas perdidas: o caos decorrente de um sistema anacrônico e repetitivo de "precedentes-ementas". In: BEDÊ JUNIOR, Américo; CAMPOS, Gabriel Silveira de Queirós (Coord). *Sentença Criminal e aplicação da pena: ensaios sobre discricionariedade, individualização e proporcionalidade*. Salvador: Editora Juspodvm, 2017, p. 175-196.

GARCIA, Emerson; ALVES, Rogério Pacheco. *Improbidade Administrativa*. Rio de Janeiro: Lumen Juris, 2002.

GOMES FILHO, Antonio Magalhães. *A motivação das decisões penais*. 2ª ed. São Paulo: Revista dos Tribunais, 2013.

GOMES, Luiz Flávio; BIANCHINI, Alice. *O direito penal na era da globalização* – série as ciências criminais do século XXI, vl. 10. São Paulo: Revista dos Tribunais, 2002.

—; YACOBUCCI, Guillermo Jorge. *As grandes transformações do direito penal tradicional* – série as ciências criminais do século XXI, vl. 13. São Paulo: Revista dos Tribunais, 2005.

HERRERA, Esiquio Manuel Sánchez. Prevaricación: Plus de antijuridicidad. *Revista Derecho Penal y Criminología*, vl. XXXIV, n. 96, enero-junio de 2013, p. 113-143.

JUNQUILHO, Tainá Aguiar; FREITAS, Elias Canal. As diretrizes da fundamentação judicial e o modo de aplicação da teoria dos precedentes no art. 489, § 1º, V e VI do CPC/2015. In: DIAS, Luciano Souto (coord). *Temas controvertidos no novo Código de Processo Civil*. Curitiba: Juruá Editora, 2016, p. 149-168.

KADER, Eliana Maria. *A prova do dolo*. 2012. 160 f. Dissertação (Mestrado). Universidade do Estado do Rio de Janeiro, Rio de Janeiro, 2012.

KIRCHER, Luís Felipe Schneider. *Uma teoria dos precedentes vinculantes no processo penal*. Salvador: Editora Juspodivm, 2018.

MENDONÇA, Andrey Borges de. *Prisão e outras medidas cautelares pessoais*. São Paulo: Editora Método, 2011.

—. *Prisão preventiva na lei 12.403/11*: Análise de acordo com modelos estrangeiros e com a Convenção Americana de Direitos Humanos. 2ª ed. Salvador: Edirora Juspodvm, 2017.

MORAES, Maurício Zanoide de. *Presunção de Inocência no Processo Penal Brasileiro*: análise de sua estrutura normativa para a elaboração legislativa e para a decisão judicial. Rio de Janeiro: editora Lumen Iuris, 2010.

PASSOS DE FREITAS, Gilberto; PASSOS DE FREITAS, Vladimir. *Abuso de Autoridade*. 9ª ed. São Paulo: Revista dos Tribunais, 2001.

PETIT, Guilhermo Benlloch. ¿Prevarica el juez que se aparta de la 'Doctrina consolidada del Tribunal Supremo'? Comentario crítico a la Sentencia de la Sala Segunda del Tribunal Supremo de 11 de diciembre de 2001 («caso Santiago Raposo»). *Revista de Derecho Penal y Criminología*. 2ª época, n. 11, 2003, p. 305-338.

PISANI, Mario. Art. 5 – Diritto alla libertà e sicurezza. In: BARTOLE, Sergio; CONFORTI, Benedetto; RAIMONDI, Guido (org.). *Commentario alla Convenzione Europea per la tutela dei diritti dell'uomo e delle libertà fondamentali*. Padova: Cedam, 2001.

RAMOS, Carlos Henrique; MOUSINHO, Isabel Ribeiro. O novo Código de Processo Civil e o sistema de precedentes vinculantes. *Revista Brasileira de Direito Processual – RBDPro*, ano 25, n. 98, abr./jun. 2017, p. 57-94.

REMOTTI CARBONEL, José Carlos. *La Corte Interamericana de Derechos Humanos*: estructura, funcionamiento y jurisprudencia. Barcelona: Instituto Europeo de Derecho, 2004.

A LIMITAÇÃO À LIBERDADE POR ATO JUDICIAL E O CRIME DE ABUSO DE AUTORIDADE

SAGUINÉ, Odone. A inconstitucionalidade do clamor público como fundamento da prisão preventiva. In SHECAIRA, Sérgio Salomão. *Estudos em homenagem a Evandro Lins e Silva*. São Paulo, Método, 2001, p. 257-295.

SARLET, Ingo. Constituição e Proporcionalidade: o direito penal e os direitos fundamentais entre proibição de excesso e insuficiência. *Revista Brasileira de Ciências Criminais*, n. 47, março/abril de 2004, p. 60-122.

SÁNCHEZ, Juan Domingos Acosta. Aspectos Generales de la prevaricación. *Revista Chilena de Derecho*, vl. 10, n. 1, enero-abril de 1983, p. 103-124.

SCHÄFER STRECK, Maria Luiza. *Direito Penal e Constituição*: a face oculta da proteção dos direitos fundamentais. Porto Alegre: Livraria do Advogado, 2009.

SCHIETTI CRUZ, Rogerio. Dever de motivação das decisões judiciais no novo Código de Processo Civil e reflexos na justiça criminal. In CABRAL, Antonio do Passo; PACELLI, Eugenio; SCHIETTI CRUZ, Rogerio (Cood). *Coleção repercussões do novo CPC*: Processo Penal, vl. 13. Salvador: Editora Juspodvm, 2016, p. 327-356.

SILVA, Luís Virgílio Afonso da. O proporcional e o razoável. *Revista dos Tribunais*, ano 91, n. 798, abr. 2002, p. 23-50.

—. Interpretação conforme a Constituição: entre a trivialidade e a centralização judicial. *Revista Direito GV*, v. 2, n. 01, jan-jul de 2010, p. 191-210.

SOARES, Carlos Henrique. O precedente judicial e a súmula com efeito vinculante no novo Código de Processo Civil Brasileiro. In ALVIM, Thereza et al (Coord). *O novo Código de Processo Civil Brasileiro*. Rio de Janeiro: Forense, 2015, p. 379-403

STRECK, Lenio Luiz. A dupla face do princípio da proporcionalidade: da proibição de excesso (*Übermassverbot*) à proibição de proteção deficiente (*Untermassverbot*) ou de como não há blindagem contra normas penais inconstitucionais. *Revista da Ajuris: Associação dos Juízes do Rio Grande do Sul*, n. 97, março de 2005, p. 171-202.

TASSINARI, Clarissa; LOPES, Ziel Ferreira. Aproximações hermenêuticas sobre o art. 489, § 1º, do NCPC; 'julgamento analítico ou fundamentação da fundamentação'? In ALVIM, Thereza et al (Coord). *O novo Código de Processo Civil Brasileiro*. Rio de Janeiro: Forense, 2015, p. p. 100. 83-102.

TARUFFO, Michelle. *Uma simples verdade: o juiz e a construção dos fatos*. São Paulo: Marcial Pons, 2012.

VARGAS, Liz Patricia Benavides. El delito de prevaticato en el Perú. *Revista Lex*, ano XV, 2017, p. 235-250.

VELASQUÉZ, Fernando Velasquéz. La jurisprudencia como fuente formal del Derecho Penal. Prevaricato por desconocimiento del precedente jurisprudencial. *Cuadernos de Derecho Penal*, n. 9, junio de 2013, p. 143-179.

ZAPATER, Maíra. Abuso de autoridade ou crime contra a humanidade? *Justificando,* 2019. Disponível em: <www.justificando.com/2019/03/29/abuso-de--autoridade-ou-crime-contra-a-humanidade/>. Acesso em: 30 dez. 2019.

5. Artigos 9º e 10º [1]

FERNANDA VILARES

Introdução

Palco do exercício do consenso, o Congresso Nacional comumente apresenta tramitação simultânea de projetos de lei com objetivos e panos de fundo diametralmente opostos. Na discussão democrática, resta consolidado como norma o conteúdo que angariar maior apoio entre os parlamentares naquele momento histórico.

Foi numa conjuntura como essa que nasceu a Lei n. 13.869, de 5 de setembro de 2019 (Lei de Abuso de Autoridade). Após o início da Operação Lava Jato e uma intensificação da persecução penal de crimes econômicos e de corrupção, seus apoiadores apresentaram projeto de lei de iniciativa popular com o escopo de fortalecer e aprimorar os instrumentos normativos de combate a essa modalidade de crime. Ao mesmo tempo, aqueles que discordavam da atuação dos agentes públicos por enxergarem o cometimento de excessos nas investigações e macroprocessos apresentaram proposição com o objetivo de criminalizar condutas consideradas abusivas.

Ressalte-se que não se está julgando qualquer das empreitadas mais valiosa ou legítima. Tanto os bens jurídicos erário público, probidade administrativa e administração da justiça quanto os direitos e garantias individuais dos investigados e acusados em face do Estado possuem relevância. É certo que a Lei n. 4.868, de 1965, que tratava dos crimes de abuso de autoridade precisava ser atualizada, uma vez que havia sido ela-

---

[1] A autora exercia o cargo de Coordenadora-Geral de Atos normativos em matéria penal na Assessoria Especial de Assuntos Legislativos do Ministério da Justiça e Segurança Pública à época da votação, sanção e promulgação da lei comentada. A ressalva é importante para esclarecer sua participação ativa no processo legislativo, notadamente com a colaboração na elaboração de pareceres apresentando a posição do Ministério da Justiça e Segurança Pública perante as Casas Legislativas.

ABUSO DE AUTORIDADE

borada no contexto da ditadura.[2] Não há dúvida de que as atitudes abusivas dos agentes públicos devem ser prevenidas e reprimidas sem, contudo, serem dificultadas por tipos penais imprecisos. O grande segredo do jogo democrático é, justamente, atingir o ponto ótimo no qual existam normas aptas a protegê-los de forma equiparada em situações de lesão equivalentes.

O Projeto de Lei n. 280, de 2016, do Senado, numerado como Projeto de Lei n. 7.596, de 2017, na Câmara, cuja bandeira era evitar os excessos do Estado em face dos cidadãos, acabou tramitando mais rapidamente. Por outro lado, alguns meses depois, o chamado Pacote Anticrime, que possuía como pano de fundo o endurecimento da persecução nos casos de crimes violentos, organizações criminosas e corrupção foi colocado em votação e, com algumas modificações, aprovado e sancionado como a Lei n. 13.964, de 24 de dezembro de 2019.

Essa breve introdução tem como objetivo despertar o leitor para a vida existente além da norma. Artigos de lei são meros conjuntos de palavras que, malgrado possuírem uma mensagem semântica clara, podem ser compreendidos de formas diversas. A partir do momento em que ingressar no ordenamento jurídico, a norma ganha vida própria e passa a integrar um conjunto de regras que deve ser sistemática e harmonicamente interpretado. Um dos critérios utilizados pela dogmática hermenêutica – mas nem de longe o único – com o objetivo de solucionar os conflitos, é justamente o pensamento do legislador no momento da elaboração normativa. Tercio Sampaio Ferraz Junior relata a celeuma entre as correntes subjetivista e objetivista no que tange à influência da vontade do legislador na interpretação do texto de lei. Conquanto a conclusão do autor seja a de que não há uma corrente vencedora, é certo que reconhece a impor-

---

[2] "A lei atual, dentre os pontos em destaque àquilo que se espera de uma norma que coíba abusos de poder, estabelecia sanção penal única para todas as 19 condutas delituosas, qual seja detenção de 10 dias a 6 meses. Previa regras processuais defasadas, tendo em vista a incidência da Lei 9.099/95, tornando ineficaz o condão inibitório das penas e seus efeitos." Cf. BARBOSA, Ruchester Marreiros. *A nova Lei de Abuso de Autoridade e a inconstitucionalidade que não é para tanto.* **Disponível em** https://www.conjur.com.br/2019-out-01/academia-policia-abuso-autoridade-inconstitucionalidade-nao-tanto. Acesso em 20.04.2019.

ARTIGOS 9º E 10º

tância de balancear os fatores subjetivos – extraídos da intenção do legislador – com os objetivos – encontrados no próprio sentido da norma.[3]

Isso posto, cumpre notar que a formação do Congresso Nacional no momento da edição dessa lei apresentava entendimentos diversos (às vezes contrapostos e às vezes complementares) sobre a essência do ato que corresponderia a um efetivo abuso de autoridade. Essa constatação deve ser levada em conta ao interpretarmos esses dispositivos, lembrando que foram fruto de um intenso exercício de consenso por parte do conjunto de representantes que formam o conceito de "legislador".[4]

Não obstante, há que se atentar, ainda, para o fato de que a norma não é resultado puro da vontade da maioria dos membros do Poder Legislativo, sendo prevista intervenção do Poder Executivo no processo legislativo. A Constituição Federal prevê, em seu artigo 66[5], que o texto deve ser enviado para sanção do Presidente da República. Nessa oportunidade,

---

[3] *A doutrina subjetivista insiste em que, sendo a ciência jurídica um saber dogmático (a noção de dogma enquanto um princípio arbitrário, derivado de vontade do emissor de norma lhe é fundamental), é, basicamente, uma compreensão do pensamento do legislador; portanto, interpretação ex tunc (desde então, isto é, desde o aparecimento da norma pela positivação da vontade legislativa), ressaltando-se, em consonância, o papel preponderante do aspecto genético e das técnicas que lhe são apropriadas (método histórico). Já para a doutrina objetivista, a norma goza de um sentido próprio, determinado por fatores objetivos (o dogma é um arbitrário social), independente até certo ponto do sentido que lhe tenha querido dar o legislador, donde a concepção da interpretação como uma concepção ex nunc (desde agora, isto é, tendo em vista a situação e o momento atual de sua vigência), ressaltando-se o papel preponderante dos aspectos estruturais em que a norma ocorre e as técnicas apropriadas a sua captação (método sociológico). Cf.* FERRAZ JUNIOR, Tercio Sampaio. *Introdução ao Estudo do Direito: técnica, decisão, dominação.* 3ª ed. São Paulo, Ed. Atlas, 2001, p. 262-263.

[4] É certo que os critérios para a aprovação de um projeto de lei exigem a concordância da maioria em quóruns mais ou menos qualificados. No entanto, não se pode ignorar que o processo legislativo admite que o projeto a ser colocado em votação seja, em momento anterior, objeto e fruto de grande discussão prévia entre deputados e senadores.

[5] *Art. 66. A Casa na qual tenha sido concluída a votação enviará o projeto de lei ao Presidente da República, que, aquiescendo, o sancionará.*

§ 1º Se o Presidente da República considerar o projeto, no todo ou em parte, inconstitucional ou contrário ao interesse público, vetá-lo-á total ou parcialmente, no prazo de quinze dias úteis, contados da data do recebimento, e comunicará, dentro de quarenta e oito horas, ao Presidente do Senado Federal os motivos do veto.

§ 2º O veto parcial somente abrangerá texto integral de artigo, de parágrafo, de inciso ou de alínea.

ele pode promover o veto de dispositivo por razões políticas (interesse público) ou jurídicas (inconstitucionalidade). Contudo, esse ainda não é o resultado final da construção normativa. O §4º do artigo 66 da Constituição Federal determina que o veto será apreciado em sessão conjunta do Congresso Nacional, quando poderá ser rejeitado pela maioria absoluta dos membros das duas casas.

Esse procedimento foi utilizado na elaboração da lei em apreço e, especialmente, no artigo 9º, que passamos a comentar.

1. Art. 9º. Restringir a liberdade em manifesta desconformidade com a lei

> Art. 9º Decretar medida de privação da liberdade em manifesta desconformidade com as hipóteses legais:
> Pena – detenção, de 1 (um) a 4 (quatro) anos, e multa.
> Parágrafo único. Incorre na mesma pena a autoridade judiciária que, dentro de prazo razoável, deixar de:
> I – relaxar a prisão manifestamente ilegal;
> II – substituir a prisão preventiva por medida cautelar diversa ou de conceder liberdade provisória, quando manifestamente cabível;
> III – deferir liminar ou ordem de **habeas corpus**, quando manifestamente cabível.'

1.1. Considerações Preliminares

O presente artigo havia, inicialmente, sido vetado pelo Presidente da República, sob a seguinte justificativa:

> "A propositura legislativa, ao dispor que se constitui crime 'decretar medida de privação da liberdade em manifesta desconformidade com as hipóteses legais', gera insegurança

§ 3º Decorrido o prazo de quinze dias, o silêncio do Presidente da República importará sanção.

§ 4º O veto será apreciado em sessão conjunta, dentro de trinta dias a contar de seu recebimento, só podendo ser rejeitado pelo voto da maioria absoluta dos Deputados e Senadores. *(Redação dada pela Emenda Constitucional nº 76, de 2013)*

§ 5º Se o veto não for mantido, será o projeto enviado, para promulgação, ao Presidente da República.

ARTIGOS 9º E 10º

jurídica por se tratar de tipo penal aberto e que comportam interpretação, o que pode-ria comprometer a independência do magistrado ao proferir a decisão pelo receio de criminalização da sua conduta." [6]

Conquanto a mensagem de veto seja genérica e resumida e o tipo penal preveja mais de uma modalidade de indevida restrição da liber-dade – seja por um ato de decretação de medida cautelar pessoal, seja pela omissão em fazer cessar a prisão em prazo razoável – é fato que a uti-lização da prerrogativa pelo Poder Executivo foi baseada na premissa de que a criminalização da conduta com um elemento normativo tão aberto quanto o "manifesta desconformidade" teria o potencial de inviabilizar tanto a atividade jurisdicional, quanto as investigações que lhe precedem.

O texto isolado do artigo em questão elimina a discricionariedade do magistrado na exegese normativa, dando margem à existência do cha-mado crime de hermenêutica.[7] A limitação ao exercício da função juris-

---

[6] Mensagem de veto. Disponível em http://www.planalto.gov.br/ccivil_03/_ato2019-2022/2019/Msg/VEP/VEP-406.htm. Acesso em 19 de abril de 2020.

[7] O Parecer da Advocacia-Geral da União (PARECER n. 00988/2019/CONJUR-MJSP/CGU/AGU) apresentado ao gabinete do Ministro da Justiça e Segurança Pública para auxiliar a formação da posição de governo sobre o tema perante a casa civil sugeriu o veto de alguns dispositivos da lei aprovada pelo Congresso Nacional, o que foi usado de fundamento para a mensagem de veto do Presidente da República. Nele, há o relato de um precedente histórico, tendo Rui Barbosa como patrono perante o Supremo Tribunal Federal, no qual restou vedado o crime de hermenêutica. Pela relevância, transcrevemos trecho relevante: *"40. Nos idos de 1895, o saudoso Rui Barbosa assumiu uma causa em que um juiz de direito do Rio Grande do Sul, Alcides Mendonça Lima, havia sido condenado, àquele tempo, por abuso de autoridade. Segundo consta da história, o juiz Alcides Mendonça Lima, ao decidir um caso concreto, entendeu que uma lei então promulgada no Rio Grande do Sul era inconstitucional, porque estabelecia um regramento do tribunal do júri, que, ao que parece, contrariava a garantia da instituição do júri. 41. O dispositivo reputado inconstitucional estabelecia que o voto dos jurados não seria mais secreto. Na percepção do juiz Alcides, isso, contudo, submetia os jurados a pressões múlti-plas, inclusive de interesses poderosos. Diante disso, quando da aplicação ao caso concreto, declarou expressamente a incompatibilidade deste preceito com o texto da Constituição em vigor. 42. À época, o Presidente do Estado, Júlio Castilhos, ficou revoltado com a posição do juiz Alcides e oficiou o então Superior Tribunal de Justiça do Rio Grande do Sul, solicitando que o "o juiz falacioso fosse punido"[5], o que, de fato, ocorreu, tendo sido Alcides condenado pelo crime de abuso de autoridade, o qual cons-tava do primeiro Código criminal republicano (art. 226). 43. Consternado, Rui Barbosa assumiu a causa do juiz Alcides e levou o caso ao Supremo Tribunal Federal, oportunidade na qual sustentou*

dicional é acentuada em razão de o dispositivo não trazer balizas para o que se poderá considerar "desconformidade com as hipóteses legais".

Note-se que a evolução do direito, dos costumes e, portanto, a mudança do chamado standard jurídico cria, ainda, uma zona cinzenta pela qual o magistrado deve caminhar para viabilizar a compatibilidade entre a norma e a sociedade. Em última instância, o dispositivo depõe contra a própria dinâmica e evolução do direito pela via jurisprudencial. Não à toa a associação dos Magistrados Brasileiros ajuizou a Ação Direta de Inconstitucionalidade n. 6236 perante o Supremo Tribunal Federal.[8]

De qualquer maneira, há como promover uma interpretação sistemática que torne o tipo penal mais harmônico com os princípios da taxatividade e legalidade, uma vez que o §2º do artigo 1º da Lei em comento prevê: *"§2º A divergência na interpretação de lei ou na avaliação de fatos e provas não configura abuso de autoridade."*. Com essa baliza hermenêutica, poderemos interpretar o elemento normativo do tipo de forma mais restritiva.

Feitas essas considerações iniciais, serão analisados os aspectos mais relevantes referentes aos elementos do tipo penal.

1.2. Elementos do tipo

A leitura do artigo de lei analisado revela a existência de duas modalidades de crime: no *caput*, existe a criminalização da conduta consistente em *"Decretar medida de privação da liberdade em manifesta desconformidade com as hipóteses legais."* Já o Parágrafo único, tipifica a ação da autoridade judiciária que deixar de, em prazo razoável: *"i) relaxar a prisão manifestamente ilegal; ii) substituir a prisão preventiva por medida cautelar diversa ou de conce-*

---

que divergências na interpretação da lei não poderiam ser jamais criminalizadas, sob pena de transformar o juiz em um servo, retirando aquilo que é um dos fundamentos da liberdade de qualquer Nação, que é uma justiça independente. Com essa defesa de Rui Barbosa, restou sepultada, no Brasil, a possibilidade do denominado crime de hermenêutica. 44. Balizada nesse precedente histórico, conclui-se, hoje, também pela total contrariedade à Constituição daqueles tipos penais que criminalizam a jurisdição ou a atuação independente do Ministério Público ou, ainda, o dever da polícia de apuração de infrações penais, independentemente dos interesses afetados. Entender de forma contrária significa obstar o exercício do múnus público por parte dos agentes de Estado, em violação, até mesmo, do princípio da separação dos poderes (art. 2º da CF)."

[8] Até a finalização desse texto a ação não apresentava decisão de mérito.

*der liberdade provisória, quando manifestamente cabível; e iii) deferir liminar ou ordem de **habeas corpus**, quando manifestamente cabível.*"

Enquanto a primeira modalidade consiste em uma conduta comissiva de decretação de prisão em situações nas quais a medida não seria cabível; a segunda (subdividida em três espécies), revela a criminalização de ações omissivas, por meio das quais a liberdade não é concedida em hipóteses potenciais, nomeadamente, relaxamento de prisão ilegal, substituição por medida cautelar diversa quando possível ou indeferimento liminar em *habeas corpus*. Na verdade, o magistrado seria o responsável pelo resultado constrangimento indevido da liberdade.[9]

O exame apurado do conteúdo da norma revela a linha de identidade entre as condutas, qual seja, a restrição indevida da liberdade em um sentido amplo, denominação sugerida na introdução desse item para a capitulação.

Embora o artigo 2º da Lei n. 13.869, de 2019, preveja um amplo conceito de agente público como potencial sujeito ativo dos crimes de abuso de autoridade, essa possibilidade não existe para o crime em questão. Sendo as condutas previstas no tipo legal atos privativos da autoridade judiciária – porque decorrentes de decisão judicial[10] – apenas o magistrado pode incorrer nas mesmas. De fato, a menção à autoridade judiciá-

---

[9] Miguel Reale Junior afirma que *"Na conduta omissiva há um dado naturalístico observável, qual seja, um não fazer em face de uma obrigação de fazer. Na omissão pode-se permanecer imóvel ou fazer algo que não o devido, aliud agere, como fruto de uma decisão tomada com conhecimento e vontade de se deixar de agir tal como devido. Se não há, na omissão, um dado físico, há, todavia, um sinal naturalístico constatável e passível de ser qualificado."*. Assim, o juiz só poderá ser considerado "obrigado" à conduta de determinar a liberdade nas situações em que houver todas as condições jurídicas e fáticas para tanto. REALE JUNIOR, Miguel. *Código Penal Comentado*. São Paulo, Saraiva, 2017, p. 45.

[10] *"Não há dúvidas que qualquer decisão judicial é um ato de poder. A decisão judicial é ato praticado por funcionário público investido de jurisdição, a qual, em si, já é poder com o qual o Estado investe aquele funcionário (juiz) para exercê-lo na esfera jurídica de alguma pessoa (física ou jurídica) quando decide uma questão judicialmente a ele submetida."* Ver ZANOIDE DE MORAES, Mauricio. Decisão judicial e medidas cautelares pessoais: em busca de um modelo decisório ideal. In VAZ, Denise Provasi et al (org.). *Eficiência e garantismo no processo penal: estudos em homenagem a Antonio Scarance Fernandes*. São Paulo: LiberArs, 2017, p. 292.

ria é expressa no Parágrafo único e, no que tange à modalidade do *caput*, há uma consequência natural do sistema jurídico brasileiro.[11]

Como ato de poder que é, essa decisão judicial deve ser legítima para que não seja configurado o abuso de autoridade temido pelo legislador. Maurício Zanoide de Moraes estabelece alguns critérios para que possamos averiguar sua legitimidade, o que serve de primeiro norte para identificar efetiva lesão a direitos e garantias fundamentais do cidadão, bem jurídico protegido pela legislação aqui analisada. Diz o autor:

> *"Para a decisão ser legítima ela deve buscar a melhor aplicação da lei à questão jurídica e aos fatos do caso concreto, sendo que estes últimos devem ser objetivos e produzidos de modo lícito (art. 5º, inciso LVI, CR c/c art. 157, CPP). Contudo, não basta à decisão judicial ter aqueles atributos (aplicar o ordenamento da forma mais apropriada ao caso e ter base fática produzida de maneira lícita), ela, como ato de poder, deve justificar-se por meio de uma motivação clara, suficiente aos cidadãos (leitores técnicos ou não), notadamente aos seus destinatários (participantes da persecução), e coerente, em si e com relação àqueles padrões legais escolhidos."* [12]

O pronunciamento objeto da tutela penal aqui tratada cuida, como já dito, de restrição a liberdade, isto é, prisão. A prisão se divide em pena e processual.[13] A primeira, por óbvio, decorre de decisão judicial, enquanto que a segunda também dependerá da apreciação do magis-

---

[11] Questões tormentosas podem ser levantadas, como a possibilidade de co-autoria e participação do membro do Ministério Público que representa à autoridade judiciária solicitando a decretação da prisão. Parece ser razoável a posição de que o artigo 30 do Código Penal autorizaria a comunicação de elementar do crime a título de participação, embora, em conversas informais com estudiosos do tema, tenha despontado a posição de que estaríamos diante de um crime de mão própria.

[12] ZANOIDE DE MORAES, Mauricio. Decisão judicial e medidas cautelares pessoais: em busca de um modelo decisório ideal. In VAZ, Denise Provasi et al (org.). *Eficiência e garantismo no processo penal: estudos em homenagem a Antonio Scarance Fernandes*. São Paulo: LiberArs, 2017, p. 292-293.

[13] Segundo Guilherme Madeira: *"Prisão pena é a aplicada na sentença ou acórdão em cognição plena e que tem incidência após o trânsito em julgado da sentença penal condenatória. Já a prisão processual é a aplicada durante o processo antes do trânsito em julgado de sentença penal condenatória."* DEZEM, Guilherme Madeira. *Curso de Processo Penal*. 3ª. Ed. São Paulo, Editora Revista dos Tribunais, 2017, p. 741-742.

ARTIGOS 9º E 10º

trado como guardião supremo dos direitos e garantias fundamentais. Citando Antonio Scarance Fernandes, podemos afirmar que *"A Constituição Federal, em vários dispositivos, trata de prisão cautelar. De máxima relevância é inc. LXI do art. 5º, que condiciona toda prisão, inclusive a de natureza cautelar, a ordem escrita e fundamentada de autoridade judiciária competente."*[14]

Isto posto, cabe analisar o tipo objetivo do delito. Embora, em tese, seja possível a decretação de prisão-pena manifestamente ilegal, é evidente que o escopo foi criminalizar a imposição de prisão cautelar fora das hipóteses autorizadas no ordenamento jurídico brasileiro,[15] bem como desestimular a conduta do juiz que, podendo fazer cessar uma restrição ilegal à liberdade de um indivíduo, deixa de fazê-lo em desconformidade com o previsto na legislação.

Para que se fizesse uma minuciosa avaliação de todas as situações nas quais a prisão é possível de acordo com as normas atualmente vigentes no país e se identificasse em que hipóteses haveria subsunção ao tipo objetivo do *caput*, a *contrario sensu*, levaríamos infindáveis páginas. Para os fins desse breve artigo, basta trazer a baila os critérios lançados por Maurício Zanoide de Morais para a ideal estrutura de uma decisão judicial sobre medidas cautelares pessoais:

> *"O fumus deliti commissi (última parte do art. 312 e art. 282, inciso II, ambos do CPP), por sua vez, subdivide-se e dois itens, (i.a) um voltado à demonstração judicial dos elementos de materialidade do fato imputado e, o segundo, (i.b) referente aos elementos reveladores da autoria. A parte destinada ao (ii) periculum libertatis, (ii.a) após indicar de modo específico e claro qual é o perigo que se quer evitar com a liberdade do cidadão, subdivide-se ainda em análise (ii.b) do cabimento ou não das medidas cautelares diversas da prisão (art. 319 e 320), (ii.c) do cabimento da prisão preven-*

---

[14] Scarance Fernandes, Antonio. *Processo Penal Constitucional*. 7ª ed., rev., atual. e ampl. São Paulo: Editora revista dos tribunais, 2012, p. 291.

[15] A liberdade deve ser a regra e o encarceramento a exceção. Na mesma linha, a prisão cautelar só deve ser decretada excepcionalmente antes de finalizado o processo, nos casos de crimes graves e de efetivo risco ao posterior cumprimento da pena. A intenção de estimular um sistema no qual a medida restritiva de liberdade seja efetivamente a *ultima ratio* é legítima. Apenas se indaga se o direito penal é o instrumento adequado para coibir decisões desproporcionais e injustificadas, uma vez que atividades correcionais poderiam produzir os mesmos efeitos.

tiva (art. 312, primeira parte, CPP), analisada se a exigência legal que a determine é (ii.c.1) a garantia à ordem pública, (ii.c.2) a garantia da ordem econômica, (ii.c.3) a conveniência da instrução criminal, (ii.c.4) assegurar a aplicação da lei penal e, por fim, (ii.c.5) se eventual prisão preventiva poderá ser substituída por prisão domiciliar (arts. 317 e 318, CPP). Sendo que é nesta última parte (item ii, referente ao periculum libertatis) que, reitere-se, deve incidir de modo explícito e cogente uma análise racional da proporcionalidade." [16]

No caso concreto, o cotejamento dos elementos probatórios com as diretivas legais acima mencionadas terão o condão de solucionar os conflitos que podem ensejar o enquadramento no tipo penal em estudo, revelando se prisão poderá ser decretada nas hipóteses expressamente previstas em lei ou, se a situação fática não permitir a prova da existência de *fumus deliti commissi* e *periculum libertatis*, se seria o caso de relaxar prisão ilegal, substituir por medida diversa ou conceder ordem de *habeas corpus*.

Como dito no item anterior, a mera divergência interpretativa de fatos ou normas não configura nenhum dos tipos penais previstos na Lei de Abuso de Autoridade, o que confere uma certa flexibilidade na aplicação das normas referentes à prisão. Além disso, o tipo penal exige em todas as suas modalidades que haja manifesta ilegalidade, seja na decretação de medida indevida, seja na falta de providência para determinar a liberdade.

A grande questão, portanto, é: como definir o que seria manifestamente ilegal ou cabível? É possível definir contornos precisos para conferir segurança jurídica ao magistrado que precisa tomar a decisão?

O tipo do artigo 9º. da Lei de Abuso de Autoridade é tipo penal aberto por conta da existência dessa cláusula geral que torna nebuloso o conteúdo do enunciado normativo, podendo haver atentado ao princípio da

---

[16] ZANOIDE DE MORAES, Mauricio. Decisão judicial e medidas cautelares pessoais: em busca de um modelo decisório ideal. In VAZ, Denise Provasi et al (org.). *Eficiência e garantismo no processo penal: estudos em homenagem a Antonio Scarance Fernandes.* São Paulo: LiberArs, 2017, p. 295-296.

ARTIGOS 9º E 10º

legalidade.[17] A única maneira de salvar o dispositivo é utilizando técnicas hermenêuticas, sobretudo a interpretação sistemática (recorrendo ao §2º do artigo 1º, por exemplo) e limitando seu alcance. Ruchester Barbosa sugere uma interpretação com base na intenção do legislador:

> *"Claro que o legislador não estava se referindo a essa significação semântica, mas sim ao adjetivo de modo, qual seja, a maneira como se apresentam os fatos, posto que é com base neles que a decisão será proferida, como fica evidenciado nos demais dispositivos penais.*
>
> *Assim sendo, o* "manifesta" é o que se expressa manifestamente, que tem alcance semântico daquilo "que se mostra evidente, patente, claro; NOTÓRIO; INDISCUTÍVEL; INEGADO."* [18]

Ainda no âmbito das cláusulas gerais, merece atenção a exigência feita pelo Parágrafo único de que a ausência de decisão que faça cessar a indevida restrição de liberdade ocorra *"dentro de prazo razoável"*. Percebe-se a existência de dois problemas a serem solucionados: i) o conceito de prazo razoável; e ii) a definição do momento a partir do qual o crime poderá ser considerado consumado. Claro que são fatores interdependentes, mas a divisão evidencia a insegurança jurídica do tipo.

Andrey Borges de Mendonça apresenta a solução dada pela Comissão Interamericana de Direitos Humanos para a definição de prazo razoável da duração da prisão cautelar. Segundo o autor: *"nos países em que não há*

---

[17] Segundo Ana Elisa Liberatore Silva Bechara: *"As cláusulas gerais representam o oposto da determinação exigível dos tipos penais, em obediência ao princípio da legalidade. Nessas hipóteses, o tipo penal não possui um conteúdo claro, sendo impossível encontrar elementos que possam remeter o juízo valorativo do intérprete a parâmetros objetivos para o estabelecimento do delito. As dificuldades técnicas que configuram as cláusulas gerais derivam, assim, de sua incapacidade de prover segurança jurídica, isto é, o cidadão não pode compreender a definição da conduta proibida, o que inviabiliza de forma insustentável a norma."* BECHARA, Ana Elisa Liberatore Silva. *Valor, Norma e injusto penal: considerações sobre os elementos normativos do tipo objetivo no Direito Penal contemporâneo.* Belo Horizonte, Editora D'Placido, 2018, p. 237-238.

[18] BARBOSA, Ruchester Marreiros. *A nova Lei de Abuso de Autoridade e a inconstitucionalidade que não é para tanto.* **Disponível em** https://www.conjur.com.br/2019-out-01/academia--policia-abuso-autoridade-inconstitucionalidade-nao-tanto. Acesso em 20.04.2019.

ABUSO DE AUTORIDADE

prazo fixado em lei, um critério para determinar o prazo razoável deve ser 2/3 do mínimo da pena correspondente ao delito imputado".[19] Note-se que esse seria o critério para a duração máxima da prisão cautelar, o que pode significar um limite máximo para a interpretação desse elemento normativo, definindo quando, na pior das hipóteses, a decisão em prol da liberdade deve ser prolatada. No entanto, esse indicativo não resolve o problema como um todo e a jurisprudência precisará se debruçar sobre o tema.

Outro fator que pode equilibrar a interpretação do tipo objetivo é o elemento subjetivo. O §1º do artigo 1º preceitua que: *"As condutas descritas nesta Lei constituem crime de abuso de autoridade quando praticadas pelo agente com a finalidade específica de prejudicar outrem ou beneficiar a si mesmo ou a terceiro, ou, ainda, por mero capricho ou satisfação pessoal."*

De forma geral, afirma-se que a Lei de Abuso de Autoridade exige o dolo ou finalidade específica do agente. Embora o tema já tenha sido tratado em outro texto dessa obra com mais profundidade, é importante relembrar que a doutrina finalista considera que o dolo pode apenas ser dividido em direto e eventual. No caso em apreço, teríamos crimes que exigem o dolo direto cuja especificidade estaria no elemento subjetivo do injusto, no qual reside o motivo de agir, a *"finalidade reitora de uma conduta típica que transcende o tipo objetivo"*[20], que só possui relevância quando expressamente destacado pelo legislador.

Nesse caso, o legislador apresentou, alternativamente, diversos motivos que podem nortear a ação de quem pratica conduta com o fim de transcender o exercício legítimo do poder delegado pelo Estado, os quais claramente representam motivos egoístas, que não consideram a missão de trabalhar em prol da sociedade de maneira isenta e impessoal. São móveis de agentes públicos que não compreendem sua real função de servir o povo, agindo apenas por interesse individual. Como todo elemento subjetivo, a prova não é facilmente realizável, mas, por outro lado, é indispensável para equilibrar os elementos objetivos do tipo em estudo.

---

[19] MENDONÇA, Andrey Borges de. *Prisão Preventiva na Lei 12.403/2011: Análise de acordo com modelos estrangeiros e com a convenção Americana de Direitos Humanos.* 2ª.ed. rev. ampl. e atualizada. Salvador, Editora JusPodivm, 2017, p. 178.

[20] Prado, Luiz Regis. *Curso de Direito Penal Brasileiro,* v. 1: Parte Geral – arts. 1º a 120, 6. ed. rev., atual e ampl. São Paulo: Editora Revista dos Tribunais, 2006, p. 362.

1.3. Outros aspectos relevantes

Conquanto tenhamos critérios limitadores do alcance da norma, a dificuldade de compreensão do alcance da proibição pode ocasionar efeitos colaterais e indesejados, como o medo de magistrados decretarem medidas restritivas de liberdade que, eventualmente, sejam reformadas pelos tribunais superiores por serem consideradas manifestamente ilegais.[21]

Até o momento da entrega desse artigo não foram constatadas decisões judiciais que tenham efetivamente aplicado o artigo em exame para instaurar a persecução em face de magistrados. O que se encontra facilmente na mídia, todavia, é a notícia de que a promulgação da lei teve esse curioso efeito de desestimular a decretação de medidas restritivas de liberdade – ainda que o juiz considere haver motivo para tanto – por medo de eventual acusação por abuso de autoridade.

A cominação de pena sempre é um desincentivo ao comportamento indesejado, tal qual preconizado pela análise econômica do crime de Gary Becker.[22] Todavia, nesse caso em estudo, a imprecisão do enunciado normativo acaba ultrapassando o desestímulo esperado e gera o efeito de inverso de evitar até mesmo o comportamento desejado pelo sistema normativo.

Importante destacar que, com a pena cominada de 1 (um) a 4 (quatro) anos, a persecução pelo delito não apenas admite a suspensão condicional do processo, mas também a utilização do novo instituto do acordo de persecução penal previsto no artigo 28-A do CPP. De qualquer maneira, a pena máxima indica que a pena de prisão não deve ser imposta ao caso e, por consequência e mandamento do artigo 313 do CPP, tampouco a prisão cautelar.

Após discorrer bastante sobre as imprecisões do texto legal e as próprias válvulas de equilíbrio que o artigo introdutório da lei proporciona,

---

[21] Nesse sentido, foram colacionados alguns exemplos na reportagem de Kalleo Coura, onde se lê: *"Diante disso, enquanto não sedimentado pelo STF qual o Rol taxativo de hipóteses em que a prisão é "manifestamente" devida, a regra será a soltura, ainda que a vítima e a sociedade estejam em risco"* Disponível em: https://www.jota.info/justica/abuso-de-autoridade-juizes-decisoes-02102019. Acesso em 20.04.2020.

[22] BECKER, Gary S. Crime and Punishment: An Economic Approach, In *Journal of Political Economy*, março/abril de 1968 (número 76), p. 169-217.

é importante finalizar com a análise de Guilherme Nucci, segundo o qual será pouco provável que uma investigação e consequente processo sejam instaurados em face de magistrados por essa modalidade de delito, uma vez que a exigência de finalidade específica em concomitância com a vedação de punir divergência de interpretação dificilmente serão transpostas.[23] O autor parece ter razão, o que não significa que alguns caso esporádicos de aplicação dessa norma possam ser futuramente observados, justamente como exceções que confirmam a regra.

2. ART. 10: Decretação de condução coercitiva manifestamente descabida

> *Art. 10. Decretar a condução coercitiva de testemunha ou investigado manifestamente descabida ou sem prévia intimação de comparecimento ao juízo:*
> *Pena – detenção, de 1 (um) a 4 (quatro) anos, e multa.*

2.1. Elementos do tipo

O tipo em questão está na mesma linha do anteriormente analisado, de maneira que remetemos o leitor ao conteúdo anteriormente apresentado sobre os aspectos referentes ao magistrado como sujeito ativo. Há, entretanto, uma peculiaridade. De acordo com o entendimento de parte da doutrina, é possível que a condução coercitiva de testemunha seja determinada por Comissões Parlamentares de Inquérito. Isso estenderia aos membros do Poder Legislativo a possível caracterização como sujeito ativo desse crime.[24]

---

[23] *"Poder-se-ia argumentar que o conceito de manifestamente ilegal é duvidoso. Acredito que o termo é forte o suficiente (manifestamente) para indicar o caminho da interpretação, mas é fundamental relembrar dois pontos: a) a finalidade específica de prejudicar terceiro ou se favorecer; b) não se pode punir a divergência de interpretação. Então, como atingir o agente público? Senão inviável, impossível."* NUCCI, Guilherme. *A nova lei de abuso de autoridade.* Disponível em https://www.migalhas.com.br/depeso/312282/a-nova-lei-de-abuso-de-autoridade. Acesso em 20.04.2020.

[24] A celeuma diz respeito à recepção ou não da Lei n. 1579/52. Para os que entendem que a lei foi recepcionada, remanesce a necessidade de autorização judicial. No entanto, autores como Luiz Carlos dos Santos Gonçalves entendem que a recepção da lei pela Constituição de 1988 ocorreu apenas no que tange aos tipos penais criados, uma vez que o constituinte

ARTIGOS 9º E 10º

O ponto diferencial desse delito é o conteúdo da decisão cuja legalidade se visa resguardar. Nesse caso, trata-se de evitar a determinação da condução coercitiva de testemunha ou investigado fora das hipóteses legais ou sem a observância do procedimento necessário, isto é, sem a prévia intimação de comparecimento ao juízo, para que seja dada a oportunidade de escolha pelo comparecimento espontâneo.

Nos termos do artigo 218 do CPP, a testemunha pode ser conduzida coercitivamente, pelo Oficial de Justiça ou força policial, no caso de, conquanto regularmente intimada, não comparecer perante o juiz sem justificativa. Assim, repisadas as observações referentes ao conceito da expressão "manifestamente" feitas no item anterior, temos que o enquadramento no tipo objetivo do artigo 10 dependerá do desrespeito do artigo 218 do CPP de forma notória.

A condução coercitiva de testemunha nada mais é do que uma maneira de se obrigar a fonte de prova (testemunha) a realizar o meio de prova (depoimento). Neste caso, o meio de prova em si não enseja uma restrição a qualquer direito fundamental. Porém, se a fonte de prova se recusar a comparecer espontaneamente, sua produção dependerá de um ato coercitivo e, a partir daí, este mecanismo causará uma restrição de liberdade que só pode ser levada a cabo por um pronunciamento judicial. Ressalte-se que o dever da testemunha de colaborar com a produção probatória, bem como o de revelar a verdade dos fatos é o fundamento desse dever de participar dos atos instrutórios.

Já a condução coercitiva do investigado é questão um pouco mais delicada, levada ao Supremo Tribunal Federal[25] recentemente. Conside-

---

tratou de todos os demais aspectos e conferiu às CPIs poderes equiparados aos das autoridades judiciais no seu artigo 58, §3º da Constituição. Cf. GONÇALVES, Luiz Carlos dos Santos, *Poderes de Investigação das Comissões Parlamentares de Inquérito*. São Paulo, Editora Juarez de Oliveira, 2001, p. 47-49. Mais detalhes da discussão, ver VILARES, Fernanda Regina. *Processo Penal: reserva de jurisdição e CPIs*. São Paulo: Onix Jur, 2012, P. 106-108.

[25] STF – ADPF n. 444 – Plenário – Rel. Min. Gilmar Mendes, DOU 22.05.2019. "4. *Presunção de não culpabilidade. A condução coercitiva representa restrição temporária da liberdade de locomoção mediante condução sob custódia por forças policiais, em vias públicas, não sendo tratamento normalmente aplicado a pessoas inocentes. Violação. 5. Dignidade da pessoa humana (art.*

ABUSO DE AUTORIDADE

rando o caráter de ato de defesa conferido ao interrogatório e sua necessária conjugação com o direito ao silêncio do investigado ou do réu, não há fundamento legal ou constitucional para obrigá-los ao comparecimento e, consequentemente, a condução coercitiva não poderia ser utilizada, pois o artigo 260 do CPP não foi recepcionado pela Constituição. Assim, qualquer determinação nesse sentido poderá ser enquadrada no tipo objetivo analisado e ensejar a persecução penal por abuso de autoridade.

Da mesma maneira que o tipo anterior, o elemento subjetivo é dotado de especificidade, exigindo-se que a ação seja movida pela intenção de prejudicar alguém, obter benefício para si ou terceiro ou de satisfazer capricho ou vontade pessoal.

1º, III, da CF/88). O indivíduo deve ser reconhecido como um membro da sociedade dotado de valor intrínseco, em condições de igualdade e com direitos iguais. Tornar o ser humano mero objeto no Estado, consequentemente, contraria a dignidade humana (NETO, João Costa. Dignidade Humana: São Paulo, Saraiva, 2014. p. 84). Na condução coercitiva, resta evidente que o investigado é conduzido para demonstrar sua submissão à força, o que desrespeita a dignidade da pessoa humana. 6. Liberdade de locomoção. A condução coercitiva representa uma supressão absoluta, ainda que temporária, da liberdade de locomoção. Há uma clara interferência na liberdade de locomoção, ainda que por período breve. 7. Potencial violação ao direito à não autoincriminação, na modalidade direito ao silêncio. Direito consistente na prerrogativa do implicado a recursar-se a depor em investigações ou ações penais contra si movimentadas, sem que o silêncio seja interpretado como admissão de responsabilidade. Art. 5º, LXIII, combinado com os arts. 1º, III; 5º, LIV, LV e LVII. O direito ao silêncio e o direito a ser advertido quanto ao seu exercício são previstos na legislação e aplicáveis à ação penal e ao interrogatório policial, tanto ao indivíduo preso quanto ao solto – art. 6º, V, e art. 186 do CPP. O conduzido é assistido pelo direito ao silêncio e pelo direito à respectiva advertência. Também é assistido pelo direito a fazer-se aconselhar por seu advogado. 8. Potencial violação à presunção de não culpabilidade. Aspecto relevante ao caso é a vedação de tratar pessoas não condenadas como culpadas – art. 5º, LVII. A restrição temporária da liberdade e a condução sob custódia por forças policiais em vias públicas não são tratamentos que normalmente possam ser aplicados a pessoas inocentes. O investigado é claramente tratado como culpado. 9. A legislação prevê o direito de ausência do investigado ou acusado ao interrogatório. O direito de ausência, por sua vez, afasta a possibilidade de condução coercitiva. 10. Arguição julgada procedente, para declarar a incompatibilidade com a Constituição Federal da condução coercitiva de investigados ou de réus para interrogatório, tendo em vista que o imputado não é legalmente obrigado a participar do ato, e pronunciar a não recepção da expressão "para o interrogatório", constante do art. 260 do CPP."

2.2. Outros Aspectos

Também nesse caso, a pena cominada de 1 (um) a 4 (quatro) anos viabiliza a a suspensão condicional do processo e a utilização do novo instituto do acordo de persecução penal previsto no artigo 28-A do CPP. A pena máxima cominada indica que a pena de prisão não deve ser imposta ao caso e, por consequência e mandamento do artigo 313 do CPP, tampouco a prisão cautelar.

3. Conclusões

Embora a essência do presente trabalho pareça dispensar a elaboração de conclusões a cada artigo comentado, é oportuno consignar, na linha do que foi apresentado na introdução, de que a compreensão sugerida aos referidos dispositivos legais está norteada pela interpretação histórica e sistemática, enfatizando o necessário equilíbrio dos bens jurídicos envolvidos e o consequente consenso para solucionar os conflitos de interesses legítimos para que legítima e isonômica seja a persecução penal.

4. Referências

BARBOSA, Ruchester Marreiros. *A nova Lei de Abuso de Autoridade e a inconstitucionalidade que não é para tanto*. Disponível em https://www.conjur.com.br/2019--out-01/academia-policia-abuso-autoridade-inconstitucionalidade-nao--tanto. Acesso em 20.04.2019.

BECHARA, Ana Elisa Liberatore Silva. *Valor, Norma e injusto penal: considerações sobre os elementos normativos do tipo objetivo no Direito Penal contemporâneo*. Belo Horizonte, Editora D'Placido, 2018.

BECKER Gary S. Crime and Punishment: An Economic Approach, In *Journal of Political Economy*, março/abril de 1968 (número 76), p. 169-217.

DEZEM, Guilherme Madeira. *Curso de Processo Penal*. 3ª. Ed. São Paulo, Editora Revista dos Tribunais, 2017.

FERRAZ JUNIOR, Tercio Sampaio. *Introdução ao Estudo do Direito: técnica, decisão, dominação*. 3ª ed. São Paulo, Ed. Atlas, 2001.

GONÇALVES, Luiz Carlos dos Santos, *Poderes de Investigação das Comissões Parlamentares de Inquérito*. São Paulo, Editora Juarez de Oliveira, 2001.

MENDONÇA, Andrey Borges de. *Prisão Preventiva na Lei 12.403/2011: Análise de acordo com modelos estrangeiros e com a convenção Americana de Direitos Humanos.* 2ª.ed. rev. ampl. e atualizada. Salvador, Editora JusPodivm, 2017, p. 178.

NUCCI, Guilherme. *A nova lei de abuso de autoridade.* Disponível em https://www.migalhas.com.br/depeso/312282/a-nova-lei-de-abuso-de-autoridade. Acesso em 20.04.2020.

Prado, Luiz Regis. *Curso de Direito Penal Brasileiro*, v. 1: Parte Geral – arts. 1º a 120, 6. ed. rev., atual e ampl. São Paulo: Editora Revista dos Tribunais, 2006,

REALE JUNIOR, Miguel. Código Penal Comentado. São Paulo, Saraiva, 2017.

Scarance Fernandes, Antonio. *Processo Penal Constitucional.* 7ª ed., rev. Atual. e ampl. São Paulo: Editora revista dos tribunais, 2012.

Vilares, Fernanda Regina. *Processo Penal: reserva de jurisdição e CPIs.* São Paulo: Onix Jur, 2012, P. 106-108.

ZANOIDE DE MORAES, Mauricio. Decisão judicial e medidas cautelares pessoais: em busca de um modelo decisório ideal. In VAZ, Denise Provasi et al (org.). *Eficiência e garantismo no processo penal: estudos em homenagem a Antonio Scarance Fernandes.* São Paulo: LiberArs, 2017, p. 289-313.

Outros documentos

- https://www.jota.info/justica/abuso-de-autoridade-juizes-decisoes-0210 2019. Acesso em 20.04.2020.
- Parecer da Advocacia-Geral da União (PARECER n. 00988/2019/CONJUR -MJSP/CGU/AGU)
- http://www.planalto.gov.br
- http://www.stf.jus.br

6. Artigo 12 da Lei 13.869/2019

RODRIGO DE ANDRADE FIGARO CALDEIRA

Introdução

O fundamento constitucional do tipo penal está estampado no artigo 5º, LXII, da Constituição Federal, que estabelece que "a prisão de qualquer pessoa e o local onde se encontre serão comunicados imediatamente ao juiz competente e à família do preso ou à pessoa por ele indicada", tratando-se, assim, de direito fundamental do preso[1].

A fim de atender ao comando constitucional, estabeleceu o artigo 306, *caput*, do Código de Processo Penal, com redação dada pela Lei 12.403/2011, a necessidade de comunicar a prisão de qualquer pessoa e o local onde ela se encontre ao juiz competente, ao Ministério Público e à família do preso ou à pessoa por ele indicada. No mesmo sentido, o artigo 3º-B, inciso I, do Código de Processo Penal, prevê que o juiz de garantias[2]

---

[1] Conforme ensina Marta Saad, "A Constituição da República, no art. 5º, LXII, dispõe que é assegurada ao preso a assistência da família e do advogado. A fim de controlar a legalidade da prisão em flagrante delito, determina ainda que a prisão deve ser imediatamente comunicada ao juiz competente. A assistência da família é inovação da Constituição de 1988 e visa a oferecer ao preso conforto moral e material, e, muitas vezes, a possibilidade de contratação de advogado que cumpra sua defesa. A família, ciente da prisão e do paradeiro de seu familiar, pode, de fora, organizar a indispensável atuação defensiva, com a assistência de profissional legal e devidamente habilitado, localizando testemunhas, documentos. Quanto à imediata comunicação da prisão ao juiz competente, cuida-se de providência destinada a fazer não subsistirem prisões ilegalmente efetuadas. Trata-se de dever e há direito público subjetivo a essa comunicação de conhecimento, por parte do preso, ou detido, de modo que, se não for imediatamente realizada, torna-se ilegal a prisão, ainda que cabente" SAAD, Marta. *O direito de defesa no inquérito policial; prefácio Maria Thereza Rocha de Assis Moura. – São Paulo: Editora Revista dos Tribunais, 2004 – (Coleção estudos de processo penal Joaquim Canuto Mendes de Almeida; v.9*, p. 281-282).

[2] A eficácia da Lei 13.964/2019, no que tange ao juiz de garantias, está suspensa pelo ministro Luiz Fux, em decisão cautelar nas ADIs 6298, 6299, 6300 e 6305, no dia 22.01.2020, todas em trâmite perante o STF.

ABUSO DE AUTORIDADE

receberá a comunicação imediata da prisão, nos termos do inciso LXII, do *caput* do art. 5º, da Constituição Federal.

O tipo penal descrito no artigo 12, *caput*, da Lei 13.869/2019, já era parcialmente previsto no artigo 4º, alínea "c"[3], da revogada Lei nº 4.898/65 (antiga Lei de Abuso de Autoridade), que previa a conduta de deixar de comunicar, imediatamente, ao juiz competente a prisão ou detenção de qualquer pessoa, apenado com pena privativa de liberdade de 10 (dez) dias a 6 (seis) meses.

Assim, apesar de a Lei 13.869/2019, em seu artigo 12, não ter repetido exatamente a mesma redação da lei revogada, é possível dizer que a nova lei se trata de *lex gravior*, um vez que a conduta agora é apenada com detenção, de 6 (seis) meses a 2 (dois) anos, não retroagindo.

O bem jurídico tutelado é "a dignidade da função pública e o prestígio que o poder público deve desfrutar perante os administrados, assim como a liberdade de locomoção do agente cuja prisão em flagrante não foi comunicada à autoridade judiciária"[4].

1. Tipo objetivo

O artigo 12, *caput*, da Lei 13.869/2019, tipifica a conduta do agente que deixa, injustificadamente, de comunicar a prisão em flagrante à autoridade judiciária no prazo legal.

Deixar é conduta omissiva, uma vez que se deixa de dar ciência de algo a alguém[5]. Além de deixar de comunicar a prisão em flagrante à autoridade judiciária no prazo legal, a lei exige que a falta de comunicação seja injustificada, tratando-se de verdadeiro elemento normativo do tipo[6].

---

[3] Art. 4º Constitui também abuso de autoridade: c) deixar de comunicar, imediatamente, ao juiz competente a prisão ou detenção de qualquer pessoa;

[4] LIMA, Renato Brasileiro. *Nova Lei de Abuso de Autoridade*. Salvador: Editora JusPodivm, 2020, p. 125.

[5] NUCCI, Guilherme de Souza. *Leis penais e processuais penais comentadas*. 9. ed. rev., atual. e ampl. Rio de Janeiro: Forense, 2015, p. 22.

[6] Segundo Miguel Reale Júnior, "Os elementos normativos constituem elementos de conteúdo variável, aferidos a partir de outras normas jurídicas, ou extrajudiciais, quando da aplicação do fato concreto. Eles, malgrado terem conteúdo variável, definível através de um processo não de percepção, mas de compreensão, não destoam na estrutura do tipo, ao contrário, completam o quadro da ação considerada delituosa, sendo, ao lado dos

Se houver alguma justificativa plausível para a não comunicação da prisão em flagrante, a conduta será atípica. Atualmente, com a expansão dos inquéritos e processos digitais, dificilmente se verifica, na prática forense, alguma hipótese de impossibilidade de comunicação.

Ainda, o tipo penal exige que a comunicação seja feita no prazo legal, contudo, sem indicar qual o seria. Desse modo, parecer haver certa confusão legislativa, uma vez que a própria lei aponta que a comunicação deve se dar de forma imediata, mas dentro do prazo legal, não especificando o que seja imediato e nem qual é o prazo legal a ser respeitado.

Observa-se que se trata de verdadeira normal penal em branco, uma vez que o prazo legal deve ser complementado por outra norma penal.

Para tentar solucionar a questão, o Código de Processo Penal, em seu artigo 306, § 1º, estabelece que, "em até 24 (vinte e quatro) horas após a realização da prisão, será encaminhado ao juiz competente o auto de prisão em flagrante e, caso o autuado não informe o nome de seu advogado, cópia integral para a Defensoria Pública".

Todavia, tal prazo trata apenas do envio do auto de prisão em flagrante ao juiz competente, não sendo possível dizer que o prazo de comunicação da prisão seja o de 24 (vinte e quatro) horas.

Com a finalidade de respeitar o princípio da taxatividade da lei penal, a melhor interpretação a ser dada para o dispositivo é a de que o prazo legal deve ser o previsto pelo artigo 306, § 1º, do Código de Processo Penal, apesar de haver críticas nesse sentido, já que se trata de norma penal em branco.

Importante observar que o Código de Processo Penal exige que o Ministério Público, a família do preso ou a pessoa por ele indicada, além da Defensoria Pública, caso o preso não constitua advogado, sejam comunicados. Porém, o crime descrito no artigo 12, *caput*, da Lei 13.869/2019, se caracteriza apenas se a autoridade judiciária não for comunicada.

Desse modo, não haverá crime se o Ministério Público ou a Defensoria Pública não forem comunicados, podendo tal fato caracterizar apenas falta funcional da autoridade pública que deveria comunicar os dois órgãos.

---

elementos objetivos e subjetivos, um índice revelador do valor tutelado" (REALE JÚNIOR, Miguel. *Instituições de direito penal*. Rio de Janeiro: Forense, 2012, p. 141).

ABUSO DE AUTORIDADE

Não atendida a comunicação no prazo de 24 horas, a consequência legal será o mero reconhecimento de irregularidade, caso a prisão em flagrante venha a ser convertida em preventiva, de acordo com a jurisprudência pacífica do Superior Tribunal de Justiça[7]. Todavia, tal posicionamento não está indene de críticas. Isso porque, ao relegar a comunicação da prisão em flagrante a mera irregularidade, restringe a efetivação de um direito fundamental do preso.

Ora, não seria nenhum absurdo reconhecer a ilegalidade da prisão pela falta de comunicação no prazo legal, nos moldes do artigo 306, do Código de Processo Penal, pois a providência da autoridade pública que lavrou o flagrante é obrigatória[8]. O que se espera em um Estado Democrático de Direito é o cumprimento de garantias processuais[9].

---

[7] "(...) Cumpre salientar que esta Corte tem entendimento reiterado segundo o qual a discussão acerca de nulidade da prisão em flagrante fica superada com a conversão do flagrante em prisão preventiva, haja vista a formação de novo título a embasar a custódia cautelar (HC 425.414/RS, Rel. Ministro Nefi Cordeiro, Sexta Turma, DJe 14/3/2018). No mesmo sentido: RHC 98.544/MG, de minha relatoria, Quinta Turma, DJe 3/10/2018; HC 433.488/SP, Rel. Ministro Antonio Saldanha Palheiro, Sexta Turma, DJe 30/4/2018 (...)" (RHC 118.194. Relator Ministro Reynaldo Soares da Fonseca, 5ª Turma, STJ, decisão monocrática, publicado em 22.04.2020).

[8] Segundo Aury Lopes Junior, "A inobservância dessa regra conduz à ilegalidade da prisão em flagrante, cabendo ao juiz, quando receber os autos, e verificar que não houve a comunicação imediata (ao juiz plantonista, à família do preso e ao Ministério Público), deixar de homologar o auto de prisão em flagrante, relaxando a prisão em flagrante por ilegalidade" (Lopes Junior, Aury. *Direito processual penal*, 14 ed. São Paulo: Saraiva, 2017, p. 616).

[9] Luigi Ferrajoli adverte que "(...) as garantias penais, ao subordinar a pena aos pressupostos substanciais dos crimes – a lesão, a conduta e a culpabilidade –, são tanto efetivas quanto mais estes forem objeto de um juízo, em que sejam assegurados ao máximo a imparcialidade, a verdade e o controle. É por isso que as garantias processuais, e em geral as normas que disciplinam a jurisdição, são ditas também 'instrumentais' no que tange às garantias e às normas penais, estas chamadas, por sua vez, 'substanciais'. A correlação funcional é além disso biunívoca, uma vez que as garantias penais podem, por seu turno, ser consideradas necessárias para garantir juízo não arbitrários: na sua ausência, de fato, juízos e penas seriam desvinculados de limites legalmente preestabelecidos e resultariam não menos potestativos do que se estivessem em ausência de garantias processuais. Em síntese, tanto as garantias penais como as processuais valem não apenas por si mesma, mas, também, como garantia recíproca de efetividade" (Ferrajoli, Luigi. *Direito e razão – teoria do garantismo penal*. 4 ed. São Paulo: Editora Revista dos Tribunais, 2014, p. 495).

ARTIGO 12 DA LEI 13.869/2019

Por fim, o artigo 231, do Estatuto da Criança e do Adolescente tipifica conduta semelhante, no caso de a autoridade responsável pela apreensão de criança ou adolescente deixar de fazer imediata comunicação à autoridade judiciária competente e à família do apreendido ou à pessoa por ele indicada.

2. Tipo subjetivo

O tipo subjetivo é doloso e consiste na vontade livre e consciente de deixar, injustificadamente, de comunicar prisão em flagrante à autoridade judiciária no prazo legal[10].

Além disso, todos os crimes praticados no âmbito da Lei 13.869/2019 exigem a finalidade específica[11] do agente público de prejudicar outrem

[10] Precisa a lição de Juarez Tavares: "Diferentemente dos crimes comissivos, nos quais o dolo deve orientar-se à realização da ação típica, nos crimes omissivos o dolo se expressa como a decisão acerca da inação, com a consciência de que o sujeito poderia agir para evitar o resultado e sua ação era, pois, necessária a impedi-lo, com probabilidade nos limites da certeza. É insuficiente, por conseguinte, para reconhecer o dolo, a mera consciência da situação fundamentadora do dever de agir ou o conhecimento do seu poder de fato para realizar a ação omitida, como queria Welzel. Mais do que isso, será necessário demonstrar que o sujeito incluiu na sua decisão a não execução da ação possível e necessária. Essa é uma exigência, inclusive, que deflui dos próprios termos do art. 18, I, do Código Penal, que não prescinde do *elemento volitivo* na configuração do dolo, o qual deve ser tomado em conta igualmente nos delitos omissivos" (TAVAREZ, Juarez. *Teoria dos crimes omissivos.* São Paulo: Marcial Pons, 2012, p. 393).

[11] De acordo com Luiz Regis Prado, "Os elementos subjetivos do injusto seriam todos os requisitos de caráter subjetivo, distintos do dolo, que o tipo exige, além deste, para a sua realização. O elemento subjetivo do injusto que juntamente com o dolo dá lugar à conformação do tipo subjetivo é caracterizado pelo fato de a intenção do sujeito ativo, no momento da prática do delito, extrapolar (ir além) os limites de seu âmbito objetivo. Não é preciso que ele necessariamente venha a conseguir o especial fim almejado. Tem-se, então, que em determinados tipos penais aparecem, ao lado do dolo, outros elementos que pertencem ao campo psíquico-espiritual ou subjetivo do autor. Em algumas ocasiões, a lei penal requer que – além do dolo – concorram no autor elementos subjetivos adicionais para a realização do tipo, que mais particularizam sua conduta. Aqui, o desvalor da ação não se esgota no dolo, exige-se *algo* mais" (PRADO, Luiz Regis. *Tratado de direito penal brasileiro: parte geral: volume 2, teoria jurídica do* delito. São Paulo: Editora Revista dos Tribunais, 2014, p. 397).

ABUSO DE AUTORIDADE

ou beneficiar a si mesmo ou a terceiro, ou, ainda, por mero capricho ou satisfação pessoal, de acordo com o artigo 1º, § 1º.

Logo, o crime em tela não admite modalidade culposa.

3. Sujeitos do crime

O artigo 1º, da Lei 13.869/2019, expressamente aponta que o agente público, servidor ou não, possa ser sujeito ativo do crime.

Todavia, o tipo penal descrito no artigo 12, *caput*, da Lei de Abuso de Autoridade, apresenta uma particularidade, já que a obrigação da comunicação da prisão em flagrante deve ser feita, em regra, pela autoridade policial, uma vez que a maioria dos crimes são precedidos da lavratura de inquérito policial, mesmo que dispensáveis.

A Lei 12.830/2013 dispõe sobre a investigação criminal conduzida pelo delegado de polícia. O artigo 2º, § 1º, da referida lei, prevê que ao delegado de polícia cabe a condução da investigação criminal por meio de inquérito policial ou outro procedimento previsto em lei[12].

Além disso, o artigo 304, do Código de Processo Penal, também aponta que a autoridade policial lavrará o auto de prisão em flagrante.

Assim, é possível concluir que, preponderantemente, se trata de crime praticado por delegado de polícia, pois é a autoridade responsável pela comunicação da prisão em flagrante à autoridade judiciária.

Porém, pode ocorrer de a prisão em flagrante se dar em situações diversas, não havendo a lavratura de inquérito policial. Nesse caso, é possível que a autoridade responsável pela lavratura do auto de prisão em flagrante e pela imediata comunicação à autoridade judiciária seja outra, a exemplo de uma prisão em flagrante realizada após o cometimento de um crime dentro da Câmara dos Deputados ou do Senado[13].

---

[12] Art. 2º As funções de polícia judiciária e a apuração de infrações penais exercidas pelo delegado de polícia são de natureza jurídica, essenciais e exclusivas de Estado. § 1º Ao delegado de polícia, na qualidade de autoridade policial, cabe a condução da investigação criminal por meio de inquérito policial ou outro procedimento previsto em lei, que tem como objetivo a apuração das circunstâncias, da materialidade e da autoria das infrações penais.

[13] Segundo Nestor Távora e Rosmar Rodrigues Alencar, "Destaque-se ainda que a autoridade policial não detém exclusivamente a atribuição de presidência da lavratura do auto. Outras autoridades, em determinadas situações e no exercício de suas atribuições, também

ARTIGO 12 DA LEI 13.869/2019

Ainda, o membro do Ministério Público pode instaurar procedimento investigatório criminal, nos termos da Resolução 181/2017, do Conselho Nacional do Ministério Público. Não há nenhuma vedação legal para que ele mesmo realize e lavre uma prisão em flagrante, devendo comunicar imediatamente a autoridade judiciária competente, podendo, também, figurar como sujeito ativo do crime descrito no artigo 12, *caput*, da Lei 13.869/2019.

Por fim, na esteira do que dispõe o artigo 307, do Código de Processo Penal, o próprio juiz de Direito pode ser sujeito ativo do crime previsto na Lei de Abuso de Autoridade, se uma infração penal foi praticada na sua presença e ele lavrou o flagrante, deixando de comunicar outra autoridade judiciária[14]. Trata-se de situação excepcional, mas não impossível de acontecer, uma vez que a prática de crime de falso testemunho ocorre dentro da sala de audiência, na presença do juiz de Direito.

Quanto ao sujeito passivo, será o Estado, de forma imediata, e o preso atingido pela conduta da autoridade pública, de forma mediata.

4. Consumação e Tentativa

Conforme já mencionado, o crime em tela é omissivo. Assim, ele se consuma quando a autoridade competente pela prisão deixa de comunicar a prisão em flagrante à autoridade judiciária, após o decurso do prazo de 24 horas.

---

podem conduzir a elaboração do auto de prisão em flagrante (art. 4º, parágrafo único, CPP). O verbete nº 397, da Súmula, do STF, corrobora o entendimento, ressaltando que o poder de polícia da câmara dos Deputados e do Senado Federal, em caso de crime cometido nas suas dependências, engloba, consoante o seu regimento, a prisão em flagrante e a realização do inquérito" (TÁVORA, Nestor; ALENCAR, Rosmar Rodrigues. *Curso de direito processual* penal. 15. ed. reestrut., revis. e atual. Salvador: Ed. JusPodivm, 2020, p. 1095).

[14] De acordo com Guilherme Madeira Dezem, "Também é exemplo a hipótese em que o crime em que o crime é cometido na presença do magistrado em razão de suas funções, sendo então sua a atribuição para lavratura do auto de prisão em flagrante, nos termos do art. 307 do CPP. Entendemos que a medida não viola o sistema acusatório desde que, é evidente, o magistrado seja afastado do caso e não julgue-o, devendo o feito ser encaminhado para seu substituto legal" (DEZEM, Guilherme Madeira. *Curso de Processo Penal*. 3 ed., rev. atual. e ampl. São Paulo: Editora Revista dos Tribunais, 2017, p. 782).

Sendo omissivo próprio, não é cabível a tentativa, já que se trata de crime unissubsistente e de mera conduta. Se o agente agir, não haverá crime; se ele não agir, o crime estará configurado, não havendo espaço para o fracionamento da conduta[15].

5. Classificação doutrinária

Trata-se de crime próprio, pois somente pode ser praticado pelo agente público que detém atribuição para a lavratura e comunicação da prisão em flagrante à autoridade judiciária; de mera conduta, uma vez que o crime é omissivo próprio e a lei não descreve o resultado naturalístico; de forma livre, já que o tipo penal não descreve a forma como ele deve ser praticado; unissubjetivo, praticado somente por uma pessoa; instantâneo, pois consuma-se no momento da inação e unissubsistente, uma vez que a conduta se caracteriza mediante um único ato de execução.

6. Figuras equiparadas

O tipo penal, em seu parágrafo único, enumera quatro condutas equiparadas.

O artigo 12, parágrafo único, inciso I, da Lei 13.869/2019, tipifica a conduta daquele que "deixa de comunicar, imediatamente, a execução de prisão temporária ou preventiva à autoridade judiciária que a decretou".

Apesar da sofrível técnica legislativa em tipificar condutas equiparadas, o inciso guarda relação com o *caput* do artigo na medida em que ambos tratam da conduta omissiva do agente público que não comunica a autoridade judiciária. Todavia, existem algumas diferenças entre os tipos penais.

---

[15] Segundo André Estefam, "Os delitos omissivos puros, como a omissão de socorro (CP, art. 135), também são incompatíveis com a figura da tentativa. Entendem-se omissivos próprios ou puros aqueles em que o tipo penal descreve uma omissão, de modo que para identificá-los, basta a leitura do dispositivo penal. Se o fato descrito corresponder a um *non facere*, o crime será omissivo próprio. A impossibilidade da tentativa decorre do fato de que tais delitos são crimes de mera conduta e unissubsistentes. O simples não fazer é suficiente para a consumação. Se o sujeito agir, não há crime" (ESTEFAM, André. *Direito penal, 1: parte geral*. 2 ed. São Paulo: Saraiva, 2012, p. 262-263).

O verbo nuclear do tipo continua sendo omissivo, no sentido de deixar o autor do crime de comunicar, imediatamente, a execução de prisão temporária ou preventiva à autoridade judiciária que a decretou.

O tipo objetivo do artigo 12, parágrafo único, inciso I, da Lei 13.869/2019, trata da comunicação à autoridade judiciária que decretou a prisão temporária ou preventiva.

O artigo 5º, LXI, da Constituição Federal, é claro ao estabelece que "ninguém será preso senão em flagrante delito ou por ordem escrita e fundamentada de autoridade judiciária competente, salvo nos casos de transgressão militar ou crime propriamente militar, definidos em lei". Assim, a prisão temporária ou preventiva se dará através do cumprimento de um mandado de prisão, que encontra-se regulamentado pelos artigos 285 a 289-A, todos do Código de Processo Penal.

O tipo penal visar resguardar o Banco Nacional de Monitoramento de Prisões (BNMP 2.0), nos termos do artigo 289-A, do Código de Processo Penal[16] e Resolução nº 251/2018, do Conselho Nacional de Justiça. Assim, o agente público que realizou a prisão temporária ou preventiva deve comunicar a autoridade judiciária que decretou a prisão, imediatamente.

O crime previsto no artigo 12, parágrafo único, inciso I, da Lei 13.869/2019, tem como sujeito ativo o agente público que efetivou a prisão temporária ou preventiva, em cumprimento de um mandado, e não comunicou a autoridade judiciária que a decretou.

Todavia, questão interessante surge quanto ao juiz de Direito. De acordo com o artigo 289-A, § 3º, do Código de Processo Penal, "A prisão será imediatamente comunicada ao juiz do local de cumprimento da medida o qual providenciará a certidão extraída do registro do Conselho Nacional de Justiça e informará ao juízo que a decretou".

---

[16] Segundo Pierpaolo Bottini, "A inclusão do artigo 289-A, não previsto na redação original do Projeto, foi proposta com o objetivo de aprimorar o sistema de comunicação e de troca de informações entre autoridades policiais e judiciais" (BOTTINI, Pierpaolo. *Medidas cautelares – Projeto de Lei 111/2008* In MOURA, Maria Thereza Rocha de Assis, coordenação. *As reformas no processo penal: as novas Leis de 2008 e os projetos de reforma*. São Paulo: Editora Revista dos Tribunais, 2008, p. 499).

A norma processual penal expressamente prevê a obrigação do juiz de Direito providenciar a certidão extraída do registro do Conselho Nacional de Justiça e a comunicação para o juízo que decretou a prisão.

Desse modo, para Renato Brasileiro de Lima, é perfeitamente possível que o juiz de Direito figure como sujeito ativo do crime previsto no artigo 12, parágrafo único, inciso I, da Lei 13.869/2019, no caso de ele deixar de tomar a providência insculpida no artigo 289-A, § 3ª, do Código de Processo Penal[17].

Porém, com a devida vênia, tal entendimento não pode prosperar. Isso porque o tipo penal expressamente menciona que a omissão do agente que executou a prisão temporária ou preventiva à autoridade judiciária que a decretou caracteriza o crime. Assim, caso o magistrado não comunique o Conselho Nacional de Justiça, poderá haver infração ao seu dever funcional, no âmbito administrativo, mas não haverá tipicidade em sua conduta, uma vez que a Lei de Abuso de Autoridade não menciona a obrigatoriedade de comunicar o Conselho Nacional de Justiça, muito menos qualquer outra autoridade diversa da que decretou a prisão. Desse modo, não é possível se utilizar de qualquer analogia *in malan partem* para criminalizar a conduta do juiz de Direito que descumpriu a regra prevista no artigo 289-A, § 3º, do Código de Processo Penal.

O sujeito passivo, por sua vez, de forma imediata, é o Estado e, de forma mediata, é o preso temporário ou preventivo que sofreu com a falta de comunicação por parte do agente público que executou sua prisão.

Ainda quanto ao tipo penal, não há definição legal do que significa a expressão imediatamente. Como já dito, trata-se de elemento normativo do tipo. Porém, nessa figura equiparada, não há menção expressa quanto a qualquer prazo legal.

A única interpretação cabível é no sentido de que a comunicação deve ser feita de modo *incontinenti,* ou seja, no momento seguinte à execução da prisão temporária ou preventiva, concomitantemente à realização de todas as formalidades legais.

Por fim, os demais comentários já feitos quanto ao elemento subjetivo e à consumação, no que tange ao *caput* do artigo, podem ser repetidos a

---

[17] LIMA, Renato Brasileiro. *Nova Lei de Abuso de Autoridade.* Salvador: Editora JusPodivm, 2020, p. 132.

esse inciso, uma vez que se trata de conduta dolosa (com finalidade específica) e omissiva própria, em que se exige a finalidade especial do tipo, além de se consumar no exato instante da omissão, não sendo possível o reconhecimento do crime tentado.

O artigo 12, parágrafo único, inciso II, da Lei 13.869/2019, tipifica a conduta de "deixa de comunicar, imediatamente, a prisão de qualquer pessoa e o local onde se encontra à sua família ou à pessoa por ela indicada".

Conforme já mencionado, o fundamento constitucional repousa no artigo 5º, inciso LXII, da Constituição Federal.

É dever do Estado comunicar a família do preso ou a pessoa por ele indicada. A Lei 4.898/1965 não tipificava a conduta do agente público que não comunicasse a família do preso ou alguém por ele indicada.

Desse modo, o artigo 12, parágrafo único, inciso II, da Lei 13.869/2019, é considerado *novatio legis* incriminadora, não retroagindo (art. 5º, XL, da CF).

A falta de comunicação dos familiares do preso ou da pessoa por ele indicada não leva, automaticamente, ao reconhecimento de nulidade da prisão em flagrante, conforme já mencionado, de acordo com a jurisprudência do Superior Tribunal de Justiça. Todavia, tal posição não parece adequada, uma vez que há clara violação a direito fundamental do acusado[18].

A Corte Interamericana de Direitos Humanos julgou o caso *Tibi* vs. *Equador*. Daniel Tibi ficou preso por 28 meses, por suposta participação no narcotráfico local, sem ordem judicial, onde foi torturado. Não houve nenhuma comunicação prévia sobre a prisão para seus familiares, nem foi possibilitado a ele constituir um advogado. Assim, a Corte Interamericana

---

[18] Nessa esteira, arremata Guilherme Madeira Dezem: "Com a devida vênia, entendemos equivocado este posicionamento. Há necessidade de proteção aos direitos fundamentais e, com esta decisão o STJ acabou por eliminar a importante modificação legislativa havida. Os direitos fundamentais são concretizados na legislação infraconstitucional mas não só. Sua concretização mais importante é feita pela prática diária nos processos e inquéritos em todo o país. É preferível operadores do direito conscientes do papel dos direitos fundamentais com uma legislação não tão adequada a legislação excelente do que operadores que não estejam conscientes de seu papel" (DEZEM, Guilherme Madeira. *Curso de Processo Penal*. 3 ed., rev. atual. e ampl. São Paulo: Editora Revista dos Tribunais, 2017, p. 786).

ABUSO DE AUTORIDADE

de Direitos Humanos condenou o Equador pelo descumprimento das normas que integram o Pacto de São José da Costa Rica (Convenção Americana de Direitos Humanos), demonstrando a importância da comunicação da prisão para os familiares ou para que o preso possa constituir um advogado, como deve ocorrer em um Estado Democrático de Direito[19].

O sujeito ativo do crime é o agente público que deixa de comunicar, imediatamente, a prisão de qualquer pessoa e o local onde se encontra à sua família ou à pessoa por ela indicada. Não se trata aqui da obrigatoriedade da comunicação pelo condutor da prisão, mas sim da obrigatoriedade da comunicação por parte de quem lavra o auto de prisão em flagrante.

O artigo 231, do Estatuto da Criança e do Adolescente tipifica conduta semelhante, no caso de a autoridade responsável pela apreensão de criança ou adolescente deixar de fazer imediata comunicação à autoridade judiciária competente e à família do apreendido ou à pessoa por ele indicada.

O artigo 12, parágrafo único, inciso III, da Lei 13.869/2019, tipifica a conduta do agente que "deixa de entregar ao preso, no prazo de 24 (vinte e quatro) horas, a nota de culpa, assinada pela autoridade, com o motivo da prisão e os nomes do condutor e das testemunhas".

Mais uma vez, a Lei de Abuso de Autoridade deixa claro que tutela o direito à liberdade do cidadão, fazendo com que a autoridade que des-

---

[19] "Por otra parte, el detenido, al momento de ser privado de su libertad y antes de que rinda su primera declaración ante la autoridad133, debe ser notificado de su derecho de establecer contacto con una tercera persona, por ejemplo, un familiar, un abogado o un funcionario consular, según corresponda, para informarle que se halla bajo custodia del Estado. La notificación a un familiar o allegado tiene particular relevancia, a efectos de que éste conozca el paradero y las circunstancias en que se encuentra el inculpado y pueda proveerle la asistencia y protección debidas. En el caso de la notificación a un abogado tiene especial importancia la posibilidad de que el detenido se reúna en privado con aquél, lo cual es inherente a su derecho a beneficiarse de una verdadera defensa. En el caso de la notificación consular, la Corte ha señalado que el cónsul "podrá asistir al detenido en diversos actos de defensa, como el otorgamiento o contratación de patrocinio letrado, la obtención de pruebas en el país de origen, la verificación de las condiciones en que se ejerce la asistencia legal y la observación de la situación que guarda el procesado mientras se halla en prisión"135. Esto no ocurrió en el presente caso" (Corte IDH. *Caso Tibi* vs. *Equador*. Sentença 07.09.2004. Série C, nº 114, parágrafo nº 112).

ARTIGO 12 DA LEI 13.869/2019

cumpra tais direitos seja penalizada na seara criminal. Isso foi um avanço da legislação na proteção dos direitos fundamentais dos acusados, uma vez que não nenhuma razão para suprimir deles quaisquer desses direitos.

A nota de culpa é o documento que exprime o motivo da prisão, o nome do condutor e das testemunhas, de acordo com o artigo 306, § 1º, do Código de Processo Penal, e assegura que seja cumprida a garantia descrita no artigo 5º, inciso LXIV, da Constituição Federal. No mesmo sentido, o artigo 7.4, da Convenção Americana de Direitos Humanos prevê que "Toda pessoa detida ou retida deve ser informada das razões da sua detenção e notificada, sem demora, da acusação ou acusações formuladas contra ela"[20].

De acordo com o artigo 12, parágrafo único, inciso III, da Lei 13.869/2019, a autoridade que lavrou a prisão em flagrante tem 24 horas para entregar a nota de culpa para o preso, sob pena de cometer o crime em tela, além de causar a nulidade do ato[21].

O sujeito ativo do crime é a autoridade responsável pela lavratura do auto de prisão em flagrante, que deixa de entregar ao preso, no prazo de 24 horas, a nota de culpa, assinada pela autoridade, com o motivo da prisão e os nomes do condutor e das testemunhas.

A última conduta típica equiparada está descrita no artigo 12, parágrafo único, inciso IV, da Lei 13.869/2019, que prevê que será punido o agente público que "prolonga a execução de pena privativa de liberdade, de prisão temporária, de prisão preventiva, de medida de segurança ou de

---

[20] Segundo Flávia Piovesan e Melina Girardi Fachin, a Corte Interamericana de Direitos Humanos "(..) já especificou que duas são as garantias veiculadas no art. 7.4 da Convenção Americana: (i) a informação, na forma oral ou escrita, sobre as razões da detenção e (ii) a notificação sobre a acusação, que deve se dar por escrito. Se não houver o repasse de informações de maneira adequada, o indivíduo dispõe de um controle judicial meramente ilusório" (PIOVESAN, Flávia; FACHIN, Melina Girardi; MAZZUOLI, Valério de Oliveira. *Comentários à Convenção Americana sobre Direitos Humanos*. Rio de Janeiro: Forense, 2019, p. 92).

[21] De acordo com Gustavo Badaró, "As formalidades do auto de prisão em flagrante são sacramentais e constituem elementos essenciais do ato, cuja inobservância acarreta a nulidade do auto. De qualquer forma, a nulidade atinge apenas o auto de prisão como instrumento de coação cautelar da liberdade de locomoção, não gerando, porém, repercussão no processo, em especial, na sua expressão probatória" (BADARÓ, Gustavo Henrique. *Processo Penal*. 3 ed. São Paulo: Editora Revista dos Tribunais, 2015, p. 967).

internação, deixando, sem motivo justo e excepcionalíssimo, de executar o alvará de soltura imediatamente após recebido ou de promover a soltura do preso quando esgotado o prazo judicial ou legal".

O âmbito de proteção do bem jurídico tutelado foi aumentando, no que tange à liberdade de locomoção, uma vez que a medida de internação, agora, integra o tipo penal.

O artigo 4º, alínea "i", da Lei 4.898/65, previa a conduta do agente que prolongasse "a execução de prisão temporária, de pena ou de medida de segurança, deixando de expedir em tempo oportuno ou de cumprir imediatamente ordem de liberdade". Além disso, o artigo 350, do Código Penal, também tipificava tal conduta, havendo, há época da Lei 4.898/65, discussão doutrinária no sentido de que a antiga Lei de Abuso de Autoridade já havia revogado tacitamente o Código Penal. A Lei 13.869/2019 expressamente revogou o artigo 350, do Código Penal, colocando fim a qualquer dúvida nesse sentido.

Apesar de não se tratar exatamente da mesma redação do tipo penal, a nova Lei de Abuso de Autoridade, em seu artigo 12, parágrafo único, inciso IV, abarca a conduta anteriormente prevista. Como houve recrudescimento da pena privativa de liberdade, trata-se de *novatio legis in pejus*, não retroagindo, portanto, às condutas praticadas na vigência da lei revogada.

Esse inciso também tipifica uma conduta omissiva, pois, apesar de o verbo nuclear se referir a *prolongar*, o próprio tipo penal complementa a conduta criminosa com o verbo *deixando*, demonstrando, assim que o crime ocorre através de uma inação.

Prolongar significa retardar, procrastinar, adiar. Cometerá o crime o agente público que, agindo dolosamente e com finalidade específica, retarda o cumprimento do alvará de soltura, desde que sem justo motivo e em caráter excepcionalíssimo.

O tipo penal não tipificou a conduta do agente que deixa executar alvará de soltura, imediatamente, em caso de prisão civil por dívida de alimentos. Logo, trata-se de conduta atípica, uma vez que se proíbe a utilização de analogia *in malan partem*[22].

---

[22] LIMA, Renato Brasileiro. *Nova Lei de Abuso de Autoridade*. Salvador: Editora JusPodivm, 2020, p. 144.

ARTIGO 12 DA LEI 13.869/2019

A nova lei, ainda, usa a expressão *sem motivo justo* e *excepcionalíssimo*. Infelizmente, trata-se de péssima técnica legislativa, pois a lei penal deve ser certa[23]. Deveras, o motivo justo e excepcionalíssimo é um conceito muito amplo e, ao mesmo tempo, vago, ferindo a taxatividade da lei penal. Porém, trata-se, na verdade, de elemento normativo do tipo, em que deverá ser analisado se o agente que procrastinou a ordem de soltura estava embasado em algum motivo excepcionalíssimo e justificável[24].

Ainda, o agente público, antes de soltar o custodiado, deverá realizar pesquisas para verificar se o preso não tem em seu desfavor outro mandado de prisão. Logo, eventual demora na soltura pode ser justificada se o agente público realiza as pesquisas de praxe, não se confundindo o excesso de zelo com o dolo para a caraterização do crime.

Existem duas modalidades de conduta criminosa. Na primeira modalidade, o agente prolonga a execução de pena privativa de liberdade, de prisão temporária, de prisão preventiva, de medida de segurança ou de

---

[23] Segundo Juarez Cirino dos Santos, "O critério geral de validade da lei penal no tempo é definido pelo princípio da legalidade, na plenitude de suas dimensões constitucionais incidentes sobre crimes, penas e medidas de segurança, definidas como (a) lex praevia (proibição de retroatividade da lei penal), (b) lex scripta (proibição do costume como fundamento de crimes ou de penas), (c) lex stricta (proibição da analogia como método de criminalização ou de penalização de ações humanas), e (d) lex certa (proibição de indefinições os tipos legais e nas sanções penais)" (SANTOS, Juarez Cirino. *Direito Penal – Parte Geral*. 4. ed. rev., ampl. Florianópolis: Conceito Editorial. 2010, p. 47-48).

[24] Conforme muito bem ponderado por Renato Brasileiro de Lima, "É sabido que em diversas penitenciárias, por razões de segurança, há horários definidos previamente para cumprimento diário dos alvarás de soltura. Além disso, antes de serem colocados em liberdade, é de rigor a realização de exame médico nos presos para atestar as condições de saúde, evitando-se, assim, possíveis alegações de maus-tratos e tortura no período em que estiveram privados de sua liberdade. Esse motivo justo e excepcionalíssimo também estará presente quando o agente público estiver na dúvida acerca da existência de eventual mandado de prisão (ou temporária) em aberto decretado em face do mesmo indivíduo, porém em autos diversos. Ou quando o agente público responsável pela custódia visualizar a possiblidade de a ordem judicial em questão ter como destinatário pessoa diversa daquela que efetivamente deveria ser colocada em liberdade (v.g., homônimo). Presente esse motivo justo e excepcionalíssimo, impõe-se o reconhecimento da atipicidade da conduta" (LIMA, Renato Brasileiro. *Nova Lei de Abuso de Autoridade*. Salvador: Editora Jus-Podivm, 2020, p. 145.

ABUSO DE AUTORIDADE

internação, deixando, sem motivo justo e excepcionalíssimo, de executar o alvará de soltura imediatamente após recebido.

Assim, verifica-se que o agente público recebe o alvará de soltura e não o executa imediatamente, após tê-lo em mãos. Desse modo, o crime pode ser cometido pelo carcereiro, por exemplo, que, dolosamente e com finalidade específica, deixa de soltar o preso após ter recebido a ordem judicial para liberá-lo.

Na segunda conduta, o agente prolonga a execução de pena privativa de liberdade, de prisão temporária, de prisão preventiva, de medida de segurança ou de internação, deixando, sem motivo justo e excepcionalíssimo, de promover a soltura do preso quando esgotado o prazo judicial ou legal.

Aqui, existem duas situações distintas: o esgotamento do prazo legal e o esgotamento do prazo judicial.

No primeiro caso, a medida de internação pode ter prazo fixo, por exemplo, 30 dias, caso o magistrado tenha emitido a ordem com prazo determinado. Ao cabo desses trinta dias, cabe ao agente público promover a soltura do preso, independentemente de nova ordem judicial.

No segundo caso, pode ser que a própria lei estabeleça esse prazo, por exemplo, como na prisão temporária. Assim, ao término do prazo da prisão temporária, deverá o agente público colocar o preso em liberdade, imediatamente, independentemente de nova ordem judicial.

Nesse sentido, a própria Lei 7.960/89, em seu artigo 2º, § 7º, estabelece que "Decorrido o prazo contido no mandado de prisão, a autoridade responsável pela custódia deverá, independentemente de nova ordem da autoridade judicial, pôr imediatamente o preso em liberdade, salvo se já tiver sido comunicada da prorrogação da prisão temporária ou da decretação da prisão preventiva"

Logo, se o preso não estiver detido por outro processo, o que seria justo motivo para sua manutenção no cárcere, deverá ele ser posto imediatamente em liberdade.

No caso de extinção da pena, a Lei de Execução Penal, em seu artigo 109, prevê que "cumprida ou extinta a pena, o condenado será posto em liberdade, mediante alvará do Juiz, se por outro motivo não estiver preso". Extinta a pena, o preso deve ser posto imediatamente em liberdade, sob pena de o agente público cometer o crime em tela.

ARTIGO 12 DA LEI 13.869/2019

Por fim, no caso de prisão preventiva, a conduta criminosa se concretizará se o juiz revogar a prisão cautelar e o agente público postergar o seu cumprimento.

O Estatuto da Criança e do Adolescente, em seu artigo 235, criminaliza a conduta do agente público que descumpre, injustificadamente, prazo fixado no ECA em benefício de adolescente privado de liberdade.

Referências

BOTTINI, Pierpaolo. *Medidas cautelares – Projeto de Lei 111/2008* In MOURA, Maria Thereza Rocha de Assis, coordenação. *As reformas no processo penal: as novas Leis de 2008 e os projetos de reforma*. São Paulo: Editora Revista dos Tribunais, 2008.

DEZEM, Guilherme Madeira. *Curso de Processo Penal*. 3 ed., rev. atual. e ampl. São Paulo: Editora Revista dos Tribunais, 2017.

ESTEFAM, André. *Direito penal, 1: parte geral*. 2 ed. São Paulo: Saraiva, 2012.

FERRAJOLI, Luigi. *Direito e razão – teoria do garantismo penal*. 4 ed. São Paulo: Editora Revista dos Tribunais, 2014.

LIMA, Renato Brasileiro. *Nova Lei de Abuso de Autoridade*. Salvador: Editora JusPodivm, 2020.

LOPES JUNIOR, Aury. *Direito processual penal*, 14 ed. São Paulo: Saraiva, 2017.

NUCCI, Guilherme de Souza. *Leis penais e processuais penais comentadas*. 9. ed. rev., atual. e ampl. Rio de Janeiro: Forense, 2015.

PIOVESAN, Flávia; FACHIN, Melina Girardi; MAZZUOLI, Valério de Oliveira. *Comentários à Convenção Americana sobre Direitos Humanos*. Rio de Janeiro: Forense, 2019.

PRADO, Luiz Regis. *Tratado de direito penal brasileiro: parte geral: volume 2, teoria jurídica do* delito. São Paulo: Editora Revista dos Tribunais, 2014.

REALE JÚNIOR, Miguel. *Instituições de direito penal*. Rio de Janeiro: Forense, 2012.

TAVAREZ, Juarez. *Teoria dos crimes omissivos*. São Paulo: Marcial Pons, 2012.

TÁVORA, Nestor; ALENCAR, Rosmar Rodrigues. *Curso de direito processual* penal. 15. ed. reestrut., revis. e atual. Salvador: Ed. JusPodivm, 2020.

7. Artigo 13 da Lei 13.869/2019

RODRIGO DE ANDRADE FIGARO CALDEIRA

Introdução

O fundamento constitucional do tipo penal está previsto no artigo 5º, incisos III, X, XLI, XLIX, LVI, LXIII, todos da Constituição Federal. São vários direitos fundamentais protegidos ao mesmo tempo, como a proibição da prática de tratamento desumano ou degradante, a intimidade e a honra do preso, a proibição de discriminação atentatória dos direitos e liberdades fundamentais, o respeito à integridade física e moral do preso, a proibição de obtenção de prova por meio ilícito e o direito de o preso não produzir prova contra si mesmo.

O fundamento convencional repousa no artigo 5, itens 1 e 2, da Convenção Americana de Direitos Humanos, que expressamente prevê que "toda pessoa tem o direito de que se respeite sua integridade física, psíquica e moral", bem como que "ninguém deve ser submetido a torturas, nem a penas ou tratos cruéis, desumanos ou degradantes. Toda pessoa privada da liberdade deve ser tratada com o respeito devido à dignidade inerente ao ser humano".

O artigo 350, inciso III, do Código Penal, previa parte da conduta tipificada do crime em estudo, ressalvando que os artigos 3º, alínea "i" e 4º, alíneas "a" e "b", da Lei 4.898/65, passaram a criminalizar a conduta já prevista no Código Penal, ocorrendo revogação tácita. Desse modo, o panorama anterior à nova Lei de Abuso de Autoridade era no sentido de que havia parte da conduta tipificada anteriormente.

Porém, tendo em vista que o tipo penal descrito no artigo 13, da Lei 13.869/2019, traz como elementar a violência, a grave ameaça ou a redução da capacidade de resistência do preso e é mais específico, descrevendo as condutas de forma mais detalhada do que as previsões genéricas dos artigos 3º, alínea "i" e 4º, alíneas "a" e "b", da Lei 4.898/65, a melhor solução é no sentido de que a nova lei seja considerada como *novatio legis* incriminadora[1].

Além disso, a Lei 13.964/2019, introduziu a figura do juiz de garantias[2], e o artigo 3º-F, do Código de Processo Penal, expressamente prevê que "o juiz de garantias deverá assegurar o cumprimento das regras para o tratamento dos presos, impedindo o acordo ou ajuste de qualquer autoridade com órgãos da imprensa para explorar a imagem da pessoa submetida à prisão, sob pena de responsabilidade civil, administrativa e penal".

Por fim, o artigo 3º, da Lei de Execução Penal, assegura ao condenado e ao internado todos os direitos não atingidos pela sentença ou pela lei, proibindo qualquer discriminação.

Logo, pelo arcabouço normativo, percebe-se que a proteção dada à dignidade do preso ou detento é de suma importância para tratá-lo com respeito e humanidade.

1. Tipo objetivo

O verbo nuclear do tipo é constranger, que significa obrigar, forçar, compelir, dominar.

Além do constrangimento, a lei exige que o crime seja cometido mediante violência, grave ameaça ou redução da capacidade de resistência do preso ou o detento. A lei se utiliza da interpretação analógica, em que emprega uma fórmula casuística seguida de uma fórmula genérica. A lei cita dois exemplos (violência e grave ameaça), como fórmula casuística, e depois se utiliza de uma expressão genérica (redução da capacidade de resistência do preso), com a finalidade de inserir os casos concretos que surgirão nessa fórmula genérica, uma vez que é impossível, para o legislador, prever todas as situações em que é reduzida a capacidade de resistência do preso ou do detento.

A violência (*vis in personam, vis corporalis ou vis absoluta*) é "o emprego da força sobre o corpo da vítima, com ou sem produção de lesão corporal,

---

[1] No mesmo sentido, LIMA, Renato Brasileiro. *Nova Lei de Abuso de Autoridade*. Salvador: Editora JusPodivm, 2020, p. 147.

[2] A eficácia da Lei 13.964/2019, no que tange ao juiz de garantias, está suspensa pelo ministro Luiz Fux, em decisão cautelar nas ADIs 6298, 6299, 6300 e 6305, no dia 22.01.2020, todas em trâmite perante o STF.

ARTIGO 13 DA LEI 13.869/2019

pois o importante é que o uso desse meio coativo reduza a capacidade de resistência do ofendido"[3].

Importante observação a ser feita é no sentido de que, se o agente público emprega a violência contra o preso ou o detento e o lesiona, responderá cumulativamente pelo abuso de autoridade e pela lesão corporal praticada (leve, grave ou gravíssima, a depender do caso), pois o parágrafo único, do artigo 13, da Lei 13.869/2019, é expresso em afirmar que a pena será aplicada "sem prejuízo da pena cominada à violência".

A grave ameaça (*vis animo illata, vis relativa* ou *vis compulsiva*), por sua vez, deve ser entendida como aquela empregada com a finalidade de incutir medo, temor, à vítima, de tal modo que ela tenha sua capacidade de resistência diminuída, tornando sua vontade viciada no sentido de que ela não consiga apresentar resistência e ceda aos caprichos do agente público, que a submeterá a uma das situações descritas nos incisos do artigo 13, da Lei 13.869/2019.

Por sua vez, a fórmula genérica de redução da capacidade de resistência do preso ou do detento deve ser entendida como qualquer situação que o faça diminuir sua capacidade de oferecer resistência à vontade do agente público. Um exemplo disso seria a utilização, por parte do agente público, de hipnotizantes ou drogas contra o preso ou o detento, para reduzir a capacidade de resistência dele, submetendo-o a situação vexatória.

O verbo nuclear, aliado à prática do crime com violência, grave ameaça ou redução da capacidade de resistência do preso ou detento dever ser cometido dentro de um dos contextos dos incisos I, II e III, todos do artigo 13, a Lei 13.869/2019.

O artigo 13, inciso I, da Lei de Abuso de Autoridade, tipifica a conduta do agente público que constrange o preso ou o detento, mediante violência ou grave ameaça ou reduz a sua capacidade de resistência e o obriga a exibir-se ou ter seu corpo ou parte dele exibido à curiosidade pública.

Trata-se de tipificação necessária, uma vez que visa coibir que o preso ou o detento sejam exibidos como troféus. É sabido que, por vezes, a polícia captura o preso e, *incontinenti*, o exibe em rede nacional, colocando-o

---

[3] PIERANGELI, José Henrique; atualizado por Maria Aparecida Pierangeli Borelli Thomaz. *Código penal comentado*. São Paulo: Editora Verbatim, 2013, p. 482.

em situação absolutamente constrangedora, ao linchamento da opinião pública[4].

Todavia, é preciso que fique claro que não há proibição na divulgação do chamado retrato falado. O processo penal é regido pelo princípio da publicidade, insculpido no artigo 5º, LX, da Constituição Federal, que discorre que a lei só poderá restringir a publicidade dos atos processuais quando a defesa da intimidade ou o interesse social o exigirem. Somado a isso, o artigo 93, inciso IX, da Constituição Federal deixa claro que os julgamentos serão públicos, podendo a lei limitar a presença, em determinados atos, às próprias partes e a seus advogados, ou somente a estes, em casos nos quais a preservação do direito à intimidade do interessado no sigilo não prejudique o interesse público à informação.

O artigo 792, § 1º, do Código de Processo Penal, limita a publicidade quando puder resultar escândalo, inconveniente grave ou perigo de perturbação da ordem.

Dentro desse contexto, existe interesse público na divulgação do retrato falado, para fins de investigação, devendo, apenas, ser limitada a exibição das imagens quando a intenção da divulgação seja apenas de denegrir a imagem do investigado. Além disso, pode haver autorização expressa da reprodução das imagens pelos titulares dos direitos de imagem, o que retiraria qualquer ilicitude em sua divulgação[5].

---

[4] De acordo com Antônio Scarance Fernandes, "Deve-se evitar a publicidade sensacionalista, como as transmissões de julgamentos por rádio ou televisão. Expõe demasiada e desnecessariamente os protagonistas da cena processual ao público em geral e causa constrangimento ao acusado, à vítima e às testemunhas" (FERNANDES, Antonio Scarance. *Processo penal constitucional.* 7 ed. rev. atual. e ampl. São Paulo: Editora Revista dos Tribunais, 2012, p. 76).

[5] Segundo Ana Lúcia Menezes Vieira, "De fato, no processo penal há um interesse público na divulgação da imagem das pessoas nele envolvidas – exemplo seria o retrato falado, ou a própria fotografia, para fins investigativos –, mas não é razoável quando a publicação serve apenas para provocar escândalos e destruir o indivíduo. A imagem só pode ser publicada e deve ser permitida dentro de objetivos lícitos. Exemplificando, qual seria, então, o interesse público da divulgação de fotos e imagens televisivas de acusado por crime de corrupção, saindo do interior de um hospital onde foi submetido a exames médicos, sobre uma cadeira de rodas, cabisbaixo, acabado pela mídia como pessoa, destruído de qualquer direito à imagem, privacidade ou intimidade? Nenhum, além do fim comercial do meio de comunicação, sem questionar aqui se a população teria esse tipo de curiosidade malsã. Por

ARTIGO 13 DA LEI 13.869/2019

Ainda, o tipo penal fala em preso ou detento, não havendo proibição de divulgação do cumprimento de outras medidas cautelares, busca e apreensão e similares, por falta de previsão legal[6].

Por sua vez, o artigo 13, inciso II, da Lei de Abuso de Autoridade, tipifica a conduta do agente público que constrange o preso ou o detento, mediante violência ou grave ameaça ou reduz a sua capacidade de resistência e o submete a situação vexatória ou a constrangimento não autorizado em lei.

Submeter significa subjugar, obrigar, sujeitar, subordinar, dominar. A conduta típica restará caracteriza na conduta do agente púbico que obriga o preso ou o detento a se colocar em situação vexatória ou a constrangimento não autorizado em lei.

Situação vexatória é aquela que causa vergonha no preso ou detento. A prisão, por si só, já é uma situação constrangedora, mas existem limites legais. Se o agente público coloca o preso ou o detento em situações que não estão previstas em lei, com o fim de expô-los ao ridículo, o crime estará configurado. Guilherme de Souza Nucci[7] exemplifica a situação no caso em que o agente público proíbe visitas ao preso ou detento, sem justa causa, ou o submete ao Regime Disciplinar Diferenciado, sem autorização legal (art. 53, inciso V, c.c. art. 54, ambos da LEP).

---

conseguinte, poderíamos afirmar no âmbito do processo penal que a reprodução pública da imagem de pessoas envolvidas em crime deve ser vedada se ela resulta de modo anti--social [*rectius* antissocial], aflitivo ou degradante, a não ser que haja autorização do titular da imagem, ou se necessária à administração da justiça. A fotografia ou a reprodução da imagem do acusado, da vítima ou testemunhas, portanto, para ser lícita sem o consentimento deles, deve vir dentro do contexto da publicidade mediata do processo penal, com um fim social e que não seja divulgada apenas com o objetivo de explorar a imagem da pessoa" (VIEIRA, Ana Lúcia Menezes. *Processo penal e mídia*. São Paulo: Editora Revista dos Tribunais, 2003, p. 152-153).

[6] BOTTINI, Pierpaolo Cruz. *Dos crimes e das penas* In *Comentários à Lei de abuso de autoridade* [livro eletrônico]: Lei nº 13.869, de 5 de setembro de 2019/ coordenação Gustavo Henrique Badaró, Juliano Breda. São Paulo: Thomson Reuters Brasil, 2020, n.p.).

[7] NUCCI, Guilherme de Souza. *Leis penais e processuais penais comentadas*. 9. ed. rev., atual. e ampl. Rio de Janeiro: Forense, 2015, p. 22.

ABUSO DE AUTORIDADE

No que se refere ao uso de algemas, havia um tipo específico, que era o artigo 17[8], da Lei 13.869/2019. Todavia, o dispositivo foi vetado pelo Presidente da República[9], sendo possível, então, enquadrar a conduta do agente público que algema o preso ou o detento, para submetê-lo a condição vexatória, no inciso II, do artigo 13, da Lei 13.869/2019.

O artigo 13, inciso III, da Lei de Abuso de Autoridade, tipifica a conduta do agente público que constrange o preso ou o detento, mediante violência ou grave ameaça ou reduz a sua capacidade de resistência a produzir prova contra si mesmo ou contra terceiro. O inciso também foi vetado[10], mas houve a derrubada do veto presidencial pelo Congresso Nacional.

---

[8] **Artigo 17** – Submeter o preso, internado ou apreendido ao uso de algemas ou de qualquer outro objeto que lhe restrinja o movimento dos membros, quando manifestamente não houver resistência à prisão, internação ou apreensão, ameaça de fuga ou risco à integridade física do próprio preso, internado ou apreendido, da autoridade ou de terceiro: Pena – detenção, de 6 (seis) meses a 2 (dois) anos, e multa. Parágrafo único. A pena é aplicada em dobro se: I – o internado tem menos de 18 (dezoito) anos de idade; II – a presa, internada ou apreendida estiver grávida no momento da prisão, internação ou apreensão, com gravidez demonstrada por evidência ou informação; III – o fato ocorrer em penitenciária.

[9] Seguem as razões do veto: "A propositura legislativa, ao tratar de forma genérica sobre a matéria, gera insegurança jurídica por encerrar tipo penal aberto e que comporta interpretação. Ademais, há ofensa ao princípio da intervenção mínima, para o qual o Direito Penal só deve ser aplicado quando estritamente necessário, além do fato de que o uso de algemas já se encontra devidamente tratado pelo Supremo Tribunal Federal, nos termos da Súmula Vinculante nº 11, que estabelece parâmetros e a eventual responsabilização do agente público que o descumprir".

[10] Seguem as razões do veto: "A propositura legislativa gera insegurança jurídica, pois o princípio da não produção de prova contra si mesmo não é absoluto como nos casos em que se demanda apenas uma cooperação meramente passiva do investigado. Neste sentido, o dispositivo proposto contraria o sistema jurídico nacional ao criminalizar condutas legítimas, como a identificação criminal por datiloscopia, biometria e submissão obrigatória de perfil genético (DNA) de condenados, nos termos da Lei nº 12.037, de 2009". Todavia, certeiras as críticas de Ivan Luís Marques e Gabriela Alves Campos Marques "Pífia a argumentação de que a cooperação passiva validaria violência ou grave ameaça para a obtenção de prova contra o agente. Cooperação passiva significa aceite do agente ou, cumprimento da lei, como nos casos da Lei de Identificação Criminal, mencionada nas razões de veto, em que o próprio STF já se posicionou não ser admitida violência ou grave ameaça para obtenção de material para colheita de perfil genético, devendo ser feita de

A derrubada do veto foi acertada. Não havia nenhuma razão para a manutenção do veto. Não existe prova que possa ser obtida mediante constrangimento do preso ou detento, com o emprego de violência, grave ameaça ou redução de sua capacidade de resistência. Ora, a vedação à obtenção de prova ilícita é garantia constitucional do cidadão (art. 5º, inciso LVI, da CF). O Estado, em primeiro lugar, deve respeitar o devido processo legal[11].

Além disso, existe outra garantia constitucional do acusado, a do *nemo tenetur se detegere,* ou seja, a de não produzir prova contra si mesmo (art. 5º, LVIII, da CF). Assim, acertada a decisão do Congresso Nacional ao derrubar o veto presidencial.

A conduta em tela se caracteriza quando o agente público, por exemplo, constrange o preso ou o detento, mediante violência ou grave ameaça ou reduz a sua capacidade de resistência para indicar a localização da droga, delatar um terceiro ou a indicar a senha do telefone celular para tentar obter acesso às conversas via *WhatsApp,* com o fim de obter provas[12].

Se o investigado não está preso ou detido e o agente público o obriga, mediante grave ameaça, a produzir prova contra si mesmo, por exemplo, soprando o bafômetro, pode caracterizar o crime descrito no artigo 146,

---

forma não invasiva e não dolorida. Algo incompatível com a violência ou a grave ameaça. Agiu mal a equipe do governo federal ao vetar esse dispositivo, pois é extremamente grave compelir uma pessoa, por exemplo, a soprar o etilômetro valendo-se de violência" (MARQUES, Ivan Luís e Gabriela Alves Campos. *A nova lei de abuso de autoridade.* São Paulo: Thomson Reuters Brasil, 2019, *ebook,* n.p.).

[11] Segundo Fábio Ramazzini Bechara, "(...) No sentido substancial, a privação da liberdade enquanto hipótese legítima e autorizada, é exclusivamente a partir da observância do devido processo legal. Já no sentido formal, da expressão tem-se o processo desenvolvido a partir da observância das garantias constitucionais incidentes no processo, dentre as quais ganham particular revelo a privatividade da ação penal ao Ministério Público e a garantia da presunção de inocência do acusado" (BECHARA, Fábio Ramazzini. *Prisão cautelar.* São Paulo: Malheiros Editores, 2005, p.159).

[12] LIMA, Renato Brasileiro. *Nova Lei de Abuso de Autoridade.* Salvador: Editora JusPodivm, 2020, p. 156.

do Código Penal, pois o crime da Lei de Abuso de Autoridade não se aplica para investigados solto, por ausência de previsão legal[13].

Por fim, o artigo 232, do Estatuto da Criança e do Adolescente, criminaliza a conduta daquele que submete criança ou adolescente sob sua autoridade, guarda ou vigilância a vexame ou a constrangimento.

2. Tipo subjetivo

O tipo penal é doloso e consiste na vontade livre e consciente do agente público constranger o preso ou o detento, mediante violência, grave ameaça ou redução de sua capacidade de resistência, a submetê-lo a uma das situações descritas nos incisos I, II e III, do artigo 13, da Lei 13.869/2019.

Além disso, todos os crimes praticados no âmbito da Lei 13.869/2019 exigem a finalidade específica[14] de prejudicar outrem ou beneficiar a si mesmo ou a terceiro, ou, ainda, por mero capricho ou satisfação pessoal, de acordo com o artigo 1º, § 1º.

O crime em tela não admite modalidade culposa.

3. Sujeitos do crime

O artigo 1º, da Lei 13.869/2019, expressamente aponta que o agente público, servidor ou não, possa ser sujeito ativo do crime.

---

[13] BOTTINI, Pierpaolo Cruz. *Dos crimes e das penas* In *Comentários à Lei de abuso de autoridade* [livro eletrônico]: Lei nº 13.869, de 5 de setembro de 2019/ coordenação Gustavo Henrique Badaró, Juliano Breda. São Paulo: Thomson Reuters Brasil, 2020, n.p.).

[14] De acordo com Luiz Regis Prado, "Os elementos subjetivos do injusto seriam todos os requisitos de caráter subjetivo, distintos do dolo, que o tipo exige, além deste, para a sua realização. O elemento subjetivo do injusto que juntamente com o dolo dá lugar à conformação do tipo subjetivo é caracterizado pelo fato de a intenção do sujeito ativo, no momento da prática do delito, extrapolar (ir além) os limites de seu âmbito objetivo. Não é preciso que ele necessariamente venha a conseguir o especial fim almejado. Tem-se, então, que em determinados tipos penais aparecem, ao lado do dolo, outros elementos que pertencem ao campo psíquico-espiritual ou subjetivo do autor. Em algumas ocasiões, a lei penal requer que – além do dolo – concorram no autor elementos subjetivos adicionais para a realização do tipo, que mais particularizam sua conduta. Aqui, o desvalor da ação não se esgota no dolo, exige-se *algo* mais" (PRADO, Luiz Regis. *Tratado de direito penal brasileiro: parte geral: volume 2, teoria jurídica do delito*. São Paulo: Editora Revista dos Tribunais, 2014, p. 397).

O sujeito ativo é o agente público que constrange o preso ou o detento, mediante violência, grave ameaça ou redução de sua capacidade de resistência a submetê-lo a uma das situações descritas nos incisos I, II e III, do artigo 13, da Lei 13.869/2019

Observa-se que, em um primeiro momento, o agente da imprensa que veicula a imagem do preso ou detento não reponde pelo crime. Todavia, se houver concluiu prévio entre particular e agente público, nada impede que o particular também cometa o crime em tela[15].

O sujeito passivo é o Estado, de forma imediata, e o preso ou o detento que suporta a conduta criminosa do agente público, de forma mediata. Observa-se que a lei especifica quem é o sujeito ativo e quem é o sujeito passivo, que só pode ser o preso ou o detento. Assim, trata-se de crime bipróprio, pois a lei exige a qualidade especial tanto do sujeito ativo quanto do sujeito passivo.

4. Consumação e tentativa

O crime em tela é material, uma vez que a norma exige a ocorrência do resultado naturalístico. O crime se consumará com o constrangimento empregado pelo agente público, mediante violência, grave ameaça ou redução da capacidade de resistência do preso ou do detento, e desde que ele venha a ser exibido ou ter parte do corpo exibido à curiosidade pública; submetido a situação vexatória ou a constrangimento não autorizado em lei ou produza prova contra si mesmo ou contra terceiro.

Assim, em se tratando de crime material, é plenamente possível a tentativa, uma vez que o *iter criminis* é fracionável. Por exemplo, o agente público, mediante grave ameaça, tenta obrigar o preso a ser exibido como

---

[15] Segundo Pierpaolo Cruz Bottini, "Trata-se de crime comissivo *próprio,* que pode ser praticado por autoridade pública nos termos do art. 2º da lei em comento, ou por particular em *concurso de agente,* ao qual se comunicará a circunstância objetiva, nos termos do art. 30 do Código Penal. Assim, a autoridade que expõe o preso algemado ao público, a câmeras de televisão ou às redes sociais, sem o seu consentimento livre, pratica o crime em questão, que não se estende àquele que assiste ao escárnio ou divulga as imagens, exceto se houver prévio *ajuste, determinação, instigação ou auxílio"* (BOTTINI, Pierpaolo Cruz. *Dos crimes e das penas* In *Comentários à Lei de abuso de autoridade* [livro eletrônico]: Lei nº 13.869, de 5 de setembro de 2019/ coordenação Gustavo Henrique Badaró, Juliano Breda. São Paulo: Thomson Reuters Brasil, 2020, n.p.).

troféu na televisão, mas, impedido por um policial militar, não consegue seu intento. Nesse caso, haverá tentativa.

5. Classificação doutrinária

Trata-se de crime bipróprio, pois somente pode ser praticado pelo agente público e o sujeito passivo necessariamente deve ser o preso ou o detento; material, uma vez que as condutas são comissivas e a lei exige a ocorrência do resultado naturalístico; de forma livre, já que o tipo penal não descreve a forma como ele deve ser praticado; unissubjetivo, praticado somente por uma pessoa; instantâneo, pois consuma-se no momento da ação, mas pode ser permanente, em caso de submeter o preso a condição vexatória e o mantiver nessa situação por tempo indeterminado, e plurissubsistente, sendo possível o fracionamento do *iter criminis* e a ocorrência da tentativa.

Referências

Bechara, Fábio Ramazzini. *Prisão cautelar.* São Paulo: Malheiros Editores, 2005.

Bottini, Pierpaolo Cruz. *Dos crimes e das penas* In *Comentários à Lei de abuso de autoridade* [livro eletrônico]: Lei nº 13.869, de 5 de setembro de 2019/ coordenação Gustavo Henrique Badaró, Juliano Breda. São Paulo: Thomson Reuters Brasil, 2020.

Fernandes, Antonio Scarance. *Processo penal constitucional.* 7 ed. rev. atual. e ampl. São Paulo: Editora Revista dos Tribunais, 2012.

Lima, Renato Brasileiro. *Nova Lei de Abuso de Autoridade.* Salvador: Editora JusPodivm, 2020.

Marques, Ivan Luís e Gabriela Alves Campos. *A nova lei de abuso de autoridade.* São Paulo: Thomson Reuters Brasil, 2019, *ebook.*

Nucci, Guilherme de Souza. *Leis penais e processuais penais comentadas.* 9. ed. rev., atual. e ampl. Rio de Janeiro: Forense, 2015.

Pierangeli, José Henrique; atualizado por Maria Aparecida Pierangeli Borelli Thomaz. *Código penal comentado.* São Paulo: Editora Verbatim, 2013.

Prado, Luiz Regis. *Tratado de direito penal brasileiro: parte geral: volume 2, teoria jurídica do delito.* São Paulo: Editora Revista dos Tribunais, 2014.

Vieira, Ana Lúcia Menezes. *Processo penal e mídia.* São Paulo: Editora Revista dos Tribunais, 2003.

8. Constrangimento a depor – Considerações sobre o Art. 15 da Lei nº 13.869/2019

PABLO RODRIGO ALFLEN

TAIS RAMOS

1. Considerações introdutórias

A história da humanidade é permeada por relatos de exercício abusivo do poder praticado por agentes públicos, e a filosofia política, concomitante e paralelamente, se insurgiu contra manifestações desvirtuadas deste uso do poder.

Na Grécia clássica, *Aristóteles* advertia quanto ao necessário impedimento dos abusos e prevaricações no campo dos ofícios públicos e ministérios.[1] Na Modernidade, *Montesquieu* enfatizou a estreita relação entre o abuso de poder e a ausência de lei a freá-lo e advertiu quanto à necessidade de repartição dos poderes, de modo a evitar a concentração nas mãos de monarcas absolutistas, que os exercessem sem quaisquer limites.[2] Ainda neste contexto, *Feuerbach* demonstrou que contra o ato abusivo do soberano estaria o súdito legitimado a se defender em face da limitação arbitrária e violenta de sua liberdade, e advertiu que o soberano também estaria sujeito à pena, quando demonstrasse por meio dos seus atos que tinha a vontade de violar os deveres do seu ofício.[3] Pouco tempo depois, no auge do Idealismo alemão, *Hegel* afirmou que "a preservação do Estado e dos governados contra o abuso do poder cometido pelas

---

[1] ARISTÓTELES, *Die Politik*. Übers. von [trad. de] Christian Garve u. Hrsg. von [org. por] Georg Gustav Fülleborn. Breslau: W.G.Korn, 1802. p. 52.

[2] MONTESQUIEU, Charles-Louis de Secondat. *De L'Esprit des Loix*. Geneve: Barrillot & Fills., Tome Premier, 1748. p. 20-21.

[3] FEUERBACH, Paul Johann Anseln. *Anti-Hobbes, oder über die Grenzen der höchsten Gewalt und das Zwangsrecht der Bürger gegen den Oberherrn*. Erfurt: Hennings'schen Buchhandlung, 1798. p. 300: *"Auch der Regent ist also der Androhung von Strafen unterworfen, wenn er schon durch Handlungen bewiesen hat, daß er den bösen Willen habe, die Pflichten des Regenten zu übertreten"*.

ABUSO DE AUTORIDADE

autoridades e pelos seus funcionários está, por um lado, na hierarquia e na responsabilidade, e, por outro lado, no direito das comunidades, das instituições, na medida em que impedem a interferência do arbítrio individual sobre o poder confiado aos funcionários, e complementam, desde baixo, o controle dos seus atos individuais, que, desde cima, não é suficiente".[4]

Fundamentalmente, o que tais filósofos demonstraram (e demonstram) é, por um lado, a necessidade do estabelecimento de limites para os atos praticados por agentes públicos, a serem traçados pela lei, e, por outro lado, a consequente punição em face do excesso ou do desvio da lei, ensejador do abuso.

Desde um ponto de vista normativo, no plano interno brasileiro, o Código Criminal do Império, de 1830, já previa na Seção V, do Capítulo I, do Título V – correspondente aos artigos 137 a 152 – os crimes de "excesso, ou abuso de autoridade, ou influencia proveniente do emprego". Não poderia ser diferente, considerando a forte influência dos princípios liberais do Iluminismo na confecção deste código[5]. Do mesmo modo realizou o Código Penal de 1890, que previu na Seção VI, do Capítulo Único, do Título V, os crimes de "excesso ou abuso de autoridade e usurpação de funções publicas". Em essencial, todas as normas incriminadoras previstas nos artigos 137 a 152 do Código Criminal de 1830 foram reproduzidas nos artigos 224 a 237 do Código Criminal de 1890. Estas normas, em sua maioria, empregavam a técnica das leis penais em branco ou, diferentemente constituam tipos penais abertos.

O Código Penal de 1940, por sua vez, acabou por não incluir na Parte Especial normas *específicas* que coibissem o excesso ou o abuso de autoridade. Evidentemente, muitos dos crimes previstos já em 1940 nos arts. 312 a 326 deste Código compreendem atos de abuso praticados por agentes públicos no exercício de suas funções, assim como aqueles atos caracterizados como crimes de responsabilidade previstos na Lei Complementar n⁰ 1.079/1950. Entretanto, o legislador entendeu por regular

---

[4] HEGEL, Georg Wilhelm Friedrich. *Grundlinien der Philosophie des Rechts*. 14. ed., Frankfurt am Main: Suhrkamp, 2015. p. 463 (§ 295).

[5] FRAGOSO, Heleno Cláudio. *Lições de Direito Penal. PG*. 17. ed., atualizador Fernando Fragoso. Rio de Janeiro: Forense, 2006. p. 72.

de forma específica estes crimes por meio da Lei nº 4.898/1965 (oriunda do PL nº 952/1956, da Câmara dos Deputados).

No cenário internacional, episódios de abuso de poder e de autoridade, conduziram à criação de atos normativos internacionais protetivos de direitos humanos, como, entre outros, a Convenção Americana de Direitos Humanos (CADH)[6] e o Pacto Internacional de Direitos Civis e Políticos (PIDCP)[7] – ambos promulgados no Brasil –, os quais proíbem ingerências arbitrárias ou abusivas na vida privada, na honra, no domicílio, assim como a intervenção arbitrária no direito à vida e a detenção e encarceramento arbitrários. A nova Lei do Abuso de Autoridade – a Lei nº 13.869/2019 –, apesar de questionável sob alguns aspectos, procurou seguir este espírito orientado ao impedimento da interferência do arbítrio individual sobre o poder confiado aos agentes públicos. Dos vinte e quatro tipos penais previstos nesta lei, pretende-se examinar, nos limites desta contribuição, aquele disposto no art. 15, *caput*.

O art. 15, *caput*, da Lei nº 13.869/2019 dispõe que constitui crime de abuso de autoridade o fato de o agente constranger a depor, sob a ameaça de prisão, pessoa que, em razão de função, ministério, ofício ou profissão deva guardar segredo ou resguardar sigilo.

Embora o legislador não tenha atribuído um *nomen juris* ao tipo penal em comento, afigura-se adequada a denominação "constrangimento a depor", uma vez que esta sintetiza de forma plena o conteúdo do tipo.

Na conformação do tipo, foi empregada a técnica de *tipo penal aberto*, uma vez que o conteúdo do *dever* de *guardar segredo* ou *resguardar sigilo*, estabelecido no tipo é delimitado pelo juiz por meio de atividade interpretativa, de modo que no exame do tipo deverá proceder a juízo de valor orientado pelos deveres estabelecidos não só em outras disposições legais como também em normas deontológicas. Cumpre esclarecer que a técnica do tipo penal aberto não se confunde com a da lei penal em branco,

---

[6] Convenção Americana de Direitos Humanos, promulgada pelo Decreto Nº 678, de 6 de novembro de 1992, disponível em http://www.planalto.gov.br/ccivil_03/decreto/D0678.htm, último acesso em 20 de março de 2020.

[7] Pacto Internacional de Direitos Civis e Políticos, promulgado pelo Decreto Nº 592, de 6 de julho de 1992, disponível em http://www.planalto.gov.br/ccivil_03/decreto/1990-1994/d0592.htm, último acesso em 20 de março de 2020.

uma vez que nesta o preenchimento do tipo se faz por meio de outra disposição normativa (legal ou regulamentar), à qual o próprio legislador remete de forma expressa ou tácita a fim de delimitar o seu alcance (técnica de reenvio).[8] E como já tivemos a oportunidade de explicar, trata-se de técnica legislativa legítima e admissível, aliás, muito empregada na legislação comum em face dos cidadãos.[9] Entretanto, é justamente esta abertura normativa que justifica o exame minudente dos elementos que integram o tipo penal, tanto objetivo quanto subjetivo.

2. O tipo objetivo do delito

O exame do tipo objetivo do delito compreende a análise da conduta punível, do objeto material da conduta, dos sujeitos ativo e passivo do delito, do bem juridicamente protegido, do momento consumativo e da tentativa.

2.1. A conduta punível

No tocante ao primeiro elemento, qual seja, a *conduta punível*, o tipo penal do art. 15, *caput*, é composto pela ação de *constranger*, a qual tem sentido de forçar, impor, obrigar, coagir, compelir uma pessoa a algo, no caso, a prestar depoimento. Esta conduta deve ser praticada mediante a ameaça de prisão, o que se consubstancia na chamada *vis compulsiva*, ou seja, no exercício de influencia sobre o espírito da vítima, de modo a impedi-la de atuar conforme a sua vontade. A prisão neste contexto assume o caráter de mecanismo para o exercício da coerção.

Este constrangimento praticado pelo agente deve ser no sentido de obrigar a vítima a prestar depoimento, quando em razão de função, ministério, ofício ou profissão por ela exercida, ela deve guardar segredo ou resguardar sigilo[10]. Aqui se situa o ponto central de abertura do tipo,

---

[8] ALFLEN, Pablo Rodrigo. *Leis penais em branco e o Direito Penal do Risco*. Rio de Janeiro: Lumen Juris, 2004. p. 64.

[9] ALFLEN, Pablo Rodrigo. *op. cit.*, p. 65.

[10] Nesse sentido PINHEIRO, Igor Pereira; CAVALCANTE, André Clark Nunes; BRANCO, Emerson Castelo. *A nova Lei do Abuso de Autoridade, comentada artigo por artigo. Análise comparativa e crítica*. São Paulo: JH Mizuno, 2020. p. 100; igualmente GRECO, Rogério; CUNHA, Rogério Sanches. *Abuso de autoridade: Lei 13.869/2019: comentada artigo por artigo*. Salvador:

ou seja, o dever de guardar segredo ou resguardar sigilo em razão de função, ministério, ofício ou profissão.

O art. 207 do CPP dispõe que "são proibidas de depor as pessoas que, em razão de função, ministério, ofício ou profissão, devam guardar segredo, salvo se, desobrigadas pela parte interessada, quiserem dar o seu testemunho". Este dispositivo estabelece categorias de pessoas que estão proibidas (impedidas) de depor, as quais, portanto, ainda que desejem, não poderão fazê-lo. E considerando justamente o fato de o art. 207 do CPP trazer um conjunto de categorias, há que delimitá-las a fim de oportunizar o real alcance da norma incriminadora do art. 15, *caput* da Lei nº 13.869/2019.

Entende-se por "função" o encargo atribuído em virtude de lei, como no caso do funcionário público, de decisão judicial, como nos casos do tutor e do curador, ou, inclusive, de um contrato, como, por exemplo, no caso do diretor de uma empresa, ao qual se estipula cláusula de confidencialidade. Já o "ministério" consiste no encargo atribuído em atividade religiosa, como no caso dos sacerdotes (*v.g.* o padre, o pastor, o rabino, etc.) e das freiras, os quais estão proibidos de violar o sigilo sacramental pelo Código de Direito Canônico, os primeiros, pelo art. 983, § 1º, e as segundas, pelo art. 983, § 2º.[11]

Com a expressão "ofício" caracteriza-se todo aquele que desenvolve atividade remunerada predominantemente mecânica ou manual, sem maior especialização, que não se submete às obrigações de uma profissão regulamentada em lei[12], como o costureiro, ourives, mecânico, eletricista, digitador, etc.

"Profissão" consiste no exercício de ocupação de natureza intelectual e independente e que, geralmente, necessita de habilitação do Estado.[13] Trata-se de um conceito de grande amplitude, posto que abarca

---

JusPodivm, 2020. p. 139; igualmente AGI, Samer. *Comentários à nova Lei de Abuso de Autoridade*. Brasília: CP Iuris, 2019. p. 53.

[11] Cfr. PAULO II, João. *Código de Direito Canônico*. 4. ed., Trad. por Antonio Leite. Braga: Editorial Apostolado da Oração, 1983. p. 175.

[12] GRECO, Rogério; CUNHA, Rogério Sanches. *op. cit.*, p. 139.

[13] NORONHA, E. Magalhaes. *Curso de Direito Processual Penal*. 28. ed., São Paulo: Saraiva, 2002. p. 151.

quantidade expressiva de atividades e, nesse sentido, deverá o intérprete recorrer às normas deontológicas que regulamentam a atuação dos profissionais.

À título meramente ilustrativo pode-se mencionar o advogado, considerando que o art. 25 do Código de Ética e Disciplina da OAB estabelece o dever de o advogado guardar sigilo, mesmo em depoimento judicial, sobre o que saiba em razão de seu ofício.

Com relação ao médico, o Código de Ética Médica, em seu art. 73, veda ao profissional da medicina "revelar fato de que tenha conhecimento em virtude do exercício de sua profissão, salvo por motivo justo, dever legal ou consentimento, por escrito, do paciente".

Do mesmo modo, o Código de Ética dos Profissionais de Enfermagem estabelece no art. 52 o dever de o profissional de enfermagem manter sigilo sobre fato de que tenha conhecimento em razão da atividade profissional.

Cabe mencionar que o Código de Ética do Psicólogo (Resolução CFP Nº 010/05), estabelece no Art. 9º, que é dever do psicólogo respeitar o sigilo profissional a fim de proteger, por meio da confidencialidade, a intimidade das pessoas, grupos ou organizações, a que tenha acesso no exercício profissional.

Ademais, quanto aos profissionais do Jornalismo o Código de Ética prevê no art. 5º se tratar de direito do jornalista resguardar o sigilo da fonte.[14]

Esta primeira delimitação conceitual, portanto, auxilia na compreensão do alcance de tipo. E este fator está intimamente imbricado com o objeto material da conduta.

2.2. O objeto material da conduta

O *objeto material* da conduta, ou seja, o objeto sobre o qual recai o comportamento reprovado pelo tipo, constitui *o depoimento de pessoa que deva*

---

[14] GRECO, Rogério; CUNHA, Rogério Sanches. *op. cit.*, p. 141, afirmam ser aplicável aos jornalistas o art. 7º da Lei nº 5.250/1967, porém, divergimos categoricamente desta opinião, uma vez que em 30/04/2009 o Supremo Tribunal Federal julgou totalmente procedente a ADPF 130/DF para o efeito de declarar como não recepcionado pela Constituição de 1988 todo o conjunto de dispositivos da Lei federal nº 5.250, de 9 de fevereiro de 1967.

guardar sigilo, em razão de função, ministério, ofício ou profissão, no caso do art. 15, *caput*, da Lei, e *o interrogatório* de pessoa que tenha decidido exercer o direito ao silêncio ou de pessoa que tenha optado por ser assistida por advogado ou defensor público, sem a presença de seu patrono, na hipótese do art. 15, parágrafo único.

Aqui, dois aspectos oferecem importantes elementos para a maior delimitação do alcance do tipo: o primeiro constitui a ideia de depoimento, e, o segundo, constitui o interrogatório.

No sentido técnico processual, *depoimento* constitui meio de prova e será prestado por testemunha nos termos do art. 202 e seguintes do CPP perante autoridade judiciária competente e na presença das partes, no exercício do contraditório, caso em que, portanto, o depoimento será judicial. Se observado no sentido técnico processual do instituto, isso causaria restrição extrema do tipo, uma vez que somente seria admissível figurar como autor do fato delituoso o juiz. Não parece ter sido este o intuito do legislador, do contrário, o tipo penal disporia "constranger a depor, *em juízo*, sob ameaça de prisão". Corroborando tal entendimento, o art. 304 do CPP estabelece que, por ocasião da lavratura do auto de flagrante-delito, o preso será apresentado à autoridade competente e, além de colher o depoimento do condutor, procederá à oitiva das testemunhas que o acompanharem. Logo, a expressão "depoimento" deve ser entendida no sentido de abranger também as declarações prestadas perante autoridade policial ou agente do Ministério Público, no exercício da atividade investigatória.

Já o *interrogatório* constitui ato de natureza dúplice, a saber, meio de prova e instrumento de defesa, que está regulado nos arts. 185 a 196 do CPP. Entretanto, a própria Constituição Federal estabelece expressamente no art. 5º, inciso LXIII, algumas garantias essenciais ao ato, a saber: por um lado, a garantia de o preso ser informado de seus direitos, entre os quais o de permanecer calado, e, por outro lado, a garantia de assistência da família e de advogado. No plano infraconstitucional, o art. 185 do CPP estabelece, do mesmo modo, que o interrogatório deve ser realizado na presença de defensor, constituído ou nomeado, e o art. 306 do CPP estabelece que a autoridade policial procederá ao interrogatório "do acusado" (o que, sem dúvida, constitui equívoco técnico do legislador, posto que aqui deveria referir "do preso"), sendo que na realização

ABUSO DE AUTORIDADE

deste ato deverá ser observada a regra do art. 186, segundo a qual o preso deverá ser informado dos seus direitos, em particular, o de permanecer calado e de não responder perguntas que lhe forem formuladas. Vê-se, pois, que o ato será realizado tanto em fase investigatória (abrangendo aqui a investigação policial e a ministerial) quanto em fase judicial. Logo, do mesmo modo que em relação ao *depoimento*, o interrogatório poderá ser aquele realizado em fase investigatória, conduzida seja pela autoridade policial seja pelo Ministério Público, como também o interrogatório em juízo.

2.3. Os sujeitos ativo e passivo
Questão peculiar diz respeito aos sujeitos ativo e passivo. O sujeito ativo dos delitos previstos na Lei nº 13.869/2019 é delimitado pelo seu próprio art. 1º, o qual dispõe que "esta Lei define os crimes de abuso de autoridade, cometidos por agente público, servidor ou não, que, no exercício de suas funções ou a pretexto de exercê-las, abuse do poder que lhe tenha sido atribuído". Tal dispositivo limita o sujeito dos delitos previsto na lei a uma categoria, qual seja, agente público. E ao dispor que poderá ser sujeito ativo o agente público "servidor ou não", o legislador estendeu a figura não só àquele agente público investido no cargo mediante aprovação em concurso de provas e títulos, como também ao agente contratado para o exercício de função pública.

Esta delimitação, porém, é mais estrita do que parece à primeira vista, uma vez que *a ameaça de prisão*, salvo melhor juízo, supõe agente que tenha legitimidade para representar pela prisão, requerê-la ou decretá--la. Como observado em relação ao objeto da conduta (*supra*), o tipo estaria dirigido ao delegado de polícia, ao agente do Ministério Público e ao juiz, os quais estariam legitimados, respectivamente, à representação, requerimento e decretação da prisão.

Assim, suponha-se a seguinte situação: o Delegado da Polícia Civil coage um padre, sob a ameaça de prisão, a informar em depoimento o paradeiro do autor de sucessivos crimes de estupro de vulnerável, cuja informação ele teria recebido pelo próprio em seu confessionário. Neste caso, como o padre tem o dever de resguardar o sigilo sacramental, incorreu o Delegado no art. 15 da Lei nº 13.869/2019.

O sujeito passivo *imediato* do delito, considerando as garantias constitucionais violadas com o ato de constrangimento mediante ameaça de prisão, é a pessoa constrangida a depor violando o seu dever se sigilo ou resguardo de informações. Entretanto, considerando o interesse principal do Estado na preservação da idoneidade das instituições que o representam, o sujeito passivo *mediato*, por certo, é o próprio Estado.[15]

2.4. Bem juridicamente protegido

Um dos temas mais debatidos da dogmática penal, por certo, consiste na problemática do bem jurídico-penal. A ideia de bem jurídico somente ganhou autonomia no início do século XIX, com *Birnbaum, Binding e von Liszt*.[16] Até esse período o direito penal estava orientado pela teoria de *Feuerbach*, do crime como "uma ofensa contida em uma lei penal ou uma conduta que lesiona o direito de outrem e que é sancionada por meio de uma lei penal"[17]. Tal teoria baseava-se na concepção kantiana de proteção da esfera individual de liberdade, segundo a qual a lesão a um direito era compreendida como a mera ultrapassagem dos limites da liberdade jurídica e, portanto, a existência do Estado encontrava seu fundamento na proteção dos direitos subjetivos[18]. Todavia, nesse contexto, *Birnbaum* ressaltou que o conteúdo do crime deveria ser buscado na ofensa aos bens protegidos pela norma e não na violação de direitos subjetivos[19], e,

---

[15] Em sentido semelhante PINHEIRO, Igor Pereira; CAVALCANTE, André Clark Nunes; BRANCO, Emerson Castelo. *op. cit.* p. 100.

[16] Cfr. BIRNBAUM, Johann Michael Franz. Ueber das Erforderniss einer Rechtsverletzung zum Begriffe der Verbrechens, mit besonderer Rücksicht auf den Begriff der Ehrenkränkung. *Archiv des Criminalrechts.* Neue Folge. Jahrgang 1834. Bd. VIII, p. 149 e ss.; ademais LISZT, Franz von. *Lehrbuch des Deutschen Strafrechts.* 10. Aufl., Berlin: J. Guttentag Verlagsbuchhandlung, 1. Bd., 1900. p. 53 e s. Mais recentemente, expondo esta evolução: JAKOBS, Günther. *Proteção de bens jurídicos? Sobre a legitimação do direito penal.* Trad. de Pablo Rodrigo Alflen. Porto Alegre: Livraria do Advogado, 2019. p. 29 e ss.

[17] Cfe. FEUERBACH, Paul Johann Anselm von. *Lehrbuch des gemeinen in Deutschland gültigen peinlichen Rechts.* 14. Aufl., Giessen: Scientia Verlag Aalen, 1847. p. 23.

[18] Cfe. ESER, Albin. Rechtsgut und Opfer: zur Überhöhung des einen auf Kosten des anderen. In: IMMENGA, Ulrich; MÖSCHEL, Wernhard; REUTER, Dieter (Hrsg.). *Festschrift für Ernst-Joachim Mestmäcker.* Baden-Baden: Nomos Verlagsgesellschaft, 1996. p. 1011.

[19] Cfr. BIRNBAUM, Johann Michael Franz. *op. cit.,* p. 172; ESER, Albin. *op. cit.,* p. 1012 e s.

ABUSO DE AUTORIDADE

com isso, opôs o conceito de "lesão a um bem" ("*Verletzung eines Gutes*")[20] ao conceito de "lesão a um direito" ("*Verletzung eines Rechtes*"), o qual fora empregado por *Feuerbach*. O principal mérito de *Birnbaum* foi ter desenvolvido uma primeira concepção de ofensividade em suas duas formas fundamentais, quais sejam, de dano e de perigo[21]. Tal entendimento, inclusive, foi corroborado por *Binding*, o criador do conceito de "bem jurídico" ("*Rechtsgut*"), posto que considerava como bem jurídico tudo aquilo que aos olhos do legislador, enquanto condição para a vida saudável da comunidade, fosse de valor e que, por isso, deveria ser assegurado por meio de suas normas "em face da *lesão ou do perigo indesejado*"[22], bem como por *von Liszt* ao aduzir que bens jurídicos não são bens *do* direito, mas sim dos seres humanos[23].

Apesar da determinação e do rigor que o conceito de bem jurídico trouxe à dogmática penal e da maior compreensão acerca da mutabilidade dos ordenamentos penais, tem-se que a matriz essencial do campo de normatividade penal assenta no seu caráter fragmentário, no sentido de que o direito penal só intervém em face de determinados danos ocorridos.

O conceito, portanto, aqui, é compreendido no sentido mais amplo possível, a saber, o "bem jurídico" como "situação positivamente valorada"[24]. De acordo com isso, e seguindo na linha de *Jakobs*, nem toda perda de um bem – ainda que lamentável de acordo com qualquer ordem extrajurídica – é valorada pelo direito como uma perda juridica-

---

[20] Cfe. Birnbaum, Johann Michael Franz. *op. cit.*, p. 169 e 175, o qual assevera que "se queremos observar o crime como lesão, tal conceito naturalmente não pode se referir a um direito, senão deve se referir a um bem"; ademais ESER, Albin. *op. cit.* p. 1007.

[21] Cfe. D'Avila, Fabio Roberto. O modelo de crime como ofensa ao bem jurídico. In: D'Avila, Fabio Roberto; Souza, Paulo Vinicius Sporleder de. *Direito Penal Secundário*. São Paulo: Revista dos Tribunais. 2006. p. 79-80.

[22] Cfe. Eser, Albin. *op. cit.* p. 1013.

[23] Compare Eser, Albin. *op. cit.* p. 1014; bem como Liszt, Franz von. *op. cit.*, p. 53 e s., o qual afirma: "os interesses protegidos pelo direito nós denominados de bens jurídicos, e, portanto, o bem jurídico é o interesse juridicamente protegido. Todos os bens jurídicos são interesses vitais, interesses do indivíduo ou da comunidade".

[24] Jakobs, Günther. *op. cit.*, p. 52; igualmente Mayer, Hellmuth. *Strafrecht. Allgemeiner Teil*. Stuttgart: Kohlhammer, 1953. p. 53 ("uma situação da realidade exterior da vida particularmente repleta de valor").

mente relevante. Assim, a morte de uma pessoa idosa devido a uma falência múltipla de órgãos não controlável constitui uma perda – parentes e amigos ficarão de luto –, mas esta morte não constitui uma perda de um bem compreendido juridicamente. Tal perda constitui a perda de um bem, mas não um dano que ocorre *dentro* do direito, senão *fora* dele, em uma esfera não abarcada pelo direito. Assim, no caso de violação de uma norma incriminadora, o direito pode ameaçar o violador com um dano, mediante a imposição, por exemplo, de uma pena ou de uma multa, e na medida em que a ameaça surte efeito, seja pelo reconhecimento, pelo costume ou pelo temor, o bem permanece preservado, em outras palavras, *o bem jurídico penal que, na verdade, é a vigência da norma, é mantido.* Portanto, o bem normalmente denominado de "bem jurídico" é apenas um *motivo* para a norma.

Esclarecida esta tomada de posição prévia, que atualmente se impõe, cumpre verificar qual é o *motivo* (ou, na concepção tradicional, o "bem jurídico") da norma do art. 15, da Lei nº 13.869/2019. Considerando, por um lado, o dever do Estado e assegurar os direitos e liberdades fundamentais em face de qualquer ingerência indevida, sobretudo, por parte de suas próprias instituições, e, por outro lado, a legalidade dos atos praticados pelos agentes do Estado, tem-se que o *motivo* (ou "bem jurídico") ensejador da norma é a Administração Pública.

2.5. Consumação e tentativa

No exame da consumação há que distinguir as duas formas, ou seja, aquela prevista no *caput* do art. 15, e aquelas previstas no seu parágrafo único.

No que diz respeito à modalidade prevista no *caput* do dispositivo, tem-se que o delito se consuma com o efetivo constrangimento mediante a ameaça de prisão, independentemente de realizar-se o depoimento.

Já com relação à modalidade prevista no art. 15, parágrafo único, inciso I, o constrangimento não se dá em virtude da ameaça de prisão, mas por violação à garantia constitucional do art. 5º, inciso LXIII da Constituição Federal. Na hipótese, o autor desconsidera ou ignora a decisão da pessoa interrogada de fazer uso do direito constitucional ao silêncio, submetendo-a ao constrangimento, mediante a continuidade da formulação das perguntas que entender pertinentes, quando, de fato, deveria apenas consignar a informação relativa ao exercício do direito constitucional por parte da pessoa interrogada. Com isso, o delito se consuma com o início do interrogatório, após a manifestação da pessoa que fará uso do seu direito constitucional ao silêncio.

Com relação à modalidade prevista no art. 15, parágrafo único, inciso II, o constrangimento se consuma, do mesmo, com a violação da garantia constitucional do art. 5º, inciso LXIII da Constituição Federal. A hipótese se consuma com a efetivação do interrogatório sem a presença de um advogado ou defensor público, quando a pessoa interrogada tenha manifestado seu desejo por ser assistida por uma defesa técnica. Deve-se observar, aqui, ser dever do agente público competente para o ato, cientificar previamente a pessoa sobre o seu direito de ser assistida por defensor técnico.

Quanto à tentativa, entendemos ser inadmissível, salvo na hipótese de o constrangimento se dar pela forma escrita, como no caso de uma carta interceptada antes de chegar a conhecimento do destinatário.[25]

3. O tipo subjetivo do delito

O exame do tipo subjetivo implica a análise das formas de cometimento do delito, se dolosa ou culposa. Quanto ao tipo penal do art. 15, *caput*, e parágrafo, incisos I e II, tem-se que ambas exigem o dolo (*Dolus, Vorsatz*). Isso se deve ao fato de que o Direito Penal brasileiro segue a regra segundo a qual somente se pune o delito na forma culposa, quando expressamente prevista em lei, por força do disposto no parágrafo único do Art. 18 do Código Penal brasileiro[26]. Logo, não havendo, no caso, a previsão expressa da forma culposa, só se admite a punição na forma dolosa.

Entretanto, cabe ressaltar que o Código Penal brasileiro – apesar das críticas na literatura brasileira[27] e abstraída, aqui, a posição pessoal – segue a teoria finalista da ação. O pensamento finalista, como explica

---

[25] Nesse sentido GRECO, Rogério; CUNHA, Rogério Sanchez. *op. cit.*, p. 149.

[26] Art. 18, par. único: "Salvo os casos expressos em lei, ninguém pode ser punido por fato previsto como crime, senão quando o pratica dolosamente."

[27] Veja, principalmente, TAVARES, Juarez. *Fundamentos de Teoria do Delito*. Florianópolis: Tirant lo Blanch, 2018. p. 249.

Ambos, pressupõe uma exigência de ato humano como ponto de partida para a responsabilidade criminal.[28] Entretanto, este ato não é apenas uma mera manifestação causal-naturalista no mundo exterior, mas determinado por um certo propósito derivado da esfera interna do agente, ou seja, da "vontade final" de realizar o ato.[29] Assim, a diferença entre movimentos corporais e atos humanos é que quando alguém está agindo pode-se perceber um propósito no que este alguém está fazendo. Por isso Welzel afirma que a ação não é cega, é vidente.[30]

A "vontade final" engloba a intenção no sentido de *dolus* (*Vorsatz*), mais especificamente, o desejo de realizar os elementos objetivos da norma legal. Neste sentido, a intenção é entendida como expressão de um elemento volitivo (vontade, desejo) e de um elemento cognitivo (conhecimento, consciência).[31] A consequência desta "subjetivação" do ato humano, como afirma Ambos, é "que os elementos legais do delito no sentido do *Tatbestand* não podem ser totalmente compreendidos ou capturados sem que se leve em conta o lado subjetivo, interno da conduta".[32] Em síntese, de acordo com esta teoria o conceito de dolo é compreendido como consciência (conhecimento) e vontade de realizar os elementos objetivos do tipo.[33] Dolo, neste sentido, significa o desejo de realizar os elementos objetivos do tipo. E, portanto, como o elemento subjetivo integra o tipo do injusto, é certo que ele também auxilia na delimitação do alcance do próprio tipo.

---

[28] AMBOS, Kai. Toward a universal system of crime: comments on George Fletcher's Grammar of Criminal Law. *Cardozo Law Review*, vol. 28, n. 6, 2007. p. 2664 ss.

[29] AMBOS, Kai. *op. cit.* p. 2649; com maiores detalhes, veja, WELZEL, Hans. *Das neue Bild des Strafrechtssystems.* 4ª ed., Göttingen: Otto Schwarz & Co., 1961. p. 1 ss.; ademais, FLETCHER, George P. *Rethinking Criminal Law.* Oxford: University Press, 2000. p. 434.

[30] WELZEL, Hans. *Das Deutsche Strafrecht.* 11ª ed., Berlin: Walter de Gruyter, 1969. p. 3: "*Finalität ist darum –bildlich gesprochen– 'sehend', Kausalität 'blind'*"; igualmente em WELZEL, Hans. *op. cit.* 1961. p. 1.

[31] Neste sentido, veja TAVARES, Juarez. *op. cit.* p. 249 ss.; sobre o conceito finalista de dolo (*Vorsatz*), veja WELZEL, Hans. *op. cit.* 1969, p. 64 s.

[32] AMBOS, Kai. *op. cit.* p. 2650.

[33] Sobre a posição da doutrina brasileira, por todos: TAVARES, Juarez. *op. cit.*, p. 249 ss.

Nesse sentido, cumpre tecer algumas considerações em atenção aos dois elementos citados, que integram o dolo. No caso do art. 15, *caput*, tem-se que o autor deve ter consciência de que a sua conduta de constranger alguém a depor sob a ameaça de prisão recai sobre pessoa que, em razão de função, ministério, ofício ou profissão, deva guardar segredo ou resguardar sigilo. Em outras palavras, o autor deve ter consciência de que a vítima exerce ou ocupa função, ministério, ofício ou profissão da qual lhe sobrevém o dever de guardar segredo ou resguardar sigilo sobre o conteúdo que se pretende colher por meio do depoimento. Por conseguinte, deve ter a vontade de obter o depoimento mediante o submetimento da pessoa ao constrangimento por meio da ameaça.

Já nos casos dos incisos I e II do parágrafo único do art. 15, é essencial, em relação à primeira hipótese, que o autor tenha consciência da decisão da pessoa interrogada de fazer uso do direito constitucional ao silêncio e, apesar disso, prossiga com o interrogatório; e em relação à segunda hipótese, que tenha consciência da opção da pessoa interrogada por ser assistida por advogado ou defensor público, e mesmo assim prossiga com o interrogatório sem a presença de seu patrono. Por conseguinte, a vontade deve ser direcionada à realização do ato de interrogatório, mediante violação das garantias constitucionais da pessoa interrogada.

Esclarecidos tais aspectos atinentes aos elementos do dolo, deve-se observar que o art. 1º, § 1º da Lei nº 13.869/2019 estabelece finalidade específica no tocante às condutas puníveis do art. 15, *caput*, e parágrafo único. Em outras palavras, para além do dolo (e ressalte-se, direto), exige-se que as condutas sejam praticadas pelo agente com a finalidade específica de prejudicar outrem ou beneficiar a si mesmo ou a terceiro, ou, ainda, por mero capricho ou satisfação pessoal.

4. Classificação do delito

O delito em comento classifica-se como *doloso*, em qualquer de suas modalidades. Ademais, é *instantâneo*, uma vez que se consuma com a prática da conduta.

O núcleo "constranger" somente pode ser praticado de forma *comissiva*, não havendo previsão para a modalidade omissiva. Contudo, nada impede que o fato seja praticado na forma de *omissão imprópria*, na hipótese em que o agente ou autoridade, gozando do *status* de garantidor (art. 13, § 2º, do CP), dolosamente, omite seu dever jurídico de impedir o abuso.[34]

Trata-se, ademais de *crime próprio*, uma vez que somente pode ser praticado por agente público responsável pela colheita de depoimento de pessoa que deva resguardar sigilo, na forma do art. 15, *caput*, ou responsável pela realização do interrogatório, na forma do art. 15, parágrafo único, incisos I e II. Em sendo crime próprio, admite o concurso eventual de pessoas, podendo, por conseguinte, ser praticado na forma de autoria direta, autoria mediata ou coautoria, bem como admitindo a participação.

É *crime de ação vinculada*, uma vez que – ao contrário dos crimes de ação [ou forma] livre – o tipo penal descreve a forma de execução configuradora da infração penal. Ademais, configura crime de dano, monossubjetivo e plurissubsistente.

Referências

AGI, Samer. *Comentários à nova Lei de Abuso de Autoridade*. Brasília: CP Iuris, 2019.

ALFLEN, Pablo Rodrigo. *Leis penais em branco e o Direito Penal do Risco*. Rio de Janeiro: Lumen Juris, 2004.

AMBOS, Kai. Toward a universal system of crime: comments on George Fletcher's Grammar of Criminal Law. *Cardozo Law Review*, vol. 28, n. 6, 2007. p. 2632-2659.

ARISTÓTELES, *Die Politik*. Übers. von [trad. de] Christian Garve u. Hrsg. von [org. por] Georg Gustav Fülleborn. Breslau: W.G.Korn, 1802.

BIRNBAUM, Johann Michael Franz. Ueber das Erforderniss einer Rechtsverletzung zum Begriffe der Verbrechens, mit besonderer Rücksicht auf den Begriff der Ehrenkränkung. *Archiv des Criminalrechts*. Neue Folge. Jahrgang 1834. Bd. VIII, p. 149-175.

D'AVILA, Fabio Roberto. O modelo de crime como ofensa ao bem jurídico. In: D'AVILA, Fabio Roberto; SOUZA, Paulo Vinicius Sporleder de. *Direito Penal Secundário*. São Paulo: Revista dos Tribunais. 2006.

---

[34] Nesse sentido GRECO, Rogério; CUNHA, Rogério Sanchez. *op. cit.*, p. 150.

ESER, Albin. Rechtsgut und Opfer: zur Überhöhung des einen auf Kosten des anderen. In: IMMENGA, Ulrich; MÖSCHEL, Wernhard; REUTER, Dieter (Hrsg.). *Festschrift für Ernst-Joachim Mestmäcker*. Baden-Baden: Nomos Verlagsgesellschaft, 1996. p. 1002-1034.

FEUERBACH, Paul Johann Anseln. *Anti-Hobbes, oder* über *die Grenzen der höchsten Gewalt und das Zwangsrecht der Bürger gegen den Oberherrn.* Erfurt: Hennings'schen Buchhandlung, 1798.

FEUERBACH, Paul Johann Anseln. *Lehrbuch des gemeinen in Deutschland gültigen peinlichen Rechts.* 14. Aufl., Giessen: Scientia Verlag Aalen, 1847.

FLETCHER, George P. *Rethinking Criminal Law.* Oxford: University Press, 2000.

FRAGOSO, Heleno Cláudio. *Lições de Direito Penal. PG.* 17. ed., atualizador Fernando Fragoso. Rio de Janeiro: Forense, 2006.

GRECO, Rogério; CUNHA, Rogério Sanches. *Abuso de autoridade: Lei 13.869/2019: comentada artigo por artigo.* Salvador: JusPodivm, 2020.

HEGEL, Georg Wilhelm Friedrich. *Grundlinien der Philosophie des Rechts.* 14. ed., Frankfurt am Main: Suhrkamp, 2015.

JAKOBS, Günther. *Proteção de bens jurídicos? Sobre a legitimação do direito penal.* Trad. de Pablo Rodrigo Alflen. Porto Alegre: Livraria do Advogado, 2019.

LISZT, Franz von. *Lehrbuch des Deutschen Strafrechts.* 10. Aufl., Berlin: J. Guttentag Verlagsbuchhandlung, 1. Bd., 1900.

MAYER, Hellmuth *Strafrecht. Allgemeiner Teil.* Stuttgart: Kohlhammer, 1953.

MONTESQUIEU, Charles-Louis de Secondat. *De L'Esprit des Loix.* Geneve: Barrillot & Fills., Tome Premier, 1748.

NORONHA, E. Magalhaes. *Curso de Direito Processual Penal.* 28. ed., São Paulo: Saraiva, 2002.

PAULO II, João. *Código de Direito Canônico.* 4. ed., Trad. por Antonio Leite. Braga: Editorial Apostolado da Oração, 1983.

PINHEIRO, Igor Pereira; CAVALCANTE, André Clark Nunes; BRANCO, Emerson Castelo. *A nova Lei do Abuso de Autoridade, comentada artigo por artigo. Análise comparativa e crítica.* São Paulo: JH Mizuno, 2020.

TAVARES, Juarez. *Fundamentos de Teoria do Delito.* Florianópolis: Tirant lo Blanch, 2018.

WELZEL, Hans. *Das neue Bild des Strafrechtssystems*. 4ª ed., Göttingen: Otto Schwarz & Co., 1961.

WELZEL, Hans. *Das Deutsche Strafrecht*. 11ª ed., Berlin: Walter de Gruyter, 1969.

9. Falta de identificação ou falsa identificação – Considerações sobre o Art. 16 da Lei nº 13.869/2019

PABLO RODRIGO ALFLEN

TAIS RAMOS

1. Considerações introdutórias

O art. 16 da nova Lei do Abuso de Autoridade – a Lei nº 13.869/2019 – havia sido objeto de veto pelo Presidente da República, o qual, nas razões do veto, considerou que

> A propositura legislativa contraria o interesse público pois, embora seja exigível como regra a identificação da autoridade pela prisão, também se mostra de extrema relevância, ainda que em situações excepcionais, a admissão do sigilo da identificação do condutor do flagrante, medida que se faz necessária com vistas à garantia da vida e integridade física dos agentes de segurança e de sua família, que, não raras vezes, têm que investigar crimes de elevada periculosidade, tal como aqueles praticados por organizações criminosas.

Acertadamente, o Congresso Nacional entendeu por rejeitar o veto presidencial. A própria Constituição Federal estabelece no art. 5º, inciso LXIV, ser direito fundamental da pessoa presa a identificação dos responsáveis por sua prisão ou por seu interrogatório policial. Por consequência, o veto presidencial, cujas razões *per se* já não se sustentariam, uma vez que amparadas em prospecção casuística infundada, estava em dissonância com a própria Constituição.

Ao tipificar as condutas previstas no art. 16 o legislador procurou seguir o espírito orientado ao impedimento da interferência do arbítrio individual sobre o poder confiado aos agentes públicos. Com este tipo penal é criminalizada, na forma prevista no *caput*, a realização ou o cumprimento de prisão por quem não tenha legitimidade para fazê-lo, e, na forma prevista no parágrafo único, a realização de interrogatório por quem, do mesmo modo, não tenha legitimidade para tal ato. Procurou-se, desse modo, assegurar o direito constitucional de a pessoa presa ter ciência de quem são os responsáveis por sua prisão ou por seu interrogatório.

Embora o legislador não tenha atribuído um *nomen juris* ao tipo penal em comento, afigura-se adequada a denominação *"falta de identificação ou falsa identificação"*, considerando que esta sintetiza de forma plena o conteúdo do tipo, em suas duas modalidades, a saber, a do art. 16, *caput*, e a do parágrafo único.

No entanto, como na maioria dos tipos penais introduzidos pela Lei nº 13.869/2019, na conformação do tipo previsto no art. 16 foi empregada a técnica de *tipo penal aberto*, uma vez que o conteúdo do *dever* de *identificar-se* é delimitado pelo juiz por meio de atividade interpretativa.[1] Para tanto, no exame do tipo deverá proceder a juízo de valor orientado pelos deveres estabelecidos em outras disposições legais, em particular, do Código de Processo Penal brasileiro. É oportuno esclarecer que a técnica do tipo penal aberto não se confunde com a da lei penal em branco, uma vez que nesta última o preenchimento do tipo se faz por meio de outra disposição normativa (legal ou regulamentar), à qual o próprio legislador remete de forma expressa ou tácita a fim de delimitar o seu alcance, ou seja, é empregada a técnica de reenvio.[2] Como já tivemos a oportunidade de explicar ambas constituem técnicas legislativas legítimas e admissíveis, aliás, muito empregadas na legislação comum em face dos cidadãos.[3] Entretanto, é justamente esta abertura normativa que justi-

---

[1] Em sentido contrário PINHEIRO, Igor Pereira; CAVALCANTE, André Clark Nunes; BRANCO, Emerson Castelo. *A nova Lei do Abuso de Autoridade, comentada artigo por artigo. Análise comparativa e crítica.* São Paulo: JH Mizuno, 2020. p. 101, afirmando quanto ao tipo penal em comento que "a redação da norma é bem mais precisa, tipificando com clareza e objetividade a conduta ilícita". Com a devida vênia, divergimos desta posição, considerando que a interpretação do tipo penal tem aporte axiológico na norma constitucional do art. 5º LXIV e nas normas processuais penais aplicáveis à prisão e detenção; em sentido semelhante ao proposto aqui, porém, sem afirmar expressamente que se trata de tipo penal aberto, veja GRECO, Rogério; CUNHA, Rogério Sanches. *Abuso de autoridade: Lei 13.869/2019: comentada artigo por artigo.* Salvador: JusPodivm, 2020. p. 152 e ss.; também AGI, Samer. *Comentários à nova Lei de Abuso de Autoridade.* Brasília: CP Iuris, 2019. p. 56.

[2] ALFLEN, Pablo Rodrigo. *Leis penais em branco e o Direito Penal do Risco.* Rio de Janeiro: Lumen Juris, 2004. p. 64 (nova edição em preparo).

[3] ALFLEN, Pablo Rodrigo. *op. cit.*, p. 65.

fica o exame minudente dos elementos que integram o tipo penal, tanto objetivos quanto subjetivo.

2. O tipo objetivo do delito
O exame do tipo objetivo do delito – como já referido por ocasião do comentário ao art. 15 –compreende a análise da conduta punível, do objeto material da conduta, dos sujeitos ativo e passivo do delito, do bem juridicamente protegido, do momento consumativo e da tentativa.

2.1. A conduta punível
Tanto na modalidade prevista no art. 16, *caput*, quanto na modalidade prevista no art. 16, parágrafo único, pune-se a *falta de identificação* ou a *identificação não verdadeira*, seja por parte daquele que deva cumprir a prisão ou detenção, seja por parte daquele que deva conduzir o ato de interrogatório da pessoa presa, durante a fase de investigação.

Trata-se, portanto, de duas condutas puníveis que devem ser examinadas separadamente, em virtude das particularidades de cada uma delas.

A primeira conduta, qual seja, a *falta de identificação*, constitui, em regra, comportamento negativo, isto é, uma omissão, caracterizada pelo comportamento naturalístico negativo de não apresentar a sua identificação quando deva e possa fazê-lo, o que é representado pelo verbo nuclear do tipo "*deixar*". A omissão é uma espécie do gênero não-fazer, e que se caracteriza pelo fato de que dentre todos os comportamentos passivos de não-fazer se selecionam somente aqueles que merecem um juízo axiológico negativo. Mais especificamente, *a omissão é um não-fazer que se deveria fazer*, o que, por haver um dever legal, transmuta-se, por meio desta norma, em omissão típica.[4] Nesse sentido, a norma criminaliza a falta de identificação daquele que podia e devia se identificar por ocasião da captura ou do cumprimento de detenção ou prisão, na hipótese prevista no *caput* do art. 16, e por ocasião do interrogatório em fase investigatória, na hipótese do parágrafo único do art. 16. Em se tratando de dever, temos que a conduta pode ocorrer pelo simples fato de o autor não cumprir o dever de se identificar, mediante comportamento passivo, como tam-

---

[4] Cfe. gimbernat ordeig, Enrique. Sobre los conceptos de omisión y de comportamiento. *ADPCP*, vol. XL, 1987. p. 593.

bém pode ocorrer por meio da recusa, enquanto comportamento ativo. Assim, o comportamento ontologicamente analisado pode ser passivo (não-fazer) ou ativo (fazer), porém, em ambos os casos é imprescindível que, com isso, o agente deixe de se identificar, isto é, omita o dever de identificação.

A segunda conduta, qual seja, a *falsa identificação* constitui comportamento ativo, isto é, um fazer. Logo, configura-se esta hipótese quando o agente que cumprir a prisão ou presidir o interrogatório atribuir a si identificação falsa, de modo que, com isso, pretenda não ser reconhecido, embora tenha legitimidade para o ato, ou pretenda transparecer possuir uma legitimidade que, de fato, não possui.

Evidentemente, ambas as condutas – a *falta* de identificação ou a *falsa* identificação – têm por finalidade evitar o reconhecimento do agente ou autoridade no ato da captura, detenção ou prisão, assim como no ato do interrogatório do preso em fase de investigação de infração penal.[5]

Entretanto, com razão, Greco e Cunha advertem que o *caput* e o parágrafo único do art. 16, ao menos aparentemente têm alcance distintos. Isso se deve ao fato de o parágrafo único do art. 16 punir não somente aquele que deixar de se identificar ou se atribuir uma identidade falsa, como também aquele que deixa de informar seu cargo ou função, ou mesmo informa cargo ou função *falsa*. De forma bastante elucidativa, mencionam o seguinte exemplo: "alguém se identifica ao preso como sendo o Delegado de Polícia, quando, na realidade, é o escrivão ou o investigador."[6]

2.2. O objeto material da conduta

O objeto material da conduta, na hipótese prevista no art. 16, *caput*, é a pessoa presa ou detida. A legislação brasileira não faz distinção no plano normativo entre pessoa "presa" ou "detida".

---

[5] No mesmo sentido GRECO, Rogério; CUNHA, Rogério Sanches. *op. cit.*, p. 153.
[6] Cfe. GRECO, Rogério; CUNHA, Rogério Sanches. *op. cit.*, p. 153.

FALTA DE IDENTIFICAÇÃO OU FALSA IDENTIFICAÇÃO...

Tanto o *Pacto Internacional de Direitos Civis e Políticos* (PIDCP)[7], quanto a Convenção Americana de Direitos Humanos (CADH)[8], fazem a distinção entre pessoas *presas* e *detidas*. Embora nenhuma delas tenha definido cada espécie, a ONU, ao emitir a Resolução 43/173 de sua Assembleia Geral, em 8 de dezembro de 1988, estabeleceu o *Conjunto de Princípios para a Proteção de Todas as Pessoas Submetidas a Qualquer Forma de Detenção ou Prisão*, não só ratificando essa distinção, como também, procurando deixar claro o que cada uma delas representaria.

De acordo com as suas disposições, a *pessoa presa* seria aquela que sofre privação de liberdade em consequência de condenação criminal, o que nos remete à figura da pessoa que dá início ao cumprimento de pena privativa de liberdade a ele imposta. Por outro lado, a *pessoa detida* seria aquela que sofre privação de liberdade que não seja em consequência da imposição de pena, logo, o conceito de *pessoa detida* é apresentado a título de exclusão. Considerando o plano interno brasileiro, pode-se entender por *pessoa detida* aquela que sofre privação de liberdade em virtude de prisão cautelar (flagrante, preventiva ou temporária). Assim, aplicada ao tipo penal do art. 16, *caput*, tem-se que, *ex vi*, do art. 5º, LXIV da Constituição Federal, a identificação deve ocorrer no caso de pessoa *presa* ou de pessoa *detida*. Entretanto, cabe observar que na hipótese prevista no art. 16, parágrafo único, a expressão "preso" assume caráter amplo, considerando que pode referir-se àquela pessoa privada da liberdade em virtude de prisão cautelar decretada ou pena, desde que o interrogatório ocorra em sede de procedimento investigatório.

2.3. Os sujeitos ativo e passivo
O sujeito ativo dos delitos previstos na Lei nº 13.869/2019 – como já esclarecemos ao comentar a art. 15 – é delimitado pelo seu próprio art.

---

[7] Promulgado no Brasil por meio do Decreto Nº 592, de 6 de julho de 1992. Porém, a versão publicada no Brasil não coaduna com a versão inglesa e espanhola do Pacto. Assim, é referido no art. 9, parágrafo 3, da versão inglesa *"anyone arrested or detained"*, e da versão espanhola, *"toda persona detenida o presa"*.

[8] Promulgado no Brasil por meio do Decreto Nº 678, de 6 de novembro de 1992. A versão portuguesa da CADH (ou, ainda, Pacto de San José da Costa Rica) faz menção no art. 7º, parágrafos 4 e 5 à pessoa "detida ou retida".

ABUSO DE AUTORIDADE

1º, o qual dispõe que "esta Lei define os crimes de abuso de autoridade, cometidos por agente público, servidor ou não, que, no exercício de suas funções ou a pretexto de exercê-las, abuse do poder que lhe tenha sido atribuído". Tal dispositivo limita o sujeito dos delitos previsto na lei, como um todo, a uma categoria, qual seja, a do agente público. E ao dispor que poderá ser sujeito ativo o agente público "servidor ou não", o legislador estendeu a figura não só àquele agente público investido no cargo mediante aprovação em concurso de provas e títulos, como também ao agente contratado para o exercício de função pública.

Esta delimitação, porém, é mais estrita do que parece à primeira vista, uma vez que na hipótese prevista no art. 16, *caput*, o dever de se identificar ou se identificar corretamente ao preso por ocasião de sua captura ou quando deva fazê-lo durante sua detenção ou prisão, se extrai do teor das normas processuais penais que regulam a matéria. Assim, nos termos do art. 13, III, do CPP, incumbe à autoridade policial "cumprir os mandados de prisão expedidos pelas autoridades judiciárias". Embora este dispositivo limite a incumbência à *autoridade* policial (tecnicamente, o Delegado de Polícia), o art. 289-A, §§ 1º e 2º, do CPP estende o cumprimento do mandado de prisão também aos *agentes* de polícia, dispondo:

> Art. 289-A [...]
> § 1º Qualquer agente policial poderá efetuar a prisão determinada no mandado de prisão registrado no Conselho Nacional de Justiça, ainda que fora da competência territorial do juiz que o expediu.
> § 2º Qualquer agente policial poderá efetuar a prisão decretada, ainda que sem registro no Conselho Nacional de Justiça, adotando as precauções necessárias para averiguar a autenticidade do mandado e comunicando ao juiz que a decretou, devendo este providenciar, em seguida, o registro do mandado na forma do caput deste artigo.

O mesmo se depreende do teor do art. 301 do CPP, o qual dispõe que "... as autoridades policiais e seus agentes deverão prender quem quer que seja encontrado em flagrante delito." Por conseguinte, do teor dos dispositivos citados extrai-se que o sujeito ativo da *captura*, da efetivação da *prisão* ou da *detenção* poderá ser autoridade de polícia ou agente de polícia, que atue em qualquer destas situações mencionadas no art. 16.

É de observar que o art. 306, § 2º, do CPP estabelece a obrigatoriedade de entrega de nota de culpa à pessoa presa, mediante recibo, a qual deve ser assinada pela autoridade, com o motivo da prisão, *o nome do condutor* e os das testemunhas. De acordo com isso, a nota de culpa já deve conter a identificação da pessoa que efetuou a *prisão em flagrante*. A ausência deste documento, porém, não implica a ocorrência do delito do art. 16 por parte da autoridade policial competente para a lavratura do auto de prisão em flagrante, senão o relaxamento da prisão. Apesar disso, a identificação do condutor na nota de culpa não obsta a incidência do delito do art. 16 em relação a quem efetuou a prisão, se por ocasião da prisão em flagrante este não tiver se identificado, tiver se recusado a fornecer sua identificação ou tiver fornecido identificação falsa.

O sujeito ativo na hipótese do art. 16, parágrafo único, será o agente público responsável por realizar o interrogatório em investigações criminais, ou seja, poderá ser delegado de polícia (art. 6º, V do CPP), membros do Ministério Público (art. 8º, § 7º da Res. Nº 181/2017, do CNMP)[9] e oficiais encarregados de inquéritos policiais militares (art. 13, "b" do CPPM).

O sujeito passivo *imediato* ou direto do delito, considerando a garantia constitucional que se pretende assegurar por meio da norma incriminadora do art. 16, *caput*, é a pessoa capturada, presa ou detida, inclusive, em virtude de prisão extrapenal; já na hipótese do art. 16, parágrafo único, o sujeito passivo imediato é a pessoa presa. Entretanto, considerando o interesse principal do Estado na preservação da idoneidade das instituições que o representam, o sujeito passivo *mediato*, em ambas as modalidades do delito, por certo, é o próprio Estado.[10]

2.4. Bem juridicamente protegido

Quanto ao "bem jurídico", como já referido *supra* (comentário ao art. 15), tem-se que o seu conceito deve ser compreendido no sentido mais amplo

---

[9] Veja-se, ainda, STF, RE 593.727 – MG, Plenário, Rel. Min. Cezar Peluso, Julgado em 14/05/2015.

[10] Em sentido semelhante PINHEIRO, Igor Pereira; CAVALCANTE, André Clark Nunes; BRANCO, Emerson Castelo. *op. cit.* p. 100.

possível, isto é, "bem jurídico" como "situação positivamente valorada"[11]. Nesse sentido, seguindo a opinião de *Jakobs*, nem toda perda de um bem – ainda que lamentável de acordo com qualquer ordem extrajurídica – é valorada pelo direito como uma perda juridicamente relevante. Assim, no caso de violação de uma norma incriminadora, o direito pode ameaçar o violador com um dano, mediante a imposição, por exemplo, de uma pena ou de uma multa, e na medida em que a ameaça surte efeito, seja pelo reconhecimento, pelo costume ou pelo temor, o bem permanece preservado, em outras palavras, *o bem jurídico penal que, na verdade, é a vigência da norma, é mantido*. Logo, o bem normalmente denominado de "bem jurídico" é apenas um *motivo* para a norma.

Considerando a posição aqui sustentada, cumpre verificar qual é o *motivo* (ou, na concepção tradicional, o "bem jurídico") da norma do art. 16, da Lei nº 13.869/2019. Considerando, por um lado, o dever do Estado de assegurar os direitos e liberdades fundamentais em face de qualquer ingerência indevida, sobretudo, por parte de suas próprias instituições, e, por outro lado, a legalidade dos atos praticados pelos agentes do Estado, tem-se que o *motivo* (ou "bem jurídico") ensejador da norma é, por um lado, o direito fundamental de liberdade da pessoa e a dignidade humana, e, por outro lado, a Administração Pública.

2.5. Consumação e tentativa

No sentido art. 14, I, do CP, o delito se consuma quando nele se reúnem todos os elementos de sua definição legal. Nesse sentido, o delito do art. 16 se consuma no momento em que o agente deixa de se identificar ou atribui a si identidade falsa por ocasião de captura ou cumprimento de prisão ou detenção, bem como por ocasião de interrogatório a ser realizado em fase de investigação.[12]

É de ressaltar, no entanto, que não se configura o delito, na forma prevista no art. 16, parágrafo único, se no ato de interrogatório o investigado

---

[11] JAKOBS, Günther. *Proteção de bens jurídicos? Sobre a legitimação do direito penal*. Trad. de Pablo Rodrigo Alflen. Porto Alegre: Livraria do Advogado, 2019. p. 52; igualmente MAYER, Hellmuth *Strafrecht. Allgemeiner Teil*. Stuttgart: Kohlhammer, 1953. p. 53 ("uma situação da realidade exterior da vida particularmente repleta de valor").

[12] Nesse sentido GRECO, Rogério; CUNHA, Rogério Sanches. *op. cit.*, p. 155.

estiver solto. Em tese, a conduta poderá, no entanto, se amoldar ao art. 307 do CP.

No que diz respeito à tentativa, admite-se, porém, somente se a execução do ato se der de forma escrita.

2.6. Especialidade em face do art. 307 do CP?

Aspecto relevante diz respeito à admissibilidade ou não de uma relação de especialidade entre o art. 16, *caput* e parágrafo único, da Lei nº 13.869/2019, em face do art. 307 do CP. Entendemos que a norma em comento não constitui mera forma especial do delito de falsa identidade, previsto no art. 307 do CP[13], considerando que a especialidade (assim consubstanciada no adágio *lex specialis derogat generali*) supõe que a norma especial compreenda os elementos essenciais da norma geral, acrescentando-a os elementos de especialidade. O exame de três fatores permite concluir nesse sentido.

Em primeiro lugar, a norma do art. 16, *caput* e parágrafo único, não possui as mesmas condutas tipificadas no art. 307 do CP; o art. 16, *caput* e parágrafo único estabelece como condutas puníveis a "falta de identificação", consubstanciada na *forma omissiva própria* representada pela expressão "deixar de", e a "falsa identificação" consubstanciada na forma comissiva representada pela expressão "identificar-se falsamente", diferentemente, o art. 307 do CP não contempla a forma omissiva própria.

Em segundo lugar, as condutas previstas no art. 16, *caput* e parágrafo único, contemplam apenas a possibilidade de a pessoa *não* identificar ou identificar falsamente *a si mesma*, enquanto que o art. 307 do CP incide na hipótese de a pessoa atribuir falsa identificação *a si mesma* ou a terceiro.

Em terceiro lugar, o art. 307 do CP contempla fim especial de agir, que não coaduna com o fim especial de agir do art. 16, *caput* e parágrafo único. O art. 307 do CP exige para sua consumação a finalidade de *obter vantagem* em proveito próprio ou alheio, ou para causar dano a outrem; enquanto que o art. 1º, § 1º da Lei nº 13.869/2019 exige que as condutas previstas no art. 16 sejam praticadas pelo agente com a finalidade especí-

---

[13] Divergimos da posição de GRECO, Rogério; CUNHA, Rogério Sanches. *Abuso de autoridade: Lei 13.869/2019: comentada artigo por artigo.* Salvador: JusPodivm, 2020. p. 152, os quais afirmam, em relação ao art. 16, que: "cuida-se de forma especial de falsa identidade".

ABUSO DE AUTORIDADE

fica de prejudicar outrem ou *beneficiar a si mesmo ou a terceiro*, ou, ainda, por mero capricho ou satisfação pessoal. Logo o fim de *"beneficiar a si mesmo ou a terceiro"* exigido em relação ao art. 16 é mais amplo do que a finalidade de obter vantagem, exigida no art. 307 do CP.

3. O tipo subjetivo do delito

O exame do tipo subjetivo implica a análise das formas de cometimento do delito, se dolosa ou culposa. Quanto ao tipo penal do art. 16, *caput*, e parágrafo único, tem-se que ambas exigem o dolo (*Dolus, Vorsatz*). Isso se deve ao fato de que o Direito Penal brasileiro segue a regra segundo a qual somente se pune o delito na forma culposa, quando expressamente prevista em lei, por força do disposto no parágrafo único do Art. 18 do Código Penal brasileiro[14]. Logo, não havendo, no caso, a previsão expressa da forma culposa, só se admite a punição na forma dolosa.

Entretanto, cabe ressaltar que o Código Penal brasileiro – apesar das críticas na literatura brasileira[15] e abstraída, aqui, a posição pessoal – segue a teoria finalista da ação. O pensamento finalista, como explica Ambos, pressupõe uma exigência de ato humano como ponto de partida para a responsabilidade criminal.[16] Entretanto, este ato não é apenas uma mera manifestação causal-naturalista no mundo exterior, mas determinado por um certo propósito derivado da esfera interna do agente, ou seja, da "vontade final" de realizar o ato.[17] Assim, a diferença entre movimentos corporais e atos humanos é que quando alguém está agindo pode-se perceber um propósito no que este alguém está fazendo. Por isso Welzel afirma que a ação não é cega, é vidente.[18]

---

[14] Art. 18, par. único: "Salvo os casos expressos em lei, ninguém pode ser punido por fato previsto como crime, senão quando o pratica dolosamente."

[15] Veja, principalmente, TAVARES, Juarez. *Fundamentos de Teoria do Delito*. Florianópolis: Tirant lo Blanch, 2018. p. 249.

[16] AMBOS, Kai. Toward a universal system of crime: comments on George Fletcher's Grammar of Criminal Law. *Cardozo Law Review*, vol. 28, n. 6, 2007. p. 2664 ss.

[17] AMBOS, Kai. *op. cit.* p. 2649; com maiores detalhes, veja, WELZEL, Hans. *Das neue Bild des Strafrechtssystems*. 4ª ed., Göttingen: Otto Schwarz & Co., 1961. p. 1 ss.; ademais, FLETCHER, George P. *Rethinking Criminal Law*. Oxford: University Press, 2000. p. 434.

[18] WELZEL, Hans. *Das Deutsche Strafrecht*. 11ª ed., Berlin: Walter de Gruyter, 1969. p. 3:

A "vontade final" engloba a intenção no sentido de *dolus* (*Vorsatz*), mais especificamente, o desejo de realizar os elementos objetivos da norma legal. Neste sentido, a intenção é entendida como expressão de um elemento volitivo (vontade, desejo) e de um elemento cognitivo (conhecimento, consciência).[19] A consequência desta "subjetivação" do ato humano, como afirma Ambos, é "que os elementos legais do delito no sentido do *Tatbestand* não podem ser totalmente compreendidos ou capturados sem que se leve em conta o lado subjetivo, interno da conduta".[20] Em síntese, de acordo com esta teoria o conceito de dolo é compreendido como consciência (conhecimento) e vontade de realizar os elementos objetivos do tipo.[21] Dolo, neste sentido, significa o desejo de realizar os elementos objetivos do tipo. E, portanto, como o elemento subjetivo integra o tipo do injusto, é certo que ele também auxilia na delimitação do alcance do próprio tipo.

Além destes aspectos atinentes aos elementos do dolo, deve-se observar que o art. 1º, § 1º, da Lei nº 13.869/2019 estabelece finalidade específica no tocante às condutas puníveis do art. 16, *caput*, e parágrafo único. Em outras palavras, para além do dolo (e ressalte-se, direto), exige-se que as condutas sejam praticadas pelo agente com a finalidade específica de prejudicar outrem ou beneficiar a si mesmo ou a terceiro, ou, ainda, por mero capricho ou satisfação pessoal.

4. Classificação do delito

No que diz respeito à classificação do delito, tem-se que, em ambas as modalidades, constitui delito doloso, sendo imprescindível o dolo direto (e exigível a constatação do, já citado, *fim especial de agir*). Ademais, por força do disposto no art. 1º, trata-se de crime próprio.

Considerando haver condutas autônomas e independentes previstas no tipo, de modo a se caracterizar como crime de ação múltipla, é inegá-

---

"Finalität ist darum –bildlich gesprochen– 'sehend', Kausalität 'blind'"; igualmente em Welzel, Hans. *op. cit.* 1961. p. 1.

[19] Neste sentido, veja Tavares, Juarez. *op. cit.* p. 249 ss.; sobre o conceito finalista de dolo (*Vorsatz*), veja Welzel, Hans. *op. cit.* 1969, p. 64 s.

[20] Ambos, Kai. *op. cit.* p. 2650.

[21] Sobre a posição da doutrina brasileira, por todos: Tavares, Juarez. *op. cit.*, p. 249 ss.

vel que o mesmo se classifica, em qualquer de suas modalidades, como tipo misto alternativo. Em atenção especificamente às condutas previstas, como já referido, trata-se de crime omissivo próprio, na forma de "deixar de identifica-se", e comissivo, na forma de "identificar-se falsamente" ou atribuir "a si mesmo falsa identidade, cargo ou função".

Trata-se de crime unissubsistente, em sua forma oral (neste caso, também se classifica como instantâneo), porém, se realizado na forma escrita, assume caráter plurissubsistente. Quanto ao número participantes, tem-se que o delito se classifica como unissubjetivo, considerando que pode ser praticado por apenas uma pessoa.

Referências

AGI, Samer. *Comentários à nova Lei de Abuso de Autoridade*. Brasília: CP Iuris, 2019.

ALFLEN, Pablo Rodrigo. *Leis penais em branco e o Direito Penal do Risco*. Rio de Janeiro: Lumen Juris, 2004.

AMBOS, Kai. Toward a universal system of crime: comments on George Fletcher's Grammar of Criminal Law. *Cardozo Law Review*, vol. 28, n. 6, 2007. p. 2632-2659.

BIRNBAUM, Johann Michael Franz. Ueber das Erforderniss einer Rechtsverletzung zum Begriffe der Verbrechens, mit besonderer Rücksicht auf den Begriff der Ehrenkränkung. *Archiv des Criminalrechts*. Neue Folge. Jahrgang 1834. Bd. VIII, p. 149-175.

D'AVILA, Fabio Roberto. O modelo de crime como ofensa ao bem jurídico. In: D'AVILA, Fabio Roberto; SOUZA, Paulo Vinicius Sporleder de. *Direito Penal Secundário*. São Paulo: Revista dos Tribunais. 2006.

FLETCHER, George P. *Rethinking Criminal Law*. Oxford: University Press, 2000.

GRECO, Rogério; CUNHA, Rogério Sanches. *Abuso de autoridade: Lei 13.869/2019: comentada artigo por artigo*. Salvador: JusPodivm, 2020.

JAKOBS, Günther. *Proteção de bens jurídicos? Sobre a legitimação do direito penal*. Trad. de Pablo Rodrigo Alflen. Porto Alegre: Livraria do Advogado, 2019.

MAYER, Hellmuth. *Strafrecht. Allgemeiner Teil*. Stuttgart: Kohlhammer, 1953.

PINHEIRO, Igor Pereira; CAVALCANTE, André Clark Nunes; BRANCO, Emerson Castelo. *A nova Lei do Abuso de Autoridade, comentada artigo por artigo. Análise comparativa e crítica*. São Paulo: JH Mizuno, 2020.

Tavares, Juarez. *Fundamentos de Teoria do Delito*. Florianópolis: Tirant lo Blanch, 2018.

Welzel, Hans. *Das neue Bild des Strafrechtssystems*. 4ª ed., Göttingen: Otto Schwarz & Co., 1961.

Welzel, Hans. *Das Deutsche Strafrecht*. 11ª ed., Berlin: Walter de Gruyter, 1969.

10. Prisão e Direitos fundamentais: comentário dos Arts. 18 e 19 da nova Lei de Abuso de Autoridade

GIOVANI AGOSTINI SAAVEDRA

JAIRTON FERRAZ JÚNIOR

Introdução

A criminologia brasileira, na maioria esmagadora da literatura, descreve a conjuntura social brasileira hodierna, como resultado do auge do chamado *capitalismo de barbárie*, típico do neoliberalismo do século XXI[1]. Nesse contexto, de intensificação das relações entre mercado, mídia e capital videofinanceiro[2], deflagrar-se-ia uma crescente policização da vida cotidiana, como estratégia dos órgãos de poder do Estado para manter a "ordem" e transmitir a a mensagem de perseguição dos "inimigos de sempre", que , em geral, fariam parte da parcela mais vulnerável e excluída da sociedade, tais quais negros, periféricos, despossuídos de capital e de bens materiais, à margem do mercado de trabalho e/ou de consumo. Um dos exemplos mais eloquentes dessa corrente da criminologia, é Vera Malaguti Batista, que após detalhado estudo da política criminal brasileira, aponta que a questão criminal transformou-se numa

---

[1] O termo *capitalismo de barbárie* foi cunhado por Vera Malaguti Batista, que apontou elementos característicos do mesmo: "O Brasil se policizou intensamente a partir da 'transição democrática'. É como se uma cultura punitiva de longa duração se metamorfoseasse indefinidamente. Mudam os medos, mas ele, o medo, permanece ali, dirigido aos mesmos de sempre, os do *'lugar do negro'*. A tradução da conflitividade social em crime produziu, por um lado, o intragável politicamente correto, os 'do bem', e, por outro, o acirramento do estado de polícia. CPIs, vigilância, UPPs, controle territorial, a apologia da polícia de combate, o bom matador puro. Assim, a judicialização da vida privada caminha com a gestão policial da vida." (BATISTA, Vera Malaguti. Introdução Crítica à Criminologia Brasileira. 2ª ed. Rio de Janeiro: Revan, 2012, p. 114)

[2] Cf. VASCONCELOS, Gilberto Felisberto. O Príncipe da Moeda. 2ª ed. Rio de Janeiro: Espaço e Tempo, 1997.

ABUSO DE AUTORIDADE

mercadoria de altíssimo valor para a gestão policial e para ganhos concretos, asseverando que esse cenário se sustentaria num tripé ideológico composto pelas ideologias da *defesa social*, da *segurança nacional* e do *direito penal do inimigo*[3].

A mídia incorporaria esse tripé ideológico e passaria a enfatizar a criminalidade violenta, típica da classe subalterna, gerando, consequentemente, o *pânico social* e a *cultura do medo*. Todavia, a referida criminalidade corresponderia seria apenas a uma fração do total da violência existente no seio social, portanto, a criminologia chega a falar em uma espécie de *violência estrutural* teria como característica principal sua sistematicidade, porque estaria diretamente vinculada com a dinâmica do capitalismo. Nesse contexto, a mídia ocuparia uma função estratégica, porque, em regra, estaria direcionando a atenção do grande público para a criminalidade dos vulneráveis e, com isso, tirando o foco da macro criminalidade da classe opressora, socialmente muito mais danosa. Para a criminologia, portanto, não haveria dúvida que a prisão estaria no âmago da política criminal brasileira contemporânea, e seria vista como o único meio eficaz de promover o controle social. Até há pouco tempo não haveria dúvidas de que esse foco na prisão tinha, em grande medida, aplicação seletivas: antes das grandes operações, que passaram a centrar sua atenções em políticos e empresários relevantes, tais como o Mensalão ou a Lava-Jato, identificava-se uma tendência celetista na política criminal brasileira, que reservava o rigor da pena de prisão para apenas alguns grupos sociais, ou seja, em geral, em relação relacionadas à corrupção, ao desvio de bens públicos e à criminalidade econômica e financeira) se identificava relativa impunidade. Nesse sentido, a descrição do criminólogo Alessandro Baratta ganhou muita força no debate criminológico brasileiro:

> Em geral, a imagem da criminalidade, proporcionada pelo cárcere, e sua percepção como uma ameaça para a sociedade, devido à atitude das pessoas e não à existência de conflitos na sociedade, produzem um desvio da atenção do público, dirigida de modo privilegiado ao "perigo da criminalidade" e não à violência estrutural. Nesse sentido, a violência criminal adquire, para o

---

[3] BATISTA, Vera Malaguti. Op. cit., p. 101-102.

público, o lugar que deveria corresponder à violência estrutural e, em parte, contribui para escondê-la e mantê-la.[4]

Segundo Alessando Baratta, a *violência estrutural* afligiria ainda com mais fulgor as camadas sociais vulneráveis dos designados "países de terceiro mundo", nações colonizadas, dizimadas e historicamente exploradas pela violência imperialista das metrópoles europeias. Sob uma perspectiva internacional, portanto, a violência também se afigura como *violência estrutural*[5], a qual se refletiria de modo acentuado até os dias atuais, impondo dependência econômica e subordinação política[6].

Essa breve descrição, mostra a dimensão das tensões e violências sociais existentes no Brasil e nos demais países da América Latina. Elas constituem espaços propícios aos abusos e ilegalidades no âmbito da persecução penal. Tais arbitrariedades estariam ancoradas na referida *violência estrutural*, eis que, como apontado, atuariam, majoritariamente, em desfavor das classes socialmente hipossuficientes, dada a seletividade da aplicação da lei penal nos Estados capitalistas. Esse é o pano de fundo, que, em grande medida, estimulou a promulgação da Lei de Abuso de Autoridade. Em grande medida, ela chega em um contexto em que há um clamor na criminologia e na dogmática penal brasileiras por uma *política criminal de Direitos Humanos*, voltada ao resguardo dos direitos e garantias

---

[4] BARATTA, Alessandro. Derechos humanos: entre violencia estructural y violencia penal. Por la pacificación de los conflictos violentos. *In*: Criminología y Sistema Penal (compilación in memoriam). Montevideo-Buenos Aires: B de F, 2004, p. 346 – trecho citado traduzido ao português pelos autores do presente artigo.

[5] Quanto ao imperialismo das "nações dominantes" e sua estreita relação com o genocídio na promoção da *violência estrutural*, vide: ZAFFARONI, Eugenio Raúl. Un Replanteo Epistemológico en Criminología (a propósito del libro de Wayne Morrison). Buenos Aires: MIMEO, 2007.

[6] Sozzo, nesse diapasão, faz referência às intervenções políticas dos Estados Unidos na América Latina nos anos 1950 para apoiar as forças "populistas" locais e que determinaram, em grande medida, a hegemonia político-econômica estado-unidense nos vários países da região, a qual persiste até os dias atuais, engendrando um *autoritarismo de mercado* que vem produzindo, além de subordinação econômica, mortes, inclusive mais do que as propiciadas pelo *autoritarismo militar* das ditaduras latino-americanas. Vide: SOZZO, Máximo (Coord.). Cuadernos de Doctrina y Jurisprudência Penal, año VII, nº 13 (Criminología: Reconstruyendo las Criminologías Críticas). Buenos Aires: Ad Hoc/Villela Editor, 2001.

fundamentais dos cidadãos frente a abusos observados na aplicação da lei penal e processual penal. Se no Brasil, enquanto país de capitalismo tardio, a *violência estrutural* representa um desafio, que parece intransponível, que, ao menos, seja ela limitada ao mínimo aceitável numa democracia liberal.

Porém, esse movimento está longe de ser um movimento consensual. Na verdade, pode-se afirmar com relativa tranquilidade, que há um movimento mais forte no sentido de um recrudescimento das penas e de uma ampliação do direito penal como meio de concretização de políticas do estado. Não é à toa que a referida crítica criminológica classifica sua própria atuação intelectual e prática como um *"movimento de resistência"* no sentido de implantação de uma cultura de Direitos Humanos[7], em que as garantias constitucionalmente previstas estejam acima do arbítrio dos agentes públicos na condução da persecução criminal. Salo de Carvalho, nesse tocante, propõe, para o Brasil (e para a América Latina em geral), a adoção de uma conjugação entre *criminologia dos direitos humanos* e *criminologia da práxis*:

> Na agenda dos direitos humanos, a criminologia crítica parece reencontrar um rumo bastante definido, hábil, inclusive, para excluir determinadas tendências utilitaristas com forte inspiração punitivista que procuram sustentar (legitimar), desde um discurso aparentemente crítico, a intervenção punitiva e a preponderância dos poderes em detrimento dos direitos – algumas (re) interpretações (criminalizadoras) do pensamento garantista operam exatamente nesse sentido. Assim, além de um campo teórico revitalizado e aberto aos movimentos sociais, a criminologia crítica como *criminologia dos direitos humanos*, nos termos propostos por Lola Aniyar de Castro, abre espaço, igualmente, para intervenções político-criminais, concretizando esta necessidade visceral de contato com a realidade social (*criminologia da práxis*).[8]

---

[7] Assim, por exemplo: CASTRO, Lola Aniyar de. Criminologia da Libertação. Tradução: Sylvia Moretzsohn. Rio de Janeiro: Revan, 2005, p. 242-243; ANDRADE, Vera Regina Pereira de. Pelas mãos da criminologia: o controle penal para além da (des)ilusão. Rio de Janeiro: Revan, 2012, p. 94.

[8] CARVALHO, Salo de. Criminologia Crítica: Dimensões, Significados e Perspectivas Atuais. Revista Brasileira de Ciências Criminais, v. 104. São Paulo, 2013, p. 288.

PRISÃO E DIREITOS FUNDAMENTAIS: COMENTÁRIO DOS ARTS. 18 E 19...

Se por um lado a criminologia fala "em movimento de resistência", nos meios de comunicação social, percebe-se também uma queda de braço de um segmento político comprometido com práticas corruptas e as forças que buscam "acabar com a corrupção" ou "defender a Lava-Jato". Como se vê, o campo do controle penal está longe de viver um momento de consenso. A Lei nº 13.869/2019 (Nova Lei de Abuso de Autoridade) é promulgada nesse contexto. Por um lado, pode ser vista como um importante passo para a implementação de uma *política criminal de Direitos Humanos* no Brasil. Por outro lado, é vista por um outro segmento da sociedade brasileira como um risco de aumento de impunidade. Apesar do dissenso no que diz respeito ao mérito da lei, revela-se premente a necessidade de diminuição da carga de violência na sociedade e a referida Lei se volta justamente contra abusos e ilegalidades típicos dos órgãos repressivos do poder estatal, o que pode representar na prática um reforço dos direitos fundamentais dos cidadãos brasileiros.

Basicamente, na maior parte do seu texto, o que se observa da Nova Lei de Abuso de Autoridade é que ela simplesmente criminaliza a violação ao basilar *princípio da legalidade* praticada pelos agentes públicos. Os tipos penais previstos em seu Capítulo VI, de uma forma geral, criminalizam condutas atentatórias à constitucionalidade e à legalidade do sistema processual penal, com vistas, principalmente, a evitar prisões arbitrárias e ilegais. Desse modo, a referida Lei incute, ainda que num estágio inicial, uma necessária, mas ainda pendente cultura de respeito às cláusulas pétreas que norteiam a aplicação de todo o ordenamento jurídico pátrio. Por outro lado, paradoxalmente, acaba por contribuir, apesar no foco na proteção dos direitos fundamentais, para mais um reforço da chamada "expansão do direito penal"[9].

---

[9] Ver, a esse respeito: Campos, Marcelo da Silveira. Crime e Congresso Nacional: uma análise da política criminal aprovada de 1989 a 2006. São Paulo: IBCCRIM, 2010. Pp. 188 e ss. A expressão "expansão" foi, cuidadosamente, colocada entre aspas, porque pesquisas do autor sugerem, ainda que em caráter preliminar, que esse fenômeno é cíclico e não parece ser apenas característico desse período. O maior ou menor interesse do estado pelo controle penal depende de muitos fatores e não pode ser facilmente descrito neste breve artigo. Isso não invalida o fato de que, de fato, desde a década de noventa, pode-se identificar um maior interesse do Estado pelo Direito Penal em vários países do mundo, inclusive no Brasil. Não deixa de ser interessante também que, nesse processo,

ABUSO DE AUTORIDADE

O presente trabalho destinar-se-á a trazer algumas considerações especificamente quanto aos artigos 18 e 19 da Lei em questão. O artigo 18, a ser abordado no item 1, criminaliza a submissão do preso a interrogatório policial durante o período de repouso noturno; e o artigo 19, a ser abordado no item 2, criminaliza a obstrução ao encaminhamento do pleito do preso quanto à legalidade ou às circunstâncias de sua prisão. Vê-se que esses dois tipos penais, a exemplo dos demais previstos na Lei nº 13.869/2019, nada mais fazem do que reforçar a relevância do cumprimento dos postulados constitucionais afeitos ao processo penal democrático. Isso já deveria estar sendo feito sem a necessidade da criminalização, posto que inerente a qualquer Estado Democrático de Direito. Em função disso, apesar de não haver dúvida sobre a pertinência da entrada em vigor dos referidos artigos da legislação em apreço, não se pode deixar de referir que a necessidade da criminalização de direitos fundamentais básicos, não deixa de ser um termômetro do momento que o sistema processual penal brasileiro vive atualmente: quando o óbvio precisa ser criminalizado, isso só atesta que ainda temos uma democracia de duas velocidades e que, infelizmente, o óbvio deixou de ser óbvio há algum tempo e o direito precisa impor-se contrafaticamente para restabelecer--se como concretização constitucional.

1. Interrogatório policial durante o período de repouso noturno
O artigo 18 da Nova Lei de Abuso de Autoridade tem a seguinte redação:

> Submeter o preso a interrogatório policial durante o período de repouso noturno, salvo se capturado em flagrante delito ou se ele, devidamente assistido, consentir em prestar declarações:
> Pena – detenção, de 6 (seis) meses a 2 (dois) anos, e multa.

Esse dispositivo traz à memória os tempos vis da ditadura militar, em que os presos "subversivos", boa parte das vezes, eram interrogados às escondidas na surdina da noite, desassistidos e, não raras ocasiões, submetidos a constrangimento e tortura. Após a transição democrática, porém,

destaca-se, cada vez mais, o interesse pela criminalização da atividade empresarial e da atividade política.

PRISÃO E DIREITOS FUNDAMENTAIS: COMENTÁRIO DOS ARTS. 18 E 19...

essa conduta passa a ser considerada como totalmente inadmissível, dado que essa pratica os mais comezinhos direitos e garantias constitucionais. Desse modo, excetuando as hipóteses expressamente previstas (situação flagrancial e consentimento com assistência técnica), o interrogatório deve ser feito à luz do dia, no período "ativo" da pessoa interrogada, oportunidade em que ela poderá produzir uma autodefesa mais proeficiente e ter melhores condições de, se quiser, contratar um defensor técnico para orientá-la e acompanhá-la. Ou seja, pretendeu o legislador impor limites à atuação da autoridade policial quanto ao momento de interrogar o preso, coibindo que se valha do provável despreparo deste durante o período de repouso noturno.

Esse privilégio do período diurno, aliás, apresenta uma especial importância para o processo penal focado em garantias constitucionais. Tanto que a Constituição Federal, no artigo 5º, XI que estabelece a garantia da inviolabilidade de domicílio, veda expressamente o ingresso na casa de alguém durante a noite: "a casa é asilo inviolável do indivíduo, ninguém nela podendo penetrar sem consentimento do morador, salvo em caso de flagrante delito ou desastre, ou para prestar socorro, ou, durante o dia, por determinação judicial". A única exceção se configura com a hipótese extrema do *flagrante próprio* (artigo 302, I do Código de Processo Penal): prisão em flagrante por crime que esteja ocorrendo no interior do domicílio no exato momento da invasão durante o período noturno. Em quaisquer outras hipóteses, inclusive nas demais espécies de flagrante (artigo 302, II, III e IV do Código de Processo Penal), resta vedado o ingresso na casa de alguém durante o período noturno[10]. Nessa mesma linha, o artigo 293 do Código de Processo Penal[11], que diz respeito às formalidades atinentes ao cumprimento de mandado de prisão, prevê que se o executor do mandado verificar que o réu, no período noturno, haja entrado ou se

[10] Nesse sentido: BRITO, Alexis Couto de; FABRETTI, Humberto Barrionuevo; LIMA, Marco Antônio Ferreira. Processo Penal Brasileiro. 4ª ed. São Paulo: Atlas, 2019, p. 221-222.

[11] *In verbis*: "Se o executor do mandado verificar, com segurança, que o réu entrou ou se encontra em alguma casa, o morador será intimado a entregá-lo, à vista da ordem de prisão. Se não for obedecido imediatamente, o executor convocará duas testemunhas e, sendo dia, entrará à força na casa, arrombando as portas, se preciso; sendo noite, o executor, depois da intimação ao morador, se não for atendido, fará guardar todas as saídas, tornando a casa incomunicável, e, logo que amanheça, arrombará as portas e efetuará a prisão."

ABUSO DE AUTORIDADE

encontre no interior de alguma residência, intimará o morador desta a entregá-lo; caso este se negue a tal (e não sendo situação de flagrante próprio), o executor não poderá ingressar à força naquele momento, devendo apenas guardar todas as saídas e tornar a casa incomunicável. Apenas com o amanhecer (com a luz do dia, portanto), poderá ele arrombar as portas e efetuar a prisão.

Nota-se, portanto, que, assim como em matéria de prisão, o período diurno é visto como regra para realização de diligências policiais e deve consistir num relevante elemento a ser observado quando do interrogatório policial. Disso se extrai o acerto da intenção do legislador quanto à elaboração do tipo penal em apreço. Todavia, deveria ele ter especificado o elemento normativo "período de repouso noturno", que, devido à sua indeterminação, enseja um exercício aberto de hermenêutica – incompatível com a precisão exigida pelo direito penal garantista.

Diante dessa vagueza, poder-se-ia conjecturar três caminhos como soluções: aplicar analogicamente o artigo 22, §1º, III da própria Lei nº 13.869/2019, que tipifica o cumprimento de mandado de busca e apreensão domiciliar após as 21h (vinte e uma horas) e antes das 5h (cinco horas), sendo esse interstício, portanto, também o referido "período de repouso noturno" aludido no tipo penal em apreço. Outra opção, também por analogia, seria a aplicação do artigo 212 do Código de Processo Civil, que dispõe que os atos processuais serão realizados em dias úteis, das 6h (seis horas) às 20h (vinte horas). Finalmente, o terceiro caminho seria a utilização do critério *psico-sociológico*, que leva em consideração os costumes e convenções sociais de cada localidade, bem como o interstício entre o pôr do sol e a aurora do dia subsequente verificável também em cada localidade. Esse último critério difere de lugar para lugar e deve, por conseguinte, ser fixado por entendimento jurisprudencial local; trata-se, ademais, do critério majoritariamente adotado pela doutrina penal pátria quanto à mesma expressão "repouso noturno" que figura como causa de aumento de pena do delito de furto (§1º do artigo 155 do Código Penal).

Dessarte, conclui-se que o legislador, apesar de sua louvável intenção de prover um interrogatório policial consonante com os ditames constitucionais, deveria ter especificado o exato interstício a ser considerado como "período de repouso noturno", até mesmo porque tal elemento normativo afigura-se como essencial para a configuração do tipo penal em

PRISÃO E DIREITOS FUNDAMENTAIS: COMENTÁRIO DOS ARTS. 18 E 19...

análise (se o interrogatório policial ocorrer fora do "período de repouso noturno", não haverá crime). Consequentemente, da forma como esse tipo penal está redigido, sua eficácia encontra-se fragilizada: em havendo pormenorizada fundamentação da autoridade responsável pelo interrogatório, inexistirá o delito de abuso ora versado, posto que o §2º do artigo 1º da Lei nº 13.869/2019 prevê que "a divergência na interpretação de lei ou na avaliação de fatos e provas não configura abuso de autoridade".

2. Obstrução ao encaminhamento do pleito do preso acerca das condições de sua prisão

O artigo 19 da Nova Lei de Abuso de Autoridade tem a seguinte redação:

> Impedir ou retardar, injustificadamente, o envio de pleito de preso à autoridade judiciária competente para a apreciação da legalidade de sua prisão ou das circunstâncias de sua custódia:
>
> Pena – detenção, de 1 (um) a 4 (quatro) anos, e multa.
>
> Parágrafo único. Incorre na mesma pena o magistrado que, ciente do impedimento ou da demora, deixa de tomar as providências tendentes a saná-lo ou, não sendo competente para decidir sobre a prisão, deixa de enviar o pedido à autoridade judiciária que o seja.

O tipo penal acima visa tutelar o *direito de petição*, assegurado constitucionalmente no artigo 5º, XXXIV, *a* da Carta Magna, que assevera: "São a todos assegurados, independentemente do pagamento de taxas: o direito de petição aos Poderes Públicos em defesa de direitos ou contra ilegalidade ou abuso de poder". Dessa forma, o legislador da Nova Lei de Abuso de Autoridade – ao criminalizar a obstrução injustificada (seja impedindo, seja retardando) do pedido do preso – enfatizou a relevância da proteção ao direito de petição à autoridade competente por parte de todos que se sentem vitimados por ilegalidades ou abuso de poder. Com efeito, o único direito que é restringido ao indivíduo preso (seja prisão processual seja prisão penal) é a liberdade. Todos os demais direitos permanecem intactos; inclusive, a partir do momento em que é preso, sua custódia e sua segurança pessoal passam a ser de responsabilidade exclusiva do Estado. Logo, a submissão ao cárcere não tem o condão de oblite-

ABUSO DE AUTORIDADE

rar ou dificultar seu *direito de petição*; se isso ocorrer, manifesto o abuso de autoridade do agente público.

De se ressaltar que o próprio sistema processual penal pátrio impõe a necessidade constante de se apreciar a legalidade e/ou a conveniência da prisão processual. O artigo 310 do Código de Processo Penal determina que o juiz, ao receber o auto de prisão em flagrante, deverá promover o quanto antes a audiência de custódia e nesta imediatamente relaxar a *prisão ilegal* (seja por ausência de estado de flagrância, seja por inexistência de infração penal, ou, ainda, por desrespeito ao texto legal quanto à lavratura do auto: inversão da ordem das oitivas, ausência do advogado no interrogatório do acusado, violação da incomunicabilidade das testemunhas, etc.) e colocar o acusado em liberdade, determinando, ainda, a apuração do constrangimento ilegal praticado[12]. Ademais, no que tange à prisão preventiva, o juiz deverá avaliar, durante todo o transcurso do processo, a existência ou não de situação fática que justifique a referida prisão cautelar. Tratam-se dos requisitos previstos no artigo 312 do Código de Processo Penal (garantia da ordem pública, da ordem econômica, conveniência da instrução criminal, assegurar a aplicação da lei penal) e que conformam o denominado *periculum libertatis*[13]. Caso o magistrado constate, diante do quadro fático do momento, que a prisão preventiva não é mais necessária para acautelar o regular andamento do processo, isto é, que não mais exista o *periculum libertatis*, deverá ela determinar a imediata soltura do acusado.

Vê-se, pois, que, na sistemática do processo penal democrático, a legalidade, a conveniência e a real necessidade da prisão estão perenemente submetidas a escrutínio, de modo a coibir abusos de poder. Cabe ainda mencionar a imprescindibilidade de as condições do cárcere serem dignas e salubres, assegurando-se aos presos, sejam eles provisórios ou definitivos, o respeito à integridade física e moral – conforme mandamento expresso do artigo 5º, XLIX da Constituição Federal. Nesse tocante, insta destacar os apontamentos de Juarez Cirino dos Santos:

---

[12] Nesse sentido: BRITO, Alexis Couto de; FABRETTI, Humberto Barrionuevo; LIMA, Marco Antônio Ferreira. Op. cit., p. 232-233.

[13] Nesse sentido: BADARÓ, Gustavo Henrique. Processo Penal. 4ª ed. São Paulo: Revista dos Tribunais, 2016, p. 1021 e seguintes.

O *princípio da humanidade* não se limita a proibir a abstrata cominação e aplicação de *penas cruéis* ao cidadão livre, mas proíbe também a concreta *execução cruel* de penas legais ao cidadão condenado, por exemplo: a) as condições *desumanas e indignas*, em geral, de execução das penas na maioria absoluta das penitenciárias e cadeias públicas brasileiras; b) as condições *desumanas e indignas*, em especial, do execrável Regime Disciplinar Diferenciado – cuja inconstitucionalidade deve ser declarada por arguição de inconstitucionalidade da norma legal no caso concreto (controle difuso, por Juízes e Tribunais), ou por ação direta de inconstitucionalidade (controle concentrado, pelo Supremo Tribunal Federal).[14]

Por esses motivos, extrai-se o acerto do legislador ao criminalizar a conduta abusiva do agente público que impede ou retarda injustificadamente o pleito do preso relativo à apreciação da legalidade de sua prisão ou das circunstâncias de sua custódia. Não pode haver qualquer embaraço ao exercício do *direito de petição* do detento, ainda mais quanto a questões tão sensíveis que afetam o ser humano submetido ao cárcere.

Igualmente acertada foi a previsão do *parágrafo único* do artigo 19, que, com as mesmas penas do *caput*, tipifica a conduta omissiva do magistrado que, "ciente do impedimento ou da demora, deixa de tomar as providências tendentes a saná-lo ou, não sendo competente para decidir sobre a prisão, deixa de enviar o pedido à autoridade judiciária que o seja". Nota-se, dessa forma, que esse *parágrafo único* traz o instituto penal da *omissão imprópria*, conferindo ao juiz a posição de *garantidor*: tem ele o dever legal de atuar para sanar qualquer obstrução ao *direito de petição* do preso, bem como de encaminhar imediatamente o pedido deste a outro magistrado competente, caso não seja ele o competente para decidir sobre a prisão. Com esse dispositivo reforça-se o valor republicano-democrático de que os juízes não são "seres intocáveis", que podem fazer ou deixar de fazer o que querem, sem qualquer compromisso com a legalidade e com a função pública que exercem. De fato, o magistrado, enquanto servidor

---

[14] SANTOS, Juarez Cirino dos. Direito Penal: Parte Geral. 6ª ed. Curitiba: ICPC, 2014, p. 31.

ABUSO DE AUTORIDADE

público, deve exercer seu mister visando o *bem comum* mas submetido ao *princípio da legalidade* e a todos os limites deste decorrentes[15].

Conclusões

Feita a análise dos artigos 18 e 19 da Nova Lei de Abuso de Autoridade, pode-se perceber algum esforço do legislador em prol de uma avança da concretização dos direitos fundamentais no processo penal. Ao se voltar contra condutas ilegais, arbitrárias e abusivas perpetradas no âmbito da persecução penal, aponta para um reforço da necessidade de se perseguir uma cultura de Direitos Humanos. Nesse passo, vale sublinhar as palavras de Baratta quando aduz que "a afirmação dos Direitos Humanos sobre bases democráticas é a via para a superação da violência"[16]. Com efeito, uma vez enraizada a cultura de Direitos Humanos, se estabelece a busca por uma *justiça igualitária*, comprometida com a universalidade dos interesses sociais, e não somente os interesses de um determinado grupo ou camada social.

Tendo em vista ter sido aprovada em contexto de dissenso político acerca de sua importância e relevância, fica a dúvida se a lei terá (ou em que medida terá) eficácia prática. Exatamente para dificultar "escusas hermenêuticas" para sua não aplicação, que se sugeriu, no item 1, houvesse uma determinação mais precisa de qual seria o intervalo de tempo correspondente ao "período de repouso noturno". Espera-se, ainda, que a promulgação da Lei nº 13.869/2019 incentive, de alguma forma, o delineamento do chamado *controle social alternativo*[17], que possui características diametralmente opostas as do controle social promovido pelo atual sistema de justiça criminal. Por esse controle alternativo, leva-se em conta toda a fenomenologia da violência social e não apenas uma parte dela e, assim, tal controle, baseado nos princípios da *igualdade* e da *lega-*

---

[15] Nesse sentido: GRECO, Luís; TEIXEIRA, Adriano. Aproximação a uma teoria da corrupção. *In:* LEITE, Alaor; TEIXEIRA, Adriano (Orgs.). Crime e Política: corrupção, financiamento irregular de partidos políticos, caixa dois eleitoral e enriquecimento ilícito. Rio de Janeiro: FGV Editora, 2017, p. 31.

[16] BARATTA, Alessandro. Op. cit., p. 354.

[17] Cf. BARATTA, Alessandro. Op. cit., p. 351-352; SANTOS, Juarez Cirino dos. A Criminologia Radical. 3ª ed. Curitiba: ICPC/Lumen Juris, 2008, p. 118-123.

lidade, visa paulatina e estrategicamente evitar a criminalização dos mais débeis e a impunidade dos mais fortes, sempre tendo por pressuposto o respeito inarredável aos direitos e garantias fundamentais dos acusados, coibindo, assim, quaisquer formas de arbitrariedades e abusos por parte das autoridades processantes.

Referências

ANDRADE, Vera Regina Pereira de. *Pelas mãos da criminologia*: o controle penal para além da (des)ilusão. Rio de Janeiro: Revan, 2012.

BADARÓ, Gustavo Henrique. *Processo Penal*. 4ª ed. São Paulo: Revista dos Tribunais, 2016.

BARATTA, Alessandro. Derechos humanos: entre violencia estructural y violencia penal. Por la pacificación de los conflictos violentos. *In: Criminología y Sistema Penal* (compilación in memoriam). Montevideo-Buenos Aires: B de F, 2004.

BATISTA, Vera Malaguti. *Introdução Crítica à Criminologia Brasileira*. 2ª ed. Rio de Janeiro: Revan, 2012.

BRITO, Alexis Couto de; FABRETTI, Humberto Barrionuevo; LIMA, Marco Antônio Ferreira. *Processo Penal Brasileiro*. 4ª ed. São Paulo: Atlas, 2019.

CARVALHO, Salo de. Criminologia Crítica: Dimensões, Significados e Perspectivas Atuais. *Revista Brasileira de Ciências Criminais*, v. 104. São Paulo, 2013.

CASTRO, Lola Aniyar de. *Criminologia da Libertação*. Tradução: Sylvia Moretzsohn. Rio de Janeiro: Revan, 2005.

GRECO, Luís; TEIXEIRA, Adriano. Aproximação a uma teoria da corrupção. *In:* LEITE, Alaor; TEIXEIRA, Adriano (Orgs.). *Crime e Política*: corrupção, financiamento irregular de partidos políticos, caixa dois eleitoral e enriquecimento ilícito. Rio de Janeiro: FGV Editora, 2017.

SANTOS, Juarez Cirino dos. *A Criminologia Radical*. 3ª ed. Curitiba: ICPC/Lumen Juris, 2008.

—. *Direito Penal*: Parte Geral. 6ª ed. Curitiba: ICPC, 2014.

SOZZO, Máximo (Coord.). *Cuadernos de Doctrina y Jurisprudência Penal*, año VII, nº 13 (Criminología: Reconstruyendo las Criminologías Críticas). Buenos Aires: Ad Hoc/Villela Editor, 2001.

VASCONCELOS, Gilberto Felisberto. *O Príncipe da Moeda*. 2ª ed. Rio de Janeiro: Espaço e Tempo, 1997.

ZAFFARONI, Eugenio Raúl. *Un Replanteo Epistemológico en Criminología* (a propósito del libro de Wayne Morrison). Buenos Aires: MIMEO, 2007.

11. Comentários aos artigos 20 e 21 da Lei nº 13.869/2019

MARTA SAAD

Introdução

O indivíduo encarcerado, sujeito ao poder punitivo estatal, é detentor de direitos e garantias que devem ser assegurados no curso da execução da pena, da prisão processual e da medida de segurança. Ainda que privado da liberdade, o sujeito mantém intactos direitos que a Constituição da República, a Convenção Americana de Direitos Humanos, o Código de Processo Penal e a Lei de Execução Penal, dentre outras normas, lhe garantem.

A Constituição da República assegura que ninguém será preso senão em flagrante delito ou por ordem escrita e fundamentada de autoridade judiciária competente, salvo nos casos de transgressão militar ou crime propriamente militar, definidos em lei (artigo 5º, LXVI); que a prisão de qualquer pessoa e o local onde se encontre serão comunicados imediatamente ao juiz competente e à família do preso ou à pessoa por ele indicada (artigo 5º, inciso LXII); que o preso será informado de seus direitos, entre os quais o de permanecer calado, sendo-lhe assegurada a assistência da família e de advogado (artigo 5º, inciso LXIII); que o preso tem direito à identificação dos responsáveis por sua prisão ou por seu interrogatório policial (artigo 5º, inciso LXIV); que a prisão ilegal será imediatamente relaxada pela autoridade judiciária (artigo 5º, inciso LXV); que ninguém será levado à prisão ou nela mantido, quando a lei admitir a liberdade provisória, com ou sem fiança (artigo 5º, inciso LXV). Assegura ao preso o respeito à integridade física e moral (artigo 5º, inciso XLIX) e garante o *habeas corpus*, sempre que alguém sofrer ou se achar ameaçado de sofrer violência ou coação em sua liberdade de locomoção, por ilegalidade ou abuso de poder (artigo 5º, inciso LXV).

A Convenção Americana de Direitos Humanos, incorporada ao sistema brasileiro pelo Decreto n. 678/1992, com seus direitos e garantias reconhecidos pela Constituição da República (artigo 5º, § 2º), assegura

ABUSO DE AUTORIDADE

no artigo 7º o direito à liberdade pessoal e no artigo 8º garantias judiciais ao acusado. Anuncia a Convenção Americana que toda pessoa tem direito à liberdade e à segurança pessoais (artigo 7.1), que ninguém pode ser privado de sua liberdade física, salvo pelas causas e nas condições previamente fixadas pelas constituições políticas dos Estados Partes ou pelas leis de acordo com elas promulgadas (artigo 7.2), que ninguém pode ser submetido a detenção ou encarceramento arbitrários (artigo 7.3), que toda pessoa detida ou retida deve ser informada das razões da sua detenção e notificada, sem demora, da acusação ou acusações formuladas contra ela (artigo 7.4), que toda pessoa detida ou retida deve ser conduzida, sem demora, à presença de um juiz ou outra autoridade autorizada pela lei a exercer funções judiciais e tem direito a ser julgada dentro de um prazo razoável ou a ser posta em liberdade, sem prejuízo de que prossiga o processo e que sua liberdade pode ser condicionada a garantias que assegurem o seu comparecimento em juízo (artigo 7.5), que toda pessoa privada da liberdade tem direito a recorrer a um juiz ou tribunal competente, a fim de que este decida, sem demora, sobre a legalidade de sua prisão ou detenção e ordene sua soltura se a prisão ou a detenção forem ilegais (artigo 7.6), dentre outros.

O artigo 8º da Convenção Americana de Direitos Humanos assegura uma série de garantias individuais ao sujeito: direito de defesa, juiz natural, presunção de inocência, prazo razoável, presunção de inocência, publicidade processual, direito ao recurso.

O Código de Processo Penal assegura direitos do preso em diversos dispositivos: prevê que compete ao juiz das garantias zelar pela observância dos direitos do preso, podendo determinar que este seja conduzido à sua presença, a qualquer tempo (artigo 3ºA) e assegurar regras para o tratamento dos presos (artigo 3º-F); há prazo para finalização de inquérito com investigue pessoa presa (artigos 10 e 46); regras para realização de interrogatório (artigo 185, 3º); disciplina de prisão processual (artigo 282 e seguintes), citação e intimação (artigos 360 e 392), *habeas corpus* (artigo 648 e seguintes) e revisão criminal (artigo 621 e seguintes).

A Lei de Execução Penal (Lei n. 7.210/1984) prevê expressamente deveres, direitos e disciplina do preso. Dentre os direitos, enuncia que impõe-se a todas as autoridades o respeito à integridade física e moral dos condenados e dos presos provisórios (artigo 40) e enuncia que são

COMENTÁRIOS AOS ARTIGOS 20 E 21 DA LEI Nº 13.869/2019

direitos do preso (artigo 41) alimentação suficiente e vestuário, atribuição de trabalho e sua remuneração, Previdência Social, constituição de pecúlio; proporcionalidade na distribuição do tempo para o trabalho, o descanso e a recreação; exercício das atividades profissionais, intelectuais, artísticas e desportivas anteriores, desde que compatíveis com a execução da pena; assistência material, à saúde, jurídica, educacional, social e religiosa; proteção contra qualquer forma de sensacionalismo, entrevista pessoal e reservada com o advogado, visita do cônjuge, da companheira, de parentes e amigos em dias determinados, chamamento nominal; igualdade de tratamento salvo quanto às exigências da individualização da pena; audiência especial com o diretor do estabelecimento; representação e petição a qualquer autoridade, em defesa de direito; contato com o mundo exterior por meio de correspondência escrita, da leitura e de outros meios de informação que não comprometam a moral e os bons costumes; atestado de pena a cumprir, emitido anualmente, sob pena da responsabilidade da autoridade judiciária competente. Estes mesmos direitos, no que couber, aplicam-se ao preso provisório e ao submetido à medida de segurança (artigo 2º, parágrafo único e artigo 42).

A Lei n. 13.869/2019, Lei de Abuso de Autoridade, se soma a este arcabouço normativo, reprimindo criminalmente condutas que ultrapassem o uso devido e coativo do poder estatal.

Em relação especificamente ao sujeito preso, diversos dispositivos criminalizam condutas abusivas. Este trabalho pretende analisar, porém, apenas as condutas previstas nos artigos 20 e 21 da Lei de Abuso de Autoridade, que reforçam o direito de assessoramento e entrevista pessoal e reservada do preso com seu advogado e o direito de acusados, de sexos e idades diferentes, serem mantidos em celas ou espaços separados.

1. O artigo 20 da Lei de Abuso de Autoridade: entrevista e assessoramento técnico

O artigo 20, *caput*, da Lei n. 13.869/2019 pune como abuso de autoridade a conduta de o agente impedir, sem justa causa, a entrevista pessoal e reservada do preso com seu advogado.

Este artigo havia sido originalmente vetado pelo Presidente da República, sob argumento de que "*o dispositivo proposto, ao criminalizar o impedimento da entrevista pessoal e reservada do preso ou réu com seu advogado, mas*

ABUSO DE AUTORIDADE

de outro lado autorizar que o impedimento se dê mediante justa causa, gera insegurança jurídica por encerrar tipo penal aberto e que comporta interpretação. Ademais, trata-se de direito já assegurado nas Lei 7.210, de 1984 e 8.906, de 1994, sendo desnecessária a criminalização da conduta do agente público, como no âmbito do sistema Penitenciário Federal, destinado a isolar presos de elevada periculosidade." O Congresso, porém, rejeitou o veto e o artigo 20 foi promulgado.

O direito de o preso comunicar-se livre e reservadamente com seu defensor é garantia prevista em diversos diplomas normativos.

A Convenção Americana de Direitos Humanas prevê, dentre as garantias judiciais, o direito de o acusado *"comunicar-se, livremente e em particular, com seu defensor"* (artigo 8.2.d).

A Lei de Execução Penal estabelece, no artigo 41, IX, que constitui direito do preso a entrevista pessoal e reservada com o advogado.

Em relação ao menor infrator, o Estatuto da Criança e do Adolescente (Lei n. 8.906/1994), prevê, no artigo 124, inciso III, que é direito do adolescente privado de liberdade avistar-se reservadamente com seu defensor.

Do lado do defensor, o Estatuto da OAB (Lei n. 8.906/1994) prevê, no artigo 7º, inciso III, que é direito do advogado *"comunicar-se com seus clientes, pessoal e reservadamente, mesmo sem procuração, quando estes se acharem presos, detidos ou recolhidos em estabelecimentos civis ou militares, ainda que considerados incomunicáveis"*.

O artigo 128, inciso VI, da Lei Complementar n. 80/1994, prevê como prerrogativa dos membros da Defensoria Pública do Estado *"comunicar--se, pessoal e reservadamente, com seus assistidos, ainda quando estes se acharem presos ou detidos, mesmo incomunicáveis, tendo livre ingresso em estabelecimentos policiais, prisionais e de internação coletiva, independentemente de prévio agendamento"*.

Este sistema de proteção do direito de entrevista, entre acusado e defensor, ganhou reforço com a previsão do artigo 21 da Lei de Abuso de Autoridade.

1.1. Livre comunicação entre preso e defensor

O Código de Processo Penal havia consagrado, no artigo 21, a incomunicabilidade do acusado, consistente na *"proibição de comunicar-se o preso com quem quer que fosse, exceto com a autoridade na ocasião das perguntas por ela*

COMENTÁRIOS AOS ARTIGOS 20 E 21 DA LEI Nº 13.869/2019

feitas para instrução da causa", o que *"ajudava a garantia uma 'prova polida",
olhando-se pela ótica de quem a produzia"*.[1]

A incomunicabilidade poderia então ser considerada medida tendente a evitar que a investigação se frustrasse, calcando-se nas ideias de que (i) a comunicação do preso poderia comprometer o êxito da investigação porque (ii) o conselho profissional do advogado evitaria a confissão do acusado.

Tal percepção sugere que o advogado não é auxiliar da Justiça, tal como proclamado pela Constituição da República, no artigo 133, mas alguém que oculta o acusado ou o fato apurado ou, por meio de seu conhecimento técnico, instruiria o preso do teor de seus declarações ou a guardar silêncio, o que impediria a confissão, que deveria ser obtida a qualquer custo.[2]

Contudo, a Constituição da República determina, no artigo 136, § 3º, inciso IV, que é vedada a incomunicabilidade do preso na vigência do estado de defesa. Se assim o é em um período de instabilidade institucional, tal como o estado de defesa, com mais razão deve ser inadmitida a incomunicabilidade do preso nos períodos de normalidade.[3]

Mesmo para aqueles que entendem que a incomunicabilidade ainda vigora no direito pátrio, não tendo o artigo 21 do Código de Processo Penal sido revogado pelo artigo 136, § 3º, IV, da Constituição da República, tem-se que a incomunicabilidade do preso não pode se estender ao advogado, sendo então relativa, porque incompatível com inúmeros dispositivos que seguiram ao Código de Processo Penal, mencionados acima.

Com efeito, tem o acusado direito de consultar advogado, antes de sua oitiva. Não pode, em consequência, ser mantido incomunicável em relação ao defensor, porque (i) tem direito à assistência jurídica, desde o início da persecução penal e durante todo o procedimento, de acordo com o

---

[1] Coutinho, Jacinto Nelson de Miranda, O sigilo do inquérito policial e os advogados, *Revista Brasileira de Ciências Criminais*, São Paulo, ano 5, n. 18, abr.-jun. 1997, p. 129.

[2] Edwards, Carlos Enrique, *El defensor técnico em la prevención policial:* la figura del defensor em el nuevo Código Procesal Penal, Buenos Aires, Astrea, 1992, p. 107-110.

[3] Fernandes, Antonio Scarance, *A reação defensiva à imputação*, São Paulo, Revista dos Tribunais, 2002, p. 131-132.

disposto no artigo 5º, inciso LV, da Constituição da República, (ii) existe comprometimento psicológico do acusado, sendo certo que a autodefesa é insuficiente para dar guarida a tal garantia constitucional e (iii) se é certo que a finalidade da incomunicabilidade é apenas a de assegurar o êxito da investigação, o conselho e assistência profissional do defensor não constituem óbice a tal sucesso.

A entrevista pessoal e reservada do preso com seu advogado ou defensor permite que o custodiado seja orientado por profissional habilitado e capacitado, auxiliando não somente a defesa técnica, como também a autodefesa, todas inseridas no art. 5º, LV, da Constituição. Serve ainda para o defensor inteirar-se das condições em que o preso se encontra. Assim, a prisão não pode prejudicar a atividade do profissional, que tem o direito de comunicar-se pessoal e reservadamente com o cliente, sem interferência ou impedimento do estabelecimento prisional ou dos agentes.[4]

Entrevista pessoal e reservada é então reunião particular, privada, entre cliente e advogado, sem o controle ou a vigilância de terceiros.

O artigo 21 da Lei de Abuso de Autoridade pune a atividade de impedir a entrevista entre preso e seu defensor. Impedir, neste caso, significa opor-se, proibir, impossibilitar, a entrevista pessoal e reservada do preso e seu advogado. Este impedimento pode decorrer tanto da negativa de concessão de local adequado, específico, reservado para a conversa, ou então do condicionamento de que a conversa seja realizada sob vigilância de terceiros, não interlocutores da conversa.

Há possibilidade, é claro, para a regulamentação das entrevistas, o que é até necessário em ambientes prisionais, com o estabelecimento de regras, que dizem com a forma de contato, dia da semana e horário, tempo de duração.

Este regramento administrativo, todavia, não pode ser de tal ordem que desnature a própria essência do direito de entrevista pessoal e reservada. Há casos de urgência, sendo necessária a entrevista do preso com seu advogado sem que haja prévio agendamento para, por exemplo,

---

[4] Lôbo, Paulo, *Comentários ao Estatuto da Advocacia*, 13. ed., São Paulo, Saraiva, 2020.

COMENTÁRIOS AOS ARTIGOS 20 E 21 DA LEI Nº 13.869/2019

obter informações necessárias para formulação de pedido de revogação de prisão processual ou impetração de *habeas corpus*.

Ainda, não há problema, em si, em a reunião entre preso e advogado ser realizada em parlatório com uso de interfone, desde que não haja monitoramento, controle, interferência, escuta ou até gravação de terceiros.[5]

A Lei Anticrime (Lei n. 13.964/2019), porém, alterou a Lei de Execução Penal (Lei n. 7.210/1984), para prever, no artigo 52, inciso V, da Lei de Execução Penal, que no regime disciplinar diferenciado a entrevista entre preso e advogado não pode ser monitorada, salvo expressa autorização judicial em contrário.

Também alterou a Lei n. 11.671/2008, que disciplina a transferência e inclusão de presos em estabelecimentos federais de segurança máxima, para prever, no artigo 2º, § 2º desta Lei, que os estabelecimentos penais federais de segurança máxima deverão dispor de monitoramento de áudio e vídeo no parlatório e nas áreas comuns, para fins de preservação da ordem interna e da segurança pública, sendo vedado seu uso nas celas e no atendimento advocatício, salvo expressa autorização judicial em contrário.

A gravação genérica da comunicação entre preso e advogado é ilegal, porque o acusado tem, por previsão expressa inclusive na Convenção Americana de Direitos Humanos, direito de comunicar-se livremente e em particular com seu defensor (artigo 8.2.d).

A ressalva final, nos dois casos, de que pode haver autorização judicial para uso de monitoramento de áudio e vídeo em parlatório, somente se justifica em caso específico e limitado, de ser o próprio defensor investigado da prática de delito. Neste caso, segundo o disposto no artigo 7º, § 6º, do Estatuto da OAB, havendo indícios de autoria e materialidade da prática de crime por parte de advogado, a autoridade competente poderá decretar a quebra da inviolabilidade profissional, em decisão motivada, afastando-se então a confidencialidade da comunicação entre preso e

---

[5] Governo Federal instalou equipamentos de gravação de áudio e vídeo em parlatórios de penitenciárias federais, como Campo Grande, Catanduvas, Mossoró e Porto Velho. E decisões judiciais vêm permitindo a captação das conversas entre advogado e cliente em parlatório.

ABUSO DE AUTORIDADE

defensor. Fora desta hipótese, incide o artigo 20, *caput*, da Lei de Abuso de Autoridade.

Por fim, vale anotar que o tipo do artigo 20, *caput*, criminaliza a conduta de impedir a entrevista pessoal e reservada, sem que haja justa causa para isso. Como anotado nas razões do veto ao artigo 20, a justa causa excepcional para impedimento da entrevista pessoal e reservada não é definida em lei, o que poderia gerar insegurança, porque submete o tipo, aberto, a interpretações.

O tipo penal exige que o impedimento seja executado sem justa causa, ou seja, sem fundamentos razoáveis que justifiquem a ação.

Para contornar esta insegurança, a justa causa, aqui, deve ser entendida como uma situação realmente excepcional, de risco para o próprio preso ou para o defensor, que deve ser declarada pela autoridade que impede a entrevista de maneira clara e fundamentada, permitindo que aquele que teve a entrevista pessoal e reservada impedida possa discutir a pertinência da alegada justa causa para o impedimento.

1.2. Entrevista prévia e assistência por defensor durante audiência judicial

Também é crime de abuso de autoridade, punido com pena de seis meses a dois anos, e multa, a conduta prevista no artigo 20, parágrafo único, da Lei de Abuso de Autoridade, de impedir o preso, réu solto ou investigado de entrevistar-se pessoal e reservadamente com seu advogado ou defensor, por prazo razoável, antes de audiência judicial, e de sentar-se ao seu lado e com ele comunicar-se durante a audiência, salvo no curso de interrogatório ou no caso de audiência realizada por videoconferência.

A comunicação entre o acusado e seu defensor deve ocorrer livre e privativamente, anteriormente ao interrogatório do acusado, sem a presença de qualquer funcionário.

Aqui, reforça-se a questão da entrevista e assistência por advogado no momento crucial da audiência judicial, ampliando-se a tutela para acusados presos, soltos ou até investigados (para audiência de custódia, por exemplo).

Este direito do acusado, cujo impedimento é criminalizado no tipo do parágrafo único do artigo 20, é previsto no Código de Processo Penal, no artigo 185, § 5º, ao cuidar do interrogatório: *"em qualquer modalidade de interrogatório, o juiz garantirá ao réu o direito de entrevista prévia e reservada com o seu defensor; se realizado por videoconferência, fica também garantido o acesso a canais telefônicos reservados para comunicação entre o defensor que esteja no presídio e o advogado presente na sala de audiência do Fórum, e entre este e o preso".*

A presença do advogado, previamente e durante a audiência, garante o assessoramento técnico necessário ao exercício do direito de defesa e, por outro lado, permite a verificação do controle de legalidade do ato, ao zelar pelo respeito a direitos e garantia do acusado.

O tipo do parágrafo único do artigo 20, na parte final, prevê duas exceções ao sentar-se lado a lado, acusado e advogado, e à comunicação durante a audiência: em caso de interrogatório ou audiência realizada por videoconferência. As exceções, porém, não fazem sentido: mesmo no curso do interrogatório ou até pelo sistema de videoconferência, o advogado deve poder orientar seu cliente, inclusive sobre permanecer em silêncio; também pode, no caso de videoconferência, estar, por exemplo, ao lado do acusado em comarca deprecada e podem se comunicar. Aliás, antes da audiência por videoconferência, deve sempre ser permitido que o advogado possa se entrevistar de modo reservado com seu cliente também por este meio tecnológico.

São exceções sem qualquer sentido ou motivação razoável para exclusão da conduta delituosa de abuso de autoridade. Mas, de todo modo, em face do princípio da taxatividade, o crime não se configurará nessas hipóteses equivocadamente excepcionadas pelo tipo.

2. O artigo 21 da Lei de Abuso de Autoridade: separação de presos

O artigo 21 do Código de Processo Penal tipifica como abuso de autoridade a conduta de manter presos de ambos os sexos na mesma cela ou espaço de confinamento, prevendo para esta conduta pena de detenção, de um a quatro anos e multa. Respondem por esta conduta não somente o agente ou autoridade encarregado da guarda do preso, como também aquele que, ao tomar conhecimento da situação, deixa de corrigi-la, tendo atribuição ou competência para tanto.

Mesmo com a liberdade restrita, o indivíduo preso não perde a intimidade, devendo o Estado assegurar sua integridade física e moral. Daí a necessidade de estabelecimento adequado, de acordo com o sexo do preso, segundo o que estabelece o artigo 5º, inciso XLVIII, da Constituição da República: "*a pena será cumprida em estabelecimentos distintos, de acordo com a natureza do delito, a idade e o sexo do apenado.*"

A Lei de Execução Penal, ao cuidar dos estabelecimentos penais, estabelece, no artigo 82, § 1º, que "*a mulher e o maior de sessenta anos, separadamente, serão recolhidos a estabelecimento próprio e adequado à sua condição pessoal*" e, no § 2º, que "*o mesmo conjunto arquitetônico poderá abrigar estabelecimentos de destinação diversa desde que devidamente isolados*".

Assim, ainda que presos, pessoas de sexos diferentes não estão obrigados a permanecer confinados com pessoa de outro sexo, sob pena de colocar em risco a integridade física e a autodeterminação sexual. Há precedentes inclusive que reconhecem que a manutenção de presos do mesmo sexo em único espaço de confinamento é causa de interdição do estabelecimento prisional, impondo à Administração Pública o dever de promover medidas ou obras emergenciais nestes estabelecimentos prisionais.[6]

A situação tende a agravar-se, com o aumento do número de mulheres encarceradas. De acordo com o Infopen Mulheres,[7] em junho de 2016, das 726.712 pessoas presas no Brasil, 42.355 eram mulheres. Dos doze países que mais encarceram mulheres no mundo, o Brasil ocupa a quarta posição, atrás dos Estados Unidos, China e Rússia em relação ao tamanho absoluto de sua população prisional feminina. Em relação à taxa de aprisionamento, que indica o número de mulheres presas para cada grupo de 100 mil mulheres, o Brasil figura na terceira posição entre os países que mais encarceram, ficando atrás apenas dos Estados Unidos e da Tailândia. Se observada em série histórica a evolução da taxa de aprisionamento nos cinco países que mais encarceram mulheres no mundo, a expansão do encarceramento de mulheres no Brasil não encontra parâmetro de comparação entre o grupo de países: em dezesseis anos, entre 2000 e 2016, a taxa de aprisionamento de mulheres aumentou em 455% no Brasil.[8]

---

[6] STF, RE n. 592.581, Rel. Min. Ricardo Lewandowski, j. em 13.08.2015; STF, RMS n. 45.212, Rel. Min. Ribeiro Dantas, DJe de 15.04.2016.

[7] Disponível em: http://depen.gov.br/DEPEN/depen/sisdepen/infopen-mulheres/infopenmulheres_arte_07-03-18.pdf, acesso em 28.03.2020.

[8] Disponível em: http://depen.gov.br/DEPEN/depen/sisdepen/infopen-mulheres/infopenmulheres_arte_07-03-18.pdf, acesso em 28.03.2020.

COMENTÁRIOS AOS ARTIGOS 20 E 21 DA LEI Nº 13.869/2019

Em relação à destinação dos estabelecimentos por gênero, a maior parte dos estabelecimentos penais foi projetada para o público masculino: 74% das unidades prisionais destinam-se aos homens, 7% ao público feminino e outros 16% são caracterizados como mistos, com alas/celas específicas para o aprisionamento de mulheres dentro de um estabelecimento originalmente masculino.[9]

A Política Nacional de Atenção às Mulheres em Situação de Privação de Liberdade e Egressas do Sistema Prisional, editada por meio da Portaria Interministerial n. 210, de 16 de janeiro de 2014, do Ministério da Justiça e da Secretaria de Políticas para as Mulheres da Presidência da República, estabeleceu como uma das diretrizes o incentivo à construção e adaptação de unidades prisionais para o público feminino, exclusivas, regionalizadas e que observem o disposto na Resolução n. 9, de 18 de novembro de 2011, do Conselho Nacional de Política Criminal e Penitenciária – CNPCP, que cuida das diretrizes básicas para arquitetura penal.

Esta é uma forma de visibilizar a situação de encarceramento de mulheres em estabelecimentos em que a arquitetura prisional e os serviços penais foram formulados para o público masculino e posteriormente adaptados para custódia de mulheres e são, assim, incapazes de observar as especificidades de espaços e serviços destinados às mulheres, que envolvem, mas não se limitam, a atividades que viabilizam o aleitamento no ambiente prisional, espaços para os filhos das mulheres privadas de liberdade, espaços para custódia de mulheres gestantes, equipes multidisciplinares de atenção à saúde da mulher, entre outras especificidades.[10]

O artigo 21, *caput*, criminaliza a conduta de manter presos de ambos os sexos na mesma cela ou espaço de confinamento, mas poderia ter conferido a mesma proteção às desigualdades de gênero, não tão somente de sexo, já que há discussão avançada sobre o tema, inclusive com prece-

[9] Disponível em: http://depen.gov.br/DEPEN/depen/sisdepen/infopen-mulheres/infopenmulheres_arte_07-03-18.pdf, acesso em 28.03.2020.
[10] Disponível em: http://depen.gov.br/DEPEN/depen/sisdepen/infopen-mulheres/infopenmulheres_arte_07-03-18.pdf, acesso em 28.03.2020.

ABUSO DE AUTORIDADE

dente jurisprudencial que determinou a transferência de travesti para ala feminina do estabelecimento.[11]

A Resolução Conjunta n. 1, de 15 de abril de 2014, editada pelo Conselho Nacional de Política Criminal e Penitenciária – CNPCP e pelo Conselho Nacional de Combate à Discriminação – CNCD/LGBT, estabeleceu parâmetros de acolhimento de LGBT (lésbicas, gays, bissexuais, travestis e transexuais), em privação de liberdade no Brasil. O artigo 3º desta Resolução estabelece que *"às travestis e aos gays privados de liberdade em unidades profissionais masculinas, considerando a sua segurança e especial vulnerabilidade, deverão ser oferecidos espaços de convivência específicos".* E o 4º desta Resolução estabelece que *"as pessoas transexuais masculinas e femininas devem ser encaminhadas para as unidades prisionais femininas",* sendo que *"às mulheres transexuais deverá ser garantido tratamento isonômico ao das demais mulheres em privação de liberdade."*

Além da separação de presos por sexo, a Lei de Abuso de Autoridade, no artigo 21, parágrafo único, criminaliza a conduta de quem mantem, na mesma cela, criança ou adolescente na companhia de maior de idade ou em ambiente inadequado.

Com efeito, a Constituição da República prevê especial tutela jurídica para as crianças e adolescentes, devendo a lei punir severamente o abuso, a violência e a exploração da criança e do adolescente (artigo 227, § 4º).

Por isso, o artigo 123 do Estatuto da Criança e do Adolescente (Lei n. 8.069/1990) prevê que *"a internação deverá ser cumprida em entidade exclusiva*

---

[11] Neste sentido, decisão do Superior Tribunal de Justiça determinou a transferência de travesti para ala feminina do presídio: "À vista do exposto, concedo a liminar para determinar a colocação da paciente em espaço próprio, compatível com sua identidade de gênero, separada dos homens e mulheres que cumprem pena no Presídio Estadual de Cruz Alta. Não sendo, como tudo indica, possível o imediato atendimento desta determinação, deverá a paciente ser colocada na ala feminina no presídio, preferencialmente em cela individual. Sem embargo, na eventual falta de condições para o atendimento também desta determinação – fiando-me no prudente arbítrio da douta autoridade judiciária competente – determino que se apliquem, então, os parâmetros fixados no RE n. 641.320/RS. De toda sorte, em nenhuma hipótese poderá a paciente continuar a pernoitar no alojamento masculino do Presídio Estadual de Cruz Alta ou de qualquer outro estabelecimento penal do Estado do Rio Grande do Sul" (STJ, Rel. Min. Rogério Schietti, j. em 13.03.2019, disponível em http://redir.stf.jus.br/paginadorpub/paginador.jsp?docTP=TP&docID=11436372).

para adolescentes, em local distinto daquele destinado ao abrigo, obedecida rigorosa separação por critérios de idade, compleição física e gravidade da infração".

Proíbe-se, assim que a internação por ato infracional se dê por meio de recolhimento em estabelecimentos prisionais, destinados ao cumprimento de pena privativa de liberdade por maiores de idade.

Em reforço, a Lei de Abuso de Autoridade criminaliza a conduta de quem mantem, na mesma cela, criança ou adolescente na companhia de maior de idade ou em ambiente inadequado.

3. Considerações finais

A pessoa presa tem assegurados direitos e garantias, previstos desde a Constituição da República e Convenção Americana de Direitos Humanos, passando também pela legislação ordinária, que devem ser garantidos e respeitados pelo Estado.

A Lei de Abuso de Autoridade soma-se a este arcabouço normativo já existente, punindo criminalmente quem, de maneira dolosa, infringe os direitos da pessoa encarcerada.

Os artigos 20 e 21 da 13.869/2019 reforçam o direito de assessoramento e entrevista pessoal e reservada do preso com seu advogado e o direito de acusados, de sexos e idades diferentes, serem mantidos em celas ou espaços separados, criminalizando o impedimento ao exercício de tais direitos como crime de abuso de autoridade.

Referências

BRITO, Alexis Couto de. *Execução penal.* 6. ed. São Paulo: Saraiva, 2020.

COUTINHO, Jacinto Nelson de Miranda. O sigilo do inquérito policial e os advogados, *Revista Brasileira de Ciências Criminais.* São Paulo, ano 5, n. 18, abr.-jun. 1997.

EDWARDS, Carlos Enrique. *El defensor técnico em la prevención policial:* la figura del defensor em el nuevo Código Procesal Penal. Buenos Aires: Astrea, 1992.

FERNANDES, Antonio Scarance. *A reação defensiva à imputação.* São Paulo: Revista dos Tribunais, 2002.

LÔBO, Paulo. *Comentários ao Estatuto da Advocacia.* 13. ed. São Paulo: Saraiva, 2020.

NUCCI, Guilherme de Souza. *Curso de execução penal.* 3. ed. Rio de Janeiro: Forense, 2020.

12. Abuso de autoridade

MARCO AURÉLIO FLORÊNCIO FILHO
RODRIGO CAMARGO ARANHA

Introdução

Em 05 de setembro de 2019, foi sancionada a Lei nº 13.869, a qual institui novos crimes visando a coibir o abuso de autoridade. Este diploma revogou a Lei nº 4.898/1965, antiga e pouco utilizada Lei de Abuso de Autoridade, trazendo substanciais mudanças no combate à arbitrariedade de agentes públicos que valem do seu poder de mando confiado pelo Poder Público para obter vantagens indevidas diversas, ainda que seja a mera satisfação pessoal.

O Brasil viveu nos últimos anos uma polarização de opiniões políticas no tocante ao combate à corrupção, brado iniciado após o escândalo conhecido como "Mensalão" e fortalecido com a "Operação Lava Jato". De um lado estão os defensores de imposição de sanções e medidas severas (utilitaristas[1]) que, independente do custo, visam à punição de agentes corruptos e corruptores, sob o argumento de "limpar o país". De outro lado estão os defensores das garantias individuais[2] que visam uma interpretação legalista da legislação.

---

[1] Sobre o utilitarismo de Beccaria destacamos as lições de Ricardo de Brito, que afirma, in verbis: "Para Beccaria, a utilidade é algo material e concreto, pleno de conteúdo axiológico. Nesta acepção, útil é unicamente aquilo que está a serviço dos direitos da maioria e visa garantir a máxima felicidade ao maior número, o que confere ao conceito uma dimensão adequada às perspectivas jurídicas liberais-burguesas da época" (FREITAS, Ricardo de Brito A. P. *Razão e sensibilidade*: fundamentos do direito penal moderno. São Paulo: Juarez de Oliveira, 2001, p. 76).

[2] Como técnica de tutela dos direitos fundamentais, o garantismo reflete na proteção dos direitos do mais débil. Explique-se. Quando um agressor viola um bem jurídico da vítima, quem é o mais débil neste momento é justamente a vítima, que tem contra si a prática de um delito. Nesta situação, o garantismo penal tem como função a prevenção dos delitos (primeira função), ou seja, evitar que uma pessoa tenha o seu bem jurídico violado. No

ABUSO DE AUTORIDADE

Durante o trâmite legislativo da Lei nº 13.869/2019 foram travados acalorados debates, por um lado sustentou-se que a modificação legal em comento constituía um instrumento para intimidar os Magistrados e membros do Ministério Público no exercício da jurisdição sob a ameaça de responderem criminalmente por excessos; por outro lado, a nova Lei foi comemorada por parte da população, que entendia que a norma constituiria um freio necessário à atuação, dita como arbitrária, de autoridades que cometiam ilegalidades durante processos judiciais de repercussão sobre corrupção.

Fato é que, independente de opiniões, a Lei nº 13.869/2019 trouxe novidades substanciais com o fim de coibir o abuso de autoridade das mais variadas maneiras, principalmente durante o processo penal.

No presente trabalho, buscar-se-á analisar os artigos 22 e 23 da nova Lei de Abuso de Autoridade. Em suma, o artigo 22 criminaliza a invasão de propriedade privada pelo agente público sem mandado judicial ou fora das hipóteses previstas em lei.[3] Já o artigo 23 veda a popularmente conhecida "prova plantada", que consiste na inovação fraudulenta, no

---

entanto, quando o Estado for aplicar uma pena contra o agressor, neste momento, quem é o mais débil é o agressor, que terá contra si a incidência de uma pena. O garantismo penal justifica-se por sua segunda função, que tem por finalidade prevenir a cominação de penas arbitrárias sobre a pessoa do agressor. Sob este segundo aspecto analisado, é importante ressaltar que a pena é um "mal necessário", que não tem por finalidade punir o agressor, mas protegê-lo. Nesse sentido, pode-se afirmar que a pena protege o agressor contra a aplicação da vingança privada, pois caso não existisse o sistema penal, a vítima poderia se valer da vingança privada, para resolver o seu litígio; ou, ainda, pode-se verificar que a pena tem por finalidade proteger o agressor de possíveis cominações arbitrárias de pena por parte do Estado (aplicação do jus puniendi). Destarte, fica claro que o garantismo penal se legitima por tutelar direitos fundamentais. Em um primeiro momento, o garantismo legitima os direitos fundamentais da vítima, e num momento posterior, leia-se aqui como momento posterior à realização de uma infração penal, o direito penal mínimo tem por finalidade proteger os direitos fundamentais do agressor, evitando que o Estado comine uma pena desmedida contra a sua pessoa. (FERRAJOLI, Luigi. *Derecho y Razón*: teoría del garantismo penal. Madri: Trotta, 1997, p. 331-336.)

[3] Art. 22. Invadir ou adentrar, clandestina ou astuciosamente, ou à revelia da vontade do ocupante, imóvel alheio ou suas dependências, ou nele permanecer nas mesmas condições, sem determinação judicial ou fora das condições estabelecidas em lei:

Pena – detenção, de 1 (um) a 4 (quatro) anos, e multa.

§ 1º Incorre na mesma pena, na forma prevista no caput deste artigo, quem:

ABUSO DE AUTORIDADE

curso de diligência, investigação ou processo, do estado de lugar, de coisa ou de pessoa, com o fim de eximir-se de responsabilidade ou de responsabilizar criminalmente alguém.[4]

1. Do artigo 22 da Lei n. 13.869/2019

O *caput* do artigo 22 da nova lei nº 13.869/2019 criminalizou o agente público que invade ou adentra, clandestina ou astuciosamente, ou à revelia da vontade do ocupante, imóvel alheio ou suas dependências, ou nele permanecer nas mesmas condições, sem determinação judicial ou fora das condições estabelecidas em lei. Nos seus parágrafos, o dispositivo ainda prevê como crime a coação de alguém, pela autoridade pública, mediante violência ou grave ameaça, a franquear-lhe o acesso a imóvel ou suas dependências; bem como o cumprimento de mandado de busca e apreensão domiciliar após as 21h (vinte e uma horas) ou antes das 5h (cinco horas).

O tipo penal[5] em apreço visa a garantir o respeito à inviolabilidade de domicílio, garantia constitucional insculpida no inciso XI do artigo 5º da

---

I – coage alguém, mediante violência ou grave ameaça, a franquear-lhe o acesso a imóvel ou suas dependências;
II – (VETADO);
III – cumpre mandado de busca e apreensão domiciliar após as 21h (vinte e uma horas) ou antes das 5h (cinco horas).
[4] Art. 23. Inovar artificiosamente, no curso de diligência, de investigação ou de processo, o estado de lugar, de coisa ou de pessoa, com o fim de eximir-se de responsabilidade ou de responsabilizar criminalmente alguém ou agravar-lhe a responsabilidade:
Pena – detenção, de 1 (um) a 4 (quatro) anos, e multa.
Parágrafo único. Incorre na mesma pena quem pratica a conduta com o intuito de:
I – eximir-se de responsabilidade civil ou administrativa por excesso praticado no curso de diligência;
II – omitir dados ou informações ou divulgar dados ou informações incompletos para desviar o curso da investigação, da diligência ou do processo.
[5] Não podemos confundir tipo penal, juízo de tipicidade e tipicidade, visto que cada um desses institutos possui características próprias. O tipo é uma figura conceitual, que descreve formas de como se pode realizar a conduta humana proibida (WELZEL, Hans. *El nuevo sistema del derecho penal*: una introducción a la doctrina de la acción finalista. Montevideo – Buenos Aires: BdeF, 2004., p. 74). O tipo irá reunir o conjunto de elementos necessários para se configurar o fato punível descrito na lei penal. Nesse sentido, cada tipo desempenha uma função particular, e a inexistência de um tipo penal acarreta à

ABUSO DE AUTORIDADE

Carta Magna.[6] Segundo o Ministro do Supremo Tribunal Federal, Alexandre de Moraes, *"a inviolabilidade domiciliar constitui uma das mais antigas*

---

impossibilidade do perfazimento da tipicidade, logo se exclui a possibilidade da analogia e da interpretação extensiva para suprir a ausência de um tipo penal BITENCOURT, Cezar Roberto. *Manual de direito penal*: parte geral. São Paulo: Saraiva, 2002, p. 197). O juízo de tipicidade é uma operação intelectual que será feita com base na lei penal e na conduta realizada. Caso haja a adequação da conduta humana à lei penal, então a conduta praticada pelo agente é típica. Se o juízo for negativo, ou seja, a conduta não se adequar aos elementos descritos no tipo penal, não haverá tipicidade. Assim, se através do juízo de tipicidade, verificar-se que a conduta não é típica, não há que se falar em crime. Entretanto, se se configurar a tipicidade, através da operação intelectual realizada pelo juízo de tipicidade, há de se verificar ainda, se a conduta é antijurídica e reprovável (culpável), para que se possa caracterizá-la como criminosa, visto que crime é toda conduta típica, antijurídica e culpável. Destarte, a tipicidade se dá justamente quando o juízo de tipicidade for positivo, ou seja, dá-se quando a conduta humana adequa-se a uma lei penal. Bitencourt ressalta que a adequação típica pode se realizar de forma imediata e de forma mediata. A adequação típica será considerada imediata quando não precisar de nenhuma outra norma para ser completada, ou seja, é suficiente para o perfazimento do juízo de tipicidade a verificação de um único dispositivo legal, como, por exemplo, uma conduta que subtraia uma coisa alheia móvel sem o emprego de violência. *In casu*, o agente está a realizar a conduta descrita no artigo 155 do Código Penal brasileiro que trata do delito de furto. É importante mencionar que a adequação típica imediata é a regra, logo a exceção será a adequação típica mediata. A adequação típica mediata, diferentemente da adequação típica imediata, necessitará de um auxílio de uma outra norma para que se perfaça a tipicidade, ou seja, para que o juízo de tipicidade seja positivo. Essa norma auxiliar tem um caráter ampliativo, é o caso, por exemplo, da tentativa. Na tentativa de furto, há uma ampliação temporal da figura típica, além da observância do art. 155 do Código Penal brasileiro, deve-se observar também o art. 17 do mesmo diploma legal (BITENCOURT, Cezar Roberto. *Manual de direito penal*: parte geral. São Paulo: Saraiva, 2002, p. 199). Com as explicações até aqui realizadas, espera-se ter individualizado os âmbitos de atuação do tipo penal, do juízo de tipicidade e da tipicidade, visto que referidos institutos não são a mesma coisa, mas, como visto, encontram-se intrinsecamente relacionados. Sobre mais informações sobre tipicidade e tipo penal, leia-se BRANDÃO, Cláudio. **Curso de direito penal:** parte geral. Rio de Janeiro: Forense, 2008, p. 146-169.

[6] Art. 5º Todos são iguais perante a lei, sem distinção de qualquer natureza, garantindo-se aos brasileiros e aos estrangeiros residentes no País a inviolabilidade do direito à vida, à liberdade, à igualdade, à segurança e à propriedade, nos termos seguintes: (...) XI – a casa é asilo inviolável do indivíduo, ninguém nela podendo penetrar sem consentimento do morador, salvo em caso de flagrante delito ou desastre, ou para prestar socorro, ou, durante o dia, por determinação judicial;

ABUSO DE AUTORIDADE

e importantes garantias individuais de uma Sociedade civilizada, pois engloba a tutela da intimidade, da vida privada, da honra, bem como a proteção individual e familiar do sossego e tranquilidade (...)".[7]

A antiga lei de abuso de autoridade (Lei nº 4.898/1965) previa, em seu artigo 3º, alínea "b", apenas que *"Constitui abuso de autoridade qualquer atentado: (...) b) à inviolabilidade do domicílio"*. Era flagrante a violação ao princípio da taxatividade. A nova redação garante mais segurança ao operador do direito e, principalmente, ao jurisdicionado, pois segundo Claus Roxin, tipos penais abertos, genéricos e abstratos permitem arbitrariedades, haja vista que não cumprem a sua função de limitar o *ius puniendi*, e violam o princípio da separação dos poderes, pois o juiz pode dar a interpretação que melhor lhe convier, adentrando na função do legislativo.[8] Neste sentido, as alegações populares no sentido de que a nova Lei de abuso de autoridade serviria como um instrumento de coação aos agentes públicos que lutam contra a corrupção, não prosperam. Segundo Guilherme de Souza Nucci, *"A verdade é a seguinte: a) a Lei 4.898/65 tem sido inoperante há muitos anos; b) a Lei 13.869/2019 surgiu para blindar, ainda mais, o agente público."*[9].

A figura prevista no *caput* do artigo 22 da nova Lei nº 13.869/2019 consiste em uma modalidade especial do crime de violação de domicílio, previsto no artigo 150, do Código Penal.[10] Isto é, se o agente for parti-

---

[7] MORAES, Alexandre de. *Direito Constitucional*. São Paulo: Atlas, 2009, p. 55.

[8] Claus Roxin leciona que *"Uma lei indeterminada ou imprecisa e, por isso mesmo, pouco clara não pode proteger o cidadão da arbitrariedade, porque não implica uma autolimitação do ius puniendi estatal, ao qual se possa recorrer. Ademais, contraria o princípio da divisão dos poderes, porque permite ao juiz realizar a interpretação que quiser, invadindo, dessa forma, a esfera do legislativo."* (ROXIN, Claus. *Derecho Penal: parte general – Fundamentos. La estructura de la teoría del delito*. Trad. Miguel Díaz y García Conlledo e Javier de Vicente Remesal. Madri: Civitas, 1997. t. I, p. 169)

[9] NUCCI, Guilherme de Souza. *Lei de abuso de autoridade blinda ainda mais o agente público*. Disponível em http://www.guilhermenucci.com.br/artigo/lei-de-abuso-de-autoridade--blinda-ainda-mais-o-agente-publico. Acesso em 17.02.2020.

[10] Violação de domicílio

Art. 150 – Entrar ou permanecer, clandestina ou astuciosamente, ou contra a vontade expressa ou tácita de quem de direito, em casa alheia ou em suas dependências:

Pena – detenção, de um a três meses, ou multa.

§ 1º – Se o crime é cometido durante a noite, ou em lugar ermo, ou com o emprego de violência ou de arma, ou por duas ou mais pessoas:

ABUSO DE AUTORIDADE

cular ou funcionário público sem o *animus* de abusar de sua condição, o crime será o previsto no artigo 150 do Código Penal. Se for cometido por funcionário público com a finalidade específica de prejudicar outrem ou beneficiar a si mesmo ou a terceiro, ou, ainda, por mero capricho ou satisfação pessoal, conforme previsão expressa do artigo 1º, § 1º, da Lei 13.869/2019, o delito será aquele previsto no artigo 22 da Lei de Abuso de Autoridade.

Nesse caso, está-se diante de um conflito aparente de normas, onde se aplica o princípio da especialidade, previsto no artigo 12 do Código Penal[11], para a sua resolução.

Com relação à figura delitiva prevista no inciso I do parágrafo único do artigo 22,[12] acreditamos que a há uma desproporcionalidade na pena abstrata cominada com relação ao *caput*, de modo que deveria constituir uma causa de aumento de pena, e não uma mera equiparação. Isso porque o *caput* criminaliza a mera invasão de propriedade privada a despeito da negativa do ocupante do imóvel. Por sua vez, o inciso I do parágrafo único envolve a mesma conduta, mas somada à coação contra o proprietá-

---

Pena – detenção, de seis meses a dois anos, além da pena correspondente à violência.
§ 2º – (Revogado pela Lei nº 13.869, de 2019)
§ 3º – Não constitui crime a entrada ou permanência em casa alheia ou em suas dependências:
I – durante o dia, com observância das formalidades legais, para efetuar prisão ou outra diligência;
II – a qualquer hora do dia ou da noite, quando algum crime está sendo ali praticado ou na iminência de o ser.
§ 4º – A expressão "casa" compreende:
I – qualquer compartimento habitado;
II – aposento ocupado de habitação coletiva;
III – compartimento não aberto ao público, onde alguém exerce profissão ou atividade.
§ 5º – Não se compreendem na expressão "casa":
I – hospedaria, estalagem ou qualquer outra habitação coletiva, enquanto aberta, salvo a restrição do nº II do parágrafo anterior;
II – taverna, casa de jogo e outras do mesmo gênero.
[11] "Art. 12 – As regras gerais deste Código aplicam-se aos fatos incriminados por lei especial, se esta não dispuser de modo diverso."
[12] § 1º Incorre na mesma pena, na forma prevista no caput deste artigo, quem:
I – coage alguém, mediante violência ou grave ameaça, a franquear-lhe o acesso a imóvel ou suas dependências;

ABUSO DE AUTORIDADE

rio do local, com o uso de violência ou grave ameaça. Não é raro na nossa legislação penal a previsão de tipos penais semelhantes, prevendo penas maiores quando presente o uso de violência ou grave ameaça à vítima. O exemplo mais corriqueiro é o furto[13] e o roubo.[14] Em um exemplo concreto, o agente público que apenas invade clandestinamente a propriedade alheia terá a mesma pena daquele que aciona o proprietário e, após ter o acesso ao imóvel negado, desfere diversos golpes, causando lesões que levam a vítima ao hospital.

Logo, com base no princípio da proporcionalidade[15], entendemos que o inciso I, do parágrafo único, do artigo 22, da Lei de Abuso de Autoridade deveria ter uma pena maior do que a do *caput*.

O artigo 22 da Lei nº 13.869/2019 veio em bom momento, mas há dois obstáculos claros para a sua aplicação. O primeiro deles é que o artigo 22

---

[13] Furto
Art. 155 – Subtrair, para si ou para outrem, coisa alheia móvel:
Pena – reclusão, de um a quatro anos, e multa.
[14] Roubo
Art. 157 – Subtrair coisa móvel alheia, para si ou para outrem, mediante grave ameaça ou violência a pessoa, ou depois de havê-la, por qualquer meio, reduzido à impossibilidade de resistência:
Pena – reclusão, de quatro a dez anos, e multa.
[15] "A proporcionalidade em sentido estrito importa na correspondência (*Angemessenheit*) entre meio e fim, o que requer o exame de como estabeleceu a relação entre um e outro, com o sopesamento (*Abwägung*) de sua recíproca apropriação, colocando, de um lado, o interesse no bem-estar da comunidade, e de outro, as garantias dos indivíduos que a integram, a fim de evitar o beneficiamento demasiado de um em detrimento do outro." (GUERRA FILHO, Willis Santiago. *Teoria processual da constituição*. São Paulo: RCS, 2007, p.67). O princípio da proporcionalidade, em matéria penal, é considerado atualmente um limite fundamental do ius puniendi e legitima qualquer Estado que se pretenda Democrático de Direito. (SAINZ CANTERO, José A. Lecciones de derecho penal: parte general, introdución. Tomo I. Barcelona: Bosch, 1981, p. 42). Ainda, tem-se em consonância com as lições de André Ramos Tavares que: "É possível afirmar que o chamado critério da proporcionalidade, como tem sido amplamente apresentado, aceito e praticado na atualidade, sempre esteve presente, na essência que se contém nessa proposta, na teorização do Direito, como na noção de abuso do civilista ou, ainda, como meio de conter a discricionariedade do poder estatal no âmbito administrativo, e mesmo na aplicação do Direito, especificamente no caso da fixação da pena em Direito Penal." (TAVARES, André Ramos. **Curso de direito constitucional.** São Paulo: Saraiva Educação, 2020, p. 658).

consiste em uma norma penal em branco, isto é, necessita ser complementada por outra norma para que o conteúdo da expressão *"condições estabelecidas em lei"* seja preenchido. Sempre haverá a possibilidade de alegação por parte do funcionário público no sentido de que este acreditava que estava em alguma "condição estabelecida em lei" e, caso assim não fosse, o erro foi devido a uma divergência em sua interpretação da lei[16], o que, em tese, o eximiria de responsabilidade com fulcro nos artigos 1º, § 2º[17] e 22, § 2º[18]. Haver, na mesma Lei, a remissão indeterminada de um tipo penal a "condições estabelecidas em lei" e que "a divergência na interpretação de lei ou na avaliação de fatos e provas não configura abuso de autoridade" torna a sua aplicação, ao um só tempo, temerária

---

[16] Segundo Jescheck, o tratamento da norma complementar deve seguir as regras gerais da teoria do erro, ou seja, o erro acerca de um elemento objetivo da norma que complementa a lei penal em branco será um erro de tipo, enquanto que o erro acerca da existência daquela norma será um erro de proibição (JESCHECK, Hans-Heinrich, WEIGEND, Thomas. *Tratado de derecho penal*: parte general. Granada: Comares, 2002, p. 331).

Sobre o tratamento do erro quanto à norma penal em branco, afirma Roxin que "Especialmente difícil y discutida resulta la delimitación del error de tipo y el de prohibición en las leyes penales en blanco. Estas son tipos que sólo contienen una norma sancionadora, pero que dejan sin embargo su integración a otras leyes, reglamentos o incluso actos administrativos. Se encuentran con mucha frecuencia en el Derecho penal accesorio, pero no escasean tampoco en el StGB, p.ej. en el § 315 a I nº 2, según el cual será castigado quien como conductor o piloto 'infrinja los preceptos jurídicos del tráfico ferroviario, funicular, marítimo o aéreo' mediante una conducta gravemente contraria a deber y produzca con ello peligros concretos. BGHSt 6, 40, habla de una ley penal en blanco cuando el tipo y la conminación de pena 'están separados de modo tal que la integración de la conminación de pena mediante el correspondiente supuesto de hecho se lleva a cabo independientemente por otra instancia y en otro momento'. En tales casos un error sobre la existencia de la norma integradora o la suposición de una causa de justificación inexistente es un error de prohibición, mientras que el error sobre circunstancias del hecho de la norma integradora excluye el dolo" (ROXIN, Claus. *Derecho penal*: parte general. Madrid: Civitas, 1997 p. 465-466). Sobre erro de proibição, leia-se FLORÊNCIO FILHO, Marco Aurélio. *Culpabilidade*: crítica à presunção absoluta do conhecimento da lei penal. São Paulo: Saraiva, 2017, 109-121.

[17] "§ 2º A divergência na interpretação de lei ou na avaliação de fatos e provas não configura abuso de autoridade."

[18] "§ 2º Não haverá crime se o ingresso for para prestar socorro, ou quando houver fundados indícios que indiquem a necessidade do ingresso em razão de situação de flagrante delito ou de desastre"

ABUSO DE AUTORIDADE

ao funcionário público de boa-fé que estiver verdadeiramente em erro e ineficiente ao agente abusivo.

O segundo obstáculo reside no fato de que, no cotidiano forense, não raro nos deparamos com situações em que agentes públicos adentram em imóveis particulares de forma imotivada, sob a alegação de que haveriam fundados indícios que naquele momento estaria ocorrendo um crime. A constatação dos mencionados "fundados indícios" é tarefa árdua. Muito embora haja precedentes do Supremo Tribunal Federal no sentido de que é necessária que a diligência seja justificada *a posteriori*[19], nem sem-

---

[19] Recurso extraordinário representativo da controvérsia. Repercussão geral. 2. Inviolabilidade de domicílio – art. 5º, XI, da CF. Busca e apreensão domiciliar sem mandado judicial em caso de crime permanente. Possibilidade. A Constituição dispensa o mandado judicial para ingresso forçado em residência em caso de flagrante delito. No crime permanente, a situação de flagrância se protrai no tempo. 3. Período noturno. A cláusula que limita o ingresso ao período do dia é aplicável apenas aos casos em que a busca é determinada por ordem judicial. Nos demais casos – flagrante delito, desastre ou para prestar socorro – a Constituição não faz exigência quanto ao período do dia. 4. Controle judicial a posteriori. Necessidade de preservação da inviolabilidade domiciliar. Interpretação da Constituição. Proteção contra ingerências arbitrárias no domicílio. Muito embora o flagrante delito legitime o ingresso forçado em casa sem determinação judicial, a medida deve ser controlada judicialmente. A inexistência de controle judicial, ainda que posterior à execução da medida, esvaziaria o núcleo fundamental da garantia contra a inviolabilidade da casa (art. 5, XI, da CF) e deixaria de proteger contra ingerências arbitrárias no domicílio (Pacto de São José da Costa Rica, artigo 11, 2, e Pacto Internacional sobre Direitos Civis e Políticos, artigo 17, 1). O controle judicial a posteriori decorre tanto da interpretação da Constituição, quanto da aplicação da proteção consagrada em tratados internacionais sobre direitos humanos incorporados ao ordenamento jurídico. Normas internacionais de caráter judicial que se incorporam à cláusula do devido processo legal. 5. Justa causa. A entrada forçada em domicílio, sem uma justificativa prévia conforme o direito, é arbitrária. Não será a constatação de situação de flagrância, posterior ao ingresso, que justificará a medida. Os agentes estatais devem demonstrar que havia elementos mínimos a caracterizar fundadas razões (justa causa) para a medida. 6. Fixada a interpretação de que a entrada forçada em domicílio sem mandado judicial só é lícita, mesmo em período noturno, quando amparada em fundadas razões, devidamente justificadas a posteriori, que indiquem que dentro da casa ocorre situação de flagrante delito, sob pena de responsabilidade disciplinar, civil e penal do agente ou da autoridade e de nulidade dos atos praticados. 7. Caso concreto. Existência de fundadas razões para suspeitar de flagrante de tráfico de drogas. Negativa de provimento ao recurso. (STF, Recurso Extraordinário nº 603.616/RO, Tribunal Pleno, Rel. Min. Gilmar Mendes, DJe. 10.05.2016)

ABUSO DE AUTORIDADE

pre este procedimento é seguido corretamente, o que também abala a eficácia da norma penal em comento contra atos de abuso de autoridade.

No tocante ao preceito secundário do artigo 22 da Lei nº 13.869/2019, verificamos que a pena abstratamente cominada foi ajustada com relação à legislação anterior. Como já mencionado, o artigo 3º, alínea "b", da antiga lei de abuso de autoridade criminalizava "qualquer atentado à inviolabilidade de domicílio", prevendo, em seu artigo 6º, § 3º, alínea "b", que a pena seria de detenção de dez dias a seis meses.[20] Curioso que, quando a promulgação da lei em 1965, já estava em vigor o artigo 150 do Código Penal de 1940, que previa a modalidade mais genérica do crime de violação de domicílio, cominando uma pena de um a três de detenção.[21] Percebe-se, pois, que a violação de domicílio cometida por particular possuía uma pena maior que o mesmo delito na modalidade própria de funcionário público por meio de abuso de autoridade, que certamente possui um desvalor maior do que a figura delitiva mais ampla. Na novel legislação (Lei nº 13.869/2019, a pena abstratamente cominada é de 1 a 4 anos de detenção, o que traz maior proporcionalidade à censura da conduta pelo agente público com relação ao particular.

2. Do artigo 23 da Lei n. 13.869/2019

O *caput* do artigo 23 da nova lei nº 13.869/2019 criminalizou o agente público que inova artificiosamente, no curso de diligência, de investigação ou de processo, o estado de lugar, de coisa ou de pessoa, com o fim de eximir-se de responsabilidade ou de responsabilizar criminalmente alguém ou agravar-lhe a responsabilidade. Em seus parágrafos, há a criminalização da autoridade que se exime de responsabilidade civil ou administrativa por excesso praticado no curso de diligência; ou omite dados ou informações ou divulga dados ou informações incompletos para desviar o curso da investigação, da diligência ou do processo.

---

[20] Art. 6º O abuso de autoridade sujeitará o seu autor à sanção administrativa civil e penal. (...) § 3º A sanção penal será aplicada de acordo com as regras dos artigos 42 a 56 do Código Penal e consistirá em: (...)b) detenção por dez dias a seis meses;
[21] Art. 150 – Entrar ou permanecer, clandestina ou astuciosamente, ou contra a vontade expressa ou tácita de quem de direito, em casa alheia ou em suas dependências: Pena – detenção, de um a três meses, ou multa.

ABUSO DE AUTORIDADE

Poucas injustiças perpetradas pelo Estado são mais graves e repugnantes do que um encarceramento indevido, ainda mais quando causado dolosamente. É a inversão total de qualquer concepção de justiça e das finalidades do Direito Penal.

O tipo penal em apreço, que não possui correspondência na antiga lei de abuso de autoridade, visa, principalmente, a evitar que agentes públicos tomem atitudes com o fim específico de incriminar pessoas inocentes ou se furtar de responsabilidade. São recorrentes no cotidiano forense a alegação por investigados, geralmente pessoas de baixa classe social, de que agentes públicos teriam "implantado provas" para prejudicá-lo, devido a algum desentendimento anterior, desrespeito durante alguma diligência policial ou coisa que o valha.

Assim como o artigo 22 da nova lei de abuso de autoridade, o artigo 23 também é uma modalidade especial de outro delito: fraude processual, previsto no artigo 347 do Código Penal.[22] Contudo, enquanto a figura do Código Penal é mais genérica (ex. "com o fim de induzir a erro o juiz ou o perito"), o crime da nova lei possui elementares mais específicas (ex. "com o fim de eximir-se de responsabilidade ou de responsabilizar criminalmente alguém ou agravar-lhe a responsabilidade", que são espécies de erros judiciários). O artigo 312 do Código de Trânsito Brasileiro[23] também criminaliza situação próxima à prevista no artigo 22 da nova lei de abuso de autoridade, mas especificamente em caso de acidente automobilístico com vítima.

---

[22] Fraude processual
Art. 347 – Inovar artificiosamente, na pendência de processo civil ou administrativo, o estado de lugar, de coisa ou de pessoa, com o fim de induzir a erro o juiz ou o perito:
Pena – detenção, de três meses a dois anos, e multa.
arágrafo único – Se a inovação se destina a produzir efeito em processo penal, ainda que não iniciado, as penas aplicam-se em dobro.
[23] Art. 312. Inovar artificiosamente, em caso de acidente automobilístico com vítima, na pendência do respectivo procedimento policial preparatório, inquérito policial ou processo penal, o estado de lugar, de coisa ou de pessoa, a fim de induzir a erro o agente policial, o perito, ou juiz:
Penas – detenção, de seis meses a um ano, ou multa.
Parágrafo único. Aplica-se o disposto neste artigo, ainda que não iniciados, quando da inovação, o procedimento preparatório, o inquérito ou o processo aos quais se refere.

A finalidade do agente público com a inovação artificiosa, no curso de diligência, de investigação ou de processo, do estado de lugar, coisa ou pessoa, além de abusar da autoridade que o Estado lhe confere, elemento indispensável para caracterizar todos os tipos penais instituídos pela nova lei de abuso de autoridade,[24] podem ser, alternativamente: *i)* eximir-se de responsabilidade; *ii)* responsabilizar criminalmente alguém; *iii)* agravar a responsabilidade penal de alguém; *iv)* eximir-se de responsabilidade civil ou administrativa por excesso praticado no curso de diligência; ou *v)* omitir dados ou informações ou divulgar dados ou informações incompletos para desviar o curso da investigação, da diligência ou do processo.

No tocante ao item *i,* acreditamos que a responsabilidade da qual o agente público busca a se eximir é, necessariamente, criminal. Nessas hipóteses, se o funcionário público age para prejudicar alguém ou se isentar de responsabilidade no âmbito cível ou administrativo, o fato seria atípico. Um exemplo seria um Policial Militar que, durante uma diligência de rotina, lavra um auto de infração informando, artificiosamente, que uma pessoa completamente sóbria estava conduzindo um veículo automotor com capacidade psicomotora alterada em razão da influência de álcool. Contudo, o Policial registra expressamente que a concentração de álcool por litro de ar alveolar do motorista era inferior a 0,3 miligrama. Desta forma, a conduta inverídica poderia caracterizar, apenas, a infração administrativa prevista no artigo 165 do Código de Trânsito Brasileiro,[25] mas não poderia constituir o delito previsto no artigo 306 do mesmo diploma legal.[26] No presente exemplo, a responsabilidade que o agente tentou atribuir ao motorista é exclusivamente administrativa, de modo

---

[24] Nos termos do artigo 1º, § 1º da lei nº 13.869/2019 que dispõe "As condutas descritas nesta Lei constituem crime de abuso de autoridade quando praticadas pelo agente com a finalidade específica de prejudicar outrem ou beneficiar a si mesmo ou a terceiro, ou, ainda, por mero capricho ou satisfação pessoal."

[25] Art. 165. Dirigir sob a influência de álcool ou de qualquer outra substância psicoativa que determine dependência:

[26] Art. 306. Conduzir veículo automotor com capacidade psicomotora alterada em razão da influência de álcool ou de outra substância psicoativa que determine dependência:
Penas – detenção, de seis meses a três anos, multa e suspensão ou proibição de se obter a permissão ou a habilitação para dirigir veículo automotor.
§ 1º As condutas previstas no caput serão constatadas por:

ABUSO DE AUTORIDADE

que não poderia constituir o crime de abuso de autoridade previsto no artigo 23 da lei nº 13.869/2019.

O mesmo não ocorre no tocante ao item *iv*. Se a inovação artificiosa perpetrada pelo agente público tiver a finalidade de livrá-lo de responsabilidade por algum excesso praticado durante uma diligência, esta responsabilidade pode ser cível ou administrativa.

Já com relação ao item *v*, cumpre destacar que a mera omissão de dados ou informações ou a divulgação incompleta destes para desviar o curso da investigação, da diligência ou do processo não caracteriza a figura delitiva prevista no artigo 23 da nova lei de abuso de autoridade. Esta é apenas a finalidade específica da conduta nuclear prevista no *caput* do artigo 23. Inclusive, por ser apenas a finalidade do agente, é desnecessária a sua ocorrência para a consumação do delito. Assim, a intepretação integrada do *caput* e do parágrafo tipo penal em comento é "inovar artificiosamente, no curso de diligência, de investigação ou de processo, o estado de lugar, de coisa ou de pessoa, com o intuito de omitir dados ou informações ou divulgar dados ou informações incompletos para desviar o curso da investigação, da diligência ou do processo". Semelhante ocorre no delito de sonegação fiscal previsto no artigo 1º, inciso I, da Lei nº 8.137/1990,[27] na qual a conduta nuclear é a redução ou supressão de tributos e o meio de execução é a omissão de informação às autoridades fazendárias. Se a omissão de informações não conduz à redução ou supressão de tributos, não há que se falar em crime. No caso do artigo 23, parágrafo único, inciso II, da nova lei de abuso de autoridade, se não houver a inovação artificiosa, no curso de diligência, de investigação ou de processo, do estado de lugar, coisa ou pessoa, o fato, da mesma forma, é atípico.

I – concentração igual ou superior a 6 decigramas de álcool por litro de sangue ou igual ou superior a 0,3 miligrama de álcool por litro de ar alveolar; ou
II – sinais que indiquem, na forma disciplinada pelo Contran, alteração da capacidade psicomotora.
[27] Art. 1º Constitui crime contra a ordem tributária suprimir ou reduzir tributo, ou contribuição social e qualquer acessório, mediante as seguintes condutas:
I – omitir informação, ou prestar declaração falsa às autoridades fazendárias;

Conclusões

A nova Lei de abuso de autoridade trouxe significativas modificações com relação à legislação anterior. Trouxe tipos penais com redação superior, em consagração ao princípio da taxatividade e penas proporcionais com relação às figuras comuns. Nesta esteira, a Lei trouxe tranquilidade ao agente público, que não será processado no exercício de suas funções, salvo se cometer algum dos delitos muito bens descritos na Lei nº 13.869/2019, e também protegeu o cidadão contra abusos estatais, uma vez que a legislação anterior era extremamente vaga e, por isso, praticamente inaplicável.

O cerne do presente trabalho foi a análise dos tipos penais previstos nos artigos 22 e 23 da nova Lei de abuso de autoridade e constatamos que ambos vieram em boa hora. O artigo 22, que consiste em uma hipótese especial de invasão de domicílio, busca a tutelar penalmente o preceito constitucional previsto no inciso XI do artigo 5º da Constituição Federal. A pena cominada foi ajustada à legislação anterior (artigo 3º, alínea "b" da Lei nº 4.898/1965), que previa uma sanção menor do que a mesma conduta quando perpetrada pelo particular (artigo 150 do Código Penal). A crítica fica por conta da figura prevista no inciso I do parágrafo único do artigo 22, que prevê a mesma pena quando o crime for cometido mediante violência ou grave ameaça, o que ensejaria uma sanção mais severa.

No tocante ao artigo 23, o crime versa sobre uma modalidade de fraude processual, prevista genericamente no artigo 150 do Código Penal. Chama a atenção a pluralidade de elementos subjetivos específicos do tipo que podem estar presentes alternativamente. Sobre a pena abstratamente cominada, concluímos que o legislador agiu de forma proporcional à figura do Código Penal.

Referências

BRANDÃO, Cláudio. *Curso de direito penal*: parte geral. Rio de Janeiro: Forense, 2008.

BITENCOURT, Cezar Roberto. *Manual de direito penal*: parte geral. São Paulo: Saraiva, 2002.

FERRAJOLI, Luigi. *Derecho y Razón*: teoría del garantismo penal. Madri: Trotta, 1997.

FLORÊNCIO FILHO, Marco Aurélio. *Culpabilidade*: crítica à presunção absoluta do conhecimento da lei penal. São Paulo: Saraiva, 2017.

FREITAS, Ricardo de Brito A. P. *Razão e sensibilidade*: fundamentos do direito penal moderno. São Paulo: Juarez de Oliveira, 2001.

GUERRA FILHO, Willis Santiago. *Teoria processual da constituição*. São Paulo: RCS, 2007

JESCHECK, Hans-Heinrich, WEIGEND, Thomas. *Tratado de derecho penal*: parte general. Granada: Comares, 2002.

MORAES, Alexandre de. *Direito Constitucional*. São Paulo: Atlas, 2009.

NUCCI, Guilherme de Souza. *Lei de abuso de autoridade blinda ainda mais o agente público*. Disponível em http://www.guilhermenucci.com.br/artigo/lei-de-abuso-de-autoridade-blinda-ainda-mais-o-agente-publico. Acesso em 17. 02.2020.

ROXIN, Claus. *Derecho Penal: parte general – Fundamentos. La estructura de la teoría del delito*. Trad. Miguel Díaz y García Conlledo e Javier de Vicente Remesal. Madri: Civitas, 1997. t. I.

SAINZ CANTERO, José A. *Lecciones de derecho penal*: parte general, introdución. Tomo I. Barcelona: Bosch, 1981.

TAVARES, André Ramos. *Curso de direito constitucional*. São Paulo: Saraiva Educação, 2020.

WELZEL, Hans. *El nuevo sistema del derecho penal*: una introducción a la doctrina de la acción finalista. Montevideo – Buenos Aires: BdeF, 2004.

13. Fraude processual no contexto do abuso de autoridade

ANA FLÁVIA MESSA

Introdução

Embora a tendência para viver em sociedade seja natural, a ordem de convivência é criada e constituída pelo homem, sendo característica do agir ou não agir dos seres humanos. A sociedade é produto das interações sociais[1]. As relações humanas que formam a sociedade resultam da interação entre indivíduos possibilitada pela comunicação das ideias, pensamentos e sentimentos.

A convivência social é viabilizada pela existência de uma ordem jurídica e, portanto, de uma instância superior para declarar e aplicar o direito[2]. O Estado, fenômeno complexo, surge num certo momento da evolução social, quando as sociedades ao adquirirem maior complexidade verificam a necessidade de sua instituição.

A existência do Estado é justificada para realização de fins que condicionam as funções, os direitos, os deveres e os limites da autoridade[3]. Os fins do Estado, enquanto elemento constitutivo ou característica do Estado podem ser entendidos como a razão do Estado, privilegiando-se o aspecto instrumental em que o Estado funciona como meio para realização de seus fins representativos das necessidades e interesses gerais do cidadão[4].

---

[1] SIMMEL, Georg. A sociabilidade (Exemplo de sociologia pura ou formal). In: **Questões fundamentais da sociologia:** indivíduo e sociedade. Tradução de Pedro Caldas. Rio de Janeiro: Jorge Zahar, 2006.

[2] REALE, Miguel. Teoria Geral do Direito e do Estado. São Paulo: Saraiva, 2000.

[3] BIGNE DE VILLENEUVE, Marcel de La. Traité Général de Létat. França: Recuely Sirey, 1929, p.1.

[4] IELLINEK, Paul. Teoria General del Estado. Buenos Aires: Editora Albatros, 1973; MALBERG, R. Carré de. Contribution a La Théorie Générale de L'Etat. Paris: Sirey, 1920.

ABUSO DE AUTORIDADE

Dentre os fins do Estado, cuja especificação não é tarefa fácil diante da diversidade de sentidos atribuídos ao longo da história e possibilidade de análise em planos distintos e nas diferentes comunidades, destaca-se o fim geral ou essencial que é a tutela da ordem interior para o pacífico desenvolvimento da ordem social, com segurança para os conviventes em suas pessoas, famílias e bens[5].

Na satisfação das condições para que as pessoas tenham qualidade de vida e possam atingir seus objetivos livremente e sem prejuízo dos demais[6], são desenvolvidas atividades que cumpram os comandos normativos para a satisfação das necessidades públicas, sob o regime predominante do direito público.

Na realização de suas atividades, o Estado por meio da Administração Pública utiliza-se de instrumentos previstos na ordem jurídica para consecução do interesse público. Esses instrumentos devem ser manejados para satisfação das necessidades públicas em conformidade com as finalidades objetivadas pelo Direito e previstas na lei e na Constituição[7].

Acontece que, enquanto no plano do deve ser, o Estado como aparelho organizador das relações sociais busca o bem comum de um, certo povo, situado num determinado território, na realidade, percebe-se um distanciamento quando ocorre o uso dos poderes-deveres de forma deturpada com todo e qualquer exercício abusivo do poder pelos agentes públicos.

No momento em que os agentes públicos, representativos do agir administrativo não se comportam em conformidade com os comandos jurídicos, no exercício legítimo das atribuições, derivadas das competências postas a seu encargo, descumprindo suas finalidades, sua conduta estará eivada de vício de abuso de poder, ato abusivo e arbitrário que, como tal, é ilegítimo e ilegal[8].

---

[5] GROPALI, Alexandre. Doutrina do Estado. São Paulo: Saraiva, 1968, p. 141 e segs.

[6] DE CICCO, Cláudio & GONZAGA, Álvaro de Azevedo. Teoria Geral do Estado e Ciência Política. São Paulo: Editora Revista dos Tribunais, 2009.

[7] "as constituições... não são hoje somente o estatuto da pessoa coletiva Estado, definindo as suas atribuições, a sua organização, a competência dos seus órgãos.... o direito constitucional.... abrange também princípios essenciais dos ramos infraconstitucionais do direito." (MOREIRA, Vital. Constituição e Direito Administrativo (A Constituição Administrativa Portuguesa), in AB UNO AD OMNES. 75 Anos da Coimbra Editora, Coimbra, 1998).

[8] JUSTEN FILHO, Marçal. Curso de Direito Administrativo. São Paulo: Saraiva, 2005;

FRAUDE PROCESSUAL NO CONTEXTO DO ABUSO DE AUTORIDADE

No abuso de poder[9] há a prática do ato administrativo, calcada no poder de agir do agente, mas direcionada à consecução de um fim de interesse privado, ou mesmo de outro fim público estranho à previsão legal[10]; o agente se utiliza de seu cargo e/ou função pública para benefício próprio ou exigir sua vontade contra a de outrem.

O abuso de poder pode ser manifestado de diferentes formas, como por exemplo, o desvio da finalidade pública[11], caracterizado pelo rompimento do pressuposto moral de que os agentes públicos agem dentro da lei e no cumprimento dos legítimos fins contemplados na norma[12], e o excesso de poder representado pela atuação de um agente público além dos limites jurídicos de sua competência.

1. Controle do Abuso de Poder e o Estado Democrático de Direito[13]

Na concepção jus positivista, a necessidade de controlar o abuso de poder, no sentido de garantir que o exercício das prerrogativas por aque-

---

MEIRELLES, Hely Lopes. Direito Administrativo Brasileiro. São Paulo: Malheiros, 2001; CARVALHO FILHO, José dos Santos. Manual de Direito Administrativo. Lumen Juris: Rio de Janeiro, 2005; MOREIRA NETO, Diogo de Figueiredo. Mutações do Direito Administrativo. Rio de Janeiro: Renovar, 2001.

[9] "A Administração é um verdadeiro poder, porque define, de acordo com a lei, a sua própria conduta e dispõe dos meios necessários para impor o respeito dessa conduta e para traçar a conduta alheia naquilo que com ela tenha relação" (CAETANO, Marcello. *Manual de Direito administrativo*, I. Coimbra: Coimbra Editora, 1947).

[10] TÁCITO, Caio. O desvio de poder no controle dos atos administrativos, legislativos e jurisdicionais. In: Revista de Direito Administrativo, Rio de Janeiro, v. 228, p. 1-12. abr/jun. 2002. p. 2.

[11] "[...] la moralidad de la actuación del funcionario, la bondade o maldad de su conducta, debe juzgarse en relación con la finalidade del servicio público, del bien común, que justifica la propia eixistencia de la Administración" (RODRÍGUEZ-ARANA, Jaime. La Dimensión Ética. Madrid: Dykinson, 2001, p. 294).

[12] BRASIL. Superior Tribunal de Justiça. Agravo regimental no recurso especial nº 1337768/MG Relator: Ministro Olindo Menezes. Órgão julgador: Primeira Turma. DJe 19/11/2015.

[13] A realidade jurídica chamada Estado de direito é compreendida a partir da história das sociedades políticas e do Direito. Aos diversos tipos históricos de Estado, e aos significados da expressão Direito correspondem, naturalmente, diversos modelos e concepções de Estado de Direito, sendo possível falar em fases evolutivas surgidas nos Estados ocidentais em conformidade com as condições concretas existentes nos vários países da Europa, e

ABUSO DE AUTORIDADE

les que atuam em nome do Poder Público atuem em conformidade com os princípios impostos pelo ordenamento jurídico[14], e visem atender ao

depois, no continente americano. É uma conquista emergente da eterna contenda entre novas liberdades e velhos poderes, para controlar o poder político com a proclamação de limites jurídicos e o reconhecimento dos direitos e garantias fundamentais. Trata-se de um conceito que se opõe ao Estado do não-direito, cujos limites de ação são postos pelo Direito, exigindo um direito justo com abrigo dos direitos fundamentais, e que visa evitar o autoritarismo (BÖCKENFÖRDE, Ernest Wolfgang, *Estudios sobre el Estado de Derecho y la Democracia*, Madrid: Trota, 2000, pg. 20; BILLIER, Jean-Cassien; MARYOLI, Aglaé. *História da Filosofia do Direito*. Tradução de Maurício de Andrade. São Paulo: Manole, 2005, p. 248; MAQUIAVEL, Nicolau. *O Príncipe; e, Escritos Políticos*. São Paulo: Folha de São Paulo, 2010. p. 12; ANDRADE ARAÚJO, Aloizio Gonzaga de. O Direito e o Estado como estruturas e sistemas. Belo Horizonte: Faculdade de Direito da UFMG, 2001, p. 7 (Tese, Doutorado em Direito Público); BOBBIO, Norberto, *A era dos direitos*, Rio de janeiro: Campus, 1992, pg. 05; DÍAZ, Elias, *Estado de Derecho y Sociedad Democratica*. Madrid: Taurus, 1986, p. 31 e sgs; REIS NOVAIS, Jorge, *Contributo para uma Teoria do Estado de Direito*, Coimbra, Almedina, 2006; SCHMITT, Carl. *Legalidade e legitimidade*. Trad Tito Lívio Cruz Romão. Belo Horizonte: Del Rey, 2007; FERREIRA FILHO, Manoel Gonçalves, *Estado de Direito e Constituição*. São Paulo, Ed. Saraiva, 1999; TAVARES, Marcelo Leonardo. *Estado de Emergência: o controle do poder em situação de crise*. Rio de Janeiro: Lumen Juris, 2008, p. 18; GARCÍA-PELAYO, Manoel, *As transformações do Estado Contemporâneo*, trad. Agassiz Almeida Filho, Rio de Janeiro: Ed. Forense, 2009, pg. 41; MacCORMICK, Neil. *Retórica e Estado de Direito*. Trad. Conrado Hübner Mendes. Rio de Janeiro: Elsevier, 2008, p. 17; LARENZ, Karl. *Derecho Justo*. Madrid: Ed. Civitas, 1985, págs. 151 e seguintes; MICHELON, Cláudio, et al. *Retórica e o Estado de Direito no Brasil*. In MacCORMICK, Neil. Retórica e Estado de Direito. Trad. Conrado Hübner Mendes. Rio de Janeiro: Elsevier, 2008, p. XXVII).

[14] Na teoria contemporânea do direito, a ideia de princípio como norma jurídica é hoje uma referência verdadeira nos sistemas jurídicos. Com a normatividade dos princípios, dá-se um salto qualitativo na compreensão de sua essência, discernindo-se um curso histórico de mudanças na sua juridicidade. Mas a hegemonia axiológico-normativa dos princípios nem sempre foi assim. Até meados do século XIX, os princípios assumiram uma dimensão metafísica e abstrata. Inspiradores de um ideal de justiça, os princípios não eram normas jurídicas. Tanto assim que apenas a partir do século XIX até meados do século XX, introduziu-se a noção dos princípios como fonte subsidiária do direito. Segundo a corrente positivista, os princípios extraídos do próprio ordenamento jurídico positivo, em consonância com a noção de coerência e completude dos sistemas jurídicos, servem para preencher as lacunas da lei ou a ausência de normatividade. Na trajetória histórico-evolutiva, partindo do conceito de princípio jurídico no jusnaturalismo, que reinou no pensamento jusfilosófico até o advento da Escolha Histórica do Direito, fundada por Savigny, e passando pelo positivismo dominante até a primeira metade do século XX, os princípios chegam no período pós-positivista com o status de norma jurídica, seja pela

FRAUDE PROCESSUAL NO CONTEXTO DO ABUSO DE AUTORIDADE

interesse público, encontra justificativa no texto constitucional em conformidade com a realidade do modelo de Estado adotado pela CF/88.

Primeiro porque, ao instituir, no seu artigo 1º, um Estado Democrático de Direito destinado a instaurar um regime democrático (*a democracia é, por um lado, um regime político; por outro lado, ela é forma de convívio social qualificada por proporcionar condições de igualdade e liberdade, num contexto de diálogo, ação cooperativa e participação ativa do povo no exercício do poder*), em que o poder há de ser exercida em proveito do povo, a CF/88 refere-se a um objetivo social de fazer prevalecer vontade da lei sobre a vontade individual, o interesse público sobre o particular; para poder o Estado alcançar seus fins.

Segundo, porque, como resultado da democratização das relações de poder, podemos identificar a existência no artigo 5º da CF/88 de um direito de não sofrer abuso de poder, para arbítrios, violências, perseguições ou favoritismos governamentais; usar normalmente do poder é empregá-lo segundo as normas legais, a moral da instituição, a finalidade do ato e as exigências do interesse público. O artigo 37 da CF/88 trata do dever do administrador de não agir com abuso de poder, mas sim visando ao interesse público, e com respeito às garantias fundamentais da cidadania e os Direitos Humanos universalmente consagrados.

Terceiro, porque a CF/88 ao garantir prerrogativas de autoridade, ou seja, prerrogativa de direito público que a ordem jurídica confere aos agentes administrativos estabelece limites certos e forma legal de utiliza-

---

inserção nos textos constitucionais, seja pelo trabalho da jurisprudência. O contraste ficou por conta do constitucionalismo contemporâneo desenvolvido sob as bases de uma teoria material da constituição que, em função do contexto pós-positivista, alçaram os princípios jurídicos desde o século XX à posição não apenas de normas jurídicas, mas de hegemonia axiológico-normativa na estrutura dos ordenamentos jurídicos. A partir da segunda metade do século XX, consolida-se o entendimento de que os princípios jurídicos são normas jurídicas e, mais que isso, normas com dimensão fundamentadora da ordem jurídica (ESPÍNDOLA, Ruy Samuel. *Conceito de princípios constitucionais: elementos teóricos para uma formulação dogmática constitucionalmente adequada*. São Paulo: Revista dos Tribunais, 1999, p. 58; BONAVIDES, Paulo. *Curso de direito constitucional*. São Paulo: Malheiros, 2010, p. 259-261; MORAES, Germana. *Controle Jurisdicional da Administração Pública*. São Paulo: Dialética, 1999, p. 19).

ABUSO DE AUTORIDADE

ção, exigindo dos agentes públicos conformidade com a lei, com a moral da instituição e com o interesse público[15].

2. Abuso de Poder e a quebra de confiança

A Administração Pública quando viabiliza na sua gestão o uso normal dos poderes confiados ao administrador público em benefício da coletividade administrada, demonstra preocupação com o bem-estar, pois age de forma a proteger os interesses da coletividade[16].

Oferecendo ações e comportamentos segundo as normas legais, a moral da instituição, a finalidade do ato e as exigências do interesse público, a administração garante uma atuação confiável[17], promovendo numa escala progressiva a interação cooperativa com os cidadãos[18]. Trata-se de um *"efeito cascata"*: a administração fornece limites certos e forma legal de utilização no uso de seus poderes, promove confiança que por sua vez cria estímulo para colaboração e comprometimento dos cidadãos nos assuntos públicos.

A confiança é uma das funções criadas de forma específica pela Administração Pública que opera no plano comportamental. Apresenta aptidão para realizar o aprimoramento no desempenho da atividade administrativa, inclusive como insumo para estratégias ou, para impedir a produção de ações ilícitas e prejudiciais ao patrimônio público.

O uso dos poderes pelo agente público nos justos limites do exigido pelo bem-estar social que possibilita a confiança do cidadão na Adminis-

---

[15] O uso do poder é prerrogativa da autoridade. Mas o poder há que ser usado normalmente, sem abuso. Usar normalmente do poder é empregá-lo segundo as normas legais, a moral da instituição, a finalidade do ato e as exigências do interesse público. Abusar do poder é empregá-lo fora da lei, sem utilidade pública. O poder é confiado ao administrador público para ser usado em benefício da coletividade administrada, mas usado nos justos limites que o bem-estar social exigir (MEIRELLES, Hely Lopes. *Direito administrativo brasileiro*. São Paulo: Malheiros, 2010).

[16] , L. T. Trust: the connecting link between organizational theory and philosophical ethics. Academy of Management Review20(2). p. 379-403. 1995.

[17] "[...] poder confiar é condição fundamental para uma vida coletiva pacífica e uma conduta de cooperação entre os homens e, portanto, da paz jurídica." (LARENZ, K. Derecho justo: fundamentos de ética jurídica. Tradução Luis Díez-Picazo. Madrid: Civitas, 1985).

[18] LUHMANN, N. Trust and power. Wiley, New York, 1979; LEALTAD, FUNDACIÓN. Guía de la transparencia y las buenas prácticas en las ONG. n. 1. Madrid, p. 2. 2003.

tração Pública pressupõe atitudes, comissivas ou omissivas, favoráveis e geradoras da capacidade da sociedade, do cidadão de olhar claramente através das janelas de uma instituição[19].

Se a confiança traduz a crença no acontecimento de atitudes favoráveis que concretizadas, permitam uma gestão sem abusos no agir administrativo, ficam atendidas as expectativas mantidas pelo cidadão de que a Administração Pública é responsável no cumprimento de suas promessas, e justificadas a vinculabilidade do cidadão no respeito e acatamento das determinações traçadas para o exercício do poder administrativo[20].

Assim, a obrigação do uso normal dos poderes administrativos está estreitamente ligada à base legitimadora da formação da confiança, uma fez que esta formação deve possuir elementos para que se possa obter a credibilidade dos cidadãos: a) elemento cognitivo: é conhecer os atributos lícitos da gestão pública; b) elemento comportamental: é o agir administrativo aberto às perspectivas não abusivas.

3. Responsabilidade[21] do Agente Público

O vocábulo responsabilidade vem do latim *respondere*, que significa o dever de fazer ou cumprir alguma coisa em virtude de um contrato ou da norma jurídica. É a obrigação, por parte de alguém, de responder por alguma coisa resultante de negócio jurídico ou de ato ilícito[22]. Os estudiosos dizem que o referido vocábulo significa também arcar com os prejuízos causados de um ilícito ou fato danoso, para recompor não só a situação do eventual prejudicado, mas também a harmonia social[23].

---

[19] CROSBY, L. A.; EVANS, K. R., COWLES, D. Relationship Quality in Services Selling: An Interpersonal Influence Perspective, Journal of Marketing, 54 (july), p. 68-81, 1990; SWAN, J. E., TRAWICK I. E.; SILVA D. W. How industrial salespeople Gain Customer Trust, Industrial Marketing Management, 14, pp. 203-211, 1995; DEN BOER, M., Steamy windows: transparency and openness in justice and home affairs. Openness and transparency in the European Union, pp. 91-105, 1998.

[20] SIRDESHMUKH, D.; SINGH, J.; SABOL, B. Consumer trust, value, and loyalty in relational exchanges. Journal of Marketing. v. 66, n. 1, Jan. 2002.

[21] *"La societé a le droit de demander compte à tout agente public de son administration".* (artigo XV da Declaração dos Direitos do Homem e do Cidadão de 1789).

[22] SIDOU, J.M.Othon. *Dicionário Jurídico*. Rio de Janeiro: Forense Universitária, 1990.

[23] "Responsabilidade é o dever jurídico de responder por atos que impliquem dano a

Numa análise comparativa das duas versões sobre o vocábulo responsabilidade, conclui-se que a expressão em comento compreende a ideia de **obediência à norma**, no sentido da necessidade da observância do estabelecido em norma ou contrato[24], e o **compromisso de restabelecimento da ordem violada** consubstanciado na reparação dos prejuízos causados com o descumprimento de normas jurídicas.

No contexto da responsabilidade, destaca-se a do agente público (todo aquele, que exerce, ainda que transitoriamente ou sem remuneração, por eleição, nomeação, designação, contratação ou qualquer outra forma de investidura ou vínculo, mandato, cargo, emprego ou função em órgão ou entidade da Administração Pública direta, indireta ou fundacional, de qualquer dos Poderes, em todas as esferas).

A existência de critérios jurídicos norteadores de boa conduta dos negócios públicos para a realização de atos e atividades faz com que fique afastada a total liberdade na sua realização, de forma que se o agente público não adotar uma conduta lídima e regular, estará sujeito à responsabilização devida. A conduta do agente público deve ser realizada com base em parâmetros constitucionais e legais que especificam as diretrizes para uma legítima utilização dos poderes.

A consagração do princípio da responsabilidade, além de refletir uma conquista básica do regime democrático, constitui consequência necessária da forma republicana de governo adotada pela Constituição Federal. O princípio republicano exprime, a partir da ideia central que lhe e subjacente, o dogma de que todos os agentes públicos são igualmente responsáveis perante a lei (ADIN 1023 RO/STF).

---

terceiro ou violação das normas jurídicas. Imposição legal de reparar o dano causado." (SILVA, De Plácido. *Vocabulário Jurídico*. Rio de Janeiro: Forense, 1997).

[24] "O que é nuclear, tratando-se da responsabilidade, é a perquirição do dever da pessoa humana, dever esse não cumprido ou insuficientemente cumprido, segundo a descrição ínsita nos contornos da norma." (CASTRO, José Nilo. *A defesa dos prefeitos e vereadores em face do Decreto-lei nº 201/67.* Belo Horizonte: Del Rey, 2002).

FRAUDE PROCESSUAL NO CONTEXTO DO ABUSO DE AUTORIDADE

A Responsabilização[25] dos agentes públicos[26] na República[27] ocorrerá quando o ele não agir de acordo com a Constituição e as Leis, lesando o povo, em cujo nome o poder é exercido, já que em nosso Estado Democrático de Direito e Social, o agente público deve atuar dentro dos limites jurídicos, buscando conciliar moralidade e justiça, em proteção da cidadania e da crença popular na integridade e legitimidade dos agentes públicos.

No exercício do poder é elementar a responsabilização do agente público, no sentido de manter sua condição de servidor do bem público, baseando-se no respeito às leis, na dignidade da pessoa humana, no bem-estar e na segurança do povo, para que, em última análise seja amparado o direito do povo a um governo probo e honesto, como uma espécie de "cavaleiro cruzado[28]" da legalidade e moralidade pública.

A Responsabilidade é atribuída ao agente público, de várias formas; e uma delas ocorre quando praticar ato tipificado como **Crime de Abuso de Autoridade**, ou seja, abusos cometidos no exercício funcional consistentes em atos transgressores da ordem jurídica, em prejuízo à soberania popular, princípio fundamental da ordem social e do ordenamento jurídico[29], previstos na lei 13869/19, e configurados, desde que esteja

---

[25] "...a responsabilização é meio e modo de exteriorização da própria justiça e a responsabilidade é a tradução para o sistema jurídico do dever moral de não prejudicar o outro". (STOCCO, Rui. *Responsabilidade civil e sua intepretação jurisprudencial: doutrina e jurisprudência*. São Paulo: Editora Revista dos Tribunais, 1999).

[26] "Todo aquele que exerce uma parcela de autoridade, ainda que mínima, deve estar sujeito a responsabilização. O poder exercido sem limitações acerca-se de tirania, despotismo, do arbítrio." (GALLO, Carlos Alberto Provenciano. *Crimes de Responsabilidade: Impeachment*. Rio de Janeiro: Freitas Bastos, 1992).

[27] "Falar em República, pois, é falar em responsabilidade. A noção de República caminha de braços dados com a ideia de que todas as autoridades, por não estarem nem acima, nem fora do Direito, são responsáveis pelos danos a que derem causa, podendo, por conseguinte, ser compelidas a ressarci-los." (CARRAZA, Roque Antonio. *Curso de Direito Constitucional Tributário*. São Paulo: Malheiros, 2012).

[28] BIELSA, Rafael. *Princípios de Derecho Administrativo*. Buenos Aires, 1942.

[29] "Todo aquele que recebe um mandato, um poder para realizar alguma coisa, deve ficar sujeito a uma fiscalização e deve ficar sujeito à responsabilidade, caso se desvie do caminho que lhe foi imposto...." – DALLARI, Adilson de Abreu. *Responsabilidade dos Prefeitos e Vereadores*, in RDP 39-40, pág. 250/261.

ABUSO DE AUTORIDADE

presente o fim especial do agente de prejudicar alguém; ou beneficiar a si mesmo ou a terceiro; ou tiver praticado a conduta por mero capricho ou satisfação pessoal. A Responsabilidade Penal pela prática do crime de abuso de autoridade efetiva-se pela punição do Estado frente ao cometimento de ilícito jurídico que, quando praticados, causam desordem social.

4. Crime de Abuso de Autoridade: Constrangimento de Funcionário ou Empregado de Instituição Hospitalar pública ou privada a admitir para tratamento pessoa morta[30]

Em face da legislação processual penal, quando a infração penal deixar vestígios[31], será indispensável o exame de corpo de delito, direto ou indireto, não podendo supri-lo a confissão do acusado. Neste contexto, o exame do corpo de delito pressupõe a preservação[32] dos elementos materiais[33] achados no local do crime, pois configuram as provas para a

---

[30] Art. 24 do Código Penal – Constranger, sob violência ou grave ameaça, funcionário ou empregado de instituição hospitalar pública ou privada a admitir para tratamento pessoa cujo óbito já tenha ocorrido, com o fim de alterar local ou momento de crime, prejudicando sua apuração: Pena – detenção, de 1 (um) a 4 (quatro) anos, e multa, além da pena correspondente à violência.

[31] "Os vestígios constituem-se, pois, em qualquer marca, objeto ou sinal sensível que possa ter relação com o fato investigado. A existência do vestígio pressupõe a existência de um agente provocador (que o causou ou contribuiu para tanto) e de um suporte adequado para a sua ocorrência (local em que o vestígio se materializou)" (MALLMITH, Décio de Moura. *Local de crime*. 3.ed. Porto Alegre: Luzes, 2007, página 48).

[32] "A preservação dos vestígios deixados pelo fato, em tese delituosa, exige a conscientização dos profissionais da segurança pública e de toda a sociedade de que a alteração no estado de coisas sem a devida autorização legal do responsável pela coordenação dos trabalhos no local pode prejudicar a investigação policial e, consequentemente, a realização da justiça, visto que os peritos criminais analisam e interpretam os indícios materiais na forma como forma encontrados no local da ocorrência" (BARACAT, Claudine Campos. *A padronização de procedimentos em local de crime e de sinistro – sua importância e normatização*. Disponível em: http://www.seguranca.mt.gov.br/politec/3c. Acesso em 16/03/2020).

[33] A evidência material, quando identificada e apropriadamente tratada, oferece a melhor perspectiva para prover informações objetivas e confiáveis envolvendo o incidente sob investigação (https://www.novo.justica.gov.br/sua-seguranca/seguranca-publica/analise--e-pesquisa/download/estudos_diversos/6manual_pericia_nao-forense-1.pdf. Acesso em 16/03/2020).

FRAUDE PROCESSUAL NO CONTEXTO DO ABUSO DE AUTORIDADE

tipificação do delito; a não preservação adequada inviabiliza a prova dos fatos, dificultando o esclarecimento do crime, de forma a prejudicar a persecução penal[34].

A autoridade policial ao chegar ao local do crime, após providenciar o isolamento[35], deve verificar a condição da vítima[36]: a) pessoa viva: a prioridade é o salvamento em detrimento da preservação do local em razão do bem maior da vida humana; b) pessoa morta (cadáver): a autoridade policial deverá dirigir-se ao local, providenciando para que não se alterem o estado e conservação das coisas, até a chegada dos peritos criminais (artigo 6º, inciso I do CPP). Para o efeito de exame do local onde houver sido praticada a infração, a autoridade providenciará imediatamente para que não se altere o estado das coisas até a chegada dos peritos, que poderão instruir seus laudos com fotografias, desenhos ou esquemas elucidativos (artigo 169 do CPP).

A ocorrência de um crime que resulte morte num determinado local e momento reúne elementos que precisam ser preservados para que seja possível a apuração do ocorrido, tanto para fins judiciais como para eventuais investigações.

---

[34] A ideia da preservação é impedir qualquer modificação no local do crime, com o intuito de potencializar o bom resultado dos exames periciais. Para tanto, o local do crime deveria ser mantido intacto até a chegada da perícia técnica, única polícia com competência e capacitação para coleta dos materiais e indícios que serão submetidos à análise. Na prática, porém, a ausência de preservação dos locais de homicídio é uma das principais (senão a principal) falhas diagnosticadas na rotina da investigação (MINGARDI, Guaracy. A Investigação de Homicídios: construção de um modelo. Rela- 109 tório de Pesquisa do Concurso Nacional de Pesquisas Aplicadas em Segurança Pública e Justiça Criminal. Secretaria Nacional de Segurança Pública (SENASP), 2006.

[35] "O isolamento da cena do crime deve ser realizado de forma efetiva para que o menor número de pessoas tenha acesso ao local, evitando-se que evidências sejam modificadas de suas posições e até destruídas antes mesmo do seu reconhecimento" (ROSA, Cássio Thyone Almeida de. Criminalística, Procedimentos e Metodologias, Brasília, 2009).

[36] "[...] nem sempre é possível manter o isolamento da área e preservar os vestígios até a chegada da perícia, pois a primeira preocupação dos profissionais da segurança pública é com o socorro à vítima, momento em que muitas vezes o local é descaracterizado ante a necessidade de salvar uma vida ou evitar algum perigo iminente." (BARACAT, Claudine de Campos. *A padronização de procedimentos em local de crime e de sinistro– sua importância e normatização.* Disponível em: http://www.seguranca.mt.gov.br/politec/3c. Acesso: 16/03/2020).

No caso de alteração do local do crime, deve o agente policial identificar o possível causador ou justificar a alteração, registrando tal situação no boletim de ocorrência e comunicando-as à Autoridade Policial. Porém, no local de um crime com resultado morte, podem ocorrer ingerências indevidas por parte de autoridades responsáveis comprometendo o desmembramento do fato delituoso.

A autoridade policial quando chega ao local do crime com resultado morte pode, ao invés de velar pela preservação dos vestígios deixados pela infração penal, alterar os vestígios com o objetivo de dificultar a identificação do local ou do momento da conduta que levou ao óbito, prejudicando as investigações.

Uma das formas de alterar os vestígios é compelir (uso de violência ou grave ameaça) funcionário ou empregado de instituição hospitalar pública ou privada, a admitir para tratamento pessoa já falecida. Neste caso, a ideia é criar uma realidade fática falsa, já que a admissão, neste caso, representa que o óbito teria ocorrido no hospital e, não no local original.

Nesta alteração, a autoridade policial modifica o local e o momento do crime, pois, trabalha-se com a ideia de que o óbito teria ocorrido no hospital. A intenção do agente é prejudicar a apuração do crime. A modificação das evidências cria o falseamento da prova e, por corolário, erros de julgamento. O agente utiliza constrangimento em face do funcionário do hospital para que ele admita para tratamento pessoa morto.

O agente constrange o funcionário a criar uma verdade sobre o crime praticado, com o fim de induzir a erro o Juiz, assim como os operadores do direito que atuariam na persecução penal.

O crime é uma modalidade especial de fraude processual, em que para empregar a fraude o agente utiliza de constrangimento de funcionário ou emprega de instituição hospitalar pública ou privada a admitir para tratamento pessoa cujo óbito já tenha ocorrido. O agente utiliza o constrangimento para criar uma realidade probatória falsa, com o fim de induzir em erro as investigações e, posteriormente, o Juízo. Desta forma, o objeto jurídico é além da liberdade individual, a administração da justiça (correta aplicação da lei).

A alteração é uma manobra enganosa destinada a iludir alguém, configurando, também, uma forma de ludibriar a confiança que se estabelece naturalmente nas relações humanas (a fraude implica num modo particularizado de abuso de confiança)[37].

A configuração desta conduta criminosa depende do preenchimento conjunto de requisitos: a) a conduta de constranger funcionário ou empregado de instituição hospitalar pública ou privada; b) a pessoa morta seja admitida para tratamento em virtude do constrangimento; c) dolo do agente abrangente de todos os elementos constitutivos do tipo penal. O agente quis modificar local e momento do crime, prejudicando sua apuração, ou agindo como decidiu agir, assume o risco de modificá-lo; d) o sujeito ativo deve ser agente público; o sujeito passivo deve ser funcionário ou empregado de instituição hospitalar pública ou privada.

É **crime formal**, pois o tipo penal descreve uma conduta (*funcionário ou empregado de instituição hospitalar pública ou privada admitir para tratamento pessoa morta em virtude de constrangimento causado pelo agente*) e o resultado (*alteração do local ou momento do crime, prejudicando sua apuração*), exigindo para sua consumação apenas a conduta (*o crime é consumado quando a pessoa morta for efetivamente admitida para tratamento em virtude do constrangimento praticado pelo agente*)[38].

Trata-se de **crime bipróprio**, pois o tipo penal exige condição especial do sujeito ativo (agente público) e condição especial do sujeito passivo (funcionário ou empregado de instituição hospitalar pública ou privada).

É **delito de inten**ção, pois o agente quer e persegue um resultado que não necessita ser alcançado, de fato, para a consumação do crime (alteração do local ou momento do crime, prejudicando a sua apuração). É o delito que possui como elementares as "intenções especiais", expressas no próprio tipo:

---

[37] Na fraude processual assiste-se a um dispositivo de estratagemas, à organização de enganos, a certo cenário que tem por fim dar crédito à mentira e enganar terceiros (Ac. do S.T.J. de 20-12-2006, relator o Conselheiro Armindo Monteiro, consultável in www. dgsi.pt, processo 06P3383, nº convencional JSTJ000).

[38] Em sentido contrário (consuma mesmo que não ocorra a admissão): Greco, Rogério; Cunha, Rogério Sanches. *Abuso de autoridade: lei 13869/19: comentada artigo por artigo*. Salvador: Editora Juspodivm, 2019.

a) o tipo objetivo: constranger funcionário ou empregado de instituição hospitalar a admitir para tratamento pessoa cujo óbito já tenha ocorrido;

b) tipo subjetivo: dolo, ou seja, a consciência e a vontade de constranger funcionário ou empregado de instituição hospitalar a admitir para tratamento pessoa cujo óbito já tenha ocorrido;

c) tipo subjetivo especial: é o fim de alterar local ou momento de crime[39], prejudicando sua apuração. Essa intenção especial é que transcende do tipo objetivo.

É crime **de forma livre,** porque admite qualquer meio de execução; é crime **instantâneo,** porque se consuma em um momento determinado, sem continuidade no tempo; é crime **unissubjetivo,** porque normalmente praticado por um só agente, mas admite concurso.

Referências

BIELSA, Rafael. *Princípios de Derecho Administrativo.* Buenos Aires, 1942.

BIGNE DE VILLENEUVE, Marcel de La. Traité Général de Létat. França: Recuely Sirey, 1929.

BRASIL. Superior Tribunal de Justiça. Agravo regimental no recurso especial nº 1337768/MG Relator: Ministro Olindo Menezes. Órgão julgador: Primeira Turma. DJe 19/11/2015.

CARRAZA, Roque Antonio. *Curso de Direito Constitucional Tributário.* São Paulo: Malheiros, 2012.

CARVALHO FILHO, José dos Santos. Manual de Direito Administrativo. Lumen Juris: Rio de Janeiro, 2005.

CASTRO, José Nilo. *A defesa dos prefeitos e vereadores em face do Decreto-lei nº 201/67.* Belo Horizonte: Del Rey, 2002.

---

[39] Se o agente desconhece o fato de que a pessoa já estava morta, e seu erro for plenamente justificado por suas circunstâncias do fato, ocorre erro do tipo. Não abrange contravenções penais.

FRAUDE PROCESSUAL NO CONTEXTO DO ABUSO DE AUTORIDADE

CROSBY, L. A.; EVANS, K. R., COWLES, D. Relationship Quality in Services Selling: An Interpersonal Influence Perspective, Journal of Marketing, 54 (july), p. 68-81, 1990

DALLARI, Adilson de Abreu. *Responsabilidade dos Prefeitos e Vereadores*, in RDP 39-40, pág. 250/261.

DE CICCO, Cláudio & GONZAGA, Álvaro de Azevedo. Teoria Geral do Estado e Ciência Política. São Paulo: Editora Revista dos Tribunais, 2009.

DEN BOER, M., Steamy windows: transparency and openness in justice and home affairs. Openness and transparency in the European Union, pp. 91-105, 1998.

GALLO, Carlos Alberto Provenciano. *Crimes de Responsabilidade: Impeachment*. Rio de Janeiro: Freitas Bastos, 1992.

GROPALI, Alexandre. Doutrina do Estado. São Paulo: Saraiva, 1968.

JELLINEK, Paul. Teoria General del Estado. Buenos Aires: Editora Albatros, 1973

JUSTEN FILHO, Marçal. Curso de Direito Administrativo. São Paulo: Saraiva, 2005.

LARENZ, K. Derecho justo: fundamentos de ética jurídica. Tradução Luis Díez--Picazo. Madrid: Civitas, 1985.

LUHMANN, N. Trust and power. Wiley, New York, 1979; LEALTAD, FUNDACIÓN. Guía de la transparencia y las buenas prácticas en las ONG. n. 1. Madrid, p. 2. 2003.

MALBERG, R. Carré de. Contribution a La Théorie Générale de L'Etat. Paris: Sirey, 1920.

MALLMITH, Décio de Moura. *Local de crime*. 3.ed. Porto Alegre: Luzes, 2007.

MEIRELLES, Hely Lopes. Direito Administrativo Brasileiro. São Paulo: Malheiros, 2010.

MINGARDI, Guaracy. A Investigação de Homicídios: construção de um modelo. Relatório de Pesquisa do Concurso Nacional de Pesquisas Aplicadas em Segurança Pública e Justiça Criminal. Secretaria Nacional de Segurança Pública (SENASP), 2006.

MOREIRA NETO, Diogo de Figueiredo. Mutações do Direito Administrativo. Rio de Janeiro: Renovar, 2001.

REALE, Miguel. Teoria Geral do Direito e do Estado. São Paulo: Saraiva, 2000.

RODRÍGUEZ-ARANA, Jaime. La Dimensión Ética. Madrid: Dykinson, 2001.

SIDOU, J.M.Othon. *Dicionário Jurídico*. Rio de Janeiro: Forense Universitária, 1990.

SILVA, De Plácido. *Vocabulário Jurídico*. Rio de Janeiro: Forense, 1997.

ABUSO DE AUTORIDADE

SIMMEL, Georg. A sociabilidade (Exemplo de sociologia pura ou formal). In: Questões fundamentais da sociologia: indivíduo e sociedade. Tradução de Pedro Caldas. Rio de Janeiro: Jorge Zahar, 2006.

SIRDESHMUKH, D.; SINGH, J.; SABOL, B. Consumer trust, value, and loyalty in relational exchanges. Journal of Marketing. v. 66, n. 1, Jan. 2002.

STOCCO, Rui. *Responsabilidade civil e sua intepretação jurisprudencial: doutrina e jurisprudência*. São Paulo: Editora Revista dos Tribunais, 1999.

SWAN, J. E., TRAWICK I. E.; SILVA D. W. How industrial salespeople Gain Customer Trust, Industrial Marketing Management, 14, pp. 203-211, 1995.

TÁCITO, Caio. O desvio de poder no controle dos atos administrativos, legislativos e jurisdicionais. In: Revista de Direito Administrativo, Rio de Janeiro, v. 228, p. 1-12. abr/jun. 2002. p. 2.

14. Artigo 25 da Lei nº 13.869/2019

MARCOS ZILLI

1. A responsabilização penal pela obtenção e uso da prova ilícita

O dispositivo traz para o campo penal a responsabilização dos agentes públicos que promovem a obtenção de provas por meios ilícitos no curso de investigação ou de procedimento de fiscalização, assim como dos agentes que, cientes da ilicitude que as contamina, mesmo assim, fazem uso daquelas provas.

A norma complementa o quadro geral da intolerância da ilicitude probatória nele inserindo as pinceladas do mandamento proibitivo penal. Não se trata de cenário totalmente novo. A revogada Lei 4.898/65 já previa ações abusivas contra os direitos fundamentais da personalidade a exemplo da violação do domicílio e do sigilo da correspondência.[1] A diferença é que o novo dispositivo busca atingir as condutas diretamente relacionadas com a obtenção e o aproveitamento de prova ilícitas e cujo tratamento, até então, era eminentemente processual com a sanção da inadmissibilidade.

Qualquer compreensão sobre o sentido e o alcance da norma penal supõe a delimitação do próprio conceito de provas ilícitas o que, diga-se, não é tarefa das mais fáceis. Trata-se de conceito poroso e sobre o qual não reina uniformidade quando postos em comparação os variados sistemas jurídicos.[2] Nesse passo, o uso de fórmulas conceituais normativas,

---

[1] Conforme o artigo 3o, assim redigido: "Constitui abuso de autoridade qualquer atentado: (...) b) à inviolabilidade do domicílio; c) ao sigilo de correspondência"

[2] Após fazer um estudo de direito comparado que teve por foco os países de tradição jurídica romano-germânica, Armenta-Deu aponta não só para a falta de uniformidade no tratamento jurídico das questões relacionadas com as provas ilícitas, como também para a ausência de unidade conceitual. Assim, ao lado de países que, como o Brasil, Portugal e Colômbia, consagram o mandamento proibitivo das provas ilícitas no campo constitucional, há outros, como é o caso do México, que extraem a proibição de princípios de direito,

ABUSO DE AUTORIDADE

se de um lado guarda o mérito de assentar um caminho, por outro pode ampliar as incertezas em torno do tema. Que o diga o desastrado tratamento dado às provas ilícitas pelo art. 157 do Código de Processo Penal em sua nova redação. Além de contrariar o entendimento doutrinário que se construiu em torno do tema, desconsiderou a própria jurisprudência que, bem ou mal, havia absorvido as sinalizações indicadas pela doutrina.

O fato é que o tratamento penal ora estabelecido não só reacende o debate como torna urgente a delimitação do conceito de provas ilícitas em face do imperativo da estrita legalidade que permeia o sistema penal. E mais. O conceito haverá de transitar pelos diferentes campos do direito não sendo possível núcleos conceituais isolados com validade limitada. Um sistema com tais características não é operativo. Aliás, sequer poderia ser qualificado de sistema. Por tocar tanto o processo como o direito penal, o conceito de prova ilícita deve ser uniforme.

2. Prova ilícita e sanção processual

2.1. A experiência do direito norte-americano

O dia era 21 de dezembro de 1911. Sob acusação de remessa ilegal de bilhetes de loteria pelos correios, Freemon Weeks foi preso em seu próprio trabalho, o escritório de uma empresa de entregas expressas situado na estação central de trens na cidade de Kansas, Missouri. Enquanto Weeks era detido, uma outra equipe policial deslocou-se até a sua residência. Ali, após indicação de um vizinho, os policiais encontraram as chaves da porta de entrada e ingressaram no imóvel. Feitas as buscas, apreende-

---

tais como o da legalidade. (ARMENTA-DEU, Teresa. Nuevas tendencias en matéria de prueba ilícita. Relatório geral. Civil law. In. GRINOVER, Ada Pellegrini; CALMON, Petrônio (orgs). *Direito processual comparado. XIII World Congress of Procedural Law.* Rio de Janeiro: Forense, 2007, p. 543-575). Em sentido semelhante observa Gomes Filho: "Pela leitura dos dois relatórios, observa-se que na atualidade não é possível estabelecer um conceito de prova ilícita preciso e universalmente aceito, diante da variedade de elementos que são trazidos para a caracterização da ilicitude probatória" (GOMES FILHO, Antonio Magalhães. Novas tendências em matéria de provas ilícitas. In. GRINOVER, Ada Pellegrini; CALMON, Petrônio (orgs). *Direito processual comparado. XIII World Congress of Procedural Law.* Rio de Janeiro: Forense, 2007, p. 612).

ARTIGO 25 DA LEI Nº 13.869/2019

ram diversas cartas, livros e documentos. Weeks, como ficou conhecido, tornou-se um caso paradigma na jurisprudência norte-americana.[3] Foi o precedente do que se convencionou denominar de *exclusionary rule*: um conjunto de regras, cunhadas pela Suprema Corte dos Estados Unidos, sobre a proibição das provas ilicitamente obtidas.

Em Weeks, a questão gravitou em torno da violação da IV Emenda a qual assegura a inviolabilidade domiciliar como corolário do direito fundamental à privacidade. Ao proclamar a imprestabilidade das provas obtidas após a invasão da residência, a Suprema Corte consagrou o respeito aos direitos fundamentais, conferindo-lhes eficácia e efetividade. A decisão, cercada de polêmicas, trouxe uma vigorosa mensagem de intolerância frente aos abusos cometidos pelos agentes persecutórios. As ações ilícitas dirigidas à obtenção de prova não podem ser tuteladas pelo Estado-Juiz. É que a aplicação da lei penal supõe respeito aos bens jurídicos que a mesma lei busca proteger. Assim, a inadmissibilidade da prova ilícita expressa uma sanção processual que é informada pela finalidade preventiva: promover a sedimentação de uma cultura de respeitabilidade dos direitos fundamentais por parte dos órgãos e dos agentes encarregados da persecução penal.[4]

Apesar da polêmica suscitada e dos intensos debates provocados, a teoria foi sucessivamente endossada pela Suprema Corte norte-americana nas décadas que se seguiram. Em *Elkins v. United States*,[5] por exemplo, a exclusão de provas ilicitamente obtidas foi justificada pela necessidade de melhor orientar as futuras ações policiais, condicionando-as aos parâmetros constitucionais. Uma espécie de efeito profilático no qual a perspectiva de uma rigorosa adequação da atividade investigatória aos direitos e garantias fundamentais seria benéfica a todos.[6]

Uma discussão semelhante foi retomada no caso *Mapp v. Ohio*.[7] Naquela ocasião, ao enfrentar uma vez mais o questionamento sobre a legali-

---

[3] Weeks vs. U.S. 232 U.S. 383, 34 S.Ct., 341, 58 L.Ed. 652 (1914).
[4] BERCH, Michael A.; BERCH, Rebecca White; SPRITZER, Ralph S. *Introduction to legal method and process*. 2. ed. St. Paul: West, 1992, p. 354-355.
[5] 364 U.S. 206, 80 S.Ct. 1437, 4 L.Ed.2d 1669 (1960).
[6] LAFAVE, Wayne R.; ISRAEL, Jerold H. *Criminal procedure*. 2. ed. St. Paul: West, 1992, p. 108.
[7] 367 U.S. 643, 81 S.Ct. 1684, 6 L.Ed..2d 1081 (1961).

ABUSO DE AUTORIDADE

dade e a validade de buscas e apreensões, a Suprema Corte reforçou o fundamento protetivo dos direitos humanos das *exclusionary rules*. Mais do que mera retribuição, a finalidade da regra seria preventiva, representada pela promoção de uma cultura de respeitabilidade dos espaços das liberdades individuais pelos agentes policiais.[8] Uma meta de tal magnitude exigiria a desconsideração das provas ilicitamente obtidas, independentemente da verdade por elas revelada. Assim, entre o déficit de correspondência do julgamento com a realidade e a mensagem de incentivo às ações oficiais violadoras de direitos fundamentais, o modelo norte-americano optou pelo primeiro. Nessa perspectiva, a omissão no enfrentamento das violações de direitos fundamentais protagonizadas pelos agentes oficiais seria um perigoso aceno em prol dos desmandos e com o consequente descrédito da lei entre os governados.[9] É fato que a mensagem transpôs fronteiras, alcançando diferentes ordenamentos jurídicos. Não foi diferente com o sistema brasileiro que não ficou imune àquela influência.

---

[8] "The ignoble shortcut to conviction left open to the State tends to destroy the entire system of constitutional restraints on which the liberties of the people rest. Having once recognized that the right to privacy embodied in the Fourth Amendment is enforceable against the States, and that the right to be secure against rude invasions of privacy by state officers is, therefore, constitutional in origin, we can no longer permit that right to remain empty promise. Because it is enforceable in the same manner and to like effect as other basic rights secured by the Due Process Clause, we can no longer permit it to be revocable at the whim of any police officer who, in the name of law enforcement itself, chooses to suspend its enjoyment. Our decision, founded on reason and truth, gives to the individual no more than that which the Constitution guarantees him, to the police officer no less than that to which honest law enforcement is entitled, and, to the courts, that judicial integrity so necessary in the true administration of justice." (BERCH, Michael A.; BERCH, Rebecca White e SPRITZER, Ralph S. *Introduction...*, op. cit., p. 354-355).
[9] "The primary justification for the exclusionary rule offered in Weeks was the need to avoid judicial affirmance of the unconstitutional actions of the police. This rationale was later characterized as resting upon the 'imperative of judicial integrity', the need thar courts not become 'accomplices in the willful disobedience of a Constitution they are sworn to uphold." (LAFAVE, Wayne R.; ISRAEL, Jerold H. *Criminal procedure. Constitutional limitations.* 5. ed. St. Paul: West, 1993., p. 270).

2.2. Provas ilícitas no sistema brasileiro: garantia fundamental

A inserção da cláusula da inadmissibilidade das provas ilícitas no texto constitucional (art. 5º, LVI) é um claro sinal do apreço ao regime das liberdades individuais e da consagração da supremacia do valor da dignidade humana.[10] Ações ilícitas dirigidas à obtenção de provas que vulnerem os direitos fundamentais da personalidade não são toleradas e as provas assim obtidas não são admitidas no processo. Trata-se de uma desconsideração processual absoluta que leva aquelas provas para o terreno da inexistência jurídica.[11] A regra assim posta assegura, concretiza e direciona o respeito dos direitos fundamentais. Eis o sentido da garantia.[12]

A inadmissibilidade processual das provas ilícitas é um mandamento incontornável. Integra o bloco de constitucionalidade, não podendo sequer ser alvo de supressão por emenda constitucional.[13] A imperatividade da proclamação projeta-se sobre o legislador ordinário na regulamentação sobre as normas processuais, bem como sobre o operador do direito na realização diária da atividade jurisdicional.[14]

É possível, contudo, algum tipo de relativização?

A garantia é um instrumento de preservação da esfera pessoal da liberdade e, dessa forma, atua como freio ao exercício do poder de Estado. No processo penal, o que se proíbe é a atuação ilícita voltada à obtenção de

---

[10] ZILLI, Marcos. As provas ilícitas no processo penal brasileiro e no direito penal internacional: duas cabeças, duas sentenças. In. SANTIAGO, Nestor Eduardo Araruna (Coord.). *Proibições probatórias no processo penal. Análise do direito brasileiro, do direito estrangeiro e do direito internacional.* Brasília: Gazeta Jurídica, 2013, p. 102.

[11] GRINOVER, Ada Pellegrini; FERNANDES, Antonio Scarance; GOMES FILHO, Antonio Magalhães. *As nulidades no processo penal.* 8. Ed., São Paulo: Revista dos Tribunais, 2004, p. 170.

[12] As garantias têm uma função asseguratória para o gozo e para o respeito dos direitos fundamentais. Nesse sentido, pontua Jorge Miranda: "Os direitos representam só por si certos bens, as garantias são acessórias e, muitas delas adjetivas (ainda que possam ser objeto de um regime constitucional substantivo); os direitos permitem a realização das pessoas e inserem-se direta e imediatamente, por siso, nas respectivas esferas jurídicas, as garantias só nelas se projetam pelo nexo que possuem com os direitos; na acepção jusracionalista inicial, os direitos declaram-se, as garantias estabelecem-se" (*Manual de direito constitucional. Direitos fundamentais.* T. IV. 5. ed, Coimbra: Coimbra Editora, 2012, p. 88-89).

[13] Conforme art. 60, para. 4º da CF.

[14] ZILLI, Marcos. As provas..., op. cit., p. 104.

ABUSO DE AUTORIDADE

provas que facilitem a concretização do poder-dever punitivo. É um evidente abuso de poder. Por esse prisma, são irrelevantes a dimensão e a gravidade do crime que se investiga. Não há justificativa.

Mas e no caso de prova ilícita favorável ao acusado?

A questão resolve-se pelo teste da ponderação e pela aplicação do princípio da proporcionalidade. A desconsideração da prova nessa hipótese implicaria consagração abusiva da punição ou até mesmo na condenação de um inocente. Não se trata, por óbvio, de solução aceitável. A garantia fundamental não pode ser interpretada de modo a prejudicar os valores maiores da liberdade que ela própria busca tutelar.[15]

3. Prova ilícita: a importância do conceito

3.1. Provas ilícitas e ilegítimas

O conceito de prova ilícita não é unívoco. Echandia, por exemplo, vincula a ilicitude probatória a qualquer tipo de violação da norma jurídica, incluindo o desrespeito aos princípios gerais do direito.[16] A visão mais ampla da prova ilícita também é reconhecida por Vescovi para quem a prova ilícita é tanto aquela obtida por meios e métodos ilícitos, como a resultante do descumprimento de regras processuais.[17] Para Armenta-Deu, a acepção de prova ilícita é mais restritiva recaindo o conceito sobre aquelas obtidas com a violação dos direitos fundamentais.[18] Urbano Castrillo e Torres Morato caminham em sentido semelhante. Para eles, a ilicitude conecta-se com a noção de antijuridicidade, representando, assim, uma violação dos direitos fundamentais. Distinguem estes autores ainda

[15] Nesse sentido: GRINOVER, Ada Pellegrini; FERNANDES, Antonio Scarance; GOMES FILHO, Antonio Magalhães. *As nulidades...*, op. cit., p. 160-161 e ZILLI, Marcos. As provas..., op. cit., p. 105.

[16] ECHANDIA, Devis. *Teoria general de la prueba judicial*. T. 1, Buenos Aires: Victor P. de Zavalía, 1981, p. 539.

[17] VESCOVI, Enrique. Provas ilícitas. *Revista da Procuradoria Geral do Estado de São Paulo*. São Paulo, v. 13/14, 1978/1979, p. 380.

[18] ARMENTA-DEU, Nuevas..., op. cit., p. 554.

ARTIGO 25 DA LEI Nº 13.869/2019

as provas ilícitas das irregulares. Enquanto as primeiras não podem ser convalidadas, as últimas admitem a convalidação por outras provas.[19]

Em terras brasileiras, consagrou-se a definição construída por Nuvolone[20] e que aqui foi abraçada por Ada Pellegrini Grinover.[21] Em decorrência, tornou-se recorrente a distinção entre provas ilícitas e ilegítimas, ambas espécies do gênero provas ilegais e, portanto, proibidas. A posição também foi abraçada pela jurisprudência.[22]

De acordo com tal sistematização, enquanto as provas ilícitas estariam associadas à violação de direitos fundamentais relacionados à personalidade, durante os procedimentos de obtenção, as provas ilegítimas seriam aquelas produzidas com a inobservância de normas processuais.[23] Por essa perspectiva, a natureza do vício e o momento de sua ocorrência seriam os fatores justificantes da distinção. Assim, uma busca realizada em residência, sem prévia autorização judicial ou consentimento do morador ou ainda sem amparo em alguma das situações justificantes, constitui ato ilícito. Há violação ao direito fundamental da privacidade.

---

[19] URBANO CASTRILLO, Eduardo; TORRES MORATO, Miguel Ángel. *La prueba ilícita penal. Estudio jurisprudencial.* 4. ed., Navarra: Aranzadi, 2007, p. 64-65.

[20] NUVOLONE, Pietro. Le prove vietate nel processo penale nei paesi di diritto latino. *Rivista di Diritto Processuale.* Padova, v. XXI, p. 442/475, 1966.

[21] *Liberdades públicas e processo penal: as interceptações telefônicas.* 2 ed., São Paulo: Revista dos Tribunais, 1982. Acompanhada por boa parte da doutrina. Nesse sentido: ARANHA, Adalberto José de Camargo. A prova proibida no âmbito penal. *Revista de Jurisprudência do Tribunal de Justiça do Estado de São Paulo.* São Paulo, ano 16, v. 75, mar./abr., 1982, p. 19/24; AVOLIO, Luis Francisco Torquato. *Provas ilícitas. Interceptações telefônicas, ambientes e gravações clandestinas.* 3. ed., São Paulo: Revista dos Tribunais, 2003; FERNANDES, Antonio Scarance. *Processo penal constitucional.* 6. ed., São Paulo: Revista dos Tribunais, 2010, p. 81-83; MELLO, Rodrigo Pereira de. *Provas ilícitas e sua interpretação constitucional.* Porto Alegre: Sergio Antonio Fabris, 2000 e RABONEZE, Ricardo. *Provas obtidas por meios ilícitos.* 3. ed. Porto Alegre: Síntese, 2000.

[22] Nesse sentido: STF, HC 69.912-0/RS.

[23] Conforme esclarece Grinover: "... para evitar confusões terminológicas e conceituais, utilizaremos a linguagem de Nuvolone: a prova será ilegal toda vez que caracterizar violação das normas legais ou de princípios gerais do ordenamento; de natureza processual ou material. Quando a proibição for colocada por uma lei processual, a prova (rectius, o meio de prova) será ilegítima (ou ilegitimamente produzida); quando, pelo contrário, a proibição for de natureza material, a prova será ilícita (rectius, a fonte de prova será ilicitamente colhida)." GRINOVER, Ada. *Liberdades...,* op. cit., p. 67.

ABUSO DE AUTORIDADE

Por outro lado, a produção de prova oral em desrespeito ao contraditório é um problema que afeta diretamente a regularidade do processo.[24]

Por essa perspectiva, ilicitude e ilegitimidade probatória são fenômenos demasiadamente distintos o que impede a identidade de tratamento quanto aos efeitos. A diversidade no grau da ilegalidade direciona as consequências jurídicas. É por isso que se fala em inadmissibilidade quando a problemática se volta para a ilicitude probatória.[25] A violação escancarada de direitos fundamentais materiais é intolerável, de modo que o produto dessa violação, que no caso é a própria prova obtida, deve ser totalmente desconsiderado. Ainda que a prova tenha existência material, deve ser ela ignorada no plano jurídico, o que somente seria possível com a proibição de sua integração no processo. Trata-se, portanto, de uma não prova.[26] Daí a solução dada por alguns ordenamentos jurídicos em inutilizar a prova ilicitamente obtida em uma tentativa de fazer apagar qualquer rastro material de algo que não tem existência jurídica.[27]

Diferente é a situação a ser dada para as provas ilegítimas. Como o problema é fundamentalmente de direito processual, a consequência não é tão drástica. A questão resolve-se pela dinâmica das nulidades (validade) e não pela perspectiva da inexistência jurídica. Assim, uma vez reconhecido o problema da ilegitimidade, o ato processual, em tese, poderia ser repetido.

---

[24] ZILLI, Marcos. As provas..., op. cit., p. 100.

[25] Os adeptos da inadmissibilidade das provas ilícitas partem da premissa de que o sistema jurídico é único, de modo que a prática de um ilícito não poderia ser, ao mesmo tempo, reprimida e validada pelo Estado. Na condição de guardião dos direitos e garantias fundamentais, não pode o Estado valer-se do resultado de atos a ele lesivos para satisfazer seus objetivos ainda que legítimos, como no caso do exercício do poder-dever punitivo. Nesse sentido: CARNELUTTI, Francesco. Illecita produzione do documenti. *Rivista di Diritto Processuale*, Padova, v. XII, parte II, ano XIII, p. 63-70, 1935; ECHANDIA, Devis. *Compendio de derecho procesal*. Bogotá: Editorial ABC, 1979, p. 182; VIGORITI, Vicenzo. Prove illecite e constituzione. *Rivista di Diritto Processuale*, 1968, p. 64-73.

[26] ZILLI, Marcos. As provas, op. cit., p. 101.

[27] Como no sistema italiano pelo instituto da "inutilizzabiltà". A inutilização também foi prevista em nosso sistema com a reforma do CPP operada em 2008. Assim, caso uma prova ilícita tenha sido levada ao processo, além de seu desentranhamento, será instaurado o incidente de inutilização. (art. 157, parágrafo terceiro do CPP).

ARTIGO 25 DA LEI Nº 13.869/2019

3.2. A regulamentação infraconstitucional e as dificuldades conceituais

Como é sabido, a reforma processual de 2008 trouxe significativos avanços. Deixou, contudo, um rastro de perplexidade no trato dado às provas ilícitas.

Com efeito, o legislador da reforma optou pelo terreno, sempre movediço, do engessamento normativo de conceitos. Assim, ao definir a prova ilícita indicou serem aquelas obtidas em razão da violação das normas constitucionais ou legais.[28] Por tal perspectiva, é irrelevante a distinção entre ilícitos materiais e processuais para a caracterização da prova ilícita. O que importa é a desconformidade com o padrão legal, seja constitucional, seja infraconstitucional. A par da ruptura escancarada com a tradição doutrinária e jurisprudencial sobre o tema, a aplicação literal do dispositivo conduz à equiparação de situações que, por essência, são diversas em grau, natureza e intensidade do vício.[29]

A teorização preconizada por Nuvolone guarda o mérito de distinguir, na perspectiva da ilegalidade probatória, a violação dos direitos fundamentais da violação de normativa processual. O ataque frontal da primeira às liberdades públicas – e que impõem ao Estado um dever de não agir e de respeito –, representa um ato ilícito. O que dele resulta (a obtenção da prova) é inadmissível e, portanto, imprestável. É uma desconsideração total e permanente da prova que jamais poderá ser aproveitada. Além disso, a contaminação da ilicitude projeta-se para as provas que dela são derivadas – *fruits of poisonous tree*.[30] Já a violação de questões processuais,

---

[28] Conforme redação dada ao artigo 157, caput do CPP pela Lei 11.690/2008.

[29] Nesse sentido: ZILLI, Marcos. O pomar e as pragas. *Boletim do IBCCrim*, 188, jul. 2008, p. 2; GOMES FILHO, Antonio Magalhães. Provas. Lei 11.690, de 09.06.2008. In: ASSIS MOURA, Maria Thereza Rocha de (Coord.). *As reformas no processo penal. As novas leis de 2008 e os projetos de reforma*. São Paulo: Revista dos Tribunais, 2008, p. 266 e FERNANDES, Antonio Scarance. *Processo...*, op. cit., p. 86.

[30] As limitações relativas ao objeto de estudo aqui projetado não permitem um exame aprofundado sobre as provas ilícitas por derivação. De qualquer modo, a lógica que informa a teoria é relativamente simples. A inadmissibilidade decorrente da ilicitude probatória não pode ficar restrita às provas que foram obtidas pelos meios ilícitos. Deve alcançar todas aquelas cuja obtenção foi possível graças á ilicitude original. Assim, as provas derivadas estarão igualmente contaminadas, tal como ocorre com os furtos de uma árvore

ABUSO DE AUTORIDADE

independentemente da fonte normativa em que se encontrem indicadas (constitucional ou infraconstitucional), suscita um problema de nulidade do ato, e o impedimento do uso da prova que dele emergiu.

À primeira vista, em uma leitura superficial, dir-se-á que os efeitos são os mesmos. Tanto a ilicitude quanto a ilegitimidade probatória produzem provas que são proibidas e que, portanto, não podem ser valoradas. Não há nenhuma novidade na afirmação. Afinal, ambas são espécies das provas ilegais e como tais proibidas. Não poderia ser diferente. A questão, contudo, não pode ser examinada apenas pela perspectiva da valoração. Trata-se de questão mais ampla e mais profunda e que envolve a perpetuidade dos efeitos proibitivos. Uma prova ilicitamente obtida sempre será proibida, ainda que possível fosse sanar o defeito com a repetição do procedimento de obtenção. Mais do que isto, o veneno por ela produzido contamina as demais provas que foram alcançadas em virtude da relação causal. Isso não ocorre com as provas ilegítimas. A questão é de validade do ato processual e cuja nulidade poderá ou não ser reconhecida a depender dos critérios vetores do regime de nulidades. De qualquer forma, afirmada a nulidade, o regime das sanatórias se aplica com a repetição, se possível for, do ato processual viciado.

A obtenção de documentos com a violação do domicílio na hipótese de invasão à residência sem ordem judicial e sem amparo nas situações justificantes, por exemplo, é uma afronta direta à inviolabilidade domiciliar e ao direito à privacidade. O que se obtém é prova ilícita e, como tal, inadmissível. Não pode integrar o processo para o qual se projetou. O vício é permanente e não admite convalidação.[31] Diversa será a situação em que

envenenada. A elaboração da teoria também remonta o direito norte-americano. É certo que a jurisprudência daquele país construiu ao longo dos anos um intrincado sistema de abrandamento dos efeitos da contaminação. Para um exame mais detalhado, ver: CARVALHO, Ricardo Cintra Torres de. A inadmissibilidade da prova ilícita em processo penal: um estudo comparativo das posições brasileira e norte-americana. *Revista Brasileira de Ciências Criminais*, 3 (12), 1995, p. 162/200 e ZILLI, Marcos. We the people..., *Revista Brasileira de Ciências Criminais*. jul./ago., 2009, p, 185-208.

[31] Trata-se de questão há muito resolvida pela jurisprudência norte-americana no célebre caso *Silvertthorne Lumber Co. vs United States*, julgado pela Suprema Corte em 1920. Após oficiais federais apreenderem, ilegalmente, certos documentos, o Ministério Público tentou, novamente, obter do júri a expedição de novos mandados de busca daqueles mesmos

ARTIGO 25 DA LEI Nº 13.869/2019

um documento é juntado aos autos por uma parte, sem que se conceda à outra parte a possibilidade de conhecê-lo e contraditá-lo. Há, claramente um vício processual – violação do contraditório ou ampla defesa – que comporta solução pelos mecanismos orientativos das nulidades.

Há, contudo, situações mais complexas. Uma interceptação ilegal e, portanto, realizada sem autorização judicial é, a toda evidência, uma prova ilícita. Há invasão não autorizada da privacidade das comunicações. As conversas captadas jamais poderão integrar o acervo probatório, simplesmente porque não se lhes reconhece existência jurídica. Contaminarão, ademais, todas as provas que porventura forem obtidas a partir dos dados revelados com a interceptação clandestina. Mas, e se a interceptação tiver sido autorizada por autoridade judiciária em hipótese não cabível, como por exemplo em crime apenado com detenção? A decisão judicial, nesse caso, não transmuda o problema para o terreno das provas ilegítimas. É que a proibição da interceptação para os crimes apenados com detenção é um imperativo legal que busca resguardar o campo protetivo da privacidade das comunicações. É o juízo normativo de proporcionalidade. Assim, mesmo que deferida judicialmente, há a afronta ao direito fundamental. A interceptação realizada, portanto, será ilícita contaminando todas as provas dela derivadas. A mesma solução ocorre quando não há indícios de envolvimento em prática delituosa por quem é alvo da interceptação. Note-se que o problema aqui não será de motivação da decisão (ausência ou insuficiência das razões de decidir). A questão envolve o deferimento de interceptação em hipótese expressamente proibida.

É interessante notar que pela perspectiva do direito norte-americano, as hipóteses anteriores não suscitariam a problemática das provas ilícitas. Isso porque as *exclusionary rules* foram forjadas pelo objetivo de se corrigir a ação policial. Foi esta a finalidade que, por décadas, alimentou – e ainda alimenta – a construção da teoria. Não se cogita, portanto, em ilicitude probatória na atuação judicial. Mas, e no direito brasileiro? Diferentemente do modelo norte-americano, onde é possível traçar a lógica fundante da regra com base na análise da *reasoning* exposta nos diversos julgados que se sucederam ao longo de várias décadas, no direito brasileiro

---

documentos. A diligência foi considerada inadmissível pela Suprema Corte em razão dos efeitos da ilicitude probatória.

ABUSO DE AUTORIDADE

a questão é posta em termos constitucionais. O diagnóstico passa, então, pela identificação das razões que levaram à inclusão da garantia da inadmissibilidade probatória no texto constitucional e, mais especificamente, no campo dos direitos fundamentais. A opção indica que o sentido protetivo se volta para os direitos fundamentais, independentemente dos agentes protagonistas das violações. Trata-se de uma garantia e, como tal, tem função de resguardo que se prende ao objeto da tutela, vale dizer, os direitos fundamentais da personalidade. Assim, a vulneração poderá ser protagonizada não só pelos agentes policiais ou mesmo por outros encarregados da investigação, mas também por autoridades judiciárias.

Mas retornando ao exemplo da interceptação telefônica. E na hipótese de interceptação deferida por autoridade judicial incompetente? O problema aqui não passa pela proibição da medida, mas de sua determinação por quem não detém competência para tanto. A questão é processual e, como tal, jungida aos critérios de nulidade, perpassando, portanto, pela análise do que se convencionou denominar de competência absoluta ou relativa.[32] Note-se que na hipótese de proclamação da nulidade, que recai sobre o ato decisório, o impedimento do uso da prova terá um efeito muito semelhante à situação de ilicitude. Isto se deve pela natureza irrepetível da interceptação da comunicação realizada e não pela identidade das situações postas.[33]

---

[32] Grinover, Scarance e Magalhães argumentam que a incompetência constitucional suscita a inexistência dos atos processuais (*As nulidades...*, op. cit., p. 58). A posição soa exagerada. A afirmação da inexistência jurídica é a mais grave das consequências. Supõe o descumprimento de requisitos substanciais que lhe retiram qualquer chance de ingresso no mundo jurídico. Na questão posta, não se pode equiparar a decisão proferida por juiz federal, em caso de competência da justiça estadual, da decisão proferida por quem sequer é investido de jurisdição. No último caso, a violação é de tal magnitude que o ato produzido não ingressa no mundo jurídico. Diferentemente, na primeira hipótese haverá um ato processual juridicamente existente sendo o problema de validade.

[33] A jurisprudência mostra-se errática no enfrentamento do problema, inserindo no mesmo patamar ilicitude e nulidade. Um exemplo bastante ilustrativo foi dado por ocasião do julgamento da Reclamação 25.537/DF pelo Supremo Tribunal Federal. Na ocasião, discutiu-se a ilegalidade de medidas cautelares probatórias que haviam sido determinadas por autoridade judiciária federal e que tocavam suspeitas de envolvimento de parlamentares que, no exercício de seus respectivos mandatos, gozavam de foro por prerrogativa de função junto ao próprio STF. Ao tratar das interceptações telefônicas, o Ministro

ARTIGO 25 DA LEI Nº 13.869/2019

Não há como vingar, portanto, uma interpretação literal do art. 157, *caput* do Código de Processo Penal. Para além de contrariar toda a conceituação doutrinária construída e assimilada pela jurisprudência em torno das provas ilícitas e ilegítimas, o conceito normativo equipara ilegalidades ontologicamente distintas e que, portanto, não poderiam se submeter aos mesmos efeitos.[34] Ademais, com a tipificação penal das condutas relacionadas com a obtenção e uso de provas ilícitas, a afirmação de um conceito tão amplo abre espaço para a punição dos responsáveis pelos atos processuais ilegítimos, em uma espécie de responsabilização penal por nulidades processuais em matéria probatória. Não há como se sustentar tal conclusão.[35]

4. Obter prova por meio manifestamente ilícito (art. 25, *caput*)

4.1. Bem jurídico tutelado

Assumindo-se que a finalidade das normas penais é a proteção de bens constitucionalmente assentados como os de maior importância para o grupo social[36], a tipificação penal da obtenção de provas ilícitas com-

---

Fachin, a quem coube a relatoria do voto, assim manifestou: "A interceptação telefônica, por sua vez, constitui medida sujeita à cláusula da reserva de jurisdição (art. 5º, XII, CF) de modo que a violação ao princípio do juiz natural quanto à apreciação do deferimento do referido meio de prova alcança seu ciclo de produção e constitui causa de nulidade em relação aos agentes detentores de foro por prerrogativa". No entanto, a despeito da expressa referência à nulidade, o Ministro Fachin, na síntese de seu voto, afirmou que as interceptações eram ilícitas."

[34] Por isto discorda-se da posição de Badaró que equipara no conceito de provas ilícitas as provas obtidas com violações dos direitos fundamentais materiais e processuais. (BADARÓ Gustavo. *Processo penal*. 4. ed., São Paulo: Revista dos Tribunais, 2016, p. 418).

[35] Não se comunga, portanto, do entendimento que leva para o campo das provas ilícitas a violação das garantias fundamentais processuais. Para além dos pontos abordados no texto, o entendimento desconsidera o fato de que em sua vasta maioria, o descumprimento de normas processuais é reconduzível a uma violação de garantia processual prevista no texto constitucional. Tal dinâmica torna por demais volátil o campo de configuração da ilicitude probatória e sobre a qual, repita-se, impõe-se a mais grave das consequências, qual seja, a inadmissibilidade (inexistência jurídica).

[36] A questão relativa aos chamados bens jurídicos não é livre de controvérsias. Independentemente das discussões atuais sobre a validade da categoria, reconhece-se aqui a sua

ABUSO DE AUTORIDADE

plementa o feixe protetivo dos direitos fundamentais que são expostos a risco de vulneração pela ação persecutória do Estado, quais sejam: vida, liberdade, privacidade, intimidade e integridade física e sexual. São espaços de liberdade individual que devem ser respeitados por todos, mas sobretudo pelo Estado e por seus agentes sobre os quais pairam deveres de não intervenção ou de intervenção limitada. Assim, da mesma forma que a inadmissibilidade processual, a tipificação penal da obtenção e do uso de provas ilícitas busca conferir um manto protetivo a todos os direitos fundamentais passíveis de afetação na operacionalização das máquinas persecutória penal e administrativa sancionatória.

importância. Para além de fixar limites ao direito penal, a noção de bem jurídico confere logicidade ao sistema. Dessa forma, a legitimidade do direito penal advém de sua indispensabilidade para a proteção dos bens mais relevantes à convivência livre e pacífica dos cidadãos. Nesse sentido, ver: ROXIN, Claus. Sobre o recente debate em torno do bem jurídico. In. LEITE, Alaor. *Novos estudos de direito penal*. São Paulo: Marcial Pons, 2014, p. 41-69. Ver, ainda: PRADO, Luiz Regis. *Bem jurídico-penal e constituição*. São Paulo: Revista dos Tribunais, 1996. Ainda sobre o conceito de bem jurídico e sua importância, destaca Zaffaroni: "Estos objetos de interés jurídico (entes) que el legislador valora, los llamamos 'bienes juridicos' y, cuando el legislador considera que determinadas formas de afectación requieren uma especial consecuencia jurídica, los tutela com uma sanción penal y se convierten así en 'bienes jurídicos penalmente tutelados', pero sólo en la medida de la tutela penal". (*Tratado de derecho penal. Parte general*. Vol. III, Buenos Aires: Ediar, 1981, p. 220). Para uma apreciação sobre as principais críticas, acerca da teoria do bem jurídico ver: BURCHARD, Christoph. O princípio de proporcionalidade no "direito penal constitucional" ou o fim da teoria do bem jurídico tutelado na Alemanha. In. AMBOS, Kai; BÖHM, Maria Laura. *Desenvolvimento das ciências criminais na Alemanha*. Brasília: Gazeta Jurídica, 2013, p. 29- 51. Reconhecendo válidas algumas das críticas à teoria do bem jurídico, sobretudo aquelas que buscam outorgar-lhe o selo de aferição da legitimidade do Direito Penal. Ana Bechara reconhece o importante caráter referencial do bem jurídico a impedir que quaisquer interesses sejam invocados para a tutela penal. Nesse sentido: "Assim, o rendimento da teoria do bem jurídico na legitimidade da intervenção penal deve ser entendido de forma bastante reduzida, não se podendo cobrar deste instituto efeitos que ele não pode eficazmente assumir. Isso não significa relegar o bem jurídico a um segundo plano, devendo ele continuar a constituir o referencial a impedir a tutela de quaisquer interesses, valores ou objetos, ao arbítrio político do legislador e da própria sociedade. O que se exige, no âmbito de um Estado Democrático de Direito de cunho antropocêntrico, é que a intervenção penal seja feita de forma mais racional. Para isso, é necessário percorrer um caminho inverso ao de buscar a pretensa justificativa material de uma norma por meio de um bem jurídico". (*Bem jurídico-penal*. São Paulo: Quartier Latin, 2014, p. 365).

ARTIGO 25 DA LEI Nº 13.869/2019

Há quem aponte, ao lado dos direitos fundamentais da personalidade, a regularidade da administração e o devido processo legal como bens jurídicos igualmente protegidos.[37] O entendimento é marcado por equívocos. Em primeiro lugar, a indicação plural de diferentes bens jurídicos, longe de delimitar o alcance da norma penal, papel desempenhado pela teoria do bem jurídico, dilata o espectro de incidência da norma ao ampliar as razões justificantes do mandamento proibitivo. Daí a importância da identificação cirúrgica do bem jurídico. Afinal, a apresentação de um rol extenso de bens jurídicos traz a reboque incertezas, o que é altamente indesejável no campo penal, informado por uma estrita legalidade.[38]

Por sua vez, a indicação do devido processo como bem jurídico penal é especialmente problemática no caso. Por se tratar de cláusula aberta, composta por um grande feixe de garantias processuais,[39] a noção de devido processo, além de incluir uma série de garantias processuais, cujo conteúdo goza de certa volatilidade, suscita os riscos da confusão entre as provas ilícitas e ilegítimas.[40] É até possível considerar que uma das finalidades remotas da penalização seja a proteção do devido processo entendido como o parâmetro ético que deve orientar a ação persecutória. Ocorre que a finalidade de uma norma, por si, não representa um bem jurídico. A finalidade da lei tem sentido amplo, enquanto o bem jurídico é preciso, ligando-se ao objeto da tutela.[41]

---

[37] Nesse sentido: GRECO, Rogério; CUNHA, Rogério Sanches. *Abuso de autoridade. Lei 13.869/2019*. Salvador: JusPodivm, 2020, p. 236.

[38] Aliás, lembra Roxin que a indeterminação é contrária à noção de bem jurídico que busca fixar um limite à faculdade de intervenção do direito penal. Nesse sentido: ROXIN, Sobre..., op. cit., p. 48.

[39] São elementos, expressos e implícitos que, combinados entre si, asseguram uma determinada forma de processo em torno dos valores da independência, imparcialidade, presunção de inocência, igualdade, publicidade, contraditório, ampla defesa, duração razoável, etc. Nesse sentido: TUCCI, Rogério Lauria. *Teoria do direito processual penal. Jurisdição, ação e processo penal (estudo sistemático)*. São Paulo: Revista dos Tribunais, 2002, p. 205; BERTOLINO, Pedro J. *El debido proceso penal*. La Plata: Platense, 1986, p. 20-21 e LEIBAR, Iñaki Esparza. *El principio del proceso debido*. 2 ed., Barcelona: Bosch, 1995, p. 76-77.

[40] Conforme item 3.2 supra.

[41] Nesse sentido, afirma Roxin: "No que se refere à variedade das definições de bem jurídico, é de se observar que a maioria dos autores não tem o propósito de formular um

ABUSO DE AUTORIDADE

4.2. Elemento objetivo

O núcleo do tipo penal é dado pela expressão "proceder à obtenção" o que equivale à própria ação de obter que, aliás, teria sido preferível a fim de evitar confusões hermenêuticas desnecessárias.[42] De qualquer modo, trata-se de crime material. Há previsão da conduta e do resultado o qual é dado pela obtenção de provas ilícitas.

O vocábulo "prova", como se sabe, registra vários significados. Na linguagem processual, a palavra designa os chamados elementos de prova, vale dizer, os dados que atestam ou negam um fato ou aspectos deste fato.[43] A referência à obtenção, por sua vez, indica uma etapa no processo de formação da prova jurídica o qual corresponde a sua revelação e aquisição. Assim, a busca e a apreensão é um meio de obtenção de prova da qual pode advir o encontro de objetos ou documentos relacionados à prática delituosa. O mesmo se diga com relação à interceptação telefônica, meio que permite a captação do diálogo e a revelação de seu conteúdo que, no caso, será a prova.

O problema enfrentado pela norma penal toca a ilicitude dos meios de obtenção e, portanto, a violação dos direitos fundamentais da personalidade os quais devem ser respeitados pelo Estado e seus agentes. O respeito dá-se pela inação ou pela ação (intervenção) que atenda os padrões de legalidade (limites materiais e procedimentais). Assim, considerando o tipo penal, a obtenção de provas por meios ilícitos compreende todas as condutas de revelação ilícita de elementos de prova, realizadas no curso de investigação ou de procedimento de fiscalização

---

conceito de bem jurídico crítico à legislação, mas parte de um conceito metodológico de bem jurídico, segundo o qual qualquer finalidade legal já cria um bem jurídico. Esses autores tentaram, desse ponto de partida, encontrar algo que fosse comum a todos os tipos. É natural que disso só possa resultar uma definição de alcance indeterminado" (Sobre..., op. cit., p. 48).

[42] No sentido usado pelo texto normativo o verbo "proceder" guarda o significado de levar a efeito, realizar e efetuar. Acrescido do substantivo "obtenção", que é o próprio efeito de obter,

[43] GOMES FILHO, Antonio Magalhães. Notas sobre a terminologia da prova (reflexos no processo penal brasileiro). In. YARSHEL, Flavio Luiz; MORAES, Maurício Zanoide de. *Estudos em homenagem à Professora Ada Pellegrini Grinover*. São Paulo: DPJ, 2005, p. 307 e TARUFFO, Michele. *La prova dei fatti giuridici*. Milano: Giuffrè, 1992, p. 415.

ARTIGO 25 DA LEI Nº 13.869/2019

que vulnerem os direitos fundamentais materiais.[44] É a confissão obtida mediante procedimentos de tortura (violação da intimidade), a busca e a apreensão domiciliar de objetos, pessoas ou coisas, sem prévia ordem judicial ou sem amparo nas exceções constitucionais (violação da privacidade projetada na inviolabilidade da casa), a interceptação clandestina das comunicações telefônicas ou telemáticas (violação da privacidade projetada no sigilo das comunicações) e a violação do sigilo bancário ou fiscal sem prévia ordem judicial (violação da privacidade), apenas para citar os exemplos mais tradicionais.

A noção de revelação, associada à etapa de obtenção da prova, não é aqui usada no sentido de revelação material, obviamente. Trata-se de uma revelação para fins jurídico-processuais. É por essa via que se compreende o efeito da inadmissibilidade processual que implica absoluta desconsideração da prova. Um problema de inexistência jurídica.

A expressão "procedimento de investigação", embora não dotada da melhor técnica,[45] foi empregada em sentido amplo de modo a alcançar toda e qualquer atividade investigatória a cargo de agente público com vistas a averiguar a ocorrência de certos fatos, suas circunstâncias e contexto, assim como os seus responsáveis. Não está circunscrita à fase

---

[44] Sem as limitações dadas pela referência à investigação ou ao procedimento de fiscalização, a ideia coincide com o magistério de Magalhães Gomes Filho, segundo o qual: "Assim, na leitura do art. 5º, LVI, da Constituição Federal brasileira, devem entender-se inadmissíveis os elementos de prova resultantes de atos de obtenção praticados com violação de direitos. Daí o equívoco em considerar-se afetada pela disposição constitucional a regra do art. 158 do Código de Processo Penal, que exige o exame de corpo de delito para comprovar a materialidade da infração penal que deixou vestígios. Trata-se, nessa situação, de meio de prova (pericial, no caso) exigido pelo legislador para que se possa considerar demonstrado o fato criminoso" (Notas..., op. cit., p. 307).

[45] O inquérito policial, por exemplo, não guarda a natureza de procedimento. Nesse sentido, pontua Scarance: "Não abrange o inquérito policial, que se caracteriza por um conjunto de atos praticados por autoridade administrativa, não configuradores de um processo administrativo. Sequer chegam a constituir procedimento, pois falta ao inquérito característica essencial do procedimento, ou seja, a existência de atos que obedeçam a uma sequência predeterminada pela lei, em que, após a prática de um, passa-se à do seguinte até o último ato, numa ordem que deve ser necessariamente observada". (Processo..., op. cit., p. 59).

ABUSO DE AUTORIDADE

pré-processual penal, muito embora este seja o campo mais recorrente de sua configuração.

Na persecução penal, vislumbra-se não só o inquérito policial – civil e o militar –, mas também os procedimentos investigatórios de natureza penal instaurados pelo Ministério Público.[46] Tanto em um como em outro, tem-se a movimentação da máquina persecutória dirigida ao esclarecimento do noticiado fato criminoso. Materializam, portanto, a fase preliminar da persecução,[47] palco comum onde as restrições de direitos fundamentais se tornam necessárias para a apuração dos fatos e para a

---

[46] A questão, que por muito tempo ocupou a centralidade do debate doutrinário, foi superada após o Acórdão paradigma do Supremo Tribunal Federal, proferido quando do julgamento do RE 593727/MG, assim ementado: "4. Questão constitucional com repercussão geral. Poderes de investigação do Ministério Público. Os artigos 5º, incisos LIV e LV, 129, incisos III e VIII, e 144, inciso IV, § 4º, da Constituição Federal, não tornam a investigação criminal exclusividade da polícia, nem afastam os poderes de investigação do Ministério Público. Fixada, em repercussão geral, tese assim sumulada: "O Ministério Público dispõe de competência para promover, por autoridade própria, e por prazo razoável, investigações de natureza penal, desde que respeitados os direitos e garantias que assistem a qualquer indiciado ou a qualquer pessoa sob investigação do Estado, observadas, sempre, por seus agentes, as hipóteses de reserva constitucional de jurisdição e, também, as prerrogativas profissionais de que se acham investidos, em nosso País, os Advogados (Lei 8.906/94, artigo 7º, notadamente os incisos I, II, III, XI, XIII, XIV e XIX), sem prejuízo da possibilidade – sempre presente no Estado democrático de Direito – do permanente controle jurisdicional dos atos, necessariamente documentados (Súmula Vinculante 14), praticados pelos membros dessa instituição". Maioria. 5. Caso concreto. Crime de responsabilidade de prefeito. Deixar de cumprir ordem judicial (art. 1º, inciso XIV, do Decreto-Lei nº 201/67). Procedimento instaurado pelo Ministério Público a partir de documentos oriundos de autos de processo judicial e de precatório, para colher informações do próprio suspeito, eventualmente hábeis a justificar e legitimar o fato imputado. Ausência de vício. Negado provimento ao recurso extraordinário. Maioria".

[47] Nesse sentido, pontuam Pacelli e Fischer: "O dado comum a todas é que a investigação preliminar, seja em inquérito policial (perante a Justiça comum) seja em outros procedimentos (Justiça Militar), destina-se à formação da *opinio delicti* daquele a quem a Lei atribui a função da formulação do juízo acusatório, que pode ser positivo, com o oferecimento da denúncia ou queixa, ou negativo, com o requerimento de arquivamento...". (PACELLI, Eugênio; FISCHER, Douglas. *Comentários ao Código de Processo Penal e sua jurisprudência*. 4. ed., São Paulo: Atlas, 2012, p. 11. Ver, ainda: PITOMBO, Sergio Marcos de Moraes. Inquérito policial: exercício do direito de defesa. *Boletim IBCCrim*, n. 83, out. 1999, p. 14; SAAD, Marta. *O direito de defesa no inquérito policial*. São Paulo: Revista dos Tribunais, 2004.

ARTIGO 25 DA LEI Nº 13.869/2019

identificação de seus prováveis autores. Daí a preocupação do legislador em punir os abusos atentatórios contra aqueles direitos.

Mas para além daquelas formas mais comuns de investigação, não se pode olvidar do inquérito civil, a cargo do Ministério Público. Regulado pela Lei 7.347/85, o inquérito civil destina-se à apuração de elementos que possam subsidiar o ajuizamento da ação civil pública. A sua finalidade investigatória implica, por vezes, a obtenção de provas e, com elas os riscos de violação de direitos fundamentais da personalidade.

Incluem-se na expressão, igualmente, os inquéritos parlamentares. Muito embora a finalidade primária das Comissões Parlamentares de Inquérito não seja a preparação de ações penais e/ou civis, a atividade investigatória por elas realizada lhes é ínsita.[48] De fato, pelo inquérito parlamentar, busca-se apurar eventuais irregularidades, abusos ou desvios cometidos pelas diferentes esferas do Poder Público. É, portanto, um procedimento jurídico constitucional dirigido à fiscalização dos atos do Poder Público.[49] Assim, durante o seu curso podem surgir situações que demandem a obtenção de prova e, por consequência, a restrição de direitos fundamentais materiais. Esta é uma questão por demais sensível e que toca diretamente o diálogo entre os poderes investigatórios das Comissões Parlamentares de Inquérito e a reserva de jurisdição.[50]

Os procedimentos fiscalizatórios, por sua vez, incluem uma grande variedade de procedimentos administrativos de fiscalização como é o exemplo dos procedimentos da Receita Federal, executados por seus

---

[48] Nesse sentido, observa TUCCI, Rogério Lauria: "...o inquérito parlamentar propriamente dito ostenta natureza administrativa, tanto na forma, como na substância, com a finalidade meramente investigatória, especificada a colheita de dados e informações acerca do fato ou dos fatos investigados". (Comissão Parlamentar de Inquérito (Atuação – competência – caráter investigatório). *Revista Brasileira de Ciências Criminais*. São Paulo, v. 2, n. 6, p. 171-185, abr./jun., 1994, p. 175).

[49] SIQUEIRA JR., Paulo Hamilton. *Comissão parlamentar de inquérito*. Rio de Janeiro: Campus Jurídico, 2007, p. 5.

[50] Nesse sentido, ver: VILARES, Fernanda Regina. *Processo penal. Reserva de jurisdição e CPIs*. São Paulo: OnixJur, 2012. Sobre os poderes investigatórios das Comissões Parlamentares de Inquérito, ver: LEMOS, Raphael Abs Musa de. *Aproveitamento da prova obtida pela CPI no processo penal*. Limeira: Editora do Conhecimento, 2016.

ABUSO DE AUTORIDADE

auditores fiscais,[51] assim como das autoridades fiscais estaduais e municipais. Por vezes, a apuração de ilícitos administrativos implica necessidade de obtenção de provas que podem conduzir à restrição de direitos fundamentais.[52]

[51] Regulado pelo Decreto 8.303/14.

[52] A questão tem suscitado intensos debates e que envolvem o poder das autoridades administrativas, no exercício do poder fiscalizatório, de obterem informações acobertadas pelo sigilo, independentemente de prévia autorização do Poder Judiciário. Nesse sentido, o Supremo Tribunal Federal, quando do julgamento das ADIs 2390, 2386, 2859 e 2397 entendeu que a Lei Complementar 105/2001 possibilitaria o acesso de dados bancários pelo Fisco para identificação do patrimônio, dos rendimentos e da atividade do contribuinte sem que fosse, possível, contudo, divulgar aquelas informações. Nesse sentido; "O Plenário destacou que, em síntese, a LC 105/2001 possibilitara o acesso de dados bancários pelo Fisco, para identificação, com maior precisão, por meio de legítima atividade fiscalizatória, do patrimônio, dos rendimentos e das atividades econômicas do contribuinte. Não permitiria, contudo, a divulgação dessas informações, resguardando-se a intimidade e a vida íntima do correntista. E esse resguardo se tornaria evidente com a leitura sistemática da lei em questão. Essa seria, em verdade, bastante protetiva na ponderação entre o acesso aos dados bancários do contribuinte e o exercício da atividade fiscalizatória pelo Fisco. Além de consistir em medida fiscalizatória sigilosa e pontual, o acesso amplo a dados bancários pelo Fisco exigiria a existência de processo administrativo — ou procedimento fiscal. Isso por si, já atrairia para o contribuinte todas as garantias da Lei 9.784/1999 — dentre elas, a observância dos princípios da finalidade, da motivação, da proporcionalidade e do interesse público —, a permitir extensa possibilidade de controle sobre os atos da Administração Fiscal. De todo modo, por se tratar de mero compartilhamento de informações sigilosas, seria mais adequado situar as previsões legais combatidas na categoria de elementos concretizadores dos deveres dos cidadãos e do Fisco na implementação da justiça social, a qual teria, como um de seus mais poderosos instrumentos, a tributação. Nessa senda, o dever fundamental de pagar tributos estaria alicerçado na ideia de solidariedade social. Assim, dado que o pagamento de tributos, no Brasil, seria um dever fundamental — por representar o contributo de cada cidadão para a manutenção e o desenvolvimento de um Estado que promove direitos fundamentais —, seria preciso que se adotassem mecanismos efetivos de combate à sonegação fiscal. No entanto, a Corte ressaltou que os Estados-Membros e os Municípios somente poderiam obter as informações previstas no art. 6º da LC 105/2001, uma vez regulamentada a matéria de forma análoga ao Decreto 3.724/2001, observados os seguintes parâmetros: a) pertinência temática entre a obtenção das informações bancárias e o tributo objeto de cobrança no procedimento administrativo instaurado; b) prévia notificação do contribuinte quanto à instauração do processo e a todos os demais atos, garantido o mais amplo acesso do contribuinte aos autos, permitindo-lhe tirar cópias, não apenas de documentos, mas também

ARTIGO 25 DA LEI Nº 13.869/2019

Por fim, são igualmente abrangidas pela elementar, as sindicâncias administrativas compreendidas como os meios sumários de apuração de irregularidades no serviço público. São, portanto, verdadeiros inquéritos administrativos que precedem o processo administrativo disciplinar.[53] A obtenção de provas (elementos de prova) pode implicar restrição de direitos fundamentais a exigir, igualmente, a observância dos procedimentos previstos em lei.

A obtenção da prova deve provir de meio **manifestamente** ilícito. A ênfase, se de um lado guarda o mérito de limitar o campo de incidência da norma penal em atenção aos critérios que norteiam a legalidade estrita, por outro abre a porta para uma relativa indeterminação. Trata-se de um elemento normativo do tipo que, como se sabe, exige do intérprete uma atividade valorativa e não meramente cognitiva.[54] Assim, não basta a configuração de um meio ilícito para a obtenção da prova. Deve ser um meio manifestamente (nitidamente, visivelmente e explicitamente) ilícito.

Considerando o objeto de tutela da norma penal, um critério hermenêutico a guiar a compreensão do sentido do elemento normativo seria a

---

de decisões; c) sujeição do pedido de acesso a um superior hierárquico; d) existência de sistemas eletrônicos de segurança que fossem certificados e com o registro de acesso; e, finalmente, e) estabelecimento de mecanismos efetivos de apuração e correção de desvios. Já quanto à impugnação ao art. 1º da LC 104/2001, no ponto em que insere o § 1º, II, e o § 2º ao art. 198 do CTN, o Tribunal asseverou que os dispositivos seriam referentes ao sigilo imposto à Receita Federal quando essa detivesse informações sobre a situação econômica e financeira do contribuinte. Os preceitos atacados autorizariam o compartilhamento de tais informações com autoridades administrativas, no interesse da Administração Pública, desde que comprovada a instauração de processo administrativo, no órgão ou entidade a que pertencesse a autoridade solicitante, destinado a investigar, pela prática de infração administrativa, o sujeito passivo a que se referisse a informação. Informativo 815 do STF (Disponível em: http://www.stf.jus.br/arquivo/informativo/documento/informativo815. htm. Acesso em 29.03.2020).

[53] MEIRELLES, Hely Lopes. *Direito administrativo brasileiro*. 33 ed., São Paulo: Malheiros, 2007, 698; CARVALHO FILHO, José dos Santos. *Manual de direito administrativo*, 24 ed., Rio de Janeiro: Lumen Juris, 2011, p. 1221; GASPARINI, Diogenes. *Direito Administrativo*, 17ª edição. São Paulo: Saraiva, 2012, p. 1116.

[54] BITENCOURT, Cezar Roberto. *Tratado de Direito Penal: parte geral*. 10. ed. São Paulo: Saraiva, 2006. v. 1, p. 328.

vulneração da reserva de jurisdição.[55] Tome-se como exemplo a interceptação telefônica desprovida de ordem judicial. Mas não é só. Por vezes, a
legislação fixa parâmetros de inadmissibilidade que não cedem mesmo
com a ordem judicial. Veja-se, a propósito, a proibição da interceptação
telefônica para apuração de crime apenado com detenção. Há, ainda,
os casos de tipificação penal dos comportamentos violadores de direitos fundamentais dirigidos à obtenção de prova. Nesse ponto, a própria
Lei de Abuso de Autoridade é prodigiosa em exemplos. Tome-se o constrangimento do preso ou do detento a produzir prova conta si mesmo ou
contra terceiros (art. 13) ou mesmo o constrangimento de testemunha a
prestar depoimento em violação ao sigilo que deva resguardar (art. 15).

Por certo haverá situações de ilicitude probatória que não guardarão
referência clara na legislação. O debate atual em torno do acesso aos
dados registrados em dispositivos móveis em contexto de flagrante delito
é, seguramente, o melhor exemplo. A questão, que havia sido enfrentada pelo Supremo Tribunal Federal em caso que é apontado como o
precedente sobre a matéria,[56] assumiu novo colorido em face dos avanços tecnológicos que potencializaram, não só as funções, mas também a
capacidade de armazenamento de dados dos aparelhos móveis. O debate
que, se encontra pendente de resolução no Supremo, já foi superado pelo
Superior Tribunal de Justiça[57] o que permite antever uma possível rever-
são do antigo precedente. Em situações que tais, seria possível falar-se,

---

[55] Discorrendo sobre o tema, Fernanda Vilares esclarece que a reserva de jurisdição pressupõe um conflito de interesses a exigir o pronunciamento do Poder Judiciário. Será absoluta
quando a intervenção judicial for exclusiva o que ocorre nos casos que envolverem bens
constitucionalmente relevantes relacionados ao interesse público primário. (*Processo...*, op.
cit., p. 73). Ver, ainda. RANGEL, Paulo de Castro. *Reserva de jurisdição, sentido dogmático e
sentido jurisprudencial.* Porto: Universidade Católica Editora, 1997).
[56] Trata-se de julgamento proferido no HC 91.867/PA. Para uma análise do caso, ver: ZILLI,
Marcos. A prisão em flagrante e o acesso de dados em dispositivos móveis. Nem utopia,
nem distopia. Apenas a racionalidade. In. ANTONIALLI, Dennys; ABREU, Jacqueline de
Souza Abreu (Eds.). *Direitos fundamentais e processo penal na era digital. Doutrina e prática em
debate.* V. 1, São Paulo: Internetlab, 2018, p. 65-99.
[57] A questão foi enfrentada quando do julgamento do HC 51.531/RO e novamente discutida quando do julgamento do RHC 76324/DF.

desde logo, em prova obtida por meio manifestamente ilícito para fins de adequação penal típica?

A resposta há de ser negativa. Afinal, como guardião da ordem constitucional, cabe ao Supremo Tribunal a delimitação dos contornos de lesividade aos direitos fundamentais materiais que estariam aptos a desqualificar um dado meio de obtenção de prova com a certificação de sua ilicitude. Assim, enquanto aberta a discussão não se poderia reconhecer preenchido o elemento normativo do tipo. Haverá, sem dúvida, prova ilícita que assim for reconhecida pelos graus inferiores de jurisdição e com a projeção dos efeitos no âmbito de cada processo. O que não se imagina é a configuração de uma ilicitude probatória manifesta, enquanto não resolvida a questão pelo Supremo Tribunal. A interpretação assim posta valoriza o princípio da estrita legalidade penal, estabelecendo limites mais precisos de interpretação de incidência da norma penal.

4.2. Elemento subjetivo

O crime somente é punido a título de dolo. Ou seja, as condutas violadoras dos direitos fundamentais materiais são realizadas porque se pretende com elas obter elementos de prova ilícitos. Mas não é só. A conduta também deve estar dirigida pelo fim específico delineado pelo art. 1º da Lei 13.869/19, qual seja, a intenção de prejudicar terceiros ou de beneficiar a si mesmo ou a terceiro, ou ainda, por mero capricho ou satisfação pessoal.

No contexto da obtenção das provas ilícitas, sem excluir a possibilidade de configuração das outras especiais finalidades de agir dadas pela regra geral, as figuras do capricho (obstinação e a teimosia) – e da satisfação pessoal – (sensação de êxito) – apresentam-se como as mais pertinentes na complementação do quadro psicológico do tipo penal do art. 25, *caput*. É que a observância dos parâmetros da legalidade na obtenção de provas exige esforço maior da parte dos agentes envolvidos na persecução penal. Assim, a opção pelo meio ilícito revela uma escolha por um caminho que se apresenta como o mais fácil. Expressa, assim, a resistência à observância dos procedimentos legais e a escolha consciente pelo uso dos atalhos proibidos.

4.3. Sujeito ativo

Sujeito ativo é o agente público ou mesmo a autoridade que atua no procedimento de investigação ou de fiscalização e que obtém a prova por meios manifestamente ilícitos. Estão abarcados, portanto, os policiais militares e civis, os guardas civis, as autoridades policiais civis encarregadas da presidência do inquérito policial e os representantes do Ministério Público que realizem investigações.

Ainda que as autoridades judiciárias não detenham poderes de investigação, especialmente em um processo penal filiado à estrutura acusatória,[58] não se descarta a possibilidade de figurarem no polo passivo da relação jurídica penal. Um exemplo é a hipótese de deferimento de meio de obtenção de prova em situação expressamente vedada pela lei, como é o caso da interceptação telefônica para apuração de crime apenado com detenção.

Os parlamentares, no contexto das Comissões Parlamentares de Inquérito, e os auditores fiscais nos procedimentos de fiscalização nas diferentes esferas completam o rol dos possíveis autores do crime.

Não se descarta a possibilidade da responsabilização do particular pelo crime quando cometido em concurso com o agente público como na hipótese da participação do advogado em ação executada por policial civil. A comunicabilidade das elementares relacionadas às condições de caráter pessoal provém da regra dada pelo art. 30 do Código Penal.

4.4. Sanção penal

Os parâmetros da sanção penal – 1 a 4 anos de detenção e multa – são compatíveis com o acordo de não persecução e com a suspensão condicional do processo, respeitados os demais requisitos previstos para estas formas negociadas de solução do conflito penal.

4.5. Concurso de crimes

O estabelecimento de um tipo penal próprio voltado à responsabilidade dos agentes públicos que promovem a obtenção de provas ilícitas, sem dúvida, representa um avanço em direção à repressão e à contenção dos

---

[58] Conforme art. 3-A do Código de Processo Penal com redação dada pela Lei 13.964/19.

abusos de autoridade, bem como à sedimentação de uma cultura de respeitabilidade dos direitos fundamentais relacionados com os espaços de liberdade. Ocorre que a multiplicidade de condutas penais previstas na própria lei, assim como em outros marcos legais, pode suscitar problemas relacionados com o concurso – real ou aparente – de normas penais.

O constrangimento do preso ou do detento, mediante emprego de violência ou grave ameaça, a fim de produzir prova contra si mesmo ou ainda contra terceiro encontrou, na Lei de Abuso de Autoridade, uma tipificação autônoma (art. 13, III). Trata-se de crime formal que se perfaz com o constrangimento (forçar alguém a fazer ou deixar de fazer algo), mediante emprego de ameaça ou de violência física. Não se exige, dessa forma, o resultado representado pela produção de prova. De resto, a incidência do tipo é relativamente restrita diante da especial condição do sujeito passivo que deve ser o preso ou o detido. Note-se que a depender da intensidade do constrangimento a ação poderá caracterizar o crime de tortura (art.1º, inciso I da Lei 9.455/97). É a consagração do princípio da subsidiariedade.[59] Afinal, a norma do art. 13, III está abrangida pela tortura.

A configuração da tortura também excluirá a incidência do tipo penal do art. 25, *caput* da Lei de Abuso de Autoridade. Para além da maior gravidade, o crime de tortura é uma especificação da hipótese geral da obtenção ilícita de provas. Mas a relação com o art. 13, III é mais curiosa. Com efeito, o constrangimento do preso ou do detido – sem evidenciar a tortura – subsume-se ao tipo penal do art. 13, III. Mas, se do constrangimento resultar a revelação de prova, a questão é transposta para o art. 25, *caput* que, como examinado, é crime material. Não se vislumbra, portanto, o concurso formal de crimes. Afinal, o constrangimento é o próprio meio ilícito de obtenção da prova. Tratando-se de pessoa em liberdade, não há maiores dúvidas. O crime será o do art. 25, *caput*.

O constrangimento a prestar depoimento de pessoa que, em razão de função, ministério, ofício ou função, deva guardar sigilo também encontrou formulação penal típica autônoma (art. 15, *caput*). Se do constrangi-

---

[59] FRAGOSO, Heleno Claudio. *Lições de direito penal*. 10 ed., Rio de Janeiro: Forense, 1986, p. 375 e ASÚA, Luis Jiménez de. *La ley y el delito. Principios de derecho penal*. Buenos Aires: Editorial Sudamericana, 1967, p. 147.

ABUSO DE AUTORIDADE

mento advier a obtenção de prova no curso de investigação ou de procedimento de fiscalização, aplica-se a norma do art. 25, *caput*. Cuidando-se de crime material, o constrangimento será normal fase de execução da obtenção ilícita de prova. Note-se que se a autoridade judiciária, no curso de processo, constrange a pessoa a depor, a despeito do sigilo que lhe cabe resguardar, não incidirá à hipótese o art. 25, caput o qual está restrito às ações cometidas no curso de investigação ou de procedimento de fiscalização. Restará, portanto, a figura do art. 15, caput da Lei de Abuso de Autoridade.

A invasão do imóvel alheio também é criminalizada em tipo autônomo (art. 22, *caput*). Se a ação for dirigida à obtenção de prova, prevalecerá a figura penal do art. 25, *caput*. Para além da invasão domiciliar constituir o meio executório de obtenção da prova ilícita, que é a conduta-fim,[60] a questão resolve-se, igualmente, pelo elemento subjetivo do tipo que motiva o agir.

A interceptação de comunicação telefônica, informática ou telemática ilegal também é exemplo de meio ilícito de obtenção de prova. A sua fórmula penal típica, contudo, já era prevista pela lei que regulamentou os procedimentos das interceptações telefônicas (art. 10, *caput*, da Lei 9.296/96). A Lei de Abuso de Autoridade manteve o dispositivo, acrescentando, contudo, a promoção de escuta ambiental ilegal. Muito embora as condutas possam ser praticadas por qualquer pessoa, não se exigindo, portanto, a especial condição de agente público, quando este vier a promover a interceptação ilícita, não será o caso de aplicação da figura penal do art. 25, *caput* da Lei de Abuso de Autoridade, mas sim, aquela prevista pelo art. 10, *caput* da Lei 9.296/96. Raciocínio inverso levaria à punição mais branda do agente público em comparação ao particular o que se mostraria um contrassenso.[61]

---

[60] Hipótese de consunção em que a descrição de um tipo penal é fase de preparação ou de execução de outro. Nesse sentido: JIMÉNEZ DE ASÚA, Luis. *La ley y el delito*. 4. ed., Buenos Aires: Sudamerica, 1967, p. 147.
[61] Importante lembrar que a pena prevista para o crime previsto pelo art. 25, *caput* da Lei 13.869/2019 é de 1 a 4 anos de detenção e multa, enquanto para o crime previsto pelo art. 10, *caput* da Lei 9.296/96 é de 2 a 4 anos e multa.

O mesmo raciocínio, note-se, deve ser aplicado a quem realiza a captação ambiental de sinais eletromagnéticos, ópticos ou acústicos para investigação criminal e cuja criminalização foi dada pela recente Lei 13.964/19 que acrescentou mais uma figura penal na Lei de Interceptações Telefônicas (art. 10-A). Assim, o novo tipo penal alcançará, tanto as condutas realizadas por particulares, como aquelas executadas por agentes públicos.

5. Usar prova ilícita em desfavor de investigado ou de fiscalizado (art. 25, parágrafo único)

O parágrafo único do art. 25 tipifica a conduta daquele que faz uso (aproveita) a prova ilícita, em prejuízo de investigado ou de fiscalizado, tendo ciência daquela condição. O uso da prova envolve várias situações. É a hipótese da autoridade policial que faz uso de uma prova ilícita a fim de subsidiar a representação por medidas cautelares, do representante do Ministério Público para sustentar o oferecimento de ação penal ou mesmo da autoridade judiciária na prolação de uma decisão interlocutória no curso de investigação. A referência expressa ao investigado e ao fiscalizado retira do campo de aplicação da norma o uso da prova ilícita na fase processual, estabelecendo, assim, um vácuo na tutela penal dos direitos fundamentais.

A clara relação de dependência da figura penal com aquela prevista no *caput* impõe, por coerência lógica, a adoção das premissas conceituais lá estabelecidas. Dentre estas, obviamente, repousa o conceito de prova ilícita o qual vincula-se aos elementos de prova obtidos com violação dos direitos fundamentais materiais.[62] Não se contenta o legislador com o quadro de ilicitude. É uma ilicitude escancarada pelo advérbio de modo.

No plano subjetivo, projeta-se uma ação dolosa, acrescida da ciência da origem ilícita. A exigência do conhecimento prévio da ilicitude busca dar conta das situações em que o conhecimento dos procedimentos ilícitos somente vem à tona nas fases posteriores da persecução penal ou do processo administrativo, o que, aliás, é uma realidade recorrente.

---

[62] Conforme item 3.2 supra.

Por fim, registre-se que as ações de obter e de usar são temporalmente distintas, muito embora logicamente interligadas. Aliás, há uma clara relação de dependência, não se exigindo, contudo, identificação do agente responsável pela primeira para a punição dos responsáveis pelo uso posterior. De qualquer forma, tratando-se de condutas distintas, haverá concurso material quando realizadas pelo mesmo agente.

Referências

ARANHA, Adalberto José de Camargo. A prova proibida no âmbito penal. *Revista de Jurisprudência do Tribunal de Justiça do Estado de São Paulo*. São Paulo, ano 16, v. 75, mar./abr., 1982, p. 19-24.

ARMENTA-DEU, Teresa. Nuevas tendencias en matéria de prueba ilícita. Relatório geral. Civil law. In. GRINOVER, Ada Pellegrini; CALMON, Petrônio (orgs). *Direito processual comparado. XIII World Congress of Procedural Law.* Rio de Janeiro: Forense, 2007, p. 543-575.

AVOLIO, Luis Francisco Torquato. *Provas ilícitas. Interceptações telefônicas, ambientes e gravações clandestinas.* 3. ed., São Paulo: Revista dos Tribunais, 2003.

BADARÓ Gustavo. *Processo penal.* 4. ed., São Paulo: Revista dos Tribunais, 2016.

BECHARA, Ana Elisa Liberatore. *Bem jurídico-penal.* São Paulo: Quartier Latin, 2014.

BERCH, Michael A.; BERCH, Rebecca White; SPRITZER, Ralph S. *Introduction to legal method and process.* 2. ed. St. Paul: West, 1992.

BERTOLINO, Pedro J. *El debido proceso penal.* La Plata: Platense, 1986.

BITENCOURT, Cezar Roberto. *Tratado de Direito Penal: parte geral.* 10. ed. São Paulo: Saraiva, 2006. v. 1.

BURCHARD, Christoph. O princípio de proporcionalidade no "direito penal constitucional" ou o fim da teoria do bem jurídico tutelado na Alemanha. In. AMBOS, Kai; BÖHM, Maria Laura. *Desenvolvimento das ciências criminais na Alemanha.* Brasília: Gazeta Jurídica, 2013, p. 29- 51.

CARNELUTTI, Francesco. Illecita produzione do documenti. *Rivista di Diritto Processuale*, Padova, v. XII, parte II, ano XIII, 1935, p. 63-70.

CARVALHO, Ricardo Cintra Torres de. A inadmissibilidade da prova ilícita em processo penal: um estudo comparativo das posições brasileira e norte-americana. *Revista Brasileira de Ciências Criminais*, 3 (12), 1995, p. 162-200.

CARVALHO FILHO, José dos Santos. *Manual de direito administrativo*, 24 ed., Rio de Janeiro: Lumen Juris, 2011.

ECHANDIA, Devis. *Teoria general de la prueba judicial*. T. 1, Buenos Aires: Victor P. de Zavalía, 1981.

—; *Compendio de derecho procesal*. Bogotá: Editorial ABC, 1979.

FERNANDES, Antonio Scarance. *Processo penal constitucional*. 6. ed., São Paulo: Revista dos Tribunais, 2010.

FRAGOSO, Heleno Claudio. *Lições de direito penal*. 10 ed., Rio de Janeiro: Forense, 1986.

GASPARINI, Diogenes. *Direito Administrativo*, 17ª ed.. São Paulo: Saraiva, 2012.

GOMES FILHO, Antonio Magalhães. Provas. Lei 11.690, de 09.06.2008. In: ASSIS MOURA, Maria Thereza Rocha de (Coord.). *As reformas no processo penal. As novas leis de 2008 e os projetos de reforma*. São Paulo: Revista dos Tribunais, 2008, p. 246-297.

—; Novas tendências em matéria de provas ilícitas. In. GRINOVER, Ada Pellegrini; CALMON, Petrônio (orgs). *Direito processual comparado. XIII World Congress of Procedural Law*. Rio de Janeiro: Forense, 2007, p. 608-620.

—; Notas sobre a terminologia da prova (reflexos no processo penal brasileiro). In. YARSHEL, Flavio Luiz; MORAES, Maurício Zanoide de. *Estudos em homenagem à Professora Ada Pellegrini Grinover*. São Paulo: DPJ, 2005, p. 303-318.

GRINOVER, Ada Pellegrini. *Liberdades públicas e processo penal: as interceptações telefônicas*. 2 ed., São Paulo: Revista dos Tribunais, 1982.

GRINOVER, Ada Pellegrini; FERNANDES, Antonio Scarance; GOMES FILHO, Antonio Magalhães. *As nulidades no processo penal*. 8. ed., São Paulo: Revista dos Tribunais, 2004.

GRECO, Rogério; CUNHA, Rogério Sanches. *Abuso de autoridade. Lei 13.869/2019*. Salvador: JusPodivm, 2020.

JIMÉNEZ DE ASÚA, Luis. *La ley y el delito*. 4. ed., Buenos Aires: Sudamerica, 1967.

LAFAVE, Wayne R.; ISRAEL, Jerold H. *Criminal procedure. Constitutional limitations*. 5. ed. St. Paul: West, 1993.

—; *Criminal procedure*. 2. ed. St. Paul: West, 1992.

LEIBAR, Iñaki Esparza. *El principio del proceso debido*. 2 ed., Barcelona: Bosch, 1995.

LEMOS, Raphael Abs Musa de. *Aproveitamento da prova obtida pela CPI no processo penal*. Limeira: Editora do Conhecimento, 2016.

MEIRELLES, Hely Lopes. *Direito administrativo brasileiro*. 33 ed., São Paulo: Malheiros, 2007.

MELLO, Rodrigo Pereira de. *Provas ilícitas e sua interpretação constitucional.* Porto Alegre: Sergio Antonio Fabris, 2000.

MIRANDA, Jorge. *Manual de direito constitucional. Direitos fundamentais.* T. IV. 5. ed., Coimbra: Coimbra Editora, 2012.

NUVOLONE, Pietro. Le prove vietate nel processo penale nei paesi di diritto latino. *Rivista di Diritto Processuale.* Padova, v. XXI, 1966, p. 442/475.

PACELLI, Eugênio; FISCHER, Douglas. *Comentários ao Código de Processo Penal e sua jurisprudência.* 4. ed., São Paulo: Atlas, 2012.

PITOMBO, Sergio Marcos de Moraes. Inquérito policial: exercício do direito de defesa. *Boletim IBCCrim,* n. 83, out. 1999, p. 14.

PRADO, Luiz Regis. *Bem jurídico-penal e constituição.* São Paulo: Revista dos Tribunais, 1996.

RABONEZE, Ricardo. *Provas obtidas por meios ilícitos.* 3. ed. Porto Alegre: Síntese, 2000.

RANGEL, Paulo de Castro. *Reserva de jurisdição, sentido dogmático e sentido jurisprudencial.* Porto: Universidade Católica Editora, 1997.

ROXIN, Claus. Sobre o recente debate em torno do bem jurídico. In. LEITE, Alaor. *Novos estudos de direito penal.* São Paulo: Marcial Pons, 2014, p. 41-69.

SAAD, Marta. *O direito de defesa no inquérito policial.* São Paulo: Revista dos Tribunais, 2004.

SIQUEIRA JR., Paulo Hamilton. *Comissão parlamentar de inquérito.* Rio de Janeiro: Campus Jurídico, 2007.

TARUFFO, Michele. *La prova dei fatti giuridici.* Milano: Giuffrè, 1992.

TUCCI, Rogério Lauria. *Teoria do direito processual penal. Jurisdição, ação e processo penal (estudo sistemático).* São Paulo: Revista dos Tribunais, 2002.

—; Comissão Parlamentar de Inquérito (Atuação – competência – caráter investigatório). *Revista Brasileira de Ciências Criminais.* São Paulo, v. 2, n. 6, abr./ jun., 1994, p. 171-185.

URBANO CASTRILLO, Eduardo; TORRES MORATO, Miguel Ángel. *La prueba ilícita penal. Estudio jurisprudencial.* 4. ed., Navarra: Aranzadi, 2007.

VESCOVI, Enrique. Provas ilícitas. *Revista da Procuradoria Geral do Estado de São Paulo.* São Paulo, v. 13/14, 1978/1979, p. 369-387.

VIGORITI, Vicenzo. Prove illecite e constituzione. *Rivista di Diritto Processuale,* 1968, p. 64-73.

VILARES, Fernanda Regina. *Processo penal. Reserva de jurisdição e CPIs.* São Paulo: OnixJur, 2012.

ZAFFARONI, Eugenio Raúl. *Tratado de derecho penal. Parte general.* Vol. III, Buenos Aires: Ediar, 1981.

ZILLI, Marcos. A prisão em flagrante e o acesso de dados em dispositivos móveis. Nem utopia, nem distopia. Apenas a racionalidade. In. ANTONIALLI, Dennys; ABREU, Jacqueline de Souza Abreu (Eds.). *Direitos fundamentais e processo penal na era digital. Doutrina e prática em debate.* V. 1, São Paulo: Internetlab, 2018, p. 65-99.

—; As provas ilícitas no processo penal brasileiro e no direito penal internacional: duas cabeças, duas sentenças. In. SANTIAGO, Nestor Eduardo Araruna (Coord.). *Proibições probatórias no processo penal. Análise do direito brasileiro, do direito estrangeiro e do direito internacional.* Brasília: Gazeta Jurídica, 2013, p. 89-137.

—; We the people..., *Revista Brasileira de Ciências Criminais.* jul./ago., 2009, p, 185-208.

—; O pomar e as pragas. *Boletim do IBCCrim,* 188, jul. 2008, p. 2.

15. Justa causa para a investigação e vazamento de gravações: análise crítica dos artigos 27 e 28

FÁBIO RAMAZZINI BECHARA
GIANPAOLO POGGIO SMANIO
LUIZ FERNANDO BUGIGA REBELLATO

Introdução

O objetivo do artigo é proceder a uma análise crítica dos artigos 27 e 28 da nova Lei de Abuso de Autoridade, notadamente do ponto de vista do desafio interpretativo para a delimitação de conceitos jurídicos indeterminados, que foram introduzidos na redação dos dispositivos sob exame.

Inegável a preocupação em se estabelecer parâmetros a nortear a atuação estatal, seja para evitar a injustificada restrição da intimidade e vida privada, seja na preservação da reputação contra juízos precipitados e infundados.

Difícil a missão de compatibilizar direitos e garantias, os quais, embora possam parecer antagônicos, na realidade se complementam e se modulam, notadamente quando indispensável para evitar ou compensar a proteção deficiente. Direitos e garantias precisam ser compreendidos não somente numa dimensão individual, mas principalmente coletiva.

1. Justa causa para a investigação

1.1. Noções gerais

Dispõe o artigo 27:

> *Requisitar instauração ou instaurar procedimento investigatório de infração penal ou administrativa, em desfavor de alguém, à falta de qualquer indício da prática de crime, de ilícito funcional ou de infração administrativa:*
> *Pena – detenção, de 6 (seis) meses a 2 (dois) anos, e multa.*
> *Parágrafo único. Não há crime quando se tratar de sindicância ou investigação preliminar sumária, devidamente justificada*

O tipo penal do artigo 27 da Lei de Abuso de Autoridade visa proteger, em caráter primário, a honra, a imagem e a dignidade da pessoa sujeita à investigação criminal, evitando-se que tenha o dissabor de ser alvo de uma investigação quando nenhum indício permita colocá-la na condição de investigada em um procedimento criminal, funcional ou administrativo.

Em um caráter secundário, o tipo penal visa tutelar a idoneidade e retidão da própria Administração Pública, a qual zelaria para que seus servidores atuassem de maneira correta e de acordo com as normas jurídicas, impedindo-se ainda, por conseguinte, o início de investigações infundadas, lastreadas por ausência completa de indícios e que tenham por objetivo prejudicar outrem ou beneficiar a si mesmo ou a terceiro, ou, ainda, sejam realizadas por mero capricho ou satisfação pessoal.

De acordo com o artigo 2º da Lei n. 13.869/2019, considera-se sujeito ativo do delito qualquer agente público, servidor ou não, da administração direta, indireta ou fundacional de qualquer dos Poderes da União, dos Estados, do Distrito Federal, dos Municípios e de Território, compreendendo, mas não se limitando a servidores públicos e militares ou pessoas a eles equiparadas; membros do Poder Legislativo; membros do Poder Executivo; membros do Poder Judiciário; membros do Ministério Público; membros dos tribunais ou conselhos de contas. Ainda, de acordo com o parágrafo único do mesmo dispositivo, reputa-se agente público, para os efeitos da Lei, todo aquele que exerce, ainda que transitoriamente ou sem remuneração, por eleição, nomeação, designação, contratação ou qualquer outra forma de investidura ou vínculo, mandato, cargo, emprego ou função em órgão ou entidade abrangidos pelo *caput* deste artigo.

Já o sujeito passivo do crime, de forma imediata, poderá ser qualquer pessoa, física ou jurídica, especialmente nos delitos ambientais (em que se admite a responsabilização da pessoa jurídica). Já o sujeito passivo mediato é o Estado, como legítimo interessado na atuação regular dos integrantes da Administração Pública.

O delito previsto no artigo 27 da Lei de Abuso de Autoridade somente admite a modalidade dolosa (de forma direta ou eventual), não sendo possível a responsabilização a título de culpa (negligência, imprudência ou imperícia).

Ainda, são admissíveis as modalidades comissivas e, em tese, a omissiva imprópria (ou comissiva por omissão).

Registre-se que, para além das observações mencionadas nos itens anteriores, o cometimento do delito exige que a requisição ou a efetiva instauração do procedimento investigatório tenha, por objetivo específico, a intenção de prejudicar outrem ou beneficiar a si mesmo ou a terceiro, ou, ainda, por mero capricho ou satisfação pessoal.

Trata-se, em verdade, de um elemento subjetivo específico geral, aplicável a todos os tipos penais contidos na Lei de Abuso de Autoridade, conforme se depreende do artigo 1º, § 1º, da Lei n. 13.869/2019.

Assim, os tipos penais da Lei de Abuso de Autoridade exigem, para além dos elementos subjetivos individuais de cada tipo penal, o específico fim de agir contido na parte geral da legislação.

De mais a mais, impende salientar que, conforme dispõe expressamente o artigo 1º, § 2º, da Lei n. 13.869/2019, a divergência na interpretação da lei ou na avaliação dos fatos e provas não configura o abuso de autoridade.

O dispositivo em questão contemplou um pedido expresso dos agentes públicos que seriam passíveis de serem responsabilizados pela lei de abuso de autoridade, evitando-se a chamada *"criminalização da hermenêutica"*.

Na modalidade de *"requisitar"*, a consumação ocorre com a mera requisição, com o ato de determinar a instauração, sendo dispensável a efetiva instauração do procedimento investigatório para a configuração do crime nessa hipótese. Trata-se de uma modalidade de crime formal, que dispensa a efetiva caracterização do resultado naturalístico.

Já na modalidade *"instaurar"*, a consumação ocorre com a efetiva instauração do procedimento investigatório para apuração de infração penal ou administrativa, ou seja, com a formalização do procedimento administrativo. Aqui, entende-se que o crime é material, pois exige a efetiva instauração do procedimento, sem o que o delito não se configurará.

Impende registrar que, em uma situação hipotética, dois agentes públicos poderão ser responsabilizados por diferentes elementos objetivos do tipo penal. Para tanto, caso um Promotor de Justiça requisite a instauração de um procedimento investigatório criminal nas circunstâncias do artigo 27 da Lei de Abuso de Autoridade, o delito já estará configu-

ABUSO DE AUTORIDADE

rado, independentemente da efetiva instauração do procedimento pela Autoridade Policial. Caso o Delegado de Polícia, por sua vez, instaure efetivamente o procedimento requisitado, poderá ser responsabilizado pela modalidade *"instaurar"*, ao passo que o membro do Ministério Público será passível de ser responsabilizado pelo elemento objetivo *"requisitar"*.

A tentativa é admissível, por se tratar de delito plurissubsistente, bem como pelo fato de que as condutas "requisitar" e "instaurar" podem ser fragmentadas em diferentes atos, muito embora seja difícil a caracterização.

O artigo 27 da Lei de Abuso de Autoridade prevê, no preceito secundário do dispositivo penal, a pena de detenção de 6 (seis) meses a 2 (dois) anos, e multa.

Trata-se de um delito processado mediante ação penal pública incondicionada, a ser proposta pelo Ministério Público. Impende registrar que, a depender do sujeito ativo direto e imediato, a deverá ser observado o foro por prerrogativa de função. Assim, *verbi gratia,* caso o sujeito ativo do crime seja um juiz estadual ou membro do Ministério Público, a ação deverá ser proposta pela Procuradoria-Geral de Justiça, perante o Tribunal de Justiça local

Admite-se, ainda, a propositura de ação penal privada subsidiária da pública, em caso de inércia injustificável por parte do membro do Ministério Público. Assim, caso o *Parquet* deixe de atuar injustificadamente no prazo fixado para oferecimento da denúncia (artigo 46 do Código de Processo Penal), a vítima poderá propor a respectiva ação, na forma do artigo 3º, §§ 1º e 2º, da Lei n. 13.869/2019 e artigo 29 do Código de Processo Penal.

Todavia, é certo que caso o membro do Ministério Público delibere pelo arquivamento do feito ou a realização de novas diligências, tais providências jamais poderão ser interpretadas como inércia, inadmitindo-se, por conseguinte, a ação penal privada subsidiária da pública nestas hipóteses.

Ainda considerando o *quantum* da pena imposta, o delito poderá ser considerado de menor potencial ofensivo (artigo 61 da Lei n. 9.099/1995), admitindo-se, por conseguinte, a transação penal (artigo 76 do precitado Diploma Legal). Poderá ser oferecido, ainda, a suspensão condicional do processo (artigo 89 da Lei n. 9.099/1995), caso inadmitida a transação penal.

Ademais, o tipo penal não permitirá a aplicação do acordo de não persecução, haja vista a vedação do artigo 28-A, § 2º, inciso I, do Código de Processo Penal, já com a alteração promovida pela Lei n. 13.964/2019.

Via de regra e excepcionadas as hipóteses de competência originária ou federal, a ação deverá ser proposta perante o Juizado Especial Criminal.

1.2. Caracterização do crime: análise crítica dos elementos do tipo

O artigo 27 da Lei nº 13.869/2019 criminaliza a hipótese de se "requisitar" ou "instaurar" procedimento investigatório de infração penal ou administrativa, em desfavor de alguém, à falta de "qualquer indício da prática de crime, de ilícito funcional ou de infração administrativa".

O tipo penal é composto por um conjunto de elementares, as quais demandam uma análise individualizada e compatível com os poderes investigatórios conferidos ao Ministério Público, às Polícias Civil e Federal, bem como aos órgãos investigativos de cunho administrativo e tributário, como os tribunais de contas, as autoridades fazendárias, dentre outros.

– Requisitar instauração

A expressão "requisitar" guarda consonância com o artigo 5º, inciso II, do Código de Processo Penal, o qual determina a possibilidade de, *"nos crimes de ação pública o inquérito policial será iniciado: II – mediante requisição da autoridade judiciária ou do Ministério Público, ou a requerimento do ofendido ou de quem tiver qualidade para representá-lo."*. No mesmo sentido, dispõe o artigo 47 do mesmo Diploma Legal que, *"se o Ministério Público julgar necessários maiores esclarecimentos e documentos complementares ou novos elementos de convicção, deverá requisitá-los, diretamente, de quaisquer autoridades ou funcionários que devam ou possam fornecê-los"*.

Trata-se de dispositivo relacionado à possibilidade do juiz e do membro do Ministério Público requisitarem a instauração de inquérito policial e, no caso do *Parquet*, a de requisitar também novas diligências, esclare-

ABUSO DE AUTORIDADE

cimentos, documentos complementares e novos elementos de convicção às autoridades e funcionários que possam ou devam fornecê-los.

Parte da doutrina tem entendido que a "requisição" assume um caráter mandamental, de modo que, ao ser determinada a instauração de uma investigação criminal por parte de seus autores, não terá a autoridade policial discricionariedade para deixar de dar início ao procedimento investigatório criminal de sua alçada. Entretanto, é certo que o sistema investigativo e persecutório não estabelece uma relação hierárquica-funcional entre o membro do Ministério Público e o Delegado de Polícia, de modo que a feição de "ordem" na instauração estaria relacionada ao dever conferido à Autoridade Policial de instaurar uma investigação diante da *notitia criminis* de um fato potencialmente criminoso[1].

Ainda no tocante à requisição, é certo que o Código de Processo Penal confere esta possibilidade também aos juízes de, ao se depararem com um fato supostamente criminoso, requisitarem a instauração de um inquérito policial para sua apuração. Muito embora alguns doutrinadores tenham sustentado que a possibilidade de requisição feriria o sistema acusatório e a imparcialidade atribuída ao magistrado[2], é certo que ainda tem se admitido, ao menos na jurisprudência, a possibilidade da requisição expedida por determinação do Juiz de Direito[3].

Impende registrar que o artigo 5º, inciso II, do Código de Processo Penal prevê a possibilidade de o inquérito policial ser instaurado por via de requerimento formulado pelo ofendido ou por quem tiver qualidade para representá-lo. Nesta hipótese, ainda que o ofendido venha a ser um funcionário público (especialmente para fins do artigo 2º da Lei n. 13.869/2019), o requerimento para instauração de procedimento

---

[1] Neste sentido: MOUGENOT BONFIM, Edilson. *Curso de Processo Penal.* São Paulo: Ed. Saraiva, 13ª edição, 2019. NUCCI, Guilherme de Souza. *Código de Processo Penal Comentado,* 10ª Edição, 2010. Editora Revista dos Tribunais. Pág. 86. De igual sorte, a Lei n. 12.830/2013 reforça a ideia de inexistência de relação hierárquica, ao prever que deverá ser dispensado, aos Delegados de Polícia, o mesmo tratamento protocolar conferido aos magistrados e membros do Ministério Público.

[2] Nesta linha: LOPES JR., Aury. *Direito Processual Penal e sua Conformidade Constitucional,* v. I. Rio de Janeiro: Lumen Juris, 2007, p. 265.

[3] STJ, HC n. 418.244/SP, Rel. Min. Antonio Saldanha Palheiro, 6a Turma, j. 25/06/2019, DJe 01/07/2019.

investigativo, nas hipóteses previstas no dispositivo legal em estudo, não terá o condão de permitir a caracterização do tipo penal, haja vista que, na hipótese do "requerimento", há possibilidade de ser indeferido, conforme se verifica do artigo 5, §2º, do Código de Processo Penal.

Cumpre destacar, também, que o inquérito policial ou qualquer outro procedimento investigativo criminal é um instrumento para colheita de elementos informativos visando auxiliar na formação da *opinio delicti* do titular da ação penal. Assim, tem-se entendido pela dispensabilidade do procedimento prévio, caso o titular da ação já disponha, a seu juízo, de indícios suficientes de autoria e prova da materialidade delitiva aptos a ensejar a propositura da ação penal (artigo 41 do Código de Processo Penal).

Desta feita, indaga-se: caso o Ministério Público, nos crimes processados mediante ação penal pública, venha a oferecer uma denúncia em face do investigado sem qualquer investigação anterior e prévia e que, supervenientemente, se constate que a peça acusatória foi promovida "à falta de qualquer indício da prática de crime", poderia o membro do *Parquet* vir a ser responsabilizado pelo tipo penal em epígrafe? A nosso sentir, a resposta é negativa, mormente considerando a impossibilidade de se reconhecer a analogia *in malam parte* para fatos constitutivos de tipos penais incriminadores. Ademais, a conduta do membro do Ministério Público, neste caso, poderá ensejar a caracterização do tipo penal previsto no artigo 30 da Lei n. 13.869/2019.

Finalmente, é certo que a Lei de Abuso de Autoridade criou algumas incoerências no sistema persecutório estatal. Com efeito, se um particular requer ao Delegado de Polícia a instauração de um inquérito policial ou, ainda, representar ao membro do Ministério Publico visando a apuração de um ato de improbidade administrativa, é certo que a Autoridade Policial e o membro do Ministério Público, caso instaurem um procedimento desta natureza sem qualquer indício da pratica de crime, de ilícito funcional ou de infração administrativa, poderão estar sujeitos ao crime previsto no artigo 27 da Lei n. 13.869/2019. De igual sorte, caso o membro do *Parquet* de início a uma ação penal ou ação civil pública visando repelir ato de improbidade administrativa, assim o fazendo sem "*justa causa*", poderá ser responsabilizado pelo delito do artigo 30 do precitado Diploma Legal.

Ocorre que, considerando que o sujeito ativo dos delitos previstos na Lei de Abuso de Autoridade são, exclusivamente, agentes públicos (conforme artigo 2º da Lei n. 13.869/2019), é certo que o membro do Ministério Público ou o Delegado de Polícia poderão ser responsabilizados caso deem início a uma persecução penal sem justa causa ou venham a instaurar procedimento sem qualquer indicio da prática de crime ou de ilícito funcional e administrativo. Porém, caso o particular venha a propor uma queixa-crime sem qualquer indício de autoria ou *"justa causa"* ou, ainda, venha a ingressar com uma ação popular nas mesmas condições (Lei n. 4.717/1965), não terá qualquer sanção penal lançada em seu desfavor.

A requisição ilegal punível no tipo penal em questão, compreende qualquer procedimento administrativo, seja para apurar o ilícito penal, o funcional ou o administrativo, uma vez que nessas três hipóteses busca-se ao final a respectiva responsabilização de "alguém", seja pessoa física ou jurídica.

– Instaurar procedimento investigatório de infração penal ou administrativa, em desfavor de alguém

O outro núcleo do tipo penal diz respeito à própria instauração do procedimento investigatório de infração penal ou administrativa, em desfavor de alguém.

Nota-se que a expressão *"procedimento investigatório de infração penal"* é propositalmente genérica, abrangendo tanto as investigações de cunho policial (inquérito policial, *verbi gratia*) quanto aquelas outras instauradas por órgãos legitimados para tanto.

Importante destacar que o inquérito policial, ainda que na condição de procedimento[4] destinado à colheita de elementos de informação visando apurar a existência de indícios de autoria e prova da materiali-

---

[4] Conceitualmente, há discussão no tocante à natureza do inquérito. Enquanto Antônio Scarance Fernandes entende (*Processo Penal Constitucional*. 3. Ed. São Paulo: Ed. RT, 2002) que o inquérito não segue uma ordem predeterminada de atos – o que retiraria seu caráter de procedimento administrativo –, Rogério Tucci sustenta que o inquérito é um *"(...) procedimento administrativo-persecutório de instrução provisória, destinado a preparar a ação penal (...)"* (Tucci, Rogério Lauria. *Devido Processo Penal e alguns dos seus mais importantes corolários*. Revista da Faculdade de Direito, Universidade de São Paulo, 88, 463-484).

JUSTA CAUSA PARA A INVESTIGAÇÃO E VAZAMENTO DE GRAVAÇÕES: ANÁLISE CRÍTICA...

dade delitiva de uma suposta infração penal, não prescinde da observância dos direitos e garantias individuais do cidadão, de modo que os atos de instauração, indiciamento e encerramento deveriam ser motivadas[5].

Compreende-se, aqui, o procedimento investigatório criminal ("PIC")[6], instaurado pelo Ministério Público dentro do seu poder de

---

[5] CHOUKR, Fauzi Hassan. *Garantias constitucionais na investigação criminal.* 2ª ed., rev., ampl. e atual. Rio de Janeiro: Lumen Juris, 2001, p. 218. Na mesma linha: LOPES JR., Aury. *Sistemas de investigação preliminar no processo penal.* 4. ed. Rio de Janeiro: Lumen Juris, 2006, p. 184.

[6] Resolucao n. 181/2019, de 7 de Agosto de 2017, do Conselho Nacional do Ministério Público (CNMP). No tocante ao poder de investigação do Ministério Público, o tema suscitou discussões quanto à legitimidade do *Parquet* de realizar, por si só, investigações criminais. Após longo debate, o Supremo Tribunal Federal (STF) pacificou a questão no Recurso Extraordinário nº 593.727/MG, de Relatoria do Min. Cezar Peluso, cujo relator para o acórdão fora o Min. Gilmar Mendes: *""(...)O Ministério Público dispõe de competência para promover, por autoridade própria, e por prazo razoável, investigações de natureza penal, desde que respeitados os direitos e garantias que assistem a qualquer indiciado ou a qualquer pessoa sob investigação do Estado, observadas, sempre, por seus agentes, as hipóteses de reserva constitucional de jurisdição e, também, as prerrogativas profissionais de que se acham investidos, em nosso País, os Advogados (Lei 8.906/94, artigo 7º, notadamente os incisos I, II, III, XI, XIII, XIV e XIX), sem prejuízo da possibilidade – sempre presente no Estado democrático de Direito – do permanente controle jurisdicional dos atos, necessariamente documentados (Súmula Vinculante 14), praticados pelos membros dessa instituição (...)"* *Repercussão geral. Recurso extraordinário representativo da controvérsia. Constitucional. Separação dos poderes. Penal e processual penal. Poderes de investigação do Ministério Público. 2. Questão de ordem arguida pelo réu, ora recorrente. Adiamento do julgamento para colheita de parecer do Procurador-Geral da República. Substituição do parecer por sustentação oral, com a concordância do Ministério Público. Indeferimento. Maioria. 3. Questão de ordem levantada pelo Procurador-Geral da República. Possibilidade de o Ministério Público de estado-membro promover sustentação oral no Supremo. O Procurador-Geral da República não dispõe de poder de ingerência na esfera orgânica do Parquet estadual, pois lhe incumbe, unicamente, por expressa definição constitucional (art. 128, § 1º), a Chefia do Ministério Público da União. O Ministério Público de estado-membro não está vinculado, nem subordinado, no plano processual, administrativo e/ou institucional, à Chefia do Ministério Público da União, o que lhe confere ampla possibilidade de postular, autonomamente, perante o Supremo Tribunal Federal, em recursos e processos nos quais o próprio Ministério Público estadual seja um dos sujeitos da relação processual. Questão de ordem resolvida no sentido de assegurar ao Ministério Público estadual a prerrogativa de sustentar suas razões da tribuna. Maioria. 4. Questão constitucional com repercussão geral. Poderes de investigação do Ministério Público. Os artigos 5º, incisos LIV e LV, 129, incisos III e VIII, e 144, inciso IV, § 4º, da Constituição Federal, não tornam a investigação criminal exclusividade da polícia, nem afastam os poderes de investigação do Ministério Público. Fixada, em repercussão geral, tese assim sumulada: "O Ministério Público*

ABUSO DE AUTORIDADE

investigação criminal, além das investigações criminais oriundas de Comissões Parlamentares de Inquérito (CPI), as realizadas pela Comissão de Valores Mobiliários (CVM), do Banco Central (BC), entre outras.

dispõe de competência para promover, por autoridade própria, e por prazo razoável, investigações de natureza penal, desde que respeitados os direitos e garantias que assistem a qualquer indiciado ou a qualquer pessoa sob investigação do Estado, observadas, sempre, por seus agentes, as hipóteses de reserva constitucional de jurisdição e, também, as prerrogativas profissionais de que se acham investidos, em nosso País, os Advogados (Lei 8.906/94, artigo 7º, notadamente os incisos I, II, III, XI, XIII, XIV e XIX), sem prejuízo da possibilidade – sempre presente no Estado democrático de Direito – do permanente controle jurisdicional dos atos, necessariamente documentados (Súmula Vinculante 14), praticados pelos membros dessa instituição". Maioria. 5. Caso concreto. Crime de responsabilidade de prefeito. Deixar de cumprir ordem judicial (art. 1º, inciso XIV, do Decreto-Lei nº 201/67). Procedimento instaurado pelo Ministério Público a partir de documentos oriundos de autos de processo judicial e de precatório, para colher informações do próprio suspeito, eventualmente hábeis a justificar e legitimar o fato imputado. Ausência de vício. Negado provimento ao recurso extraordinário. Maioria. Decisão. Preliminarmente, o Tribunal indeferiu o pedido de adiamento para colher o parecer do Ministério Público Federal, vencido o Senhor Ministro Marco Aurélio. Em seguida, o Tribunal resolveu questão de ordem, suscitada pelo Procurador-Geral da República, no sentido da legitimidade do Procurador-Geral de Justiça do Estado de Minas Gerais para proferir sustentação oral, vencido o Senhor Ministro Dias Toffoli. Votou o Presidente. Após o voto do Senhor Ministro Cezar Peluso (Relator), conhecendo e dando provimento ao recurso, no que foi acompanhado pelo Senhor Ministro Ricardo Lewandowski, o julgamento foi suspenso. Falaram, pelo recorrente, o Dr. Wladimir Sérgio Reale; pelo recorrido, o Dr. Alceu José Torres Marques, Procurador-Geral de Justiça do Estado de Minas Gerais, e, pelo Ministério Público Federal, o Dr. Roberto Monteiro Gurgel Santos, Procurador-Geral da República. Presidência do Senhor Ministro Ayres Britto. Plenário, 21.06.2012. Decisão: Após o voto do Senhor Ministro Cezar Peluso, conhecendo e dando provimento ao recurso extraordinário, reconhecendo, entretanto, a competência do Ministério Público para realizar diretamente atividades de investigação da prática de delitos, para fins de preparação e eventual instauração de ação penal apenas em hipóteses excepcionais e taxativas, nos termos do seu voto, no que foi acompanhado pelo Ministro Ricardo Lewandowski, e após os votos dos Senhores Ministros Gilmar Mendes, Celso de Mello, Ayres Britto (Presidente) e Joaquim Barbosa, que negavam provimento ao recurso, reconhecendo base constitucional para os poderes de investigação do Ministério Público, nos termos dos seus votos, pediu vista dos autos o Senhor Ministro Luiz Fux. Plenário, 27.06.2012. Decisão: Após o voto-vista do Ministro Luiz Fux, negando provimento ao recurso e reconhecendo a legitimidade do poder investigatório do Ministério Público, modulando os efeitos da decisão, nos termos do seu voto, pediu vista dos autos o Ministro Marco Aurélio. Não participa da votação o Ministro Teori Zavascki por suceder ao Ministro Cezar Peluso (Relator). Ausentes, justificadamente, os Ministros Celso de Mello e Gilmar Mendes. Presidência do Ministro Joaquim Barbosa. Plenário, 19.12.2012. Decisão: O Tribunal, por maioria, negou provimento ao recurso extraordinário e reconheceu o poder

Ainda, o dispositivo abrange os procedimentos investigatórios de natureza administrativa. Novamente, o dispositivo é excessivamente abrangente e compreende as investigações de cunho funcional, para apurar a responsabilidade de algum servidor ou agente público, mas também as investigações realizadas no bojo de inquéritos civis e outros procedimentos próprios que visam apurar a responsabilidade por danos morais e patrimoniais causados por agentes públicos, nos termos do artigo 1º da Lei n. 7.347/1965.

Embora o artigo 5º da Lei n. 7.347/1965 permita que diversos legitimados proponham a ação civil pública, é certo que o artigo 8º, §1º, estabelece que *"o Ministério Público poderá instaurar, sob sua presidência, inquérito civil, ou requisitar, de qualquer organismo público ou particular, certidões, informações, exames ou perícias, no prazo que assinalar, o qual não poderá ser inferior a 10 (dez) dias úteis".*

---

de investigação do Ministério Público, nos termos dos votos dos Ministros Gilmar Mendes, Celso de Mello, Ayres Britto, Joaquim Barbosa, Luiz Fux, Rosa Weber e Cármen Lúcia, vencidos os Ministros Cezar *Peluso, Ricardo Lewandowski e Dias Toffoli, que davam provimento ao recurso extraordinário e reconheciam, em menor extensão, o poder de investigação do Ministério Público, e o Ministro Marco Aurélio, que dava provimento ao recurso extraordinário e negava ao Ministério Público o poder de investigação. Em seguida, o Tribunal afirmou a tese de que o Ministério Público dispõe de competência para promover, por autoridade própria, e por prazo razoável, investigações de natureza penal, desde que respeitados os direitos e garantias que assistem a qualquer indiciado ou a qualquer pessoa sob investigação do Estado, observadas, sempre, por seus agentes, as hipóteses de reserva constitucional de jurisdição e, também, as prerrogativas profissionais de que se acham investidos, em nosso País, os Advogados (Lei nº 8.906/94, art. 7º, notadamente os incisos I, II, III, XI, XIII, XIV e XIX), sem prejuízo da possibilidade – sempre presente no Estado democrático de Direito – do permanente controle jurisdicional dos atos, necessariamente documentados (Súmula Vinculante nº 14), praticados pelos membros dessa Instituição. Redator para o acórdão o Ministro Gilmar Mendes. Ausente, justificadamente, o Ministro Gilmar Mendes. Presidiu o julgamento o Ministro Ricardo Lewandowski. Plenário, 14.05.2015.* Para maior aprofundamento sobre o tema, recomenda-se: TUCCI, Rogério Lauria. *Ministério Público e investigação criminal.* São Paulo: Editora Revista dos Tribunais, 2004; ZILLI, Marcos Alexandre Coelho. *Atuação investigatória do Ministério Público: um convite à reflexão.* Boletim do Instituto Manoel Pedro Pimentel, São Paulo, v. 6, n. 23, p. 6-7., dez. 2004; e CARNEIRO, José Reinaldo Guimarães. O Ministério Público e suas investigações independentes: reflexões sobre a inexistência de monopólio na busca da verdade real. São Paulo: Malheiros, 2007.

Na mesma linha, o artigo 1º da Resolução do Conselho Nacional do Ministério Público (CNMP) n. 23, de 17 de setembro de 2007, estabelece que *"de natureza unilateral e facultativa, será instaurado para apurar fato que possa autorizar a tutela dos interesses ou direitos a cargo do Ministério Público nos termos da legislação aplicável, servindo como preparação para o exercício das atribuições inerentes às suas funções institucionais".*

Portanto, embora a Lei de Ação Civil Pública possibilite a diversos legitimados a propositura da ação cautelar e principal, é certo que o artigo 27 da Lei de Abuso de Autoridade, ao se referir à expressão "procedimento administrativo", terá um alcance limitado ao inquérito civil, por se tratar do único procedimento anterior e preparatório para colheita de elementos de informação visando averiguar a ocorrência de algum dano moral ou patrimonial.

Finalmente, a expressão *"em desfavor de alguém"* indica que a incidência do tipo penal está relacionada à instauração de um procedimento contra pessoa certa e determinada, não sendo possível a caracterização do fato criminoso quando uma investigação é instaurada ou iniciada sem uma pessoa certa e determinada que possa figurar no polo passivo de algum procedimento destinado a apurar eventual responsabilização penal ou administrativa.

– À falta de qualquer indício da prática de crime, de ilícito funcional ou de infração administrativa

O conteúdo normativo do tipo penal em epígrafe, notadamente a *"falta de qualquer indício",* talvez seja a pedra de toque do fato normativo sob análise.

Inicialmente, a expressão *"indício"* é plurissignificativa, comportando diversas definições jurídicas.

Importante compreender os diferentes sentidos que a expressão "indícios" pode ser tomada. Uma coisa é o tratamento dispensado no capítulo das provas no CPP, como se verá adiante. Outra coisa, é o uso da expressão nos capítulos das medidas cautelares, sejam pessoais ou reais, ou mesmo nos meios de obtenção de prova, como a interceptação telefônica, a quebra de sigilo bancário, dentre outras.

No capítulo das provas, a doutrina tem conceituado a expressão *"indícios"* sob as vertentes de *"prova semiplena"* e também de *"prova indireta",* conforme bem delineado pela doutrina de Antônio Magalhães Gomes Filho[7].

Em um primeiro aspecto, dentro de uma vertente da classificação dos *"elementos de prova"* – e, por conseguinte, da complexidade de procedimentos inferenciais para se chegar ao resultado da prova – os indícios são consideradas *"provas indiretas"*, porquanto demandam duplo procedimento, a saber, o conhecimento de um fato provado e, a partir dele, se buscar o fato que se pretende provar. Assim, os indícios se diferenciariam das chamadas *"provas diretas"*, que demandariam um único procedimento inferencial.

Está fora a definição encampada pelo artigo 239 do Código de Processo Penal, o qual está inserido dentro do "Título VII – Da Prova". O dispositivo em questão aponta que o indício é considerado como a *"circunstância conhecida e provada, que, tendo relação com o fato, autorize, por indução, concluir-se a existência de outra ou outras circunstâncias".*

Portanto, a definição legal trazida pela Lei Adjetiva Penal apresenta um raciocínio indutivo. Assim, um fato anterior, já devidamente conhecido e provado, permitirá que, por um raciocínio inferencial, se conclua pela ocorrência de um fato seguinte, a partir de conclusões extraídas das regras de experiência ou por operações intelectivas racionais.

Outra abordagem dos indícios permite que sejam consideradas *"provas semiplenas"*, vale dizer, uma categoria rebaixada no escalão de eficácia persuasiva. Seriam aqui, dentro de uma concepção antiga, elementos de menor valor de convencimento.

Trata-se de uma conceituação reconhecidamente antiga e de pouca utilidade prática no sistema moderno, diante do advento do sistema de livre convencimento motivado do julgador, que lhe permite ampla apreciação das provas sem qualquer tarifamento previamente determinado.

Embora não haja consenso no tocante à correta definição da expressão *"indícios"*, é fato que esta não pode ser confundida com a mera *"suspeita"*, o que, de acordo com a doutrina de Magalhães Gomes Filho, *"(...) não passa de um estado de ânimo – fenômeno subjetivo –, que pode até possuir um valor heu-*

---

[7] GOMES FILHO. Antônio Magalhães. *Notas sobre terminologia da prova (reflexos no processo penal brasileiro).* In: YARSHELL, Flávio Luiz, MORAES, Maurício Zanoide (Orgs.). *Estudos em Homenagem à Professora Ada Pellegrini Grinover.* 1. Ed. São Paulo: DPJ, 2005, p. 310-314.

rístico, orientando a pesquisa sobre os fatos, mas que não tem aptidão para fundar o convencimento judicial. Dito de outro modo: o primeiro é constituído por um fato demonstrado que autoriza a indução sobre outro fato ou, pelo menos, constitui um elemento de menor valor; a segura é uma pura intuição, que pode gerar desconfiança, dúvida, mas também pode conduzir a engano (...)"[8].

Por outro lado, na segunda hipótese, a mesma expressão *"indícios"* é veiculada em diversos procedimentos espraiados ao longo do Código de Processo Penal e também em legislações esparsas. Com efeito, o sequestro de bens (artigo 126 do Código de Processo Penal) exige, para sua concretização, a existência de *"indícios veementes da proveniência ilícita dos bens"*. De igual sorte, a prisão preventiva (artigo 312 do mesmo Diploma Legal) exige *"prova da materialidade delitiva e indício suficiente de autoria"*. Ainda, a Lei n. 9.296/1998, que disciplina o procedimento de interceptação telefônica, exige, a *contrario sensu*, que haja *"indícios razoáveis da autoria ou participação em infração penal"* (artigo 2º, inciso I, da referida Lei). Nesse caso, diferentemente do capítulo das provas, a expressão revela preocupação com a justa causa da medida, com a verossimilhança baseada em evidências, pouco importando se o conteúdo possui uma relação direta ou indireta com o fato a ser provado. O não atendimento a essa exigência torna a medida ilegal, porquanto a sua necessidade não revela crível e sustentável.

De igual sorte, não há como se confundir a expressão *"indício"* com *"indiciamento"*[9], que é o procedimento exclusivo a cargo da Autoridade Policial no bojo do inquérito policial, sempre que concluir, por relevante grau de probabilidade, quanto à autoria de determinado fato criminoso, decisão essa baseada em evidências razoáveis, sejam diretas ou indiretas, que devem fundamentar a decisão da autoridade policial.

---

[8] Idem.

[9] O indiciamento deve ostentar-se como ato do procedimento, que resulta do encontro de 'feixe de indícios convergentes', que apontam o suposto autor da infração penal. Ele necessita de suporte fático positivo. Contém uma proposição, no sentido de guardar função declarativa, ou atributiva de autoria provável. Suscetível, pois, em rascunho de eventual acusação; do mesmo modo que as denúncias e queixas, também, se manifestam quais esboços da sentença penal, desejada, intentada (MORAES PITOMBO, Sérgio Marcos. O Indiciamento como Ato de Polícia Judiciária. In: *Revista dos Tribunais*, n. 577, p. 313).

Denota-se, pois, que a terminologia *"indícios"* é veiculada de diversas formas pelo legislador, seja como elemento de prova obtido através de procedimentos inferenciais e dedutivos, seja para se indicar a necessidade de um mínimo de elementos de convicção, diretos ou indiretos, que permitam a adoção de procedimentos constritivos no curso do processo.

Considerando a redação do artigo 27 da Lei de Abuso de Autoridade, a despeito dos diferentes significados que a expressão *"indícios"* possa assumir, é razoável delimitar o seu alcance à hipótese em que a investigação se revelaria ilegal, ou seja, quando for iniciada sem lastro probatório quanto à existência de um crime, de um ilícito funcional ou administrativo[10].

Nesta perspectiva, visando o reconhecimento da inconstitucionalidade do dispositivo legal – especialmente em razão de pretender criminalizar condutas a partir da veiculação de elementos valorativos de cunho genérico e abrangente, aliado à falta de consenso doutrinário e jurisprudencial –, a Associação Nacional dos Membros do Ministério Público (CONAMP), a Associação Nacional dos Procuradores do Trabalho (ANPT) e a Associação Nacional dos Procuradores da República (ANPR) propuseram Ação Direta de Inconstitucionalidade n.

---

[10] Insta salientar que a jurisprudência já tem entendido que *"a denúncia deve vir acompanhada com o mínimo embasamento probatório, ou seja, com lastro probatório mínimo (HC 88.601/CE, Segunda Turma, Rel. Min. Gilmar Mendes, DJU de 22/06/2007), apto a demonstrar, ainda que de modo incidiário, a efetiva realização do ilícito penal por parte do denunciado. Em outros termos, é imperiosa existência de um suporte legitimador que revele de modo satisfatório e consistente, a materialidade do fato delituoso e a existência de indícios suficientes de autoria do crime, a respaldar a acusação, de modo a tornar esta plausível. Não se revela admissível a imputação penal destituída de base empírica idônea (INQ 1.978/PR, Tribunal Pleno, Rel. Min. Celso de Mello, DJU de 17/08/2007) o que implica a ausência de justa causa a autorizar a instauração da persecutio criminis in iudicio"* (STJ, Ação Penal nº 549-SP, Corte Especial, rel. Min. Felix Fischer, j. 21/10/2009). Entretanto, ao mesmo tempo que a ação penal não pode ser iniciada sem um mínimo embasamento e lastro probatório que a sustenta, é certo que tem se admitido a descrição genérica das condutas de denunciados, especialmente em crimes de autoria coletiva, dispensando-se a esmiuçada descrição da participação de cada um dos denunciados, o que se apurará no curso da instrução criminal (STJ, RHC 83.937/CE, Rel. Ministro FELIX FISCHER, QUINTA TURMA, DJe 20/09/2017; STJ, HC 386.606/RJ, Rel. Ministro JORGE MUSSI, Quinta Turma, DJe 28/03/2017).

6238/2019[11], pretendendo o reconhecimento da inconstitucionalidade material de diversos dispositivos da Lei de Abuso de Autoridade, dentre eles o artigo 27. Sustentam, para tanto, que o dispositivo fere o artigo 129, inciso I e VIII, da Constituição Federal, bem como que a expressão *"à falta de qualquer indício"* é subjetiva e vaga, impedindo-se a atividade investigativa do Ministério Público.

Finalmente, cumpre destacar que a lei criminaliza a conduta de requisitar ou instaurar procedimento investigatório contra alguém, à falta de qualquer indício da prática de *"crime, de ilícito funcional ou de infração administrativa".*

De início, é certo que, em se tratando de dispositivo penal que traz uma conduta incriminadora, deve ser adotada, via de regra, a interpretação restritiva do alcance das expressões contidas no tipo normativo[12].

Assim, forçoso reconhecer que, ao usar a expressão *"crime"*, o legislador excluiu a hipótese de investigação em caso de contravenções penais (Decreto-Lei n. 388/1941). Isto porque, caso desejasse incluir a hipótese incriminadora de requisição ou instauração de procedimento versando também sobre contravenções penais, certamente teria utilizado a expressão abrangente *"delitos"* ou, ainda, estendido o alcance normativo para *"crimes"* e *"contravenções penais"*. Desta feita, denota-se o pouco apreço pela técnica legislativa na redação do tipo penal: a falta de qualquer indício para instauração de um procedimento investigatório da prática de um crime pode configurar o tipo penal sob estudo, mas caso não haja o menor indício da configuração de uma contravenção penal e, por conseguinte, requisite-se ou instaure-se um termo circunstanciado para sua apuração, o fato em questão não será considerado criminoso.

Igualmente, a expressão *"ilícito funcional"* e *"infração administrativa"* revelam a opção legislativa de criminalizar a conduta de instaurar um procedimento ou requisitá-lo para se verificar um falta funcional ou qual-

---

[11] Até o encerramento desta edição, a Ação Direta de Inconstitucionalidade ainda não havia sido julgada pelo Supremo Tribunal Federal (STF), conforme pesquisa: http://portal.stf.jus.br/processos/detalhe.asp?incidente=5792373.

[12] Neste sentido, confira-se: ZAFFARONI, Eugenio Raúl. BATISTA, Nilo. ALAGIA, Alejandro. SLOKAR, Alejandro. Direito Penal Brasileiro: primeiro volume – Teoria Geral do Direito Penal. 3º edição. Rio de Janeiro: Revan, 2006, p. 211.

quer infração administrativa, incluindo-se nesta cláusula genérica e abstrata, por conseguinte, as eventuais responsabilidades por violação aos direitos e valores contemplados, também, no artigo 1º da Lei 7.347/1985.

Finalmente, não há como se confundir a conduta criminoso trazida no artigo 27 da Lei de Abuso de Autoridade com a conduta criminosa do artigo 339 do Código Penal, a qual prevê: *"Art. 339. Dar causa à instauração de investigação policial, de processo judicial, instauração de investigação administrativa, inquérito civil ou ação de improbidade administrativa contra alguém, imputando-lhe crime de que o sabe inocente: Pena – reclusão, de dois a oito anos, e multa. § 1º – A pena é aumentada de sexta parte, se o agente se serve de anonimato ou de nome suposto. § 2º – A pena é diminuída de metade, se a imputação é de prática de contravenção".*

Em verdade, o tipo penal do artigo 339 criminaliza a conduta de quem dá causa, de qualquer forma, à instauração de investigação policial, processo judicial, investigação administrativa, inquérito civil ou ação de improbidade contra alguém, imputando-lhe "crime" que sabe inocente. Vale dizer, aqui o procedimento é iniciado contra alguém cuja inocência já se sabe, tendo-se o claro intuito de prejudicá-lo[13].

Denota-se que a distinção se dá quanto ao grau de certeza e probabilidade da responsabilidade de alguém por algum fato criminoso:

a) **Caso não haja qualquer indício da prática de crime, de ilícito funcional ou de infração administrativa**: estaria caracterizado o crime do artigo 27 da Lei de Abuso de Autoridade. Não há certeza quanto à inocência de alguém, mas também não há qualquer elemento que permita se responsabilizar uma determinada pessoa pela prática de um crime (e não contravenção penal), ilícito funcional ou infração administrativa. Não há, aqui, quaisquer elementos para se concluir pela responsabilidade de determinada pessoa, mas meras suspeitas infundadas.

b) **Caso haja indícios mínimos, ainda que ínfimos, de que alguém tenha praticado um crime, um ilícito funcional ou uma infração administrativa**: não há crime, mas mero exercício de uma ati-

---

[13] STJ, Recurso Especial nº 93.309-PB, 5ª Turma, Rel. Min. Jorge Mussi, j. 14/08/2018, DJe 22/08/2018.

ABUSO DE AUTORIDADE

vidade obrigatória investigativa por parte do Estado[14]. Vale dizer, não há certeza quanto à inocência, mas tampouco há convicção de sua responsabilidade. Todavia, há elementos mínimos, ainda que ínfimos, os quais permitiriam o início da atividade perscrutatória;

c) **Caso se tenha a certeza da inocência de alguém e, ainda assim, se dê causa ao início da investigação policial, de processo judicial, instauração de investigação administrativa, inquérito civil ou ação de improbidade administrativa contra alguém:** estaria caracterizado o delito do artigo 339 do Código Penal, mesmo em caso de contravenção penal. Note-se que, nesta hipótese, tem-se a certeza da inocência de alguém, o que motiva a sanção penal em razão da movimentação da máquina estatal em prejuízo de alguém sabidamente inocente.

Ainda, pode-se questionar se, no tocante aos ilícitos funcionais, seria abusiva a instauração de um procedimento administrativo para apurar a conduta do servidor caso este já tenha sido absolvido na esfera penal.

---

[14] Há de se adotar cautela na aplicação do tipo penal em comento, sob pena de se criminalizar indevidamente toda e qualquer atividade investigatória persecutória. Em verdade, havendo mínimos indícios, deverá ser instaurado o procedimento investigatório pelas autoridades competentes, sob pena de omissão indevida, o que traria um desequilíbrio na relação de eficiência e garantismo que pauta o processo penal democrático. Admitir-se a aplicação irrestrita do tipo penal em questão poderá trazer insegurança às autoridades com competência investigatória, que sempre ficarão sob o receio de terem suas condutas questionadas caso, ao final da investigação, se comprove a inocência ou ausência de indícios suficientes para se promover a perscrutação penal. Ainda no tocante à investigação criminal, há de se rememorar as palavras de Fernando Celestino Braga, para quem *"(...) a investigação, que tem por único objetivo a descoberta da verdade, é uma missão melindrosa e difícil, havendo absoluta necessidade de ter a seu serviço homens de bem, que encarem o seu trabalho como um apostolado, dispostos a jogar a sua vida, a sua carreira e a sua honra pela verdade, pela justiça e pela razão (...) comprometer seja quem for, por querer demonstrar golpe de vista, infalibilidade, instinto policial, ou por receio de reconhecer o erro, ou ainda para demonstrar grande desembaraço, é uma monstruosidade profissional e moral sem classificação. A investigação criminal é um problema de certeza: quanto à existência do crime e quanto ao seu autor (...)"* (BRAGA, Fernando Celestino. *Guia de investigação criminal*. Porto: Editora do autor, Portugal, 1953, p. 11-15).

Nesta hipótese, há de se estabelecer uma distinção. Caso a absolvição tenha se fundamentado no reconhecimento das excludentes de ilicitude do estado de necessidade, legítima defesa, estrito cumprimento de dever legal ou no exercício regular de direito (artigo 67 e 386, inciso VI, primeira parte, do Código de Processo Penal); na comprovação da inexistência do fato (artigo 386, inciso I, do Código de Processo Penal); ou na comprovação da ausência de participação do servidor (artigo 386, inciso IV, do Código de Processo Penal), pode-se reconhecer a incidência do tipo penal em comento, haja vista que, se na esfera penal se determinou a absolvição invocando-se estas questões, não haveria indícios suficientes para se iniciar um procedimento de ordem funcional versando exatamente sobre os mesmos fatos.

Porém, caso a absolvição se fundamente em quaisquer das demais hipóteses estabelecidas no artigo 386 do Código de Processo Penal – especialmente na mais comum delas, a insuficiência de provas (inciso VII)[15] –, é certo que não se poderá reconhecer, a princípio, o abuso perpetrado pela autoridade investigativa ou requisitante, já que, havendo mínimos indícios, a investigação deverá ser instaurada para apurar a ilicitude funcional do servidor, como forma da própria Administração Pública resguardar a lisura de seus atos, que se projetam pela correição funcional de seus agentes.

---

[15] Neste sentido, confira-se: "APELAÇÃO CÍVEL Policial civil que foi denunciado pelos crimes de associação criminosa, interceptação telefônica ilegal e falsificação/utilização de documentos públicos falsos Absolvição por falta de provas Concomitantemente, foi instaurado procedimento administrativo visando à apuração das condutas criminosas, que culminou na pena de demissão a bem do serviço público – Alegação de que foi absolvido na esfera criminal por falta de provas, razão pela qual alega que a pena de demissão a bem do serviço público foi irrazoável e desproporcional – Pretensão de reintegração no cargo, com todas as vantagens a ele inerentes, como se em exercício estivesse Descabimento – Independência das instâncias administrativa e penal – Absolvição criminal por falta de provas que não faz coisa julgada no âmbito administrativo – Precedentes – Recurso improvido" (TJSP, Apelação nº 1032683-89.2015.8.26.0053, 6ª Câmara de Direito Público, Rel. Silvia Meirelles, j. 20/02/2017).

– Parágrafo único. **Não há crime quando se tratar de sindicância ou investigação preliminar sumária, devidamente justificada**

O parágrafo único do dispositivo legal contempla uma exceção a ser seguida, visando a colheita de elementos apuratórios iniciais a partir de uma investigação realizada.

Nota-se que, visando atenuar o rigor do tipo penal e buscando contemplar a possibilidade de se assegurar a investigação de fatos que cheguem ao conhecimento da autoridade sem maiores elementos indiciários, pretendeu-se permitir que sindicâncias e investigações preliminares, devidamente justificadas, fossem instauradas pelas autoridades responsáveis pela perscrutação.

Inicialmente, registre-se que a expressão *"sindicância"* está relacionada à apuração funcional-disciplinar de servidores públicos. Com efeito, a Lei n. 8.112/1990, que dispõe sobre o regime jurídico dos servidores públicos civis da União, das autarquias e das fundações públicas federais, bem como que é norma de regência supletiva as legislações estaduais, municipais e distritais que versam sobre o tema, estabelece, em seu artigo 143, que *"a autoridade que tiver ciência de irregularidade no serviço público é obrigada a promover a sua apuração imediata, mediante sindicância ou processo administrativo disciplinar, assegurada ao acusado ampla defesa".*

Como se vê, a lei estabelece a possibilidade de se instaurar, imediatamente, um processo administrativo disciplinar ou apurar o fato mediante sindicância[16]. Desta última hipótese, ultimadas as atividades investigativas, poderá decorrer o arquivamento do processo, a aplicação de pena-

---

[16] Especialmente no tocante aos ilícitos administrativos e funcionais, tem-se entendido pela inexistência de diferenças ontológicas entre os institutos, porquanto ambos seriam produtos de criação normativa. Neste sentido, confira-se: COSTA, Helena Regina Lobo da. *Proteção Penal Ambiental: viabilidade, efetividade, tutela por outros ramos do direito.* São Paulo: Saraiva, 2010. p. 202; e REALE JÚNIOR, Miguel. *Ilícito administrativo e o jus puniendi geral.* In: PRADO, Luiz Regis (Coord.). Direito Penal Contemporâneo: estudos em homenagem ao Professor José Cerezo Mir. São Paulo: Ed. RT, 2007. p. 93. Ainda com relação ao tema, especialmente no tocante à utilização dos acordos de colaboração premiada em ações de improbidade administrativa e processos administrativos disciplinares, recomenda-se: BARROSO, Anamaria Prate. *A Transversalidade do acordo de colaboração premiada e seus efeitos na demissão do servidor público.* Revista Brasileira de Ciências Criminais | vol. 157/2019 | p. 175 – 208 | Jul / 2019 DTR\2019\35362.

JUSTA CAUSA PARA A INVESTIGAÇÃO E VAZAMENTO DE GRAVAÇÕES: ANÁLISE CRÍTICA...

lidade de advertência ou suspensão por até 30 (trinta) dias ou a instauração de procedimento disciplinar (artigo 145, incisos I a III, do mesmo Diploma Legal).

Impende ressaltar que a sindicância poderá servir como instrumento de apuração inicial de ilícitos funcionais (artigo 145, inciso III, da Lei n. 8.112/1990), que deverá ser concluída em tempo hábil de 30 (trinta) dias, prorrogáveis por igual período (artigo 145, parágrafo único, da Lei n. 8112/1990).

Todavia, ao mesmo tempo, a sindicância poderá servir como instrumento para aplicação da penalidade de advertência e suspensão por até 30 (trinta) dias, conforme se depreende do artigo 145, inciso II, do referido Diploma Legal.

Nesta hipótese, vislumbra-se que, se o objetivo da norma foi impedir a instauração de uma investigação sem qualquer indício de ilícito funcional, há uma clara contradição legislativa, já que nesta situação a sindicância faria as vezes de procedimento administrativo disciplinar para infrações mais leves. Em outras palavras, a sindicância assumiria mais do que um caráter investigativo preliminar, mas também serviria como instrumento punitivo para se apurar a responsabilidade de alguém.

Assim, caso se constate que a sindicância foi instaurada para apurar uma infração punida com advertência ou suspensão por até 30 (trinta) dias e que não haviam quaisquer indícios de ilícito funcional, admitir-se-ia a responsabilização do servidor pela conduta penal do artigo 27, *caput*, da Lei de Abuso de Autoridade? Neste caso, entendemos que, por uma questão de coerência sistemática com a pretensão legislativa, seria possível a responsabilização penal, especialmente porque, ainda que sob o nome de *sindicância*, o servidor estaria diante de um efetivo procedimento investigatório destinado à apuração de sua responsabilidade (em verdade, um efetivo processo administrativo disciplinar).

Registre-se que, de acordo com o artigo 146 da Lei n. 8.112/1990, *"sempre que o ilícito praticado pelo servidor ensejar a imposição de penalidade de suspensão por mais de 30 (trinta) dias, de demissão, cassação de aposentadoria ou disponibilidade, ou destituição de cargo em comissão, será obrigatória a instauração de processo disciplinar"*. Portanto, em uma interpretação lógica e sistemática, interpreta-se o dispositivo do artigo 27 da seguinte forma:

ABUSO DE AUTORIDADE

1) **Caso a sindicância tenha sido instaurada, de maneira justificada, para se apurar a existência de indícios sobre um ilícito funcional (punido com advertência, suspensão por até 30 dias, suspensão por mais de 30 dias, demissão, cassação de aposentadoria ou disponibilidade ou destituição de cargo em comissão):** não haveria crime, pois estar-se-ia diante da exceção trazida pelo parágrafo único do dispositivo legal. Aqui, a sindicância assumiria o caráter investigativo preliminar, autorizando-se a colheita de elementos para se verificar a necessidade de se instaurar um procedimento investigativo disciplinar;

2) **Caso a sindicância tenha sido instaurada, de maneira justificada, à falta de qualquer ilícito funcional e que o fato venha a ser punido com advertência ou suspensão por até 30 dias:** estaria configurado o delito do artigo 27 da Lei de Abuso de Autoridade, já que a sindicância, aqui, assumiria a feição de processo disciplinar, servindo de instrumento punitivo para o servidor em razão do cometimento de infrações mais leves;

3) **Caso tenha sido instaurado um processo disciplinar sem prévia sindicância, à falta de qualquer ilícito funcional, para se apurar uma falta funcional punida com suspensão por mais de 30 dias, demissão, cassação de aposentadoria ou disponibilidade ou destituição de cargo em comissão:** estaria configurado o delito do artigo 27 da Lei de Abuso de Autoridade, haja vista que, embora o processo disciplinar seja o instrumento necessário para apurar o ilícito funcional praticado cujas penas sejam mais gravosas do que a simples advertência ou suspensão por até 30 (trinta) dias, é certo que poderia a autoridade processante ter se utilizado da sindicância preparatória investigativa neste caso, com o claro intuito de colher elementos mínimos indiciários que permitissem a instauração do processo disciplinar.

Evidentemente, caso haja indícios da ocorrência de ilícito funcional, não estaria configurado o fato típico, que exige a absoluta ausência de todo e qualquer elemento indiciário.

Finalmente, a lei utiliza, ainda, a expressão *"investigação preliminar sumária"*, o que, dado seu caráter abrangente e genérico, permite que

JUSTA CAUSA PARA A INVESTIGAÇÃO E VAZAMENTO DE GRAVAÇÕES: ANÁLISE CRÍTICA...

assuma diversas facetas. Em verdade, no âmbito da Lei n. 7.347/1985, pode-se entender como *"investigação preliminar sumária"* o próprio procedimento preparatório de inquérito civil, disciplinado pelo artigo 2º, §§ 4º a 7º, da Resolução CNMP n. 23, de 17 de setembro de 2007.

O procedimento em questão, destinado a *"apurar elementos para identificação dos investigados ou do objeto"*, deverá ser encerrado no prazo de 90 (noventa) dias, prorrogável uma única vez por igual período, poderá ensejar o arquivamento dos fatos investigados, a propositura direta da ação civil pública ou, ainda, sua conversão em inquérito civil.

Já no aspecto criminal, revela-se possível ao membro do Ministério Público que promova a diligências preliminares, no prazo de até 90 (noventa) dias, visando apurar a existência de fatos e indícios mínimos da prática de um crime, antes de deliberar pela instauração do procedimento investigatório criminal propriamente dito. A hipótese em questão está contemplada no artigo 3º, § 4º, da Resolução CNMP n. 181, de 7 de agosto de 2017, com redação dada pela Resolução CNMP n. 183, de 24 de janeiro de 2018.

Todavia, impende registrar que, embora as faculdades de investigação preliminar estejam disponíveis ao membro do Ministério Público nos procedimentos de sua alçada, é certo que a Autoridade Policial não dispõe, formalmente, de qualquer instrumento preliminar sumário antes da instauração do inquérito policial.

Assim, nestes casos, tem-se adotado informalmente o simples registro do boletim de ocorrência, sem a formal instauração de inquérito policial propriamente dito. Todavia, mesmo nestas situações e dada a precariedade da forma manejada, faz-se necessária uma modificação legislativa para se contemplar uma forma de investigação preliminar sumária anterior ao próprio inquérito policial, a fim de se assegurar que a Autoridade Policial disponha de uma alternativa jurídica intermediária que não seja instaurar ou deixar de investigar um fato trazido a seu conhecimento[17].

---

[17] Em verdade, os Tribunais Superiores já decidiram que a simples "notícia anônima" é inidônea para instauração de um investigação penal ou a deflagração de uma ação penal propriamente dita, autorizando-se, todavia, a realização de procedimentos preliminares para colheitas de outros elementos probatórios e indícios que corroborem a informação

ABUSO DE AUTORIDADE

2. Vazamento de gravação

2.1. Noções gerais
Dispõe o art. 28:

> *Divulgar gravação ou trecho de gravação sem relação com a prova que se pretenda produzir, expondo a intimidade ou a vida privada ou ferindo a honra ou a imagem do investigado ou acusado:*
> *Pena – detenção, de 1 (um) a 4 (quatro) anos, e multa.*

O tipo penal do artigo 28 da Lei de Abuso de Autoridade tutela, em caráter primário, a honra, vida privada, imagem, a reputação e a dignidade da pessoa investigada ou acusada, notadamente nos casos em que alguma gravação ou trecho desta seja indevidamente divulgada.

Em um caráter secundário, o tipo penal visa tutelar a idoneidade e retidão da própria Administração Pública, a qual deve zelar para que seus servidores e representantes atuem de maneira correta e de acordo com o primado da lei, de modo a impedir que a divulgação de gravação ou trecho de uma gravação sem qualquer relação com a prova que se pretende produzir, possa prejudicar outrem ou beneficiar a si mesmo ou a terceiro ou, ainda, realizada por mero capricho ou satisfação pessoal.

De acordo com o artigo 2º da Lei n. 13.869/2019, considera-se sujeito ativo do delito qualquer agente público, servidor ou não, da administração direta, indireta ou fundacional de qualquer dos Poderes da União, dos Estados, do Distrito Federal, dos Municípios e de Território, compreendendo, mas não se limitando a servidores públicos e militares ou pessoas a eles equiparadas; membros do Poder Legislativo; membros do Poder Executivo; membros do Poder Judiciário; membros do Ministério Público; membros dos tribunais ou conselhos de contas. Ainda, de acordo com o parágrafo único do mesmo dispositivo, reputa-se agente público, para os efeitos da Lei, todo aquele que exerce, ainda que transitoriamente ou sem remuneração, por eleição, nomeação, designação, contratação ou qualquer outra forma de investidura ou vínculo, mandato,

noticiada: STJ, AgRG nos EDcl no *Habeas Corpus* nº 390.148-SP, 5ª Turma, Rel. Min. Jorge Mussi, j. 07/02/2019, DJe 14/02/2019.

306

cargo, emprego ou função em órgão ou entidade abrangidos pelo *caput* deste artigo.

Já o sujeito passivo do crime, de forma imediata, poderá ser qualquer pessoa, física ou jurídica, especialmente nos delitos ambientais (em que se admite a responsabilização da pessoa jurídica), que esteja na condição de acusado ou investigado. Já o sujeito passivo mediato é o Estado, como legítimo interessado na atuação regular dos integrantes da Administração Pública.

O delito previsto no artigo 28 da Lei de Abuso de Autoridade somente admite a modalidade dolosa (de forma direta ou eventual), não sendo possível a responsabilização à título de culpa (negligência, imprudência ou imperícia).

Ainda, são admissíveis as modalidades comissivas e, em tese, a omissiva imprópria (ou comissiva por omissão).

Registre-se que, para além das observações mencionadas nos itens anteriores, o cometimento do delito exige que a divulgação da gravação ou de seu trecho tenham, por objetivo específico, a intenção de prejudicar outrem ou beneficiar a si mesmo ou a terceiro ou, ainda, por mero capricho ou satisfação pessoal.

Trata-se, em verdade, de um elemento subjetivo específico geral, aplicável a todos os tipos penais contidos na Lei de Abuso de Autoridade, conforme se depreende do artigo 1º, § 1º, da Lei n. 13.869/2019.

Assim, os tipos penais da Lei de Abuso de Autoridade exigem, para além dos elementos subjetivos individuais de cada tipo penal, o específico fim de agir contido na parte geral da legislação.

De mais a mais, impende salientar que, conforme dispõe expressamente o artigo 1º, § 2º, da Lei n. 13.869/2019, a divergência na interpretação da lei ou na avaliação dos fatos e provas não configura o abuso de autoridade.

O dispositivo em questão contemplou um pedido expresso dos agentes públicos que seriam passiveis de serem responsabilizados pela lei de abuso de autoridade, evitando-se a chamada *"criminalização da hermenêutica"*.

A consumação delitiva ocorrerá no momento em que a gravação ou trecho dela, nas condições previstas no artigo 28 da Lei de Abuso de

Autoridade, chegue ao conhecimento de terceiros que não tenham autorização legal para acesso a seu conteúdo.

Assim, considerando que o núcleo do tipo *"divulgar"* pressupõe que a informação venha a ser tornada pública, a caracterização do tipo penal ocorrerá somente quando esta informação chegue ou venha a se tornar disponível ao conhecimento de terceiros.

A tentativa é admissível, por se tratar de delito plurissubsistente, podendo ser configurada quando a divulgação é realizada, mas fatores alheios à vontade do agente impeçam que terceiros, efetivamente, venham a tomar conhecimento da gravação ou do seu trecho.

O artigo 28 da Lei de Abuso de Autoridade prevê, no preceito secundário do dispositivo penal, a pena de detenção de 1 (um) a 4 (quatro) anos, e multa.

Trata-se de um delito processado mediante ação penal pública incondicionada, a ser proposta pelo Ministério Público. Impende registrar que, a depender do sujeito ativo direto e imediato, a deverá ser observado o foro por prerrogativa de função. Assim, *verbi gratia,* caso o sujeito ativo do crime seja um juiz estadual ou membro do Ministério Público, a ação deverá ser proposta pela Procuradoria-Geral de Justiça, perante o Tribunal de Justiça local.

Admite-se, ainda, a propositura de ação penal privada subsidiária da pública, em caso de inércia injustificável por parte do membro do Ministério Público. Assim, caso o *Parquet* deixe de atuar injustificadamente no prazo fixado para oferecimento da denúncia (artigo 46 do Código de Processo Penal), a vítima poderá propor a respectiva ação, na forma do artigo 3º, §§ 1º e 2º, da Lei n. 13.869/2019 e artigo 29 do Código de Processo Penal.

Todavia, é certo que caso o membro do Ministério Público delibere pelo arquivamento do feito ou a realização de novas diligências, tais providências jamais poderão ser interpretadas como inércia, inadmitindo-se, por conseguinte, a ação penal privada subsidiária da pública nestas hipóteses.

Ainda considerando o *quantum* da pena mínima imposta, o delito é passível de suspensão condicional do processo (artigo 89 da Lei n. 9.099/1995).

Ademais, o tipo penal permite, ainda, a aplicação do acordo de não persecução, haja vista a redação do artigo 28-A do Código de Processo Penal, já com a alteração promovida pela Lei n. 13.964/2019.

Via de regra e excepcionadas as hipóteses de competência originária ou federal, a ação deverá ser proposta perante a Justiça Comum Estadual.

2.2. Caracterização do crime: análise crítica dos elementos do tipo

O artigo 28 da Lei de Abuso de Autoridade criminaliza as condutas de divulgar gravação ou trecho de gravação, sem relação com a prova que se pretenda produzir, expondo a intimidade ou a vida privada ou ferindo a honra ou imagem do investigado ou acusado.

Passemos à análise das elementares do tipo penal:

– Divulgar

Inicialmente, a expressão *"divulgar"* consiste em *"tornar público"*, *"propagar"*, *"fazer conhecido de todos"*. Portanto, *"divulgar"* contempla, obrigatoriamente, a necessidade de se tornar público um conteúdo ou uma informação.

Vale dizer, não se admite que algo seja considerado *"divulgado"* caso ainda esteja mantido sob o conhecimento limitado dos detentores e legítimos possuidores da informação ou do conteúdo[18].

Assim, a configuração do tipo penal demanda que a gravação ou o trecho da gravação seja tornado público, alcançando pessoas, seja um número limitado ou ilimitado, que não tenham acesso legítimo ao conteúdo, para além das partes do processo (autor, réu, juiz e demais serventuários que tenham legítimo acesso ao conteúdo das gravações)[19].

---

[18] O vazamento do teor da gravação realizada, embora constitua conduta criminosa, não terá o condão de anular a interceptação telefônica judicialmente autorizada, limitando-se a permitir a responsabilização do autor do vazamento: STJ, Recurso Especial nº 1.326.193-SP, Rel. Min. Maria Thereza Rocha de Assis Moura, j. 23/10/2013, DJe 28/10/2013; STJ, Recurso em *Habeas Corpus* nº 101.952-RJ, Rel. Min. Laurita Vaz, j. 25/11/2019, DJe 27/11/2019.

[19] Neste sentido, confira-se: TJSP – Apelação nº 0009905-51.2009.8.26.0604, 3ª Câmara Extraordinária do Tribunal de Justiça do Estado de São Paulo, Rel. Silmar Fernandes, j. 21/08/2015.

ABUSO DE AUTORIDADE

– *Gravação ou trecho de gravação*

Ao que se antevê, ao editar o conteúdo normativo do artigo 28 da Lei de Abuso de Autoridade, pretendeu o legislador contemplar, sob uma perspectiva infraconstitucional, a tutela à privacidade, insculpida no artigo 5º, incisos X, da Constituição Federal, *in verbis: "são invioláveis a intimidade, a vida privada, a honra e a imagem das pessoas, assegurado o direito a indenização pelo dano material ou moral decorrente de sua violação".*

Com efeito, a privacidade constitui uma das esferas de proteção à autonomia do cidadão, permitindo que ele decida escolher, dentro de sua absoluta discricionariedade, quais informações poderão ser compartilhadas para com terceiros e em quais circunstâncias[20].

Sem embargo, o sigilo de dados cadastrais, a proteção ao conteúdo das informações bancárias e fiscais, os dados contidos no interior de dispositivos de comunicação móveis (*v.g.*, o conteúdo de mensagens armazenadas em um aparelho celular), bem como a proteção das comunicações telefônicas e telemáticas são exemplos da projeção da tutela da privacidade asseguradas no texto constitucional.

Ao mesmo tempo em que se se insere como direito e garantia individual dos cidadãos, exigindo-se do Estado uma obrigação positiva em sua tutela, é certo que, diante da necessidade de uma atuação investigativa eficiente, como indispensável instrumento para enfrentamento à criminalidade, por vezes faz-se necessário sopesar a proteção ao precitado direito ("garantismo") com a própria eficiência investigativa ("efetividade")[21].

---

[20] Sobre a privacidade e suas delimitações conceituais: SILVA, José Afonso da, *Curso de Direito Constitucional Positivo*, 29ª ed. São Paulo: Malheiros, 2006, p. 206; FERRAZ JÚNIOR, Tércio Sampaio. *Sigilo de dados: o direito à privacidade e os limites à função fiscalizadora do Estado*. Revista da Faculdade de Direito, Universidade de São Paulo, São Paulo, v. 88, p. 440, jan. 1993. Disponível em: <http://www.revistas.usp.br/rfdusp/article/view/67231/69841>. Acesso em: 25 de dezembro de 2019.

[21] FERNANDES, Antonio Scarance. *O sigilo financeiro e a prova criminal. In "Direito Penal, Processo Penal e Direitos Fundamentais. Uma visão Luso-brasileira"*, p.457/477, 2006, Quartier Latin. São Paulo.

JUSTA CAUSA PARA A INVESTIGAÇÃO E VAZAMENTO DE GRAVAÇÕES: ANÁLISE CRÍTICA...

Afinal, nos dizeres da Professora Ada Pellegrini Grinover, os direitos e garantias individuais *"(...) tem sempre feitio e finalidade éticos, não podendo proteger abusos e nem acobertar violações (...)"*[22].

Desta feita, justamente com base nesta ponderação de interesses, tem-se admitido que, por vezes, o direito à privacidade seja modulado de maneira circunstancial e devidamente fundamentada, quando necessário para se atender aos propósitos investigativos.

Traçadas estas premissas e voltando-se para o teor do próprio dispositivo penal estudado, é certo que a Constituição Federal assegurou, em seu artigo 5º, inciso XII, a inviolabilidade do sigilo da correspondência e das comunicações telegráficas, de dados e das comunicações telefônicas, salvo, no último caso, por ordem judicial, nas hipóteses e na forma que a lei estabelecer para fins de investigação criminal ou instrução processual penal.

A exceção trazida no texto constitucional foi regulamentada pela Lei n. 9.296/1996, a qual especificou que a interceptação telefônica é permitida[23], desde que cumpridos cumulativamente os seguintes requisitos (interpretados *a contrario sensu*, diante da redação do artigo 2º do precitado Diploma Legal: a) haja indícios suficientes de autoria e participação no cometimento de infrações penais; b) que estes crimes sejam

---

[22] GRINOVER, Ada P. *Liberdades públicas e processo penal – as interceptações telefônicas*. São Paulo, Saraiva, 1976, p. 306-307.

[23] No tocante à interceptação telefônica, a Resolução do Conselho Nacional de Justiça (CNJ) nº 59, de 9 de setembro de 2008, objetivou disciplinar e uniformizar as rotinas visando ao aperfeiçoamento do procedimento de interceptação de comunicações telefônicas e de sistemas de informática e telemática nos órgãos jurisdicionais do Poder Judiciário, a que se refere a Lei nº 9.296, de 24 de julho de 1996. Ainda no tocante ao tema, importante artigo de Natália Lucero Frias Tavares, Anderson Affonso de Oliveira e Antônio Eduardo Ramires Santoro versa sobre a dimensão das interceptações telefônicas no Brasil, com sua crescente e posterior decréscimo a partir da utilização massiva de outros meios de comunicação instantânea (*v.g., Whatsapp, Telegram,* etc) (TAVARES, Natália Lucero Frias. OLIVEIRA, Anderson Affonso de. SANTORO, Antônio Eduardo Ramires. *A interceptação telefônica no contexto dos maxiprocessos no brasil: uma análise quantitativa e qualitativa dos dados entre 2007 e 2017.* Revista Brasileira de Ciências Criminais | vol. 143/2018 | p. 89 – 116 | Maio / 2018, DTR\2018\12744 e também TAVARES, Natália Lucero Frias. OLIVEIRA, Anderson Affonso de. SANTORO, Antônio Eduardo Ramires. *A interceptação telefônica no contexto dos maxiprocessos no brasil: uma análise quantitativa e qualitativa dos dados até 2018.* Revista Brasileira de Ciências Criminais | vol. 161/2019 | p. 101 – 130 | Nov / 2019 DTR\2019\40776).

ABUSO DE AUTORIDADE

apenados com reclusão; c) que não seja possível a utilização de outros meios de prova menos invasivos para se obter a finalidade pretendida com a medida, adotando-se a interceptação como *ultima ratio* nos meios de obtenção de prova.

De igual sorte, conforme se depreende do artigo 8º-A da Lei n. 9.296/1996 (incluído pela Lei n. 13.964/2019), (...) *para investigação ou instrução criminal, poderá ser autorizada pelo juiz, a requerimento da autoridade policial ou do Ministério Público, a captação ambiental de sinais eletromagnéticos, ópticos ou acústicos, quando: I – a prova não puder ser feita por outros meios disponíveis e igualmente eficazes; e II – houver elementos probatórios razoáveis de autoria e participação em infrações criminais cujas penas máximas sejam superiores a 4 (quatro) anos ou em infrações penais conexas (...)"*.

Caso as medidas de interceptação telefônica ou captação ambiental venham a ser deferidas, a Lei n. 9.296/1996 estabelece que as gravações obtidas deverão permanecer sob sigilo, bem como que a gravação que não interessar à prova deverá inutilizada por decisão judicial, durante o inquérito, a instrução processual ou após esta, em virtude de requerimento do Ministério Público ou da parte interessada (artigo 9º do referido Diploma Legal).

Vê-se, portanto, que o produto das interceptações é nominado, pela Lei n. 9.296/1996, de *"gravação"*, bem como a própria normativa estabelece que estas deverão permanecer sob sigilo e que, aquelas que não interessarem à prova, deverão ser destruídas.

Ainda que se possa entender que o conteúdo da expressão *"gravação"* esteja relacionada apenas ao resultado da prova obtida através da interceptação telefônica, é imperioso registrar que, a nosso sentir, este raciocínio reducionista não abarcou a real intenção do legislador, que pretendeu impedir a divulgação de toda e qualquer gravação, seja ela oriunda de interceptação telefônica ou não, como, por exemplo, a gravação ambiental.

Em verdade, uma comunicação gravada por um dos interlocutores não configura, por óbvio, uma efetiva interceptação telefônica, a qual pressupõe que uma terceira pessoa esteja captando o conteúdo da conversa, sem o conhecimento das partes envolvidas[24].

---

[24] GRECO FILHO, Vicente. *Interceptação Telefônica*. São Paulo: Ed. Saraiva, 1996, p. 4-5.

JUSTA CAUSA PARA A INVESTIGAÇÃO E VAZAMENTO DE GRAVAÇÕES: ANÁLISE CRÍTICA...

Nestas circunstâncias, em que já se admitiu a licitude da prova obtida com a gravação por parte de uma das partes envolvidas[25], entende-se que a divulgação do seu conteúdo também permitirá a incidência do tipo penal do artigo 28.

– Sem relação com a prova que se pretenda produzir

A expressão *"sem relação com a prova que se pretenda produzir"* é dotada de alta carga de valoração interpretativa. Não se consegue estabelecer, de antemão, qual o seu conteúdo, mas permite-se uma vaga ideia de qual tenha sido a intenção legislativa. Trata-se de um elemento normativo do tipo, cuja configuração decorre da inferência direta do intérprete.

Em verdade, cumpre ressaltar que o conteúdo da gravação obtida já será, por expressa previsão legal da Lei n. 9.296/1996, mantida sob sigilo. Ainda que haja o levantamento do sigilo produzido, as próprias gravações que não interessarem à prova já deverão ter sido destruídas, porquanto não interessam ao feito.

Assim, se as gravações devem ser mantidas sob sigilo e se aquelas que não interessarem ao feito devem ser destruídas, indaga-se: quais seriam essas gravações que não teriam relação com a prova que se pretenda produzir?

Em verdade, o conteúdo incriminador possui olhos no retrovisor. Pretendeu criminalizar uma conduta adotada no bojo de um dos procedimentos da chamada *"Operação Lava Jato"*, ocasião em que a Justiça autorizou a divulgação do conteúdo de uma interceptação telefônica realizada entre o ex-presidente da República e a então mandatária do Poder

---

Impende registrar que a jurisprudência já entendeu que, em uma situação de flagrante, a conduta do agente público que atende o celular do preso e conversa com seu interlocutor não configura indevida interceptação telefônica, tendo em vista que não houve efetiva captação realizada por terceira pessoa. Neste sentido, confira-se: STJ HC 55288 MG 2006/0041414-8, Relator: Ministra ALDERITA RAMOS DE OLIVEIRA (DESEMBARGADORA CONVOCADA DO TJ/PE), Data de Julgamento: 02/04/2013, T6 – SEXTA TURMA, Data da Publicação: DJe 10/05/2013)

[25] STF, RE 583937 QO-RG / RJ, Repercussão Geral na Questão de Ordem no Recurso Extraordinário, Rel. Min. Cezar Peluso, *DJe* 17-12-2009.

Executivo, sobre um suposto termo de posse a ser utilizado em caso de "necessidade"[26].

Na ocasião, a Justiça autorizou a divulgação sob o fundamento da necessidade de se permitir o conhecimento público da atuação da Administração Pública e da própria Justiça Criminal, bem como que *"(...) a democracia em uma sociedade livre exige que os governados saibam o que fazem os governantes, mesmo quando estes buscam agir protegidos pelas sombras (...)".*

Assim, em tese, a divulgação do teor da gravação foi feita de maneira fundamentada (ainda que se critique o teor da fundamentação) e, embora não tivesse vínculo estreito com a prova pretendida, não haveria qualquer tipo penal que coibisse a postura adotada.

Desta feita, pretendeu-se criminalizar a conduta de situações como essa, ocorrida de forma isolada e excepcional.

Vale dizer, criou-se um tipo penal a partir de uma situação concreta, cujo conteúdo do tipo penal, em razão da utilização de termos vagos e genéricos, trará insegurança interpretativa no tocante às hipóteses efetivamente subsumidas ao texto legal incriminador.

– Expondo a intimidade ou a vida privada ou ferindo a honra ou a imagem do investigado ou acusado

Finalmente, o tipo penal exige que a divulgação da gravação ou de trecho dela, seja realizada sem qualquer vinculação com as provas e que exponha a intimidade ou a vida privada ou, ainda, fira a honra ou a imagem do investigado ou do acusado.

Em verdade, o texto legal não exige que o sujeito ativo tenha por intenção expor a intimidade, vida privada ou venha a ferir a honra ou a imagem do investigado. Basta, para tanto, que a divulgação viole quaisquer dos direitos alhures indicados. Entretanto, não se olvide que o cometimento do delito exige a intenção de prejudicar outrem ou beneficiar a si mesmo ou a terceiro, ou, ainda, por mero capricho ou satisfação pessoal, conforme dispõe o artigo 1º, § 1º, da Lei n. 13.869/2019.

Finalmente, o texto normativo se vale, imprecisamente, das expressões *"investigado"* e *"acusado"*, em clara intenção de impedir a divulgação

---

[26] http://g1.globo.com/politica/noticia/2016/03/moro-divulga-grampo-de-lula-e-dilma--planalto-fala-em-constituicao-violada.html

tanto durante as fases investigativas quanto durante o desenvolvimento da própria ação penal.

Cumpre destacar que o dispositivo penal em epígrafe tem por objetivo evitar, a todo modo, uma exposição negativa da pessoa investigada ou processada, especialmente em meios midiáticos. Não se desconhece que em determinados crimes, notadamente dotados de grande relevância e repercussão social, haja um interesse jornalístico evidente em se divulgar detalhes do processo, desbordando-se, por vezes, para uma indesejável perspectiva sensacionalista que contamina o resultado justo[27].

Assim, ao mesmo tempo em que se pretendeu assegurar a liberdade de imprensa e de publicação das informações obtidas – uma das perspectivas do próprio regime democrático –, objetivou-se criminalizar a conduta daqueles que, tendo acesso aos elementos de informação do processo, acaba por divulgá-los indevidamente, expondo injustificadamente a intimidade ou a vida privada ou ferindo a honra ou a imagem do investigado ou acusado.

Por derradeiro, impende registrar que a conduta tipificada no artigo 28 da Lei de Abuso de Autoridade não se confunde com os tipos penais do artigo 10º e 10º-A, ambos da Lei n. 9.296/1996.

Com efeito, dispõe o artigo 10º da Lei n. 9.296/1996, alterado pela Lei n. 13.869/2019, que *"(...) constitui crime realizar interceptação de comunicações telefônicas, de informática ou telemática, promover escuta ambiental ou quebrar segredo da Justiça, sem autorização judicial ou com objetivos não autorizados em*

---

[27] Para maior digressão sobre o tema, recomenda-se: SCHREIBER, Simone. *A publicidade opressiva dos julgamentos criminais*. Revista Brasileira de Ciências Criminais | vol. 86/2010 | p. 336 – 379 | Set – Out / 2010, DTR\2010\723. A autora sustenta que a *"(...) situação de colisão entre a liberdade de expressão e informação e o direito ao julgamento justo e imparcial ocorre quando estão presentes três elementos: (a) manifestações expressivas sucessivas prejudiciais ao réu, tal como explicitado acima; (b) potencialidade de que tais manifestações interfiram na imparcialidade dos juízes e influenciem indevidamente o resultado do julgamento; (c) atualidade do julgamento, ou seja, a publicidade deve ocorrer na pendência das investigações ou do processo criminal propriamente dito, até sentença definitiva (...)"*, ponderando-se que o equilíbrio deverá ser obtido através da fixação de *standarts* para se evitar a precitada colisão e garantir-se um julgamento justo, com a menor incidência possível do *trial by media*. Na mesma linha, confira-se: TORON, Alberto Zacharia. *Notas sobre a mídia nos crimes do colarinho branco e o judiciário: os novos padrões*. RBCCrim 36/264 -265. São Paulo: Ed. RT, out.-dez. 2001.

ABUSO DE AUTORIDADE

lei (...)", bem como, em seu parágrafo único, dispõe que *"(...) incorre na mesma pena a autoridade judicial que determina a execução de conduta prevista no* **caput** *deste artigo com objetivo não autorizado em lei (...)"*,

Portanto, o tipo penal veda a realização da própria interceptação das comunicações telefônicas, de informática ou telemática, bem como a promoção da escuta ambiental sem autorização legal ou desatendendo os objetivos autorizados pela Lei ou, ainda, a quebra do segredo de Justiça ou a determinação da realização das medidas, por parte da autoridade judicial, com objetivo não autorizado em lei.

Com relação à escuta ambiental, o dispositivo em questão foi derrogado tacitamente a partir da aprovação do artigo 10º-A, incluído pela Lei n. 13.964/2019, o qual dispõe que *"(...) realizar captação ambiental de sinais eletromagnéticos, ópticos ou acústicos para investigação ou instrução criminal sem autorização judicial, quando esta for exigida: Pena – reclusão, de 2 (dois) a 4 (quatro) anos, e multa. § 1º Não há crime se a captação é realizada por um dos interlocutores. § 2º A pena será aplicada em dobro ao funcionário público que descumprir determinação de sigilo das investigações que envolvam a captação ambiental ou revelar o conteúdo das gravações enquanto mantido o sigilo judicial."*

Assim, denota-se que a expressão *"escuta ambiental"* nada mais é do que a efetiva captação ambiental de sinais eletromagnéticos, ópticos ou acústicos, de modo que, a nosso sentir, o tipo penal do artigo 10º foi derrogado pela nova legislação aprovada.

Registre-se que todas as hipóteses anteriores estão relacionadas à ilicitude na própria produção do meio de prova ou a quebra do sigilo legal. Vale dizer, as hipóteses contempladas pela Lei n. 9.296/1996 se relacionam, precipuamente, à realização da medida sem autorização legal, sem que atenda aos objetivos pretendidos ou, ainda, a quebra do sigilo ou a sua violação propriamente dita.

Em verdade, a tipificação penal ali existente não se relaciona, por conseguinte, com o teor do artigo 28 da Lei de Abuso de Autoridade, o qual pressupõe a inexistência de sigilo.

Neste caso, a divulgação da gravação ou de seu conteúdo estaria em tese admitida, já que o sigilo teria sido levantado pela autoridade judicial. Todavia, o que se impede é, mesmo sem a proteção do sigilo, que as gravações venham ser divulgadas quando não mantenham relação com a prova produzida, bem como exponham a intimidade, vida privada ou firam a honra e a imagem do acusado ou do investigado.

3. Conclusões

A Lei de Abuso de Autoridade (Lei nº 13.869/2019), gestada sob críticas, cunhou novos dispositivos penais visando estabelecer a proteção de direitos e garantais individuais frente a condutas extravagantes adotadas por agentes públicos, quando do exercício de suas funções.

Entretanto, perfilhada de conceitos fluídos e indeterminados, faz-se necessário contextualizar os dispositivos legais sob uma perspectiva de se assegurar, ao mesmo tempo, a tutela aos direitos do cidadão e, de outro lado, sob o viés da proibição da proteção deficiente, garantir o destemido exercício das funções investigativas e persecutórias dos agentes públicos, sem qualquer intimidação ou possibilidade de criminalização pelo escorreito exercício de suas atribuições.

Atendo-nos precipuamente a dois dispositivos da Lei de Abuso de Autoridade, verifica-se que o artigo 27 da Lei nº 13.869/2019 estabeleceu a criminalização da conduta de requisitar instauração ou instaurar procedimento investigatório de infração penal ou administrativa, em desfavor de alguém, à falta de qualquer indício da prática de crime, de ilícito funcional ou de infração administrativa.

Já o artigo 28 da Lei nº 13.869/2019 criminalizou a conduta de divulgar gravação ou trecho de gravação sem relação com a prova que se pretenda produzir, expondo a intimidade ou a vida privada ou ferindo a honra ou a imagem do investigado ou acusado.

Em ambos os casos, denota-se que objetivo legislativo foi de proteger, primariamente, a honra, a imagem e a dignidade da pessoa sujeita à investigação criminal e, em um segundo plano, tutelar a idoneidade e retidão da própria Administração Pública, a qual zelaria para que seus servidores atuassem de maneira correta e de acordo com as normas jurídicas.

Com relação ao dispositivo penal do artigo 27 da Lei de Abuso de Autoridade, conclui-se que os núcleos do tipo "requisitar" e "instaurar" possuem momentos consumativos distintos, sendo o primeiro caracterizado com a simples "requisição", ao passo que o segundo se consuma, efetivamente, com a "instauração" do procedimento investigatório.

ABUSO DE AUTORIDADE

Este procedimento investigatório, por sua vez, possui acepção abrangente e abarca tanto as investigações criminais (*v.g*, inquérito policial, procedimento investigatório criminal, etc.) quanto aquelas de cunho civil e administrativo (*v.g.*, inquérito civil e procedimento administrativo disciplinar funcional).

Ainda, a expressão "indícios", diante de seu caráter plurissignificativo, deve ser tomada como sinônimo da existência de mínimos elementos de convicção, quanto à autoria, materialidade e tipicidade de um crime, de um ilícito funcional ou de uma infração administrativa. Desta feita, havendo um leque probatório pequeno, mas que permita o início da investigação, há de se reconhecer que o tipo penal em epígrafe não estaria caracterizado, já que sua configuração demanda a inexistência absoluta de todo e qualquer material probatório.

Frise-se que não há como se confundir a conduta criminal trazida pelo artigo 27 da Lei nº 13.869/2019 com o artigo 339 do Código Penal ("denunciação caluniosa"), tendo em vista que, nesta última hipótese, o procedimento investigatório é instaurado contra alguém sabidamente inocente, ao passo que o artigo 27 impede a instauração diante da inexistência de todo e qualquer indício, independentemente da certeza quanto à responsabilidade penal do agente.

Por derradeiro, o parágrafo único do dispositivo penal estabeleceu que a instauração de sindicância ou investigação preliminar sumária, definitivamente justificada, afasta o crime previsto no *caput* do dispositivo. Trata-se de providência legislativa que atenuou a drasticidade do tipo penal, em uma tentativa de se assegurar a investigação de fatos que cheguem ao conhecimento da autoridade sem maiores elementos indiciários. Portanto, caso uma "denúncia anônima" seja encaminhada às autoridades investigativas competentes, estes procedimentos preliminares assumem grande importância como instrumento para se colher maiores elementos probatórios e, assim, constatar-se a verossimilhança dos fatos relatados apocrifamente, dando-se início a uma investigação propriamente dita.

No tocante ao artigo 28, impende destacar que a conduta de "divulgar" exige que a informação seja tornada pública, alcançando-se pessoas para além das partes do processo e das demais devidamente autorizadas a lidar com o referido conteúdo informativo.

Com relação à expressão "gravação", entende-se que ela não deva se resumir ao produto da interceptação telefônica, mas também abrangerá toda e qualquer captação de uma conversa entre dois interlocutores, ainda que gravada sob conhecimento de apenas um deles.

Também se constata a elevada carga interpretativa necessária para se compreender o alcance da expressão "sem relação com a prova que se pretenda produzir", haja vista que deverá ser comprovado que a gravação ou seu trecho, indevidamente divulgados, tenham conteúdo absolutamente alheio a todo e qualquer elemento probatório relacionado ao procedimento. Assim, a nosso sentir, apenas situações de absoluto descompasso entre o trecho gravado divulgado e a prova a ser produzida poderá encerrar a caracterização do tipo penal em comento (*v.g.*, a divulgação de uma gravação sobre uma relação extraconjugal do investigado em um processo ou investigação versando sobre tráfico de entorpecentes).

Por derradeiro, o tipo penal exige, ainda, que a divulgação da gravação ou de trecho dela exponha a intimidade ou a vida privada ou, ainda, fira a honra ou a imagem do investigado ou do acusado. Assim, em situações específicas em que a gravação não tenha relação com a prova a ser produzida mas, ao mesmo tempo, não traga qualquer conteúdo difamatório ou exponha a intimidade ou vida privada do indivíduo, forçoso reconhecer que o tipo penal não estará caracterizado (*v.g.*, a divulgação de trecho de uma gravação em que o interlocutor exponha suas preferências futebolísticas ou partidárias, em um processo ou investigação visando apurar o cometimento de um crime de estelionato).

Finalmente, a conduta tipificada não se confunde com os crimes trazidos nos artigos 10º e 10º-A da Lei nº 9.296/1996, os quais disciplinam a configuração do tipo penal em situações de realização da interceptação e realização de captação ambiental sem autorização judicial, nos casos em que for exigida. Já o artigo 28, por sua vez, estabelece a hipótese da divulgação da gravação propriamente dita, desde que não guarde relação com a prova a ser produzida e vise expor a honra, intimidade, vida privada ou a imagem do cidadão.

Assinale-se, por oportuno, que ambos os tipos penais demandam, para sua caracterização, que o sujeito ativo tenha a intenção de prejudicar outrem ou beneficiar a si mesmo ou a terceiro, ou, ainda, pratique o ato por mero capricho ou satisfação pessoal. Trata-se, em verdade, de um elemento subjetivo específico geral, aplicável a todos os tipos penais contidos na Lei de Abuso de Autoridade, conforme se depreende do artigo 1º, § 1º, da Lei n. 13.869/2019.

De toda sorte, é certo que o alcance das expressões trazidas nos tipos penais estudados será delimitado a partir da formação de uma sólida jurisprudência sobre o tema, quando da apreciação de situações casuísticas, a fim de se trazer segurança jurídica ao intérprete. Somente assim se conseguirá, a um só tempo, equilibrar-se a relação de garantismo na tutela dos direitos individuais dos cidadãos com a eficiência nas atividades investigativa e persecutória estatais.

Referências

BARROSO, Anamaria Prate. *A Transversalidade do acordo de colaboração premiada e seus efeitos na demissão do servidor público*. Revista Brasileira de Ciências Criminais | vol. 157/2019 | p. 175 – 208 | Jul / 2019.

BRAGA, Fernando Celestino. *Guia de investigação criminal*. Porto: Editora do autor, Portugal, 1953, p. 11-15.

CARNEIRO, José Reinaldo Guimarães. *O Ministério Público e suas investigações independentes: reflexões sobre a inexistência de monopólio na busca da verdade real*. São Paulo: Malheiros, 2007.

CHOUKR, Fauzi Hassan. *Garantias constitucionais na investigação criminal*. 2ª ed., rev., ampl. e atual. Rio de Janeiro: Lumen Juris, 2001, p. 218.

COSTA, Helena Regina Lobo da. *Proteção Penal Ambiental: viabilidade, efetividade, tutela por outros ramos do direito*. São Paulo: Saraiva, 2010. p. 202.

FERNANDES, Antonio Scarance. *O sigilo financeiro e a prova criminal. In "Direito Penal, Processo Penal e Direitos Fundamentais. Uma visão Luso-brasileira"*, p.457/477, 2006, Quartier Latin. São Paulo.

—. *Processo Penal Constitucional*. 3. Ed. São Paulo: Ed. RT, 2002

GOMES FILHO. Antônio Magalhães. *Notas sobre terminologia da prova (reflexos no processo penal brasileiro)*. In: YARSHELL, Flávio Luiz, MORAES, Maurício Zanoide (Orgs.). *Estudos em Homenagem à Professora Ada Pellegrini Grinover*. 1. Ed. São Paulo: DPJ, 2005, p. 310-314.

GRINOVER, Ada P. *Liberdades públicas e processo penal – as interceptações telefônicas*. São Paulo, Saraiva, 1976, p. 306-307.

LOPES JR., Aury. *Direito Processual Penal e sua Conformidade Constitucional*, v. I. Rio de Janeiro: Lumen Juris, 2007, p. 265.

— *Sistemas de investigação preliminar no processo penal*. 4. ed. Rio de Janeiro: Lumen Juris, 2006, p. 184.

MORAES PITOMBO, Sérgio Marcos. *O Indiciamento como Ato de Polícia Judiciária*. In: *Revista dos Tribunais*, n. 577, p. 313).

MOUGENOT BONFIM, Edilson. *Curso de Processo Penal*. São Paulo: Ed. Saraiva, 13ª edição, 2019.

NUCCI, Guilherme de Souza. *Código de Processo Penal Comentado*, 10ª Edição, 2010. Editora Revista dos Tribunais. Pág. 86.

REALE JÚNIOR, Miguel. *Ilícito administrativo e o jus puniendi geral*. In: PRADO, Luiz Regis (Coord.). Direito Penal Contemporâneo: estudos em homenagem ao Professor José Cerezo Mir. São Paulo: Ed. RT, 2007. p. 93.

SCHREIBER, Simone. *A publicidade opressiva dos julgamentos criminais*. Revista Brasileira de Ciências Criminais | vol. 86/2010 | p. 336 – 379 | Set – Out / 2010.

TAVARES, Natália Lucero Frias. OLIVEIRA, Anderson Affonso de. SANTORO, Antônio Eduardo Ramires. *A interceptação telefônica no contexto dos maxiprocessos no brasil: uma análise quantitativa e qualitativa dos dados entre 2007 e 2017*. Revista Brasileira de Ciências Criminais | vol. 143/2018 | p. 89 – 116 | Maio / 2018.

— *A interceptação telefônica no contexto dos maxiprocessos no brasil: uma análise quantitativa e qualitativa dos dados até 2018*. Revista Brasileira de Ciências Criminais | vol. 161/2019 | p. 101 – 130 | Nov / 2019.

TORON, Alberto Zacharia. *Notas sobre a mídia nos crimes do colarinho branco e o judiciário: os novos padrões*. RBCCrim 36/264 -265. São Paulo: Ed. RT, out.-dez. 2001.

TUCCI, Rogério Lauria. *Devido Processo Penal e alguns dos seus mais importantes corolários*. Revista da Faculdade de Direito, Universidade de São Paulo, 88, 463-484.

—. *Ministério Público e investigação criminal*. São Paulo: Editora Revista dos Tribunais, 2004.

ZAFFARONI, Eugenio Raúl. BATISTA, Nilo. ALAGIA, Alejandro. SLOKAR, Alejandro. *Direito Penal Brasileiro: primeiro volume – Teoria Geral do Direito Penal*. 3º edição. Rio de Janeiro: Revan, 2006, p. 211.

ZILLI, Marcos Alexandre Coelho. *Atuação investigatória do Ministério Público: um convite à reflexão*. Boletim do Instituto Manoel Pedro Pimentel, São Paulo, v. 6, n. 23, p. 6-7., dez. 2004.

16. A nova Lei de Abuso de Autoridade e os crimes de prestar informação falsa sobre procedimento e iniciar ou proceder a persecução sem justa causa

JOÃO PAULO MARTINELLI
LEONARDO SCHMITT DE BEM

Após mais de 40 anos, o Brasil tem uma nova lei de abuso de autoridade. A lei anterior era resquício de um período de regime militar, no qual não havia interesse na punição de autoridades que abusassem do poder. A nova lei, apesar dos problemas, é tecnicamente superior à anterior. Neste artigo, analisamos as modificações e dois crimes da nova lei: prestação de informação falsa sobre procedimento (art. 29) e início ou prossegui-mento de persecução sem justa causa (art. 30). A abordagem inclui o conceito de autoridade pública e algumas críticas aos crimes analisados.

1. Abuso de autoridade

Costuma-se denominar abuso de autoridade os comportamentos pratica-dos por agentes públicos que, extrapolando os limites legais, restringem direitos alheios. Às autoridades públicas são concedidas certas prerroga-tivas, por lei, para o exercício de sua atividade, em algumas situações con-ferindo-lhes poder como instrumento. Poder é a capacidade de fazer algo ou de impor a vontade. As autoridades são investidas de certa parcela de poder indispensável para atuarem em nome do Estado. Nesse contexto, poder tem o conceito de imposição da vontade, mas não a vontade pes-soal, e sim a da instituição que representa, sempre em nome do interesse público. Por isso, esse poder encontra limites na lei que, quando extra-polados, implicam responsabilidade ao agente. O exercício abusivo do poder, concretizado a partir da desvinculação de satisfação do interesse coletivo, recebeu novo conjunto de disposições e sanções com a promul-gação da Lei nº 13.869/2019.

A lição de NUCCI sobre o abuso de autoridade explica bem a relação entre os limites do poder. O autor esclarece que o verbo "abusar" tem diversos significados, embora todos espelhem condutas negativas nas quais o contexto relativo a "excesso" acaba valorizado, atingindo-se as fórmulas de menosprezo e humilhação, concretizando a prática de medida injusta, prevalecendo a situação de superioridade[1].

A partir do exposto no art. 5º da Carta Constitucional e, especialmente no que respeita ao direito de locomoção, exemplifica que o ato judicial de "mandar prender" alguém é muito significativo e, assim, além da devida motivação, deve estar calcado estritamente em lei. O exercício deste poder, porém, não pode ser indevido e, nesse sentido, "a linha divisória entre *'mandar prender'* e *'abusar do poder de mandar prender'* existe e está prevista na Lei de Abuso de Autoridade (tanto na anterior como na atual)"[2].

Interpretando sua lição, portanto, deve-se obstar que um direito se transmude em abuso. Fazer jus a algo não deve ensejar usar indevidamente o que era justo. O absoluto respeito às normas (infra) constitucionais deve ser o norte de atuação dos agentes públicos em um Estado Democrático de Direito e, como tal, qualquer abuso é indevido e criminoso.

2. Conceito de autoridade

Para a aplicação dos tipos penais previstos na lei, considera-se autoridade o "agente público, servidor ou não, da administração direta, indireta ou fundacional de qualquer dos Poderes da União, dos Estados, do Distrito Federal, dos Municípios e de Território, compreendendo, mas não se limitando a servidores públicos e militares ou pessoas a eles equiparadas, membros do Poder Legislativo, membros do Poder Executivo, membros do Poder Judiciário, membros do Ministério Público e membros

---

[1] NUCCI, Guilherme de Souza. A transição das leis de abuso de autoridade: da lei 4.898/1965 à lei 13.869/2019. Os reflexos corporativistas das entidades representativas de agentes públicos. Revista dos Tribunais, vol. 1012, 2020, p. 235 – 253.

[2] NUCCI, Guilherme de Souza. A transição das leis de abuso de autoridade: da lei 4.898/1965 à lei 13.869/2019. Os reflexos corporativistas das entidades representativas de agentes públicos. Revista dos Tribunais, vol. 1012, 2020, p. 235 – 253.

dos tribunais ou conselhos de contas" (art. 2º). As descrições típicas da Lei nº 13.869/2019 exigem uma qualidade especial do agente. Saliente-se, porém, que o rol descritivo não é exaustivo, o que permite incluir no conceito outros servidores, desde que exerçam, "ainda que transitoriamente ou sem remuneração, por eleição, nomeação, designação, contratação ou qualquer outra forma de investidura ou vínculo, mandato, cargo, emprego ou função em órgão ou entidade abrangidos pelo *caput* deste artigo" (art. 2º, parágrafo único).

O conceito da lei especial supera aquele previsto no art. 327 do Código Penal, visto que o tratamento dispensado ao funcionário público não é suficiente para abranger todos os membros da Administração Pública direta e indireta, dado as modificações impostas pela Constituição Federal. Conforme a Carta Magna, e por entendimento da doutrina, deve-se compreender que o conceito de agente público é mais amplo, englobando os servidores públicos, os agentes políticos, os militares e os particulares em colaboração com o Poder Público[3]. Nesse sentido, o conceito de agente público vai além daqueles que exercem função, cargo ou emprego público, já que igualmente abrange quem exerce mandato ou colabora, de alguma forma, com a Administração Pública.

3. Modificação legislativa

A atual Lei de Abuso de Autoridade substitui a anterior Lei nº 4.898/1965, resquício do regime militar pelo qual o Brasil passou entre 1964 e 1985. A lei revogada não tinha mais razão para persistir, pois apresentava dois graves problemas: a modicidade das sanções e a péssima qualidade técnica. Provavelmente, sua estrutura pretendia atender ao sistema autoritário à época, que não tinha qualquer interesse na punição de seus agentes. Apesar de não considerarmos que a repressão penal seja capaz de resolver os problemas do abuso de autoridade, não se pode negar que a lei atual é tecnicamente superior.

A primeira crítica a ser feita refere-se às sanções previstas aos crimes praticados. As penas então previstas eram de multa de cem a cinco mil cruzeiros, detenção por dez dias a seis meses e a perda do cargo e a ina-

---

[3] DI PIETRO, Maria Sylvia Zanella. Direito administrativo. São Paulo: Atlas, 2005, p. 442.

bilitação para o exercício de qualquer outra função pública por prazo até três anos (art. 6º, § 3º). A pena máxima de seis meses oferta a dimensão da irrelevância dada por nosso legislador aos abusos praticados pelas autoridades públicas e a desproporcionalidade quando é feita a comparação com outros tipos penais, como a lesão corporal e o sequestro. Isto é, o atentado a direitos fundamentais praticado pelo particular possuía penas muito superiores àquele cometido por agentes públicos.

A segunda crítica é a falta de técnica legislativa, com a consequente violação ao princípio da legalidade. As tipificações eram demasiadamente abertas, sem a devida delimitação imposta pelos princípios *nullum crimen, nulla poena sine lege stricta* e *nullum crimen, nulla poena sine lege certa*. A lei, principalmente a incriminadora, deve ser estrita e certa, de modo a não permitir interpretações ampliativas e garantir ao indivíduo ter conhecimento dos limites de seu comportamento[4]. Porém, não era essa a regra da revogada lei. Os tipos penais eram meras descrições de atentados a determinados direitos sem a delimitação do comportamento proibido, de maneira a entregar ao intérprete o poder de considerar (ou desconsiderar) abuso de autoridade o que bem entendesse.

A título de ilustração, o art. 3º da Lei nº 4.898/1965 continha a seguinte previsão: *constitui abuso de autoridade qualquer atentado à liberdade de locomoção; à inviolabilidade do domicílio; ao sigilo da correspondência; à liberdade de consciência e de crença; ao livre exercício do culto religioso; à liberdade de associação; aos direitos e garantias legais assegurados ao exercício do voto; ao direito de reunião; à incolumidade física do indivíduo; aos direitos e garantias legais assegurados ao exercício profissional.* A partir da redação legal, percebe-se claramente que não se tratava de descrever comportamento proibido, mas apenas de elaborar um rol de direitos que não poderiam ser violados. Havia dificuldade de compreender, aliás, se existia realmente um único tipo penal no art. 3º ou se fora prevista uma reunião de tipos penais da entidade criminal em questão.

Pascolati Júnior entende que os tipos penais abertos são constitucionais, "porque, ao legislador pátrio, é impossível prever todas as condutas humanas que poderiam ser caracterizadas como crime. Assim, os

---

[4] Martinelli, João Paulo; De Bem, Leonardo Schmitt. Direito penal: lições fundamentais, parte geral. 5ª ed. Belo Horizonte: D'Plácido, 2020, p. 244 e ss.

A NOVA LEI DE ABUSO DE AUTORIDADE E OS CRIMES DE PRESTAR INFORMAÇÃO...

tipos abertos são técnica legislativa de tentar abarcar o maior número de condutas possíveis, o que seria vedado ao tipo fechado, o qual contém uma descrição completa e minuciosa da conduta, não dependendo de nenhuma interpretação por parte do juiz"[5]. Ousamos discordar. O tipo penal deve conter um comportamento minimamente identificável descrito, com o núcleo e demais elementares. Apenas afirmar o atentado ao bem jurídico como crime é insuficiente, pois o cidadão deve saber quais comportamentos são atentatórios. É notório que o legislador não consegue prever todas as condutas que devem ser proibidas, porém, a violação ao princípio da legalidade não pode ser legitimada por tal fundamento. Se assim fosse, todas as leis penais, incluindo o Código Penal, deveriam conter tipos abertos e a atividade legislativa perderia sua função, pois bastaria uma única lei que descrevesse os bens jurídicos mais importantes e afirmasse que qualquer atentado a estes deveria ser crime.

A simples escolha do bem jurídico a ser tutelado, sem delimitar o alcance incriminador, permite ao Estado eleger os interesses merecedores de tutela e interpretar arbitrariamente qualquer comportamento que não lhe seja pertinente. A definição clara e estrita da conduta incriminada, ademais, é essencial para determinar se, no caso concreto, a atitude do agente representa perigo ou lesão penalmente relevantes ao bem tutelado.

Conforme GIACOMOLLI, a legalidade penal é um princípio constitucional, "limitativo do poder do legislador, que terá que formular preceitos claros, precisos, determinados e de acordo com a Constituição Federal; limitativo do poder jurídico do órgão acusador, que não poderá transpor as barreiras legais autorizadoras do exercício da pretensão acusatória; e limitador do poder jurídico dos Juízes e dos Tribunais, que estão impedidos de definir tipos penais ou de aplicar sanções criminais que não existiam no momento da conduta, garantindo-se, assim, a proteção dos direitos e das liberdades fundamentais"[6].

---

[5] PASCOLATI JUNIOR, Ulisses Augusto. Abuso de autoridade (Lei n. 4.898, de 9-12-1965). In Gustavo Octaviano Diniz Junqueira e Paulo Henrique Aranda Füller. Legislação penal especial, vol. 02. São Paulo: Saraiva, 2010, p. 09.
[6] GIACOMOLLI, Nereu José. Função garantista do princípio da legalidade. Revista dos Tribunais, vol. 778, 2000, p. 449-466.

ABUSO DE AUTORIDADE

A nova legislação é muito melhor do ponto de visto técnico-legislativo. Os tipos penais descrevem comportamentos e, para a segurança jurídica das autoridades, exigem o dolo específico *"de prejudicar outrem ou beneficiar a si mesmo ou a terceiro, ou, ainda, por mero capricho ou satisfação pessoal"* (art. 1º, § 1º). É cogente a comprovação do elemento subjetivo do injusto à caracterização do crime de abuso de autoridade.

Significa que mero erro de interpretação dos fatos ou por provocação de outrem exclui a ilicitude do fato. O legislador foi taxativo: *"A divergência na interpretação de lei ou na avaliação de fatos e provas não configura abuso de autoridade"* (art. 1º, § 2º). Somente para citar um exemplo, um membro do Ministério Público que recebe inquérito policial por um furto de pequeno valor não responderá por abuso de autoridade se apresentar a denúncia pelo crime patrimonial (art. 155, CP), uma vez que não há consenso sobre o que seja valor insignificante para a exclusão da tipicidade material.

Vale ressaltar novamente que o elemento subjetivo abrange o dolo de praticar as condutas descritas nos tipos e uma atitude interna do agente de *"prejudicar outrem ou beneficiar a si mesmo ou a terceiro, ou, ainda, por mero capricho ou satisfação pessoal"*. Isso implica a possibilidade de ocorrer hipótese de erro de tipo quando as informações que chegarem à autoridade induzirem-na a equívocos. Ou seja, a autoridade policial pode encaminhar ao Ministério Público autos de um inquérito com provas obtidas ilicitamente, sem registro das ilegalidades praticadas. Um próprio membro do Ministério Público pode ser induzido a crer na prática de um ato ilícito quando uma confissão for obtida mediante tortura ou quando provas forem plantadas para prejudicar o investigado. Nestes exemplos, o dolo é excluído e não há como punir o agente público a título de culpa pela ausência de previsão (art. 20, CP). A partir do momento em que a autoridade desconfiar da ilicitude das provas, passará a ter obrigação de esclarecer os fatos para evitar uma condenação injusta.

4. Prestação de informação falsa

O art. 29 da Lei nº 13.869/2019, sem correspondente na antiga lei de abuso de autoridade, dispõe que é crime *"prestar informação falsa sobre procedimento judicial, policial, fiscal ou administrativo com o fim de prejudicar interesse de investigado"*.

A NOVA LEI DE ABUSO DE AUTORIDADE E OS CRIMES DE PRESTAR INFORMAÇÃO...

O núcleo do tipo é "prestar informação", isto é, informar, comunicar, apresentar, conceder ou esclarecer algo que se tem conhecimento. Essa prestação deve se dar a respeito de um "procedimento", aqui compreendido como estrutura de uma relação jurídica processual, podendo ser judicial, policial, fiscal ou administrativo. Mais especificamente, nos termos legais, "sobre" procedimento. O destaque à preposição é relevante porque o tipo penal pode ser interpretado de maneira ampla, isto é, pode enquadrar a prestação de informação (falsa) dentro do processo ("englobando o procedimento"[7]), bem como a concessão de informação (falsa) para quem não tem envolvimento com o procedimento. Explicando a partir de exemplos, no primeiro contexto, um magistrado, como autoridade coatora, pode prestar informação (falsa) ao respectivo tribunal para dificultar a concessão de liberdade ao preso e, como tal, vê-lo confinado por mais tempo, ou uma autoridade policial pode prestar esclarecimentos falsos ao membro do Ministério Público, com o intuito de ver seu desafeto injustamente denunciado. No segundo, um delegado pode conceder entrevista à imprensa afirmando ter indícios suficientes de autoria de crime apenas para manchar a imagem do investigado, mesmo sabendo que não há nada para incriminá-lo.

Por isso, entendemos que o legislador deveria ter utilizado a preposição "em", pois, assim, o comportamento ficaria delimitado à prestação de informação (falsa) quando praticada "em" qualquer dos procedimentos oficiais elencados. Os crimes contra a honra tipificados no Código Penal já protegem a imagem de pessoas falsamente acusadas de crime (calúnia) ou cujos fatos descritos possam prejudicar sua reputação (difamação). Assim, parece-nos mais adequado interpretar a conduta como o uso da função para prejudicar indevidamente o cidadão "em" procedimento, com o potencial de levá-lo a responder injustamente por fato não praticado e, até mesmo, a uma condenação. A propósito, "(...) o propósito desta nova figura é tutelar o direito de pessoas investigadas a um procedimento idôneo, lícito e legítimo de apuração dos fatos. (...) este tipo

---

[7] FRANCO, José Henrique K. Ativismo judicial e administrativo. Belo Horizonte: D'Plácido, 2018, p. 70.

ABUSO DE AUTORIDADE

de abuso prejudica pessoas inocentes, porque a informação falsa pode acarretar até mesmo uma condenação"[8].

O que já não é simples, tende a ficar mais problemático e de difícil solução, de sorte que a informação prestada deve ser "falsa", e a interpretação desta expressão pode gerar vários entraves, a exemplo de sua definição como elemento objetivo ou subjetivo da imputação, isto é, o que se incrimina é prestar informação objetivamente falsa (algo inventado pela autoridade) ou a prestação de informação objetivamente verdadeira, mas subjetivamente falsa (realizada com conhecimento de sua imprecisão)?

Importando-se a tradicional interpretação relacionada ao crime de calúnia, que também contém semelhante elemento em sua imputação, o caráter "falso" da informação prestada é analisado no extrato típico objetivo e, como tal, implica conceder informação inventada ou mentirosa (e não somente incompleta ou desvirtuada) a respeito de conteúdo de um procedimento judicial, policial, fiscal ou administrativo. A esta interpretação, no entanto, deve-se aditar outra, visando reafirmar a regra da ofensividade, ou seja, a informação falsamente prestada deverá conduzir à incriminação desde que haja potencial perigo para prejudicar interesse da pessoa investigada. Ou seja, a prestação deve ser de informação falsa relevante ao procedimento, capaz de alterar seu curso normal e levar a um desfecho indevidamente desfavorável à vítima. A partir do prisma da ofensividade (ou "constatação de sua conflituosidade"[9]), como o bem jurídico tutelado não é a sinceridade, informações irrelevantes não serão suficientes à configuração do crime.

Está-se diante de um crime de perigo abstrato de potencial perigo, que, segundo Torío Lopez, "não haveria a necessidade de demonstrar a existência de um perigo concreto para o bem jurídico, porém tampouco seria suficiente se conformar com a perigosidade em abstrato da conduta, senão que deverá se comprovar a idoneidade objetiva desta para produzir

---

[8] Branco, Emerson Castelo. Prestação de informação falsa. I. Nova Lei de Abuso de Autoridade: análise comparativa e crítica. Leme: JH Mizuno, 2020, p. 136.

[9] Zaffaroni, Eugenio Raúl; Batista, Nilo; Alagia, Alejandro; Slokar, Alejandro. *Direito penal brasileiro*, v. II. Rio de Janeiro: Revan, 2010, p. 212.

um prejuízo ao bem jurídico"[10]. Nestes termos, a tipicidade penal dependerá de um duplo juízo de valoração, um *ex ante*, sopesando se a conduta praticada e subsumível ao tipo é idônea a produzir perigo ao bem jurídico, e outro *ex post*, no sentido de verificar, no caso concreto, sobre a possibilidade do resultado de perigo[11].

Tomando-se por empréstimo os comentários de Cezar Bitencourt e Luciana Monteiro ao delito tributário de "prestar declaração falsa às autoridades fazendárias" (art. 1º, I da Lei 8.137/1990), infere-se que ambos, como nós, exigem que a informação falsa deve recair sobre fato juridicamente relevante, ou seja, é necessário que a declaração falsa constitua um elemento substancial relativo à obrigação tributária. Contudo, e aí reside a diferença com nossa posição, ampliando o raio de não punibilidade, defendem que "a falsidade da declaração deve versar sobre fato importante, de modo a constituir, pelo menos, um dano em potencial aos interesses do fisco"[12]. Para eles, o respectivo crime é de perigo concreto e, como tal, a declaração falsamente prestada, deve, necessariamente, apresentar potencial lesivo capaz de gerar ou conduzir à supressão ou redução de tributo.

A novel legislação criou tipo penal específico quanto à falsidade ideológica do art. 299 do Código Penal *"Omitir, em documento público ou particular, declaração que dele devia constar, ou nele inserir ou fazer inserir declaração falsa ou diversa da que devia ser escrita, com o fim de prejudicar direito, criar obrigação ou alterar a verdade sobre fato juridicamente relevante"*. Como o art. 29 constitui crime de forma livre, nada obsta que a informação falsa sobre qualquer dos procedimentos indicados se realize (aliás, é o usual) por meio de um documento público (eis que realizada por agente público).

---

[10] Torío Lopes, Ángel. Los delitos de peligro hipotético: contribución al estudio diferencial de los delitos de peligro abstracto. *Anuario de Derecho Penal y Ciencias Penales*, Madrid, t. 35, 1981, p. 829.

[11] Torío Lopes, Ángel. Los delitos de peligro hipotético: contribución al estudio diferencial de los delitos de peligro abstracto. *Anuario de Derecho Penal y Ciencias Penales*, Madrid, t. 35, 1981, p. 838.

[12] Bitencourt, Cezar Roberto; Monteiro, Luciana de Oliveira. Crimes contra a ordem tributária. São Paulo: Saraiva, 2013, p. 122.

Deve-se recordar que o parágrafo único do art. 299 institui uma causa de aumento de pena *"se o agente é funcionário público, e comete o crime prevalecendo-se do cargo, ou se a falsificação ou alteração é de assentamento de registro civil"*. Sendo assim, deve-se interpretar o art. 29 como regra específica em relação à falsidade ideológica praticada por autoridade, inclusive com a possibilidade de retroatividade, por se tratar de norma mais benéfica no que respeita à pena privativa de liberdade cominada (no art. 29 é de detenção, de 6 meses a 2 anos, enquanto à falsidade ideológica se comina pena de reclusão, de 1 a 5 anos, pois o documento é público, com o aumento de pena de um sexto).

Também não se confunde com o crime de falso testemunho. O art. 342 do Código Penal prevê como delito *"fazer afirmação falsa, ou negar ou calar a verdade como testemunha, perito, contador, tradutor ou intérprete em processo judicial, ou administrativo, inquérito policial, ou em juízo arbitral"*. Conforme doutrina tradicional, o bem jurídico tutelado é a Administração da Justiça, pois há intuito de o agente induzir o julgador a erro. O falso testemunho é crime praticado pelos atores do processo judicial ou administrativo, inquérito policial ou juízo arbitral, desde que tenham o compromisso de dizer a verdade. É conduta muito diferente daquela praticada por uma autoridade que, por incumbência da lei, presta informação falsa sobre procedimento judicial, policial, fiscal ou administrativo.

Um último ponto relevante a ser observado é o elemento subjetivo. O art. 1º, § 1º da Lei traz uma cláusula geral sobre o dolo: *"(...) finalidade específica de prejudicar outrem ou beneficiar a si mesmo ou a terceiro, ou, ainda, por mero capricho ou satisfação pessoal"*. Já o tipo em análise menciona *"o fim de prejudicar interesse de investigado"*. A ausência de rigor técnico legislativo poderia levar à conclusão de que ambos os preceitos poderiam ser somados para que o elemento subjetivo fosse mais amplo que a simples finalidade de prejudicar o investigado. Está-se, em verdade, diante de aparente concurso de normas e, como o art. 1º é norma genérica em relação aos tipos penais da lei, deve valer o específico elemento subjetivo do art. 29, logo, a finalidade do agente, para a configuração do crime, restringe-se a prejudicar interesse de investigado.

A NOVA LEI DE ABUSO DE AUTORIDADE E OS CRIMES DE PRESTAR INFORMAÇÃO...

5. Persecução sem justa causa

O art. 30 da Lei nº 13.869/19[13], sem correspondente na antiga lei de abuso de autoridade, pune a conduta de *"dar início ou proceder à persecução penal, civil ou administrativa sem justa causa fundamentada ou contra quem sabe inocente"*. Persecução tem o mesmo sentido de perseguição. No processo penal, persecução envolve dois momentos distintos: o da investigação preliminar e o da ação penal[14]. A *persecutio criminis* tem início com a fase da investigação, na qual as autoridades responsáveis buscam indícios suficientes de crime para iniciar um futuro processo. Pode se desenvolver pelo inquérito policial (Polícia Judiciária), por procedimento de investigação criminal (Ministério Público) ou por meio de comissão parlamentar de inquérito (Poder Legislativo). Havendo indícios suficientes de autoria e materialidade de delito, o titular da ação penal (em regra, o Ministério Público) provoca a atividade jurisdicional para dar início à relação processual. No processo serão produzidas provas direcionadas ao convencimento da autoridade judicial, sem que isso signifique, necessariamente, prolação de uma condenação. Em síntese, a persecução penal é a atividade do Estado, por meio de seus órgãos responsáveis, pela qual são levantadas informações que podem levar o acusado à condenação ou absolvição.

Na seara do processo civil, a persecução pode ter início diretamente no processo, quando houver elementos suficientes para a propositura da ação, ou em fase preliminar, por meio de inquérito civil, nos casos em que o Ministério Público necessita de maior apuração de fatos para oferecer a ação civil pública. DI TOMASSO informa que "a instauração do inquérito civil se justifica quando é necessário descobrir se houve violação a interesse difuso ou coletivo ou quem é o autor da ofensa a ditos interesses.

---

[13] Destaca-se que o dispositivo havia sido vetado pelo Presidente da República, mas o veto foi derrubado pelo Congresso Nacional. O preceito, ademais, é objeto de uma ação direta de inconstitucionalidade que foi ajuizada, entre outros órgãos, pela Associação Nacional dos Membros do Ministério Público. Aduzindo que o preceito carece de inconstitucionalidade e inconvencionalidade manifesta: PINHEIRO, Igor Pereira. Premissas constitucionais e convencionais necessárias para uma correta interpretação e aplicação da nova lei de abuso de autoridade. In. Nova Lei de Abuso de Autoridade. Leme: JH Mizuno, 2019, p. 15-39.

[14] TOURINHO FILHO, Fernando da Costa. Processo penal, v. 1. São Paulo: Saraiva, 2012, p. 223.

ABUSO DE AUTORIDADE

Também se afigura pertinente a abertura do inquérito do inquérito civil naqueles casos em que, embora precisas autoria e lesão, a propositura da ação de índole preventiva ou reparatória carece, ainda, de material probante eficiente para delimitar o pedido"[15].

No âmbito administrativo, a persecução pode ter início com a sindicância (procedimento prévio para levantamento de informações) ou com o processo administrativo disciplinar, no caso que envolva a apuração de infração por agentes públicos. Ainda há procedimentos persecutórios da natureza administrativa (fiscalização) que podem atingir direitos do particular, como um auditor da Receita Federal que requer o início de procedimento administrativo contra contribuinte que está com sua declaração de tributos regularizada. O procedimento de natureza administrativa, assim, pode afetar o servidor ou o particular.

O art. 30 da novel lei deve ser interpretado em conjunto com o art. 27, que dispõe que é crime *"requisitar instauração ou instaurar procedimento investigatório de infração penal ou administrativa, em desfavor de alguém, à falta de qualquer indício da prática de crime, de ilícito funcional ou de infração administrativa"*. No parágrafo único é aberta uma ressalva: *"Não há crime quando se tratar de sindicância ou investigação preliminar sumária, devidamente justificada"*. Por conseguinte, os atos preliminares de averiguação, que possuem por objetivo unicamente legitimar o início de investigação ou sindicância, não configuram também o crime do art. 30. Ora, em muitas situações é uma obrigação da autoridade (pública) competente realizar a avaliação prévia da viabilidade de instaurar um procedimento de investigação e sindicância, ao invés de tomar a medida mais drástica para, ao final, concluir que não há o que se apurar.

Como exemplo, é possível citar o caso de um Delegado de Polícia receber uma denúncia anônima com a informação de que determinada pessoa seria traficante de drogas. Não seria razoável instaurar um inquérito policial contra a pessoa denunciada se a única fonte da autoridade policial é a denúncia anônima. O correto é realizar atos preliminares de investigação para ter um mínimo de probabilidade de que a informação tem procedência. Esses atos não configuram abuso de autoridade, pois

---

[15] DI TOMASSO, Rita. Inquérito civil. Revista de Direito do Consumidor, v. 16, 1995, p. 103-115.

sua finalidade é exatamente oposta, isto é, evitar uma investigação formal sem respaldo[16].

Os núcleos do tipo são "dar início" ou "proceder" à persecução. Dar início é instaurar o procedimento, enquanto proceder é executar, realizar, pôr em prática.

A relevância dos núcleos é delimitar o sujeito ativo apenas às autoridades que possuem atribuição ou competência para iniciar ou proceder à persecução objeto do crime. Assim, o investigador de polícia não tem poder para instaurar o inquérito policial, o analista não tem atribuição para oferecer denúncia, o assessor não pode substituir seu superior com o fim de iniciar a sindicância. O crime é próprio porque só pode ser praticado por autoridade pública e, além disso, autoridade com atribuição prevista em lei. Os indicados não podem responder nem mesmo como partícipes, porque a descrição típica não contém nenhuma indicação de condição pessoal ou qualidade específica do agente público e, desta maneira, não se aplica a regra da comunicabilidade prevista no art. 30 do Código Penal.

A elementar "justa causa" também merece uma interpretação criteriosa. Aproveitando-se da lição de Assis Moura, justa causa é um conceito operacional, "na medida em que funciona como verdadeiro ponto de apoio (topos), necessário ao funcionamento de diversos institutos, nas mais diferentes áreas do Direito"[17]. Especificamente no direito processual penal, a autora prossegue ensinando que a justa causa constitui "o conjunto de elementos de Direito e de fato que tornam legítima a coação" e "corresponde ao fundamento da acusação"[18]. Assim, a justa causa

---

[16] Nesse sentido, a Súmula 10 aprovada pela Polícia Civil do Estado de São Paulo sobre a Lei de Abuso de Autoridade. *In verbis*: "Quando a notícia de fato não viabilizar instauração de procedimento investigatório, o Delegado de Polícia responsável determinará a verificação da procedência das informações a título de investigação preliminar sumária, em atenção ao artigo 5º, § 3º, do Código de Processo Penal, sem prejuízo de ulterior acautelamento fundamentado enquanto não obtidos elementos indiciários que denotem justa causa para deflagrar o procedimento legal cabível".

[17] Moura, Maria Thereza Rocha de Assis. Justa causa para a ação penal. São Paulo: RT, 2001, p. 99-10.

[18] Moura, Maria Thereza Rocha de Assis. Justa causa para a ação penal. São Paulo: RT, 2001, p. 248.

no processo penal merece uma abordagem em seus aspectos positivo e negativo. Sob o ângulo positivo, "é a presença de fundamento de fato e de Direito para acusar, divisando uma mínima probabilidade de condenação, na qual se baseia o juízo de acusação". Do ponto de vista negativo, "é a falta desses elementos, que torna impossível submeter alguém ao processo criminal, porque sequer haveria probabilidade de condenação"[19].

A justa causa tem uma finalidade primorosa no processo penal, que é a filtragem do exercício do titular da ação penal. A necessidade de um conteúdo probatório mínimo para a propositura da ação penal impede que um indivíduo seja alçado à condição de réu no processo sem a menor probabilidade de condenação. Nota-se: a condenação não é uma obrigação da autoridade judicial que recebe a denúncia e inicia a relação processual, entretanto, ao analisar a peça acusatória deve haver a perspectiva de que ali se encontram elementos suficientes para uma provável condenação.

A apreciação dos elementos mínimos que configuram a justa causa não é exaustiva, mas deve ser suficientemente satisfatória para a provável procedência da acusação. Em tempo recente, inclusive, a 1ª Turma do Supremo Tribunal Federal decidiu: "1. A justa causa é exigência legal para o recebimento da denúncia, instauração e processamento da ação penal, nos termos do artigo 395, III, do Código de Processo Penal, e consubstancia-se pela somatória de três componentes essenciais: (a) tipicidade (adequação de uma conduta fática a um tipo penal); (b) punibilidade (além de típica, a conduta precisa ser punível, ou seja, não existir quaisquer causas extintivas da punibilidade); e (c) viabilidade (existência de fundados indícios de autoria)"[20].

Diante do que se entende por justa causa na ação penal, entendimento semelhante deve ser aplicado ao processo civil ou administrativo. Quer dizer, a provocação da jurisdição exige um mínimo de probabilidade de uma decisão favorável ou, pelo menos, de discussão da causa. O fim da persecução é levantar informações mínimas para eventual processo judi-

---

[19] MOURA, Maria Thereza Rocha de Assis. Justa causa para a ação penal. São Paulo: RT, 2001, p. 248.

[20] HC 164580, Rel. Min. Marco Aurélio, Rel. p/ Acórdão: Min. Alexandre de Moraes, 1ª Turma, julgado em 03/12/2019, Processo eletrônico DJe-046 DIVULG 04-03-2020 PUBLIC 05-03-2020).

A NOVA LEI DE ABUSO DE AUTORIDADE E OS CRIMES DE PRESTAR INFORMAÇÃO...

cial. Assim, a justa causa é requisito para a propositura da ação, ou seja, é o conteúdo probatório mínimo, a "fumaça do bom direito", capaz de legitimar a instalação da relação processual. MATTOS, ao explicar as condições à instauração do processo administrativo, ensina: "Sem justa causa para a instauração de processo administrativo disciplinar, não estará legitimado o Poder Público em promover procedimento genérico ou com falsa motivação, para apurar inexistente falta funcional. A evolução do direito administrativo traz a segurança jurídica como um dos traços marcantes dos dias atuais, não mais se admitindo que a força do arbítrio prevaleça a qualquer modo. A presunção de inocência milita em favor de todos, não podendo ser descartada no procedimento disciplinar, pois compete à Administração provar a irregularidade ou a culpa do servidor"[21].

Verifica-se uma questão interessante. O agente (membro do Ministério Público) pode apresentar denúncia contra o acusado, sabendo que não há justa causa para a ação penal, com o intuito de prejudicá-lo, no entanto, o juiz não a recebe pela falta da condição essencial. Nesse caso, com a rejeição da denúncia, sob a alegação da falta de justa causa, há crime? A dúvida tem pertinência porque o tipo penal não se refere a iniciar processo ou exercer a ação, e sim iniciar a persecução. Entendemos que não há persecução com a rejeição da denúncia, pois não há como se estabelecer a relação processual. Com efeito, a tentativa é possível, desde que a falta de justa causa não seja evidente. Caso haja clara evidência da ausência de justa causa (*v.g.* o fato descrito na denúncia é atípico por falta de previsão legal) será caso de tentativa inidônea (aplicando-se o art. 17 do Código Penal), pois o reconhecimento da inépcia será inevitável.

Deve-se atentar para a violação do princípio da proporcionalidade (proteção insuficiente na atividade legislativa) na cominação das penas do art. 30 da Lei de Abuso de Autoridade quando comparado com o delito de denunciação caluniosa, prevista no art. 339 do Código Penal. Este crime contra a Administração da Justiça, que pode ser praticado por particular, independentemente de qualquer condição especial, as

---

[21] MATTOS, Mauro Roberto Gomes de. Necessidade de justa causa para a instauração de processo administrativo disciplinar – impossibilidade do procedimento genérico para que no seu curso se apure se houve ou não falta funcional. *Revista dos Tribunais*, vol. 832, 2005, p. 438 – 447.

ABUSO DE AUTORIDADE

sanções previstas variam de dois a oito anos. A pena é bem superior à cominada para o art. 30 em análise, um a quatro anos. Para o legislador, o abuso de autoridade é menos grave que a conduta de particular que provoca a atividade estatal indevidamente, o que configura verdadeiro absurdo.

Conclusões

Evidente que a nova lei é mais bem elaborada que a anterior, apesar de certos problemas técnicos na elaboração de alguns tipos penais. Ademais, deve ser feita a interpretação sistemática de cada tipo para evitar conflito aparente de normas com outros delitos previstos no Código Penal. Também deve ser feita a interpretação restritiva, a fim de evitar amplo alcance do poder punitivo do Estado. Por fim, há necessidade de controle de constitucionalidade sobre alguns tipos penais, principalmente em relação à desobediência ao princípio da proporcionalidade em sua frente de proibição de proteção insuficiente, quando é feita a comparação com outros crimes semelhantes.

Referências

BITENCOURT, Cezar Roberto; MONTEIRO, Luciana de Oliveira. *Crimes contra a ordem tributária*. São Paulo: Saraiva, 2013.

BRANCO, Emerson Castelo. *Prestação de informação falsa*. I. Nova Lei de Abuso de Autoridade: análise comparativa e crítica. Leme: JH Mizuno, 2020.

DI PIETRO, Maria Sylvia Zanella. *Direito administrativo*. São Paulo: Atlas, 2005.

DI TOMASSO, Rita. Inquérito civil. *Revista de Direito do Consumidor*, vol. 16, 1995, p. 103 – 115.

FRANCO, José Henrique Kaster. *Ativismo judicial e administrativo*. Belo Horizonte: D'Plácido, 2018.

GIACOMOLLI, Nereu José. Função garantista do princípio da legalidade. *Revista dos Tribunais*, vol. 778, 2000, p. 449-466.

MARTINELLI, João Paulo; DE BEM, Leonardo Schmitt. *Direito penal*: lições fundamentais, parte geral. 5ª ed. Belo Horizonte: D'Plácido, 2020.

MATTOS, Mauro Roberto Gomes de. Necessidade de justa causa para a instauração de processo administrativo disciplinar – impossibilidade do procedi-

A NOVA LEI DE ABUSO DE AUTORIDADE E OS CRIMES DE PRESTAR INFORMAÇÃO...

mento genérico para que no seu curso se apure se houve ou não falta funcional. *Revista dos Tribunais*, vol. 832, 2005, p. 438 – 447.

MOURA, Maria Thereza Rocha de Assis. *Justa causa para a ação penal*. São Paulo: RT, 2001.

NUCCI, Guilherme de Souza. A transição das leis de abuso de autoridade: da lei 4.898/1965 à lei 13.869/2019. Os reflexos corporativistas das entidades representativas de agentes públicos. *Revista dos Tribunais*, vol. 1012, 2020, p. 235 – 253.

PASCOLATI JUNIOR, Ulisses Augusto. Abuso de autoridade (Lei n. 4.898, de 9-12-1965). In Gustavo Octaviano Diniz Junqueira e Paulo Henrique Aranda Füller. *Legislação penal especial*, vol. 02. São Paulo: Saraiva, 2010.

TORÍO LOPES, Ángel. Los delitos de peligro hipotético: contribución al estudio diferencial de los delitos de peligro abstracto. *Anuario de Derecho Penal y Ciencias Penales*, Madrid, t. 35, 1981, p. 838.

TOURINHO FILHO, Fernando da Costa. *Processo penal*, v. 1. São Paulo: Saraiva, 2012.

ZAFFARONI, Eugenio Raúl; BATISTA, Nilo; ALAGIA, Alejandro; SLOKAR, Alejandro. *Direito penal brasileiro*, v. II. Rio de Janeiro: Revan, 2010.

17. Proteção do Direito ao prazo razoável e procrastinação injustificada da investigação: Análise dogmática do art. 31 da Lei de Abuso de Autoridade

DANIEL PAULO FONTANA BRAGAGNOLLO

OLAVO EVANGELISTA PEZZOTTI

ROBERTA AMÁ FERRANTE ALVES

1. Garantia da duração razoável e a injustificada procrastinação da investigação

A simples leitura do art. 31 da Lei de Abuso de Autoridade instintiva-mente conduzirá a uma relação automática com a garantia[1] da duração razoável do processo (e, por *construído* histórico, da prisão cautelar), ins-culpida no art. 5º, LXXVIII, da Constituição Federal[2].

Problema jurídico antigo[3], a garantia em questão conecta-se à ideia de uma prestação jurisdicional tempestiva, que deve se realizar em tempo

---

[1] Neste artigo, porque despiciendo e desnecessário às conclusões, não se preocupará em distinguir direito fundamental de garantia fundamental. Toma-se um pelo outro, como equiparados.

[2] "a todos, no âmbito judicial e administrativo, são assegurados a razoável duração do processo e os meios que garantam a celeridade de sua tramitação".

[3] Daniel PASTOR (*El plazo razonable en el proceso del estado de derecho*: una investigación acerca del problema de la excesiva duración del proceso penal y sus posibles soluciones. Buenos Aires: Ad-Hoc, 2002. p. 49-50) indica que já na era justiniana (482-565) recorreu-se a uma *Constitutio* para, externando a preocupação de que os litígios não fossem intermináveis, determinar que as causas penais teriam duração máxima de dois anos. No mesmo trecho, o autor argentino também cita a *Magna Carta*, de 1215, pela qual o rei inglês se comprometia a não denegar e nem retardar direito ou justiça (*"To no one we will sell, to no one deny or delay right or justice"*, na versão em inglês). Cita (*ibidem*), por fim, Alfonso X, o Sábio, de Leão e Castela, que, no mesmo século (XIII) em que João Sem Terra assinou a *Magna Carta*, no bojo de suas *Siete Partidas* estipulava que nenhum juízo penal perduraria mais de dois anos.

razoável. É de há tempos que se parte da premissa de que a demora na prestação jurisdicional se afasta da noção de justiça.[4] Todavia, a preocupação mais engajada dos Estados nacionais em assegurar o tempo razoável do processo[5] como direito humano fundamental[6] começa a ser demonstrada na Declaração Americana dos Direitos e Deveres do Homem, aprovada na 9ª Conferência Internacional Americana, em Bogotá (Colômbia), no ano de 1948.[7]

Como primeiro tratado internacional sobre direitos humanos a prever o direito a um julgamento em prazo razoável sob a fórmula redacional que se consagrou até nossos dias, registre-se a Convenção Europeia dos Direitos do Homem, em seu art. 6(1)[8]. Também a respeito da situação

---

[4] Clássica, entre nós, a quota de Rui BARBOSA na famosa "*Oração aos Moços*" (edição popular anotada por Adriano da Gama Kury. 5. ed. Rio de Janeiro: Fundação Casa de Rui Barbosa, 1997. p. 40): "justiça atrasada não é justiça, senão injustiça qualificada e manifesta".

[5] Vale a ressalva de que este direito fundamental recebe dos diversos diplomas comentados na sequência e também dos escritos doutrinários nomenclaturas diversas, tais como direito a um julgamento rápido, a um processo sem dilações indevidas, ou a um processo sem duração excessiva. Todas são tomadas por equivalentes em seu conteúdo, e se referem a um mesmo e único direito fundamental.

[6] Segundo Daniel PASTOR: "*Dicho derecho fundamental* [...] *es, como ya se dijo, un producto do la cultura jurídica más reciente, cuya inspiración responde, con la caída del fascismo, a la necesidad de afianzar los postulados del Estado de derecho para evitar el resurgimiento de regímenes políticos totalitarios como los que asolaron el mundo en el período de entreguerras*" (*El plazo razonable en el proceso del estado de derecho*, cit., p. 101).

[7] Os arts. 15 e 18 deste diploma internacional previram, respectivamente: "todo indivíduo, que tenha sido privado da sua liberdade, tem o direito de que o juiz verifique *sem demora* a legalidade da medida, e de *que o julgue sem protelação injustificada*, ou, no caso contrário, de ser posto em liberdade"; "Toda pessoa pode recorrer aos tribunais para fazer respeitar os seus direitos. Deve poder contar, outrossim, com *processo* simples e *breve*, mediante o qual a justiça a proteja contra atos de autoridade que violem, em seu prejuízo, qualquer dos direitos fundamentais consagrados constitucionalmente". Versão em português obtida no *site* da Comissão Interamericana de Direitos Humanos. Disponível em: <https://www. cidh.oas.org/basicos/portugues/b.Declaracao_Americana.htm>. Acesso em: 30 mar. 2020 (destaques nossos).

[8] "Qualquer pessoa tem direito a que a sua causa seja examinada, equitativa e publicamente, num *prazo razoável* por um tribunal independente e imparcial, estabelecido pela lei, o qual decidirá, quer sobre a determinação dos seus direitos e obrigações de carácter civil, quer sobre o fundamento de qualquer acusação em matéria penal dirigida contra ela". Versão em português obtida no *site* do Tribunal Europeu de Direitos Humanos. Disponível

do encarcerado essa Convenção cuidou de estipular a garantia de um tempo razoável da prisão, especificamente no art. 5(3)[9].

A Convenção Americana sobre Direitos Humanos, traçada em 1968 em São José da Costa Rica, adotada pelo Brasil por meio do Decreto nº 678/92, seguiu, também para essa garantia, o modelo europeu de proteção a direitos humanos. No art. 7(5), efetivou a "(t)oda pessoa detida ou retida" o "direito a ser julgada dentro de um prazo razoável ou a ser posta em liberdade, sem prejuízo de que prossiga o processo"; bem como no art. 8(1), em que assegura a garantia do tempo razoável da prisão.[10]

No Brasil, a Constituinte de 1988 não reconheceu expressamente este direito, ainda que, já àquela época, a doutrina o reconhecesse decorrer

---

em: <https://www.echr.coe.int/Documents/Convention_POR.pdf>. Acesso em: 30 mar. 2020 (destaques nossos)". O art. 6 da Convenção Europeia dos Direitos do Homem recebe a alcunha de "Direito a um processo equitativo" (*"Right to a fair trial"*, na versão oficial em língua inglesa). Vale dizer, a garantia de um prazo de razoável duração do processo está imersa nas noções de um processo equitativo, justo. Anote-se, a título de esclarecimento, que a versão oficial em inglês se utiliza, no art. 6(1), de expressão diversa: *"fair hearing"*. Sobre a equivalência, no plano dos direitos humanos internacionais, de expressões tais como *fair hearing, fair trial* e *fair trial proceedings*, ver: VIERING, Marc. Right to a fair and public hearing. In: VAN DIJK, Pieter *et al* (Ed.). *Theory and practice of the European Convention of Human Rights*. 4. ed. Antwerpen: Intersentia, 2006. p. 578.

[9] "Qualquer pessoa presa ou detida nas condições previstas no parágrafo 1, alínea c), do presente artigo deve ser apresentada imediatamente a um juiz ou outro magistrado habilitado pela lei para exercer funções judiciais e tem direito a ser julgada num prazo razoável, ou posta em liberdade durante o processo. A colocação em liberdade pode estar condicionada a uma garantia que assegure a comparência do interessado em juízo." Outro importante tratado internacional a prever a garantia ora em comento foi o Pacto Internacional sobre Direitos Civis e Políticos, adotado pela XXI Sessão da Assembleia-Geral das Nações Unidas, em 16 de dezembro de 1966, ratificado pelo Brasil por meio do Decreto nº 592/92. Tal diploma garantiu, no art. 9(3), que qualquer pessoa presa pela prática de infração penal "terá o direito de ser julgada em prazo razoável ou de ser posta em liberdade". Por sua vez, o art. 14(3)(c) sagrou que "Toda pessoa acusada de um delito terá direito [...] De ser julgado sem dilações indevidas" (Versão em português obtida no *site* do Palácio do Planalto. Disponível em: <http://www.planalto.gov.br/ccivil_03/decreto/1990-1994/d0592.htm>. Acesso em: 30 mar. 2020.).

[10] Versão em português obtida no *site* do Comissão Interamericana de Direitos Humanos. Disponível em: <https://www.cidh.oas.org/basicos/portugues/c.convencao_americana.htm>. Acesso em: 30 mar. 2020 (grifos nossos).

do devido processo legal e da garantia do acesso à Justiça.[11] Foi somente com a Emenda Constitucional nº 45/04 que o inciso LXXVIII foi acrescido ao art. 5º, que trata dos direitos e deveres individuais e coletivos.

A proteção a este preceito fundamental cruza, enfim, com o objeto atual de nosso lavor. Não somente a Constituição o assegurou a todo cidadão como, através de lei ordinária, o legislador entendeu por bem criminalizar a conduta da autoridade pública que o viola. A Lei de Abuso de Autoridade, no art. 31, tipificou a seguinte conduta: "**Estender injustificadamente a investigação, procrastinando-a em prejuízo do investigado ou fiscalizado**". E estabeleceu uma forma equiparável (parágrafo único): "**Incorre na mesma pena quem, inexistindo prazo para execução ou conclusão de procedimento, o estende de forma imotivada, procrastinando-o em prejuízo do investigado ou do fiscalizado**".

A estreita ligação do preceito constitucional da razoável duração do processo e os crimes que serão comentados nas próximas etapas deste artigo torna necessário esmiuçar algumas expressões escolhidas pelo constituinte derivado.

Primeiramente, nota-se que a opção redacional para o documento constitucional foi por falar em "processo" no "âmbito judicial e administrativo". Ainda que haja divergência teórica a respeito de a investigação ou fiscalização ter natureza de processo ou procedimento (ou nenhum dos dois), é inegável a sua natureza *administrativa*.[12] Portanto, ambas espécies

---

[11] Sobre isso, v.: LOPES JR., Aury; BADARÓ, Gustavo. *Direito ao processo penal no prazo razoável.* 1. ed. Rio de Janeiro: Lumen Juris, 2006. p. 17; e CRUZ E TUCCI, José Rogério. *Tempo e processo.* São Paulo: Revista dos Tribunais, 1997. p. 87-88.

[12] Apenas para ilustrar o debate, vejam-se algumas referências sobre investigações. Hugo Nigro MAZZILLI (*O inquérito civil.* 2. ed. São Paulo: Saraiva, 2000. p. 53 e 55-57) considera o inquérito civil "uma investigação administrativa prévia presidida pelo Ministério Público"; nega a natureza de processo; e afirma se tratar de um procedimento. Eugênio Pacelli de OLIVEIRA (*Curso de processo penal.* 16. ed. São Paulo: Atlas, 2012. p. 43), por sua vez, tratando de outra modalidade de investigação, afirma que "A fase de investigação, portanto, em regra promovida pela polícia judiciária, tem natureza administrativa, sendo realizada anteriormente à provocação da jurisdição penal. Exatamente por isso se fala em fase pré-processual, tratando-se de procedimento tendente ao cabal e completo esclarecimento do caso penal". Já Aury LOPES JÚNIOR e Ricardo Jacobsen GLOECKNER afirmam o inquérito policial ter natureza jurídica de *procedimento pré-processual*. Esses autores por último citados negam o caráter de *processo* do inquérito, por lhe faltar "notas característi-

se sujeitam **à incidência dos** princípios que norteiam a Administração Pública[13], dentre os quais deve se destacar, para os fins do objeto deste estudo, a *eficiência* e a *legalidade*.

Desse modo, independentemente da precisa classificação técnica acerca da natureza jurídica da investigação ou fiscalização, não se pode deixar de reconhecer que também nelas deve ter aplicação imediata (CF/88, art. 5º, §1º) a garantia de sua duração razoável. Como cediço, direitos desta envergadura são *construídos*, não podendo seu âmbito de proteção ser restringido pela literalidade do texto da norma.[14] A investigação ou a fiscalização, portanto, hão de ser consideradas abarcadas pela garantia, podendo-se falar, nesta vertente, em um direito fundamental à razoável duração da investigação ou fiscalização.

Em segundo lugar, convém mencionar o problema do texto aberto apresentado pelos diplomas constitucional e convencionais. Sendo todos equivalentes em conteúdo, sobreleva-se o termo "prazo razoável", posto que "prazo" é expressão técnico-jurídica que indica um lapso temporal dentre dois termos.[15] É justamente neste raciocínio que repousa a

---

cas" de uma "atividade puramente processual" (*Investigação preliminar no processo penal*. 6. ed. São Paulo: Saraiva, 2014. p. 94). Antonio Scarance FERNANDES, por fim, tratando do contraditório, preleciona que tal princípio deve ser "observado em processo judicial ou administrativo, não estando aí abrangido o inquérito policial, o qual constitui um conjunto de atos praticados por autoridade administrativa", o que, segundo o próprio autor, afasta a natureza jurídica de *processo* do inquérito. Por outro lado, o autor por último referido nega a natureza de procedimento: "sequer o inquérito é procedimento, pois falta-lhe característica essencial do procedimento, ou seja, a formação por atos que devam obedecer a uma sequência predeterminada pela lei, em que, após a prática de um ato, passa-se à do seguinte até o último da série, numa ordem a ser necessariamente observada" (*Processo penal constitucional*. 6. ed. São Paulo: Revista dos Tribunais, 2010. p. 62).

[13] Cf. Constituição Federal, art. 37.

[14] Nessa linha teórica: PIOVESAN, Flávia. *Direitos humanos e o direito constitucional internacional*. 13. ed. São Paulo: Saraiva, 2012. p. 175-176.

[15] Ou, como prefere Cândido Rangel DINAMARCO, referenciando CARNELUTTI, "a distância temporal a ser observada entre dois fatos ou atos", ou "a quantidade de tempo medida entre eles". Cf. *Instituições de Direito Processual Civil*. 6. ed., v. 2. São Paulo: Malheiros, 2009. p. 563. Daniel PASTOR apresenta válida e mais detalhada definição de "prazo": *"un período de tiempo que consta de un término o último punto hasta el cual se extiende y sólo dentro del cual puede ser realizado válida y legítimamente el acto o actividad previstos, aunque se trate de todo el proceso mismo"* (*El plazo razonable en el proceso del estado de derecho*, cit., p. 166).

ABUSO DE AUTORIDADE

enorme dificuldade em se determinar aquilo que seria o "prazo razoável". Isso porque "razoável", aqui, seria a quantidade de tempo entre o início da investigação (termo inicial) e o encerramento da investigação (termo final); ou entre o início da prisão cautelar e sua revogação ou relaxamento. Entre um e outro deve haver um limite de tempo, qual seja, "o razoável". Em nosso ordenamento, como em muitos outros, apesar de algumas previsões legais de prazo para encerramento da atividade investigatória[16], na prática não há, no mais das vezes, uma medida determinada de tempo limite[17] para a conclusão da investigação ou de manutenção da prisão cautelar[18], deixando, caso a caso, margem à arbitrária caracteriza-

[16] Tomando-se o exemplo mais comum de investigação, ao menos para questões criminais, o inquérito policial possui prazo determinado no Código de Processo Penal, em seu art. 10: dez dias, se o imputado estiver preso, e 30 dias, se o imputado estiver solto. Todavia, o §3º do mesmo dispositivo legal autoriza a prorrogação destes prazos, se o fato for de difícil elucidação (inclusive para o imputado preso), ou no caso de imputado solto. Na vivência jurídica prática, a realidade é de sucessivas e automáticas prorrogações de prazo, sem observação destes critérios.

[17] Trata-se de mais uma incidência da chamada "doutrina do não-prazo", ou seja, "*la imposibilidad de determinar ex ante un verdadero plazo medible en unidades temporales, por esa misma razón no determinable en abstracto, genéricamente, legislativamente, ni factible de establecer como frontera*" (PASTOR, Daniel. *El plazo razonable en el proceso del estado de derecho*, cit., p. 31). Esta "doutrina" é abraçada pelos Tribunais internacionais de direitos humanos, inclusive aqueles a cuja jurisdição o Brasil está submetido. Não integra este trabalho uma defesa ou não desta ou de doutrina oposta, vez que a aplicação da norma penal objeto deste artigo se dará, evidentemente, conforme ordenamento vigente. Para uma visão contrária à "doutrina do não-prazo", cf. PASTOR, Daniel. PASTOR. *El plazo razonable en el proceso del estado de derecho*, cit., p. 471: "*La ausencia de regulación legal de un plazo absoluto de duración del proceso penal viola el derecho fundamental de todo imputado a ser juzgado rápidamente sin dilaciones indebidas. La estipulación por ley de ese plazo razonable funcionará, dentro del orden jurídico de un Estado de derecho, como garantía primaria de ese derecho fundamental. La existencia misma de ese derecho es negada, como hoy de hecho resulta en la praxis, por la ausencia de regulación legal del plazo (ausencia de garantía primaria del derecho fundamental). Ante ello, además de la reacción judicial, siempre imperfecta, limitada y provisoria, esta inobservancia de un derecho básico positivamente estipulado por omisión de la normativa que asegure su vigencia, conduce a la obligación estatal ineludible de llenar esta indebida laguna a través de la legislación*". Entre nós, também contrários à doutrina do não-prazo, ver LOPES JR., Aury; BADARÓ, Gustavo. *Direito ao processo penal no prazo razoável*, cit., p. 42 e ss.

[18] Exceção em nosso ordenamento se dá no caso da prisão temporária, cujo prazo é de cinco dias, prorrogáveis (uma única vez) por igual período, ou de 30 dias, prorrogáveis

ção daquilo que seria considerado "razoável" – em prejuízo não apenas do investigado, mas também do sujeito ativo do crime de abuso de autoridade que ora se estuda.

Esses parâmetros são relevantes para a identificação dos limites de incidência do art. 31 da Lei de Abuso de Autoridade, pois, identificado o direito fundamental à duração razoável do processo — e, por extensão, do procedimento investigatório ou fiscalizatório — e da prisão cautelar como o objeto de tutela da norma penal, a conduta do sujeito ativo só se revestirá de relevância jurídica se a procrastinação injustificada afetar o aludido valor constitucional.

Feitas estas considerações introdutórias, passemos à análise dogmática do art. 31 da Lei de Abuso de Autoridade, na qual algumas das problemáticas relatadas serão retomadas na medida em que necessárias à compreensão desta norma penal incriminadora.

2. Bem jurídico tutelado e sujeitos do delito

O bem jurídico tutelado pela norma incriminadora, como se sabe, é a base sobre a qual se estrutura o tipo penal e que deve nortear a sua interpretação. Trata-se de um verdadeiro sentido social, anterior à própria norma penal e que desenha os limites de seus preceitos. Identificar o bem jurídico protegido pela norma penal é, portanto, identificar um valor da vida humana protegido pelo Direito.[19]

Para o dispositivo legal ora comentado, tal qual para toda a sistemática da novel Lei de Abuso de Autoridade, é possível identificar autores que sustentam uma duplicidade de bens jurídicos protegidos. Nessa linha, tutelam-se liberdades públicas da pessoa investigada ou fiscalizada, a vedar que seja alvo de procedimento investigatório oficial do Estado por não razoável tempo; ou que permaneça, em virtude dessa dilação, mais tempo cautelarmente preso do que o razoável. E, ainda, em se susten-

---

(uma única vez) por mais 30, quando se tratar de crime hediondo. Ver: Lei nº 7.960/89, art. 2º; e Lei nº 8.072/90, art. 2º, §4º.

[19] BITENCOURT, Cezar Roberto. *Tratado de Direito Penal I*: parte geral. 13. ed. São Paulo: Saraiva, 2008. p. 261-262.

ABUSO DE AUTORIDADE

tando a duplicidade protetiva, tutelaria a Administração Pública[20], a indicar que o servidor que a representa deve atuar dentro da estrita observância de seus princípios norteadores[21].

Sujeito *ativo* do delito tipificado no art. 31 da Lei de Abuso de Autoridade é o mesmo elencado no art. 2º e válido para todos os crimes previstos na referida Lei; e que, por via de consequência, seja funcionalmente responsável por procedimento investigatório oficial. Ou seja, "servidores públicos e militares ou pessoas a eles equiparadas" (p.ex.: autoridade que conduz inquérito policial militar); "membros do Poder Legislativo" (p.ex.: autoridade que preside investigação por Comissão Parlamentar de Inquérito); "membros do Poder Executivo" (p.ex.: autoridade que conduz inquérito policial); "membros do Poder Judiciário" (p.ex.: autoridade judicial concedendo dilação de prazo à investigação como forma de ocasionar prejuízo a um investigado)[22]; "membros do Ministério Público"

---

[20] "Frise-se que, embora a função administrativa seja inerente ao Poder Executivo, também é ela exercida atipicamente pelos Poderes Judiciário e Legislativo no que tange à sua estruturação e funcionamento. No Direito Penal, contudo, a expressão *Administração Pública* não tem o sentido restrito ditado pelo Direito Constitucional e pelo Direito Administrativo – vale dizer, o exercício de uma das funções vitais do Estado no âmbito da divisão de poderes. Para aquele, a Administração Pública engloba toda a atividade estatal, tanto no sentido subjetivo, que significa os órgãos instituídos pelo Estado para a concreção dos seus fins, como no sentido objetivo, consistente na realização de toda atividade estatal visando à satisfação do bem comum". PRADO, Luiz Regis. *Curso de Direito Penal Brasileiro*: parte especial. 6 ed., v. 3. São Paulo: Revista dos Tribunais, 2010. p. 387.

[21] Nesse sentido de tutela dúplice da norma penal, cf., por todos, GRECO, Rogério; CUNHA, Rogério Sanches. *Abuso de Autoridade*: Lei 13.869/2019 comentada artigo por artigo. 2. ed. São Paulo: JusPodivm, 2020. p. 290.

[22] É imperioso observar que a sistemática da Lei de Abuso de Autoridade é no sentido de tipificar condutas de todas as autoridades públicas que prestem, sob um mister jurídico, serviço público. Nesse sentido, para o específico tipo penal do art. 31, ainda que a autoridade judicial não tenha atribuição ou competência investigativa ou fiscalizatória, é certo que atos jurisdicionais podem, perfeitamente, ocasionar a extensão injustificada da investigação, movida pelo ânimo de prejudicar o investigado ou fiscalizado. Sem dúvidas, onde se adota a tramitação direta do inquérito policial entre polícia e Ministério Público, a possibilidade concreta da autoridade judicial ser sujeito ativo deste crime de abuso de autoridade será bastante reduzida. Todavia, há locais em que o art. 10, §3º, do Código de Processo Penal, é aplicado e, desse modo, há a possibilidade de a autoridade judicial ser sujeito ativo do delito, em qualquer das modalidades de autoria.

(p.ex.: autoridade que preside o PIC[23] ou o inquérito civil); e "membros dos tribunais ou conselhos de contas" (p.ex.: autoridade de conduz a fiscalização). Além disso, em pertinente complemento, a Lei em comento estabelece que os sujeitos ativos poderão ser qualquer agente público que exerça, transitória ou gratuitamente, "por eleição, nomeação, designação, contratação ou qualquer outra forma de investidura ou vínculo, mandato, cargo, emprego ou função em órgão ou entidade" correlacionada anteriormente (parágrafo único).

Sujeito *passivo* (direto ou imediato) deste crime é — para se valer das próprias expressões do *caput* e do parágrafo único do art. 31 — o *investigado* ou o *fiscalizado*. Ou seja, o cidadão submetido ao procedimento investigatório oficial e constrangido pela abusiva conduta de estender injustificadamente esta submissão. Note-se que, ao contrário, por exemplo, do tipo penal do art. 32, o advogado ou defensor não é sujeito passivo deste delito, mas tão somente o investigado ou fiscalizado.

Para quem compreende ser a proteção da Administração Pública um bem jurídico penal tutelado, o crime também comportaria, então, um sujeito passivo *indireto* ou *mediato*: o próprio Estado, em suas variáveis representações, pois titular do interesse na escorreita prestação do serviço público concatenado com as melhores práticas de funcionamento da Administração Pública.

3. Tipicidade objetiva e subjetiva, consumação e tentativa

A conduta típica descrita no *caput* do art. 31 da Lei de Abuso de Autoridade consiste na extensão (aspecto temporal) injustificada da investigação, ocasionando a sua procrastinação em prejuízo do investigado ou do fiscalizado.

O tipo objetivo, portanto, consiste em *estender*, injustificadamente, a investigação, de modo a *procrastiná*-la em prejuízo do investigado ou fiscalizado. "Estender" significa expandir no tempo, alongar, prolongar;[24] e

---

[23] Procedimento investigatório criminal; v. Resolução nº 181/2017, do Conselho Nacional do Ministério Público.

[24] HOUAISS, Antonio; VILLAS, Mauro de Salles. *Grande Dicionário Houaiss da Língua Portuguesa*. Rio de Janeiro: Objetiva, 2001. p. 1250.

"procrastinar" é adiar, atrasar, demorar.[25] Em suma, ocasionar, no transcurso de uma investigação ou fiscalização oficial, demora que a conduza para além de seu tempo razoável ou, ainda, caso incidente, uma extensão indevida da investigação que afete o tempo razoável de prisão cautelar.

A extensão, nesse sentido, é a dilação, o prolongamento no tempo da investigação ou da fiscalização; através da prática de um ato procrastinatório que viole a duração razoável do apuratório *ou* acarrete extensão do tempo de encarceramento cautelar na fase investigatória. O destaque à conjunção alternativa logo antes feita é pertinente, pois é necessário lembrar que o bem jurídico tutelado pela norma penal ("prazo razoável do processo") tem incidência não apenas na duração da investigação, mas também na duração da prisão cautelar imposta. Ou seja, poderá haver crime nas "prorrogações de prazo"[26], mas também em adiamentos de oitivas, interrogatórios ou de qualquer ato de investigação. Vale dizer, mesmo que a investigação seja concluída em "tempo razoável", é possível que, no seu ínterim, tenha havido uma *extensão* que, mesmo não sendo relevante para a duração razoável da investigação, implique a injustificada extensão do tempo de prisão — e haverá o crime ora comentado.

A *consumação* do crime previsto no *caput* do art. 31 exige a ocorrência do resultado — trata-se de crime material[27]. Assim, considerar-se-á consumado o crime com o efetivo prejuízo do investigado ou fiscalizado, decorrente da extensão procrastinatória da investigação ou da fiscalização para além do razoável da investigação; ou da prisão cautelar na fase investigatória. A conduta da autoridade pública poderá ser, exemplificativamente, o pedido de concessão de injustificável prazo adicional; a concessão injustificada de prazo adicional para a investigação; o cancela-

---

[25] MARQUES, Gabriel; MARQUES, Ivan. *A Nova Lei de Abuso de Autoridade:* Lei 13.869/2019 – comentada artigo por artigo. São Paulo: Revista dos Tribunais, 2020.

[26] A que alude, por exemplo no que toca ao inquérito policial, o art. 10, §3º, do Código de Processo Penal.

[27] "O crime *material* ou de resultado descreve a conduta cujo resultado integra o próprio tipo penal, isto é, para a sua consumação é indispensável a produção de um dano efetivo. O fato se compõe da conduta humana e da modificação do mundo exterior por ela operada. A não-ocorrência do resultado caracteriza a tentativa. Nos crimes materiais a ação e o resultado são cronologicamente distintos". Cf. BITENCOURT, Cezar Roberto. *Tratado de Direito Penal I,* cit., p. 213-214.

mento de atos para retardar o curso do apuratório; o deixar de intervir a fim de evitar dilação indevida; etc. Mas, por ser crime material, sua consumação se dará com o efetivo prejuízo, exigido expressamente pelo tipo.

Sustenta-se, também, tratar-se de crime *comissivo*, sendo possível a *forma omissiva imprópria*, vez que a autoridade pública possui, legalmente, a posição de garante, devendo conduzir a investigação ou fiscalização para que se encerre dentro do tempo razoável, observando o mandamento constitucional e as prescrições legais ou regulamentares de prazo.

Entendemos não ser cabível a forma omissiva pura, porquanto o elemento nuclear "estender" exige conduta positiva. Quando detentor do dever jurídico de agir, o sujeito ativo deverá atuar pela conclusão em tempo razoável e dentro dos parâmetros normativos que regem o procedimento – respeitando os prazos, prorrogando-os formalmente e encetando as diligências necessárias à conclusão do feito. Havendo dolo de que a "omissão" (por exemplo, deixar de praticar qualquer ato no procedimento apuratório) implique a indevida extensão temporal em prejuízo do investigado ou fiscalizado, tratar-se-á de crime comissivo por omissão, pois a autoridade pública tem o dever jurídico de respeitar os prazos legais e o preceito constitucional da duração razoável[28].

Quanto ao *objeto material* do referido crime (investigação ou fiscalização), ainda que, ao menos no que toca às questões criminais, a investigação desenrole-se, primordialmente, por meio do inquérito policial, o objeto deste crime é mais amplo, abarcando o procedimento investigativo não-penal. O próprio Código de Processo Penal, em seu art. 4º, parágrafo único,[29] já estabelece que a competência da polícia judiciária para investigar determinado fato não exclui a competência de outras autoridades investigativas. Desse modo, a "investigação" que constitui o objeto material do crime ora em comento corresponde a toda e qualquer apuração oficial, conduzida, por atribuição funcional, por algum dos sujeitos

---

[28] Em sentido contrário, sustentando o cabimento da forma omissiva para o *caput* do art. 31, v. GRECO, Rogério; CUNHA, Rogério Sanches. *Abuso de Autoridade*, cit., p. 291.

[29] "Art. 4º A polícia judiciária será exercida pelas autoridade.s policiais no território de suas respectivas circunscrições e terá por fim a apuração das infrações penais e da sua autoria. Parágrafo único. A competência definida neste artigo não excluirá a de autoridades administrativas, a quem por lei seja cometida a mesma função."

ativos elencados no art. 2º da Lei de Abuso de Autoridade. Do mesmo modo, o argumento vale para as chamadas "fiscalizações", que terão por objeto questões não-penais. Dito isso, o crime ora em comento poderá ocorrer no âmbito das Comissões Parlamentares de Inquérito; das apurações de irregularidades conduzidas no âmbito do Banco Central do Brasil ou do Conselho de Controle de Atividades Financeiras; dos procedimentos investigatórios do Ministério Público; das fiscalizações dos Tribunais de Contas; dentre tantas outras.

Nodal à caracterização do crime sob escrutínio é o seu elemento normativo[30]: a extensão temporal do procedimento apuratório deve se dar de maneira *injustificada*. Vale dizer, sem justificativa razoável, sem justificação lícita aparente.

Neste ponto, é importante esclarecer que não é qualquer demora que configura o crime em testilha. Bastante ao contrário, a verificação do ilícito

---

[30] Claus ROXIN diria que não se trata de mero elemento normativo, mas de "elemento de valoração global do fato". Os elementos de valoração global do fato deslocam para o campo da tipicidade a aferição da antijuridicidade da conduta, gerando uma sobreposição desses dois aspectos essenciais à caracterização do delito. Assim, quem atua "injustificadamente" age de maneira típica e antijurídica, não sendo possível, ao final do juízo positivo de tipicidade, reconhecer-se a presença de causa excludente de ilicitude. Quem age em legítima defesa ou em estado de necessidade, ao contrário, atua de maneira justificada, o que, no caso do nosso objeto de estudo, não só afastaria a antijuridicidade, mas a própria tipicidade. O operador do direito, então, em tipos penais como o do art. 31, deve proceder a uma "valoração global do fato", já no campo da tipicidade, visando identificar ou não a existência de causas de justificação. Alerte-se apenas para o fato de que, ontologicamente, a valoração da conduta quanto a sua licitude não deixa de ser um juízo de antijuridicidade, mesmo quando expresso no tipo. Veja-se o que diz o referido autor alemão: "*no obstante, la adscripción al tipo de todas las circunstancias que fundamentan la reprobabilidad pone de relieve una peculiaridad que distingue el criterio de la reprobabilidad de otros elementos del tipo: se trata de un 'elemento de valoración global del hecho', en cuanto que la reprobabilidad de la acción coactiva del autor no sólo designa el injusto típico, sino simultáneamente también el concreto injusto de las coacciones del caso particular. Así pues, el que coacciona a otro de modo reprobable no sólo actúa típicamente, sino eo ipso también antijurídicamente en el sentido del § 240; y ya no queda espacio para causas de justificación, pues si alguien coacciona a otro amparado por una autorización legal para la coacción, o por legítima defensa o por un estado de necesidad justificante, ya no obra de modo reprobable y por ello tampoco típicamente*" (*Derecho Penal*: parte general. Tradução por Diego-Manuel Luzon Peña, Miguel Díaz y García Conlledo e Javier de Vicente Remesal. Madrid: Civitas, 1997. p. 299).

penal, aqui, não pode resultar, como alertam ROGÉRIO GRECO e ROGÉRIO SANCHES CUNHA[31], de mero cálculo aritmético. Há de se verificar, caso a caso, um complexo de fatores que poderão orientar a persecução do fato, os quais, universal e conjuntamente, darão luz sobre a conclusão de se tratar de uma extensão justificada ou não. Tais fatores poderiam ser, mas não somente, a hipertrofia do número de casos, eventuais práticas procrastinatórias atribuíveis ao próprio sujeito passivo direto do delito, complexidade do fato objeto da investigação (seja pelo próprio crime, seja pelo número de pessoas investigadas)[32], dentre outros[33].

A *forma equiparada* estabulada no parágrafo único do art. 31 da Lei de Abuso de Autoridade possui os mesmos verbos nucleares do *caput*, sendo despicienda a repetição da explanação sobre a tipicidade objetiva.

Entendemos, inclusive, que, a despeito da inovação vernacular trazida no parágrafo único para definir a elementar normativa do tipo ("de forma

---

[31] GRECO, Rogério; CUNHA, Rogério Sanches. *Abuso de Autoridade*, cit., p. 291.

[32] Em um longo estudo da jurisprudência dos tribunais internacionais de direitos humanos, Daniel PASTOR (*El plazo razonable en el proceso del estado de derecho*, cit., p. 111-112) observou que, de uma forma geral e com poucas variações, esses tribunais aderem a *sete critérios* para verificar se, "olhando para trás", houve ou não violação à garantia da duração razoável do processo, que *mutatis mutandis*, aplicam-se ao tipo penal ora comentado. Tais critérios aparecem, pela primeira, na sentença do Tribunal Europeu de Direitos Humanos de 27 mar. 1968, no caso *Wemhoff vs. Alemanha*. Tais critérios seriam: "*(a) La duración de la detención en sí misma; (b) La duración de la prisión preventiva con relación a la naturaleza del delito, a la pena señalada y a la pena que debe esperarse en caso de condena; (c) Los efectos personales sobre el detenido, tanto de orden material como moral u otros; (d) La conducta del imputado en cuanto haya podido influir en el retraso del proceso; (e) Las dificultades para la investigación del caso (complejidad de los hechos, cantidad de testigos e inculpados, dificultades probatorias, etc.); (f) La manera en que la investigación ha sido conducida; (g) La conducta de las autoridades judiciales*".

[33] Também nesse sentido, observe-se, como referência, o Enunciado #21 elaborado pelo Conselho Nacional de Procuradores-Gerais dos Ministérios Públicos dos estados e da União e pelo Grupo Nacional de Coordenadores de Centro de Apoio Criminal com o fim de contribuir com a atividade-fim dos membros do Ministério Público na interpretação desta novel Lei: "A elementar 'injustificadamente' deve ser interpretada no sentido de que o excesso de prazo na instrução do procedimento investigatório não resultará de simples operação aritmética, impondo-se considerar a complexidade do feito, atos procrastinatórios não atribuíveis ao presidente da investigação e ao número de pessoas envolvidas na apuração. Todos fatores que, analisados em conjunto ou separadamente, indicam ser, ou não, razoável o prazo para o seu encerramento".

imotivada"; imotivadamente), não há diferença com relação ao elemento normativo do tipo do *caput* (injustificadamente). Ambas as normas incriminadoras exigem o mesmo: que a extensão temporal da investigação ultrapasse as raias do razoável sem qualquer justificativa que exclua a tipicidade da conduta.

A diferença entre ambos reside na não atribuição legal de prazo para a conclusão das investigações. Enquanto no *caput* a investigação ou fiscalização objeto material do tipo possui, por previsão legal, prazo para conclusão e, consequentemente, deve haver "prorrogações de prazo", no parágrafo único o tipo possui como objeto material investigações ou fiscalizações a que a lei *não* atribui prazo para execução ou conclusão.[34]

O tipo subjetivo — do *caput* e do parágrafo único — é representado pelo *dolo*. A norma incriminadora demanda, ainda, como elemento subjetivo especial do injusto (comumente chamado de "dolo específico"[35]), o especial fim de *prejudicar o investigado ou fiscalizado*. Desse modo, há uma clara restrição feita pelo legislador com relação aos fins específicos correlacionados na norma geral do art. 1º, §1º.[36] Evidente dever prevalecer a previsão especial sobre a previsão geral. Assim, em defesa da estrita lega-

---

[34] LESSA, Marcelo de Lima; MORAES, Rafael Francisco Marcondes de; GIUDICE, Benedito Ignácio. **Nova Lei de Abuso de Autoridade**: Lei 13.869/2019 – diretrizes de atuação de Polícia Judiciária. São Paulo: Academia de Polícia "Dr. Coriolano Nogueira Cobra", 2020. p. 132: "Seria o caso, por exemplo, da investigação previamente realizada para fins de aferição de procedência de informações, prevista no art. 5º, § 3º do CPP. Essa, por não ter prazo legal específico, embora possa ter em âmbito administrativo, requer motivação na sua marcha, a fim de que não se alegue eventual abuso".

[35] "Pode figurar nos tipos penais, ao lado do dolo, uma série de características subjetivas que os integram ou os fundamentam. A doutrina clássica denominava, impropriamente, o *elemento subjetivo geral* do tipo *dolo genérico* e o *especial fim* ou motivo de agir, de que depende a ilicitude de certas figuras delituosas, *dolo específico*. [...] O *especial fim de agir* que integra determinadas definições de delitos condiciona ou fundamenta a *ilicitude do fato*, constituindo assim, *elemento subjetivo do tipo* de ilícito, de forma autônoma e independente do dolo. A denominação correta, por isso, é *elemento subjetivo especial do tipo* ou *elemento subjetivo especial do injusto*, que se equivalem, porque pertencem à ilicitude e ao tipo que a ela corresponde" (BITENCOURT, Cezar Roberto. *Tratado de Direito Penal I*, cit., p. 274).

[36] "As condutas descritas nesta Lei constituem crime de abuso de autoridade quando praticadas pelo agente com a finalidade específica de prejudicar outrem ou beneficiar a si mesmo ou a terceiro, ou, ainda, por mero capricho ou satisfação pessoal".

lidade penal, somente será subjetivamente típica a injustificada extensão da apuração oficial fundada no ânimo de prejudicar o investigado ou fiscalizado. Se a extensão se der com o fim de *"beneficiar a si mesmo ou a terceiro, ou, ainda, por mero capricho ou satisfação pessoal"*, entende-se que não haverá tipicidade[37].

Ainda quanto ao elemento subjetivo especial do injusto, é certo que a qualificação jurídica de um "prejuízo" é sempre muito controvertida. Para fins penais, induvidoso observar que a verificação do dolo do autor do crime virá sempre do "externo", quer dizer, de fatos ou circunstâncias externamente comprováveis[38] que, valoradas, importam acepção prejudicial à posição jurídica (violação de preceito fundamental) do investigado ou fiscalizado. Nesse sentido, o elemento subjetivo especial do ato procrastinatório será observado, por exemplo, no adiamento de um interrogatório para ocasionar a prorrogação de uma prisão temporária; na procrastinação da investigação como forma de dilatar o tempo de prisão preventiva para coagir o investigado a assinar acordo de colaboração premiada; em prorrogações de prazo de investigação com o intuito de desmoralizar a imagem pública do investigado; dentre outras hipótese possíveis.

Por outro lado, frise-se que as prorrogações sucessivas de prazo, que eventualmente tornem a investigação demasiadamente longa (as coloquialmente chamadas "investigações sem fim"), por si sós não caracterizam crime, posto que ausente o elemento subjetivo especial do injusto. Poder-se-ia até falar em negligência da autoridade investigativa ou fiscalizatória[39], porém, por falta de previsão legal, não se pune a modalidade culposa.

---

[37] Naturalmente, outra norma penal poderá ter incidência, a depender das circunstâncias concretas, como, por exemplo, o crime de prevaricação (CP, art. 319). No mesmo sentido aqui defendido, v. GRECO, Rogério; CUNHA, Rogério Sanches. *Abuso de Autoridade*, cit., p. 291.

[38] Em sentido teórico aproximado: PORCIÚNCULA, José Carlos. *Lo "objetivo" y lo "subjetivo" en el tipo penal:* hacia la "exteriorización de lo interno". Barcelona: Atelier, 2014. p. 309-310.

[39] Nesse ponto, Marcelo de Lima LESSA, Rafael Francisco Marcondes de MORAES e Benedito Ignácio GIUDICE lembram, especificamente para a atuação policial, da importância da "descrição das providências faltantes, assim como das diligências ultimadas para concluí-las, [...] pois elas elidem a possibilidade de alegação de omissão intencional" (*Nova Lei de*

ABUSO DE AUTORIDADE

A *tentativa* é admissível para as duas formas do art. 31, posto serem crimes materiais, ou seja, demandam a efetiva ocorrência de prejuízo do investigado ou fiscalizado. Assim, p.ex., se a autoridade policial retarda um interrogatório para obter prorrogação da prisão temporária com o intuito de submeter o investigado a mais tempo encarcerado, mas o juiz indefere a prorrogação, o resultado prejudicial almejado pelo agente não será atingido por circunstâncias alheias à sua vontade (CP, art. 14, II).

4. Ação Penal, pena e competência

A ação penal para os crimes previstos no art. 31 da Lei de Abuso de Autoridade segue o disposto na "parte geral" da referida Lei, ou seja, será sempre *pública incondicionada* (art. 3º).

Na medida em que o tipo penal ora em comento possui sujeito passivo direto (investigado ou fiscalizado), a Lei também autoriza – na esteira do próprio Código de Processo Penal – a ação penal privada subsidiária (art. 3º, §1º). Desnecessário destacar que, para que isso possa ocorrer, há de haver uma *inércia* do Ministério Público, um "não agir", que *não* se confunde com o pedido de diligências complementares que acarrete a superação do prazo para oferecimento de denúncia, ou com a promoção de arquivamento da investigação.

A norma penal secundária comina pena de detenção, de 6 meses a 2 anos, cumulada com multa. Desse modo, *a priori*, caberá o regime inicial aberto, conforme art. 33, §2º, do Código Penal; bem como a substituição da pena privativa de liberdade pela restritiva de direitos (CP, art. 44).

Abuso de Autoridade, cit., p. 133). No Estado de São Paulo, lembram os autores, a recomendação segue o determinado no art. 4º da Portaria DGP nº 18/1998: "as medidas investigativas determinadas na portaria de instauração de inquérito policial deverão ser cumpridas com a máxima celeridade, observando-se os prazos estabelecidos na legislação processual penal, evitando-se prorrogações indevidas. Verificada a impossibilidade de ultimação das investigações no prazo legal, a autoridade policial solicitará dilação temporal para a conclusão do inquérito, expondo, de forma circunstanciada e em ato fundamentado, as razões que impossibilitaram o tempestivo encerramento, consignando, ademais, as diligências faltantes para a elucidação dos fatos e as providências imprescindíveis a garantir suas realizações dentro do prazo solicitado".

PROTEÇÃO DO DIREITO AO PRAZO RAZOÁVEL E PROCRASTINAÇÃO INJUSTIFICADA...

Trata-se, por definição legal, de infração de menor potencial ofensivo[40], que admite tanto a transação penal[41] quanto a suspensão condicional do processo[42]. Por ser cabível transação penal, não é possível que se faça uso do instituto da não-persecução penal, até porque as causas que impedem a transação também inviabilizam o benefício previsto no art. 28-A do Código de Processo Penal.

Tendo em vista a pena cominada, a competência será, salvo existência de causa modificativa de competência (p.ex.: foro por prerrogativa de função[43]) do Juizado Especial Criminal estadual ou do Juizado Especial Federal, tudo a depender das hipóteses concretas. Poderá, igualmente, ser competente a Justiça Especializada Militar.[44]

5. Conclusões

A partir do quanto exposto, é possível apresentar, a título de conclusão, a seguinte síntese sinótica da dogmática do art. 31 da Lei de Abuso de Autoridade:

1. *Bem jurídico.* A norma incriminadora tutela a garantia fundamental da duração razoável da investigação ou fiscalização, assim como da prisão cautelar na fase de apuração preliminar. Há autores que sus-

---

[40] Lei 9.099/95, art. 61: "Consideram-se infrações penais de menor potencial ofensivo, para os efeitos desta Lei, as contravenções penais e os crimes a que a lei comine pena máxima não superior a 2 (dois) anos, cumulada ou não com multa".

[41] Lei 9.099/95, art. 76: "Havendo representação ou tratando-se de crime de ação penal pública incondicionada, não sendo caso de arquivamento, o Ministério Público poderá propor a aplicação imediata de pena restritiva de direitos ou multas, a ser especificada na proposta".

[42] Lei 9.099/95, art. 89: "Nos crimes em que a pena mínima cominada for igual ou inferior a um ano, abrangidas ou não por esta Lei, o Ministério Público, ao oferecer a denúncia, poderá propor a suspensão do processo, por dois a quatro anos, desde que o acusado não esteja sendo processado ou não tenha sido condenado por outro crime, presentes os demais requisitos que autorizariam a suspensão condicional da pena".

[43] Sobre isso: LESSA, Marcelo de Lima; MORAES, Rafael Francisco Marcondes de; GIUDICE, Benedito Ignácio. *Nova Lei de Abuso de Autoridade*, cit., p. 15-17.

[44] Cf. explanação em nosso artigo, nesta mesma obra, a respeito do art. 32 da Lei de Abuso de Autoridade, item 6.

ABUSO DE AUTORIDADE

tentam, na dinâmica da Lei de Abuso de Autoridade, que a norma também tutela a própria Administração Pública.

2. *Sujeito ativo.* A autoridade pública atuante no procedimento apuratório, podendo ser qualquer uma dentre aquelas a que se refere o art. 2º da Lei de Abuso de Autoridade: "servidores públicos e militares ou pessoas a eles equiparadas"; "membros do Poder Legislativo"; "membros do Poder Executivo"; "membros do Poder Judiciário"; "membros do Ministério Público"; e "membros dos tribunais ou conselhos de contas". Também poderá ser qualquer agente público que exerça, transitória ou gratuitamente, "por eleição, nomeação, designação, contratação ou qualquer outra forma de investidura ou vínculo, mandato, cargo, emprego ou função em órgão ou entidade" correlacionada anteriormente.

3. *Sujeito passivo.* Direto, o investigado ou fiscalizado. Para quem sustenta que a norma penal tutela também a Administração Pública, há de se considerar a existência de um sujeito passivo indireto, o próprio Estado.

4. *Tipo objetivo.* Estender, injustificadamente, a investigação, procrastinando-a em prejuízo do investigado ou fiscalizado. Na forma equiparada, estender, de forma imotivada, a investigação à qual não exista prazo para execução ou conclusão, procrastinando-a em prejuízo do investigado ou fiscalizado.

5. *Tipo subjetivo.* O dolo, exigindo-se a configuração do elemento subjetivo especial do injusto representado pelo prejuízo ao investigado ou fiscalizado.

6. *Consumação.* Ocorre com o efetivo prejuízo do investigado ou fiscalizado.

7. *Tentativa.* Admissível, porquanto as duas formas do art. 31 são crimes materiais ou de resultado.

8. *Pena.* Detenção, de 6 meses a 2 anos, cumulada com multa.

9. *Ação penal.* Pública incondicionada.

Referências

BARBOSA, Rui. *Oração aos Moços*: edição popular anotada por Adriano da Gama Kury. 5. ed. Rio de Janeiro: Fundação Casa de Rui Barbosa, 1997.

BITENCOURT, Cezar Roberto. *Tratado de Direito Penal I*: parte geral. 13. ed. São Paulo: Saraiva, 2008.

CRUZ E TUCCI, José Rogério. *Tempo e processo*. São Paulo: Revista dos Tribunais, 1997.

DINAMARCO, Cândido Rangel. *Instituições de Direito Processual Civil*. 6. ed., v. 2. São Paulo: Malheiros, 2009.

FERNANDES, Antonio Scarance. *Processo penal constitucional*. 6. ed. São Paulo: Revista dos Tribunais, 2010.

GRECO, Rogério; CUNHA, Rogério Sanches. *Abuso de Autoridade*: Lei 13.869/2019 comentada artigo por artigo. 2. ed. São Paulo: JusPodivm, 2020.

HOUAISS, Antonio; VILLAS, Mauro de Salles. *Grande Dicionário Houaiss da Língua Portuguesa*. Rio de Janeiro: Objetiva, 2001.

LESSA, Marcelo de Lima; MORAES, Rafael Francisco Marcondes de; GIUDICE, Benedito Ignácio. *Nova Lei de Abuso de Autoridade*: Lei 13.869/2019 – diretrizes de atuação de Polícia Judiciária. São Paulo: Academia de Polícia "Dr. Coriolano Nogueira Cobra", 2020.

LOPES JR., Aury; BADARÓ, Gustavo. *Direito ao processo penal no prazo razoável*. 1. ed. Rio de Janeiro: Lumen Juris, 2006.

LOPES JÚNIOR, Aury; GLOECKNER, Ricardo Jacobsen. *Investigação preliminar no processo penal*. 6. ed. São Paulo: Saraiva, 2014.

MARQUES, Gabriel; MARQUES, Ivan. *A Nova Lei de Abuso de Autoridade*: Lei 13.869/2019 – comentada artigo por artigo. São Paulo: Revista dos Tribunais, 2020.

MAZZILLI, Hugo Nigro. *O inquérito civil*. 2. ed. São Paulo: Saraiva, 2000.

OLIVEIRA, Eugênio Pacelli de. *Curso de processo penal*. 16. ed. São Paulo: Atlas, 2012.

PASTOR, Daniel. *El plazo razonable en el proceso del estado de derecho*: una investigación acerca del problema de la excesiva duración del proceso penal y sus posibles soluciones. Buenos Aires: Ad-Hoc, 2002.

PIOVESAN, Flávia. *Direitos humanos e o direito constitucional internacional*. 13. ed. São Paulo: Saraiva, 2012.

PORCIÚNCULA, José Carlos. *Lo "objetivo" y lo "subjetivo" en el tipo penal*: hacia la "exteriorización de lo interno". Barcelona: Atelier, 2014.

PRADO, Luiz Regis. *Curso de Direito Penal Brasileiro*: parte especial. 6 ed., v. 3. São Paulo: Revista dos Tribunais, 2010.

ROXIN, Claus. *Derecho Penal*: parte general. Tradução por Diego-Manuel Luzon Peña, Miguel Díaz y García Conlledo e Javier de Vicente Remesal. Madrid: Civitas, 1997.

VIERING, Marc. Right to a fair and public hearing. In: VAN DIJK, Pieter *et al* (Ed.). *Theory and practice of the European Convention of Human Rights*. 4. ed. Antwerpen: Intersentia, 2006. p. 511-649.

18. Artigo 32: negativa de acesso aos autos de procedimento investigatório ou impedimento de obtenção de cópias

DANIEL PAULO FONTANA BRAGAGNOLLO

OLAVO EVANGELISTA PEZZOTTI

ROBERTA AMÁ FERRANTE ALVES

1. Sigilo do procedimento investigatório e acesso do interessado aos autos

1.1. Sigilo na investigação criminal. Qual é o objeto jurídico do crime previsto no art. 32?

Com a finalidade precípua de elucidar o fato criminoso e todas as suas circunstâncias, viabilizando a colheita de elementos de convicção que apontem a autoria delitiva, a investigação criminal quase sempre se desenvolve pelo emprego de procedimentos que se realizam de maneira oculta ou velada. Concretamente, o fator *surpresa* pode se afigurar como essencial ao sucesso da atividade investigatória[1]. Nesse contexto, o sigilo da investigação criminal encontra suporte em fundamentos teleológicos.

É imprescindível que se faça distinção, neste ponto, entre a atividade probatória que ocorre na fase preliminar da persecução penal e aquela que se dá no curso da ação. Estabelecida a relação processual, a atividade probatória se apresenta essencialmente pelo manejo de *meios de prova*, que se submetem ao "princípio do contraditório na formação da prova"[2].

---

[1] GOMES FILHO, Antonio Magalhães. Notas sobre a terminologia da prova. *In*: YARSHELL, Flavio Luiz; e MORAES, Mauricio Zanoide de (Org.). *Estudos em homenagem à Professora Ada Pellegrini Grinover*. São Paulo: DPJ, 2005. p. 308-309.

[2] Trata-se de preceito consagrado no direito italiano e que foi expressamente incorporado à legislação processual brasileira pela reforma operada pela Lei n. 11.690/08. Aduz o art. 111 da *Costituzione Della Repubblica Italiana*: *Il processo penale è regolato dal principio del*

ABUSO DE AUTORIDADE

Por se tratar de atividade *endoprocessual*, não há razão para se falar em sigilo e as partes atuam de maneira dialética e dinâmica.

Situação diversa ocorre nas investigações preliminares, nas quais prepondera o emprego de *meios de obtenção* ou de *pesquisa de prova*[3], como buscas e apreensões, interceptações de comunicações e etc. Nesse caso, há atividade predominantemente unilateral do Estado, a qual será submetida a contraditório diferido, depois de instaurada a ação penal. Neste campo que se justifica o sigilo do procedimento investigatório.

É por isso que a doutrina clássica majoritária defendia que o sigilo se manifesta como um elemento essencial aos procedimentos investigatórios criminais, a exemplo do inquérito policial. FERNANDO DA COSTA TOURINHO FILHO, *v.g*, considera como inadmissível a "intromissão da defesa durante o inquérito, de molde a conhecer as diligências já realizadas e aquelas por realizar"[4]. Da mesma maneira, HÉLIO TORNAGHI ponderava que a publicidade era elemento incompatível com a natureza do inquérito policial, enxergando no art. 20[5] do Código de Processo Penal

---

contraddittorio nella formazione della prova; paralelamente, assim pontua o art. 155 do Código de Processo Penal brasileiro, com a redação que lhe conferiu a citada Lei reformadora: Art. 155. "O juiz formará sua convicção pela livre apreciação da prova produzida em contraditório judicial, não podendo fundamentar sua decisão exclusivamente nos elementos informativos colhidos na investigação, ressalvadas as provas cautelares, não repetíveis e antecipadas".

[3] Emprega-se, aqui, a já tradicional distinção entre fontes de prova, meios de prova e meios de obtenção – ou de pesquisa – de prova: "Fala-se em fonte de prova para designar as pessoas ou coisas das quais se pode conseguir a a prova [...]. Outra coisa são os denominados meios de prova, ou seja, os instrumentos ou atividades por intermédio dos quais os dados probatórios (elementos de prova) são introduzidos e fixados no processo (produção da prova) [...]. Os meios de pesquisa ou investigação dizem respeito a certos procedimentos (em geral, *extraprocessuais*) reguladas pela lei, com o objetivo de conseguir provas materiais (GOMES FILHO, Antonio Magalhães. Notas sobre a terminologia da prova, cit., p. 308-309).

[4] Conclui ser o sigilo ínsito à própria natureza do procedimento investigatório: "Se o inquérito policial é eminentemente não contraditório, se o inquérito policial, por sua própria natureza, é sigiloso, podemos, então, afirmar ser ele uma investigação inquisitiva por excelência [...]. No inquérito, não se admite o contraditório. A autoridade o dirige secretamente" (TOURINHO FILHO, Fernando da Costa. *Processo Penal*. 34. ed., v. 1. São Paulo: Saraiva, 2012. p. 248-249).

[5] Art. 20. "A autoridade assegurará no inquérito o sigilo necessário à elucidação do fato ou exigido pelo interesse da sociedade".

ARTIGO 32: NEGATIVA DE ACESSO AOS AUTOS DE PROCEDIMENTO INVESTIGATÓRIO...

um mandamento legal, uma norma imperativa que impunha o sigilo de maneira inflexível ao procedimento investigatório. Para o autor, a própria essência da investigação seria descaracterizada por eventual publicidade[6]. Veja-se que, à luz dessa corrente doutrinária, nem mesmo os elementos correlatos a diligências concluídas e já incorporadas definitivamente aos autos seriam passíveis de conhecimento pelo interessado ou por sua defesa.

Em sua redação original, o Código de Processo Penal brasileiro não fez qualquer previsão sobre o acesso aos autos do procedimento investigatório, pelo imputado ou por seu advogado. Limitou-se, no já referido art. 20, a tratar do sigilo.

Embora majoritariamente compreendida como uma norma que emprestava, de forma geral, caráter sigiloso ao inquérito, correntes minoritárias já enxergavam o dispositivo como o veículo de uma mera exceção à regra da publicidade. Em comentários ao Código de Processo Penal, BENTO DE FARIA ponderava que a publicidade "constitui o melhor meio de se aferir a retidão e o acerto das determinações da autoridade, constituindo assim uma garantia da justiça e da liberdade"[7]. Concluía, por isso, que o sigilo da investigação preliminar seria limitado à necessidade de "assegurar o êxito de alguma investigação", perdurando somente enquanto pendente a realização do ato investigatório. Excepcionalmente, o sigilo poderia ser mantido enquanto durasse o inquérito, se fosse "reclamado pelo interesse da ordem pública ou da coletividade"[8].

A jurisprudência do Supremo Tribunal Federal consolidou-se exatamente nesse sentido. O art. 20 do Código de Processo Penal permite que a autoridade que preside o procedimento investigatório decrete o sigilo do feito, considerando as peculiaridades do caso concreto, o que pressu-

---

[6] "A natureza do inquérito não se compadeceria com as formas secundárias que em geral acompanham o processo acusatório, isto é, a oralidade e a publicidade. Se mesmo na fase judicial, eminentemente acusatória, a lei impõe ou permite o sigilo (v.g, arts. 486, 561, VI, e 745), não é de estranhar que mande assegurar o segredo, sem o qual o inquérito seria uma burla ou atentado, isto é, 'o sigilo necessário à elucidação do fato ou exigido pelo interesse da sociedade'" (TORNAGHI, Hélio. *Instituições de Processo Penal*. 1. ed., v. 2. Rio de Janeiro: Forense, 1959. p. 141).

[7] FARIA, Bento de. *Código de Processo Penal*. Vol. 1. Rio de Janeiro: Record, 1960. p. 112.

[8] FARIA, Bento de. *Código de Processo Penal*, cit., p. 112.

ABUSO DE AUTORIDADE

põe observância a critérios de proporcionalidade. O sigilo do inquérito, portanto, não é regra. Deve ser decretado na medida do estritamente necessário ao sucesso das investigações e à preservação do interesse público[9]. A regra, portanto, é a *publicidade*.

O mesmo parâmetro consta dos artigos 15 e 16 da Resolução nº 181/2017, do Conselho Nacional do Ministério Público, que prevê que os procedimentos investigatórios criminais do *Parquet* são, em regra, públicos, podendo a autoridade que preside o feito decretar o seu sigilo, visando assegurar o sucesso das investigações.

Esse *standard* é o mais adequado para tutelar o ideal de eficácia da investigação criminal, preservando os meios de obtenção de prova, sem prejudicar o exercício da reação defensiva pelo imputado, quando não houver risco à persecução penal.

Considerada a publicidade como regra, a conduta do presidente do procedimento investigatório de "negar ao interessado, seu defensor ou advogado acesso aos autos" é medida excepcional, que deve encontrar fundamentos concretos e que sejam capazes de evidenciar riscos à investigação.

Por outro lado, não é qualquer negativa, a qualquer "interessado", que pode caracterizar o delito em comento. A compreensão do correto alcance do tipo penal insculpido no art. 32 da Lei n. 13.869/2019 pressupõe entendimento das distinções existentes entre publicidade interna e publicidade externa.

Publicidade interna se refere àquela garantida às partes, aos seus defensores e demais operadores do direito que atuam na persecução penal. Trata-se de elemento que assegura que aqueles que se relacionam de maneira direta com o feito tenham a ele acesso. Não são beneficiados pela publicidade interna aqueles que possuem interesse colateral na persecução penal, a exemplo do amigo íntimo de uma vítima de homicídio, que deseja ver revelada a autoria delitiva. Tal indivíduo não é *juridicamente* "interessado" no procedimento, mantendo com a persecução penal um mero interesse de ordem moral. A publicidade externa, ao contrário, pos-

---

[9] STF – RE 376749 AgR, Relator(a): Min. Carlos Britto, Primeira Turma, julgado em 30-06-2004, DJ 12-11-2004 PP-00027 EMENT VOL-02172-03 PP-00543.

sui incidência mais ampla, abrangendo até mesmo terceiros que sejam estranhos à persecução penal e aos seus procedimentos.[10]

Considerada a *mens legis* subjacente à Lei de Abuso de Autoridade, é forçoso concluir que o art. 32 destina-se exclusivamente à proteção da publicidade interna do procedimento investigatório. Visa-se salvaguardar o feixe de direitos e garantias daqueles que se encontram sujeitos, potencial ou efetivamente, à força da autoridade estatal, como um consectário direto do procedimento investigatório. É, assim, o direito à informação e o direito à reação defensiva do imputado – do diretamente interessado na persecução penal – que são violados em caso de negativa de acesso aos elementos de convicção coligidos. São esses os objetos jurídicos do crime em questão, que não visa tutelar o direito genérico à informação ou a publicidade dos atos da administração pública em toda a sua abrangência.

Ainda que se entenda que o tipo penal também tutele o regular funcionamento da administração pública[11], tal leitura não é suficiente para alargar o âmbito incidência do tipo penal, sob pena de se conferir a meras irregularidades administrativas o caráter de crime de abuso de autoridade.

Estabelecida a premissa de que apenas o sujeito submetido à publicidade interna pode ser "interessado" para fins de caracterização do crime previsto no art. 32, deve-se precisar o momento a partir do qual o indivíduo passa a deter o direito à informação e à reação defensiva, diante da fase preliminar de persecução penal.

---

[10] Distinguindo publicidade interna de publicidade externa: MORAES, Mauricio Zanoide de. Publicidade e proporcionalidade. *In*: FERNANDES, Antonio Scarance; ALMEIDA, José Raul Gavião de; MORAES, Mauricio Zanoide de (coord.). *Sigilo no processo penal*: eficiência e garantismo. São Paulo: RT, 2005. p. 43.

[11] Ao lado dos direitos fundamentais do imputado, pode-se dizer que o regular funcionamento da administração pública também se apresenta como bem jurídico tutelado pela norma. Nesse sentido, enxergando no tipo penal uma dúplice tutela a bens jurídicos: "não apenas estão protegidos pelo artigo os direitos e garantias fundamentais da pessoa constrangida pelo comportamento do agente, mas também o regular andamento da administração pública em sentido amplo" (GRECO, Rogério; CUNHA, Rogério Sanches. *Abuso de Autoridade*: Lei 13.869/2019 comentada artigo por artigo. 2. ed. São Paulo: JusPodivm, 2020. p. 294-295).

ABUSO DE AUTORIDADE

1.2. Quem é o imputado? Revelando o sujeito passivo do crime previsto no art. 32

Mantidas as premissas do tópico antecedente, uma precisa aplicação dos preceitos que tratam do direito de acesso aos elementos informativos constantes do caderno investigatório não prescinde da identificação do exato momento em que o indivíduo passa a ser "interessado" em relação à persecução penal.

Não raro, a investigação criminal tem início sem qualquer suspeito ou sem que alguém figure formalmente como investigado. Há de se reconhecer, então, o instante a partir do qual o sujeito deixa de se submeter às normas de publicidade externa e se insere no rol de pessoas sujeitas à publicidade interna.

Trata-se, como pontua ANTONIO SCARANCE FERNANDES, de "definir a situação jurídica do investigado", sem o que é difícil reconhecer em "que momento a pessoa suspeita pode exercer seus direitos" na etapa investigatória.[12]

É certo que o exercício da ampla defesa por mero suspeito durante as investigações preliminares tumultuaria a apuração dos fatos, tornando a atuação pré-processual dos órgãos de persecução penal excessivamente cara, morosa e ineficiente. Em contrapartida, a negativa geral ao exercício do direito de defesa durante o inquérito policial ou procedimento que o valha poderia expor a perigo direitos fundamentais, considerando que, da primeira fase da persecução penal, podem decorrer medidas cautelares de caráter pessoal ou patrimonial gravíssimas.[13]

Nesse cenário, tem-se como marco apropriado para o início do exercício dos direitos defensivos a atribuição da qualidade de *imputado* ao investigado. A imputação ocorre a partir do momento em que se atribui, mesmo de forma não definida, um fato a determinada pessoa.[14]

---

[12] FERNANDES, Antonio Scarance. O equilíbrio na investigação criminal. *In*: YARSHELL, Flavio Luiz; MORAES, Mauricio Zanoide de (Org.). *Estudos em homenagem à Professora Ada Pellegrini Grinover*. São Paulo: DPJ, 2005. p. 328.

[13] PEZZOTTI, Olavo Evangelista. *Colaboração premiada*: uma perspectiva de direito comparado. São Paulo: Almedina, 2020. p. 252.

[14] FERNANDES, Antonio Scarance. *Reação defensiva à imputação*. São Paulo: Revista dos Tribunais, 2002. p. 104.

ARTIGO 32: NEGATIVA DE ACESSO AOS AUTOS DE PROCEDIMENTO INVESTIGATÓRIO...

Com vistas ao resguardo da eficiência das investigações, seria inadequada adoção de um conceito excessivamente amplo de "imputado". Por isso, para que o investigado seja assim qualificado, não é suficiente que seja indicado como responsável pelo delito em notícia formulada por qualquer do povo ou pelo ofendido. Haveria, nessas circunstâncias, mera suspeita.

Em verdade, no âmbito dos crimes sujeitos à ação penal pública, apenas três autoridades estatais detêm poderes para definir, cada qual a seu modo, quem passa a figurar como imputado – a autoridade policial[15], o membro do Ministério Público[16] e o juiz[17].

O ideal seria que a lei definisse, de modo preciso, quais atos de cada uma dessas autoridades seriam capazes de conferir ao indivíduo a qualidade de imputado. Exemplificativamente, o Código de Processo Penal de Portugal, em seu art. 58, prevê hipóteses nas quais o suspeito passa a ser considerando "arguido". O diploma ainda confere ao investigado a faculdade de requerer que seja tratado como imputado (art. 59, 2). Naquele ordenamento jurídico, então, a mudança de posição jurídica de suspeito para "arguido" não depende necessariamente de um ato formal constitutivo a ser praticado pela autoridade responsável pela investigação – similar ao indiciamento – bastando que ocorra efetivamente uma das hipóteses previstas no dispositivo legal citado.[18] O direito brasileiro não adota

---

[15] Com o expresso indiciamento, hoje regulamentado pela Lei n. 12.830/13, ou com qualquer representação dirigida ao Ministério Público ou ao Poder Judiciário que tenha como fundamento a existência de indícios de autoria (caracterizadores de *fumus comissi delicti*) que pesam contra pessoa determinada, ressalvadas as medidas cautelares probatórias, como se exporá adiante (PEZZOTTI, Olavo Evangelista. *Colaboração Premiada*, cit., p. 253).

[16] Com o oferecimento da denúncia ou com o requerimento de medidas cautelares pessoais ou patrimoniais que tenham como alvo indivíduo determinado e como pressuposto o *fumus comissi delicti*.

[17] FERNANDES, Antonio Scarance. *Reação defensiva à imputação*, cit., p. 105.

[18] PEZZOTTI, Olavo Evangelista. *Colaboração Premiada*, cit., p. 254255: "certo é que, caracterizada a situação que constitui o suspeito como *arguido*, não seria razoável exigir imediata comunicação integral do objeto da imputação e dos elementos de convicção que dão suporte a ela. A jurisprudência portuguesa, então, estabeleceu que 'a efectivação do direito de informação concretizada sobre os factos e provas contra o arguido reunidos encontra-se reservada para o momento em que aquele vier a ser chamado a prestar declarações'

ABUSO DE AUTORIDADE

regime similar, omitindo-se acerca dos atos que, durante a investigação, poderiam modificar a posição jurídica do indivíduo.

Não obstante, para a tutela dos direitos defensivos, dentre os quais aqui se destaca o de acesso aos elementos da investigação, reconhece-se que tende a haver um momento, não exatamente preciso, em que se reúnem contra o suspeito elementos suficientes que, em conjunto, apontam--no como provável autor de fato delitivo. É imprescindível que, a partir de então, seja tratado como imputado.[19]

É possível que, no curso do inquérito, esse momento seja formalmente marcado pelo ato de indiciamento, cuja finalidade é justamente a de indicar, fundamentadamente, a autoria e a materialidade do crime[20]. Nada impede, contudo, que, a despeito da reunião de elementos de convicção sobre determinado indivíduo, apontando-lhe a autoria delitiva, a autoridade estatal deixe de editar ato que o reconheça como imputado. Haveria, nesse caso, grande margem para arbítrio, não só pela negativa de acesso aos elementos de convicção, mas pela tomada de "depoimento" ao invés de "interrogatório", caso se qualifique o inadvertido imputado como simples testemunha, por exemplo.[21]

(Portugal. Tribunal de Relação de Lisboa. Recurso Penal nº 56/06.2TELSB-B.L1-9. Rel. Fátima de Mata-Mouros. Acórdão de 15-04-2010, v.u)".

[19] FERNANDES, Antonio Scarance. *Reação defensiva à imputação*, cit., p. 105.

[20] V. art. 2º, §6º, da Lei n. 12.830/13. Nota-se, assim, que o indiciamento é ato que produz efeitos jurídicos concretos no curso da investigação criminal, transformando a situação jurídica do investigado.

[21] Nesse sentido, PEZZOTTI, Olavo Evangelista. *Colaboração premiada*, cit., p. 255: "se, diante da existência de contundentes indícios contra o investigado, a ponto de se formar o convencimento do presidente do procedimento investigatório quanto à autoria delitiva, este negar àquele o direito à informação – informação sobre o direito de permanecer em silêncio, sobre o objeto da imputação e sobre os elementos de convicção que lhe sustentam – as declarações prestadas pelo imputado que não esteja ciente do conteúdo do procedimento serão elementos de convicção inadmissíveis no processo penal, contaminando as provas deles decorrentes. Nos casos em que as declarações são prestadas antes da constituição do indivíduo como imputado, sem que houvesse motivo para que assim fosse considerado, não há que se falar em prova ilegal. Nesse sentido: Portugal. Tribunal de Relação de Lisboa. Recurso Penal 320/14.7GCMTJ.L1-9. Rel. Filipa Costa Lourenço. Data do acórdão: 22/06/2017. v.u). O mesmo raciocínio é prestigiado nos Estados Unidos da América sob a bandeira dos *Miranda Warnings* ou *Miranda Rights* (v. *U.S Supreme Court – Miranda v. Ari-*

ARTIGO 32: NEGATIVA DE ACESSO AOS AUTOS DE PROCEDIMENTO INVESTIGATÓRIO...

Assim, para que a omissão de um ato formal não implique legitimação da supressão de direitos fundamentais no curso da investigação criminal, deve-se reconhecer quais fatores podem indicar que a posição jurídica do averiguado se alterou no curso do procedimento investigatório, mesmo que não haja decisão expressa nesse sentido.

Naturalmente, para a interpretação do art. 32, não se pode deixar a definição da figura do "interessado" demasiadamente aberta, o que ofenderia a taxatividade da lei penal. Atos específicos que apontam a autoria ou que têm como pressuposto a constatação de indícios de autoria, porém, não deixam margem a dúvidas. Incluem-se nesse rol: o chamamento do indivíduo para negociações de acordo de colaboração premiada[22]; o requerimento ou a representação do presidente do procedimento investigatório para a aplicação de medidas cautelares pessoais ou reais e, por fim, a prisão em flagrante, de natureza pré-cautelar[23], bem como o apontamento, em relatório da autoridade policial, de determinado sujeito como autor provável do fato.

As medidas cautelares probatórias, como as buscas e apreensões, por si sós, nem sempre são suficientes para conversão da posição jurídica de mero suspeito em imputado, pois nem sempre pressupõem indícios contundentes de autoria.[24]

---

zona 1966 – 384 U.S. 436). Nenhuma confissão realizada por imputado em resposta a um interrogatório sob custódia policial pode ser admitida em juízo, a menos que se demonstre que ele tenha sido advertido do direito de não produzir prova contra si mesmo e de ser assistido por um advogado (Mazagatos, Ester Eusamio; Rubio, Ana Sánchez. La Prueba Ilícita en la Doctrina de la Corte Suprema de Estados Unidos. Cidade do México: Tirant lo Blanch, 2016, p. 141)".

[22] O acordo de colaboração premiada pressupõe confissão detalhada dos fatos conexos ao objeto de investigação (art. 3º-C, §4º, da Lei n. 12.850/13), bem como renúncia ao direito ao silêncio (art. 4º, §14); logo, se a autoridade que preside as investigações busca iniciar tratativas com alguém sobre um possível acordo de colaboração premiada, é porque parte da premissa de que contra o indivíduo pesam indícios de autoria que o qualificam como imputado (cf. Pezzotti, Olavo Evangelista. *Colaboração Premiada*, cit., p. 257).

[23] Fernandes, Antonio Scarance. *Reação defensiva à imputação*, cit., p. 103.

[24] O mesmo padrão se adota na jurisprudência lusitana: "IV – A lei não impõe a constituição como arguido das pessoas visadas pelas diligências de busca. De resto o facto de se ser alvo de uma tal diligência não significa necessariamente que se seja sequer suspeito da prática de um crime (arts. 174º e ss. do CPP) (Portugal. Tribunal de Relação de Lis-

ABUSO DE AUTORIDADE

Destarte, ressalvadas as hipóteses de meios de obtenção de prova que ainda estejam sendo manejados – diligências de interceptação telefônica, infiltração de agentes, ação controlada e etc. – o reconhecimento, expresso ou tácito, da condição de imputado, dará ao investigado o direito de ter ciência de sua nova posição jurídica. Igualmente, o pleno acesso aos elementos que lhe interessam, com as exceções já contidas na Súmula Vinculante n. 14 do Supremo Tribunal Federal, necessárias à salvaguarda da eficácia das investigações e que serão detalhadas no próximo tópico.

Em síntese, o sujeito passivo do crime previsto no art. 32 ("interessado"), em se tratando de procedimento de natureza criminal, é o imputado, ainda que inexistente ato formal de indiciamento ou equivalente. Em outras palavras, é aquele em relação ao qual a autoridade que preside o procedimento exerceu juízo formal sobre a autoria delitiva, expressa ou tacitamente, alcançando o indivíduo que, a despeito do silêncio da autoridade, passou a ser tratado como imputado[25].

Além do próprio imputado, podem figurar como sujeitos passivos do crime "seu defensor ou advogado", em defesa do interesse do assistido.

1.3. Restrições à publicidade interna e seus limites. Causas de exclusão de tipicidade

Não sendo a publicidade interna da investigação criminal um valor absoluto, mas que comporta restrições de acordo com a necessidade da persecução penal, devem ser desenhados os contornos dentro dos quais se afigura como legítima a recusa do presidente do procedimento de conceder vista ao imputado ou ao seu defensor. Sobre a matéria, o Supremo Tribunal Federal editou a Súmula Vinculante n. 14, assim redigida:

> É direito do defensor, no interesse do representado, ter acesso amplo aos elementos de prova que, já documentados em procedimento investigatório realizado por órgão com competência de polícia judiciária, digam respeito ao exercício do direito de defesa.

---

boa. Recurso Penal nº 56/06.2TELSB-B.L1-9. Rel. Fátima de Mata-Mouros. Acórdão de 15-04-2010, v.u)".

[25] Acolhe-se a premissa de que a forma de tratamento dispensada ao indivíduo pela autoridade responsável pela persecução penal pode indicar que o sujeito passou a ser considerado imputado (FERNANDES, Antonio Scarance. *Reação defensiva à imputação*, cit., p. 103).

Na redação da Súmula, contudo, não foram impressas todas as hipóteses excepcionais de recusa de acesso reconhecidas, à unanimidade, pelo Pleno do Supremo Tribunal Federal. Certo é que, interpretando-se o dispositivo *a contrario sensu*, conclui-se que, se os elementos ainda não estiverem documentados ou não disserem respeito ao direito de defesa, não se deverá reconhecer o direito de acesso do imputado e do seu defensor[26]. Ainda assim, trata-se de leitura insuficiente.

Nas discussões que antecederam a aprovação da redação da Súmula Vinculante n. 14 do Supremo Tribunal Federal, os ministros que integravam a Corte Constitucional concluíram que o presidente do procedimento investigatório poderia negar ao imputado e ao seu advogado: a) acesso a diligências em curso[27]; b) acesso a diligências que, embora concluídas, possam apontar para outras diligências ainda pendentes, permitindo que o imputado conheça plano de investigação ainda não encerrado[28]; e c) acesso aos autos do inquérito, fornecendo vista não do procedimento em sua inteireza, mas apenas dos elementos de convicção

---

[26] Excluída, naturalmente, a hipótese em que dolosamente é retardada a anexação das peças aos autos da investigação preliminar com o intuito de prejudicar o imputado e, assim, impedir que tenha acesso a elas.

[27] O Ministro Cezar Peluso apontou, com a anuência dos demais: "a autoridade policial pode, por exemplo, proferir despacho que determine certas diligências cujo conhecimento pode frustrá-las; a esses despachos, a essas diligências, o advogado não tem o direito de acesso prévio, porque seria concorrer com a autoridade policial na investigação e, evidentemente, inviabilizá-la [...] a autoridade policial fica autorizada a não dar ciência prévia desses dados ao advogado, a qual poderia comprometer o resultado final da investigação". Íntegra do acórdão disponível em: <http://www.stf.jus.br/arquivo/cms/jurisprudenciaSumulaVinculante/anexo/SUV_14__PSV_1.pdf>. Acesso em: 27 mar. 2020.

[28] Idem. Ainda o Ministro Cezar Peluso: "as autoridades policiais continuarão autorizadas a estabelecer seu programa de investigação sem que os advogados lhe tenham acesso. O que não poderão evitar é apenas isso, e que me parece fundamental na súmula: os elementos de prova já coligidos, mas que não apontem para outras diligências, que não impliquem conhecimento do programa de investigação da autoridade policial [...]. Então, ele terá acesso, mas evidentemente a autoridade policial estará autorizada a separar os elementos de inquérito".

coligidos que interessam ao averiguado e não se enquadram nas duas situações anteriores.[29]

Não por acaso, a redação da Súmula não trata de acesso aos "autos", mas aos "elementos de prova já documentados". Sob essa perspectiva, a Súmula Vinculante apenas garante acesso, ao imputado e ao seu defensor, aos elementos de convicção: 1) extraídos de diligências já concluídas; 2) que interessem ao imputado; e, especialmente, 3) que não revelem outras diligências em curso ou o plano de investigação do presidente do procedimento investigatório.[30]

Assim, diante do pedido de vista, o próprio presidente do procedimento investigatório deve selecionar os elementos de investigação que interessam à defesa[31], especificando em despacho fundamentado o que

---

[29] Idem. Concluindo o raciocínio constante da nota de rodapé anterior, arrematou o Ministro Cezar Peluso: "Então, ele terá acesso, mas evidentemente a autoridade policial estará autorizada a separar os elementos de inquérito. Por isso não me pareceu adequada a redação que faz remissão aos autos de inquérito [...]. A afirmação de poder de acesso aos autos de inquérito significaria tudo aquilo que a autoridade policial está elaborando e que, de algum modo, está por escrito compondo o inquérito. Aí, sim, ficaria inviabilizada toda a possibilidade de investigação, que, evidentemente, não se faz em termos de contraditório, em que a polícia atue conjuntamente com advogados! Não é nada disso. [...]. É nesses termos, Senhor Presidente, que voto em favor da proposta do eminente Ministro Menezes Direito, porque ela deixa claro exatamente isto: não é acesso aos autos do inquérito, é acesso aos elementos de prova já documentados. Apenas isso".

[30] PEZZOTTI, Olavo Evangelista. *Colaboração Premiada*, cit., p. 305.

[31] Assim decidiu o Supremo Tribunal Federal, conforme excertos constantes das notas de rodapé anteriores. Embora a Lei n. 13.964/2019, denominada Pacote Anticrime, tenha introduzido o art. 3º-B no Código de Processo Penal, cujo inciso XV prevê que cabe ao juiz das garantias "assegurar prontamente, quando se fizer necessário, o direito outorgado ao investigado e ao seu defensor de acesso a todos os elementos informativos e provas produzidos no âmbito da investigação criminal, salvo no que concerne, estritamente, às diligências em andamento", o entendimento do Supremo Tribunal Federal ainda deve subsistir. Dois pontos devem ser tratados. O primeiro é que, naturalmente, o imputado e seu defensor só devem se socorrer ao juiz das garantias, com base nesse dispositivo, se houver recusa prévia do presidente do procedimento investigatório em conceder a vista. Por isso o dispositivo legal emprega a expressão "quando se fizer necessário". Acionada a autoridade judiciária, esta deve ouvir previamente o presidente do procedimento investigatório, que esclarecerá se tem diligências em curso ou futuras que correm risco de ineficácia, caso se permita o acesso aos elementos que foram objeto da recusa. Não caberá à autoridade judiciária fazer juízo sobre a pertinência do plano de investigação.

será revelado. Se a negativa de vista tiver como propósito preservar o sucesso da investigação e das diligências – em curso ou futuras – notadamente nos quadrantes acima desenhados, restará excluída a tipicidade da conduta, afastando-se a incidência do art. 32 da Lei n. 13.869/2019, por ausência de dolo.[32]

Ademais, o próprio tipo penal expressa elementos de exclusão da tipicidade condizentes com esses parâmetros e que, acaso presentes, afastam a caracterização do delito. Assim, estão fora do alcance da norma os atos de negativa de acesso a peças relativas a "diligências em curso" ou que "indiquem a realização de diligências futuras, cujo sigilo seja imprescindível".

Tais ressalvas reforçam o entendimento de que o tipo penal foi redigido sob a perspectiva da publicidade interna. Estivesse a prerrogativa dos advogados de acesso a autos públicos tutelada pela norma, haveria de se prever, para esse caso, a ressalva de autos decretados sigilosos. Isso porque, quanto a estes, a decretação de sigilo restringe a publicidade externa até mesmo em relação às diligências já concluídas e encartadas aos autos, não expressas como causas de exclusão de tipicidade. A essa questão, dedica-se o próximo tópico.

Caso o juiz das garantias assumisse tal postura, acabaria por atuar na condução da própria persecução penal, ditando seus rumos, concentrando poderes de forma inquisitória, em detrimento do princípio acusatório, que é central ao sistema processual vigente no Brasil. Em verdade, tratar-se ia de "substituição da atuação probatória" dos órgãos de persecução penal, conduta judicial vedada expressamente pela inteligência do art. 3º-A do Código de Processo Penal. O juízo de pertinência de diligências investigatórias e das linhas de investigação perseguidas é exclusivo das autoridades de persecução penal, sendo inadmissível a intervenção judicial nesse aspecto. O segundo ponto é que, embora o texto legal se refira à exceção "estritamente" quanto às "diligências em andamento", naturalmente o termo deve ser interpretado extensivamente, alcançando diligências futuras, que se apresentam no horizonte do plano de investigação. Trata-se de interpretação extensiva, permitida pelo Código de Processo Penal (art. 3º) e compatível com os parâmetros normativos preexistentes, já explorados acima.

[32] Memore-se que, conforme redação do art. 1º, §1º, da Lei, exige-se do agente o dolo específico de "prejudicar outrem ou beneficiar a si mesmo ou a terceiro, ou, ainda, por mero capricho ou satisfação pessoal". Sem tal finalidade, a conduta reveste-se de atipicidade.

ABUSO DE AUTORIDADE

1.4. Prerrogativas de advogados, indevida violação à publicidade externa e (a)tipicidade

O art. 7º, XIV, do Estatuto da Ordem dos Advogados do Brasil, assegura a qualquer advogado o direito de:

> examinar, em qualquer instituição responsável por conduzir investigação, mesmo sem procuração, autos de flagrante e de investigações de qualquer natureza, findos ou em andamento, ainda que conclusos à autoridade, podendo copiar peças e tomar apontamentos, em meio físico ou digital.

Para este tópico, apenas interessa a possibilidade de os advogados acessarem autos públicos sem procuração. Trata-se de prerrogativa situada no campo da publicidade externa e que pode ser afastada, caso se determine o sigilo do feito de maneira fundamentada, com o fim de se preservar o sucesso das investigações ou mesmo a intimidade dos investigados[33].

Todavia, em se tratando de procedimento não sigiloso, há de se questionar se eventual recusa de acesso, em detrimento da prerrogativa ora tratada, caracterizaria o crime previsto no art. 32 da Lei de Abuso de Autoridade. A resposta é negativa.

Nessa hipótese, a conduta da autoridade estatal afetaria exclusivamente a prerrogativa dos advogados interessados no acesso ao procedimento sujeito à publicidade externa, não os direitos fundamentais do investigado ou do indivíduo potencialmente afetado pela investigação. A ação estaria, assim, distante do bem jurídico tutelado pela norma.[34]

---

[33] Memore-se que, nesse caso, não se afetará a publicidade interna, preservando-se os direitos do imputado e de seus defensores, nos termos já delineados acima.

[34] Apesar de não tratar da questão de maneira expressa, parece ser esse o entendimento de Rogério Greco e Rogério Sanches Cunha (*Abuso de Autoridade*, cit., p. 293), ao ponderar que o tipo penal: "refere-se ao direito assegurado ao interessado (bem como ao seu defensor ou advogado) de acesso aos elementos constantes em procedimento investigatório que lhe digam respeito e que já se encontrem documentados nos autos, não abrangendo, por óbvio, as informações concernentes à decretação e à realização das diligências investigatórias pendentes, em especial as que digam respeito a terceiros eventualmente envolvidos". Assim, pela redação, indica-se que o direito de vista do defensor ou do advogado estaria vinculado ao interesse do assistido, com o que concordamos.

Saliente-se que o legislador, por meio da mesma Lei de Abuso de Autoridade, conferiu proteção jurídico-penal às prerrogativas da advocacia, fazendo inserir na Lei n. 8.906/94 norma incriminadora no art. 7º-B. Todavia, o tipo penal não alcança a prerrogativa em questão.[35] Não é possível que a deliberada omissão legislativa seja substituída por uma interpretação extensiva do art. 32 da Lei de Abuso de Autoridade, visando à proteção de bens jurídicos que não se encontram sob a salvaguarda da norma incriminadora.

Não haverá crime, mas poderá restar caracterizada infração administrativa, a ser apurada pelo órgão correcional a que se subordina a autoridade.

2. Conduta típica e elemento subjetivo do tipo

O crime em comento possui como elementos nucleares "negar" e "impedir". Em "negar [...] acesso aos autos", o verbo deve ser compreendido no sentido de "formular negativa sobre"[36] o pedido defensivo.

Existindo o dever jurídico de viabilizar a vista dos elementos coligidos nos autos e que interessam ao exercício dos direitos de defesa, o delito também poderá ser perpetrado na modalidade omissiva imprópria. Abrange-se, assim, a conduta daquele que, devendo garantir o acesso, "não conceder, deixar de lado, abandonar"[37], por omissão deliberada.

É, por isso, típica a conduta do presidente do procedimento investigatório que, dolosamente, deixa de apreciar requerimento defensivo, com o propósito de impedir o acesso aos autos e o exercício dos direitos de defesa, bem como a do servidor público que, com o mesmo objetivo, descumpre o despacho que concede vista dos autos, deixando de dar ciência ao interessado e a seus defensores da decisão favorável.

---

[35] É o que se vê da redação do tipo penal: *"Constitui crime violar direito ou prerrogativa de advogado previstos nos incisos II, III, IV e V do caput do art. 7º desta Lei".*
Pena – detenção, de 3 (três) meses a 1 (um) ano, e multa.'"
[36] Sentido lexical do verbo, cf. HOUAISS, Antonio; VILLAS, Mauro de Salles. *Grande Dicionário Houaiss da Língua Portuguesa.* Rio de Janeiro: Objetiva, 2001. p. 2.004.
[37] HOUAISS, Antonio; VILLAS, Mauro de Salles. *Grande Dicionário Houaiss da Língua Portuguesa, cit., p. 2.004.*

ABUSO DE AUTORIDADE

Não se perca de vista que, em qualquer hipótese – seja por ação ou omissão imprópria – o agente deve atuar impelido pela finalidade específica de "prejudicar outrem ou beneficiar a si mesmo ou a terceiro, ou, ainda, por mero capricho ou satisfação pessoal"[38].

Por isso, o crime só se pode caracterizar por dolo direto, jamais por culpa ou por dolo eventual, considerando que o elemento subjetivo da conduta deve abranger a aludida finalidade específica.

Ainda pode ser responsabilizado pelo crime em comento o agente que impedir que o sujeito passivo do crime obtenha cópias dos elementos e documentos sobre os quais tenha direito de acesso. Da mesma forma, a conduta de "impedir" pode se concretizar mediante ação ou omissão imprópria, mantidas as demais observações já feitas em relação ao verbo "negar".

3. Sujeito ativo do crime
Somente o presidente do procedimento investigatório possui poderes para expressamente negar acesso aos autos, mediante ato decisório formal. Nesse caso, os servidores a ele subordinados, pela força do poder hierárquico, tendem a atuar sem o dolo específico exigido pelo art. 1º, §1º, da Lei n. 13.869/19, o que afastaria a tipicidade de suas condutas, inexistindo identidade de propósitos entre os agentes. Nesse contexto, é cabível, ainda, cogitar-se da causa de exclusão de culpabilidade prevista no art. 22, segunda parte, do Código Penal, caso não se trate de ordem manifestamente ilegal. Havendo adesão psíquica do subordinado ao dolo do superior hierárquico, contudo, tende a se caracterizar o concurso de pessoas.

Não se esqueça, porém, que a Lei n. 13.869/19 adota, à semelhança do que fazia a revogada Lei n. 4.898/65[39], um conceito amplo de autoridade, alcançando não apenas membros dos três poderes, dos Ministérios Públicos e dos tribunais ou conselhos de contas, mas também quaisquer

---

[38] Art, 1º, §1º, da Lei n. 13.869/19.
[39] Dizia o diploma revogado: "Art. 5º Considera-se autoridade, para os efeitos desta lei, quem exerce cargo, emprego ou função pública, de natureza civil, ou militar, ainda que transitoriamente e sem remuneração".

ARTIGO 32: NEGATIVA DE ACESSO AOS AUTOS DE PROCEDIMENTO INVESTIGATÓRIO...

"servidores públicos civis ou militares", além das "figuras a eles equiparadas" (art. 2º da Lei n. 13.869/19).

Além disso, não é só por meio de ato decisório formal que o crime pode ser praticado, como esclarecido no item antecedente. Nesses moldes, pratica o crime aquele que, a despeito de não presidir o procedimento, nega "acesso aos autos" ou impede a obtenção de cópias.

Seria esse, por exemplo, o caso do servidor de secretaria do órgão de investigação que, sem prejuízo do despacho do presidente do procedimento autorizando a vista, movido pelo fim prejudicar um investigado, seu desafeto, nega-se a concretizá-la, deixando de entregar à defesa os autos ou os elementos de informação indicados pela autoridade superior.

Além dos agentes públicos diretamente relacionados à investigação, deve-se questionar se, chamado a dirimir eventual conflito sobre o acesso aos elementos de prova com base no art. 3º-B, XV, do Código de Processo Penal[40], o juiz das garantias poderia praticar o delito aqui tratado. A resposta é positiva, pois tem o juiz das garantias o poder-dever de "assegurar [...] o direito outorgado ao investigado e ao seu defensor de acesso a todos os elementos informativos e provas". Sua negativa dolosa, com o fim de prejudicar direitos defensivos pode caracterizar o crime. Todavia, dificilmente se caracterizará o elemento subjetivo especial do tipo – o *dolo específico* – se a autoridade judiciária consultar previamente o presidente da investigação, e esse pontuar que o sigilo é indispensável para garantir a eficácia das medidas investigatórias, adotando a autoridade judiciária tal fator como razão de decidir.[41]

4. Objeto material do crime

A conduta típica do agente recai sobre o procedimento investigatório de infração de natureza civil, criminal ou administrativa. São procedimen-

---

[40] Art. 3º-B. "O juiz das garantias é responsável pelo controle da legalidade da investigação criminal e pela salvaguarda dos direitos individuais cuja franquia tenha sido reservada à autorização prévia do Poder Judiciário, competindo-lhe especialmente: [...] XV – assegurar prontamente, quando se fizer necessário, o direito outorgado ao investigado e ao seu defensor de acesso a todos os elementos informativos e provas produzidos no âmbito da investigação criminal, salvo no que concerne, estritamente, às diligências em andamento".

[41] Vejam-se os esclarecimentos no item 1.3, supra.

ABUSO DE AUTORIDADE

tos investigatórios de infração penal o inquérito policial, o procedimento investigatório criminal do Ministério Público e o inquérito policial militar, além do termo circunstanciado e outros eventuais procedimentos investigatórios criminais, os quais se submetem aos parâmetros de sigilo e publicidade acima especificados.

Não incide este tipo penal quando a negativa de acesso ou o impedimento de obtenção de cópias recair sobre **ação penal ou ação civil em curso**, considerando a taxatividade do tipo penal.

Os procedimentos investigatórios de infração civil merecem uma análise particular.

4.1. Procedimentos investigatórios de infração civil

O inquérito civil, de titularidade exclusiva do Ministério Público e regulamentado pela Lei de Ação Civil Pública (Lei nº 7347/85) e pela Resolução nº 23/17 do Conselho Nacional do Ministério Público (CNMP), é, por excelência, procedimento investigatório[42]. Não há dúvidas, portanto, de que pode ser objeto material do delito ora tratado.

Entretanto, para a precisa identificação do objeto material "procedimento investigatório de infração civil", previsto no art. 32 da Lei de Abuso de Autoridade, é necessário tratar de dois outros instrumentos, também de titularidade exclusiva do Ministério Público – o Procedimento Preparatório de Inquérito Civil (PPIC) e o Procedimento Administrativo de Natureza Individual (PANI).

4.1.1. Procedimento Preparatório de Inquérito Civil – PPIC

A Lei Orgânica do Ministério Público do Estado de São Paulo (Lei Complementar nº 734/83), no art. 106, § 1º, e a Resolução n. 23/07 do CNMP,

---

[42] Na lição de Hugo Nigro Mazzilli, o inquérito civil é "uma investigação administrativa a cargo do Ministério Público, destinada basicamente a colher elementos de convicção para eventual propositura de ação civil pública; subsidiariamente, serve para que o Ministério Público: a) prepare a tomada de compromissos de ajustamento de conduta ou realize audiências públicas e expeça recomendações dentro de suas atribuições; b) colha elementos necessários para o exercício de qualquer ação pública ou para se aparelhar para o exercício de qualquer outra atuação a seu cargo" (*A defesa dos interesses difusos em juízo*. 23. ed. São Paulo: Saraiva, 2010. p. 463-464).

em seu art. 2º, § 4º, dispõem sobre a possibilidade de o Ministério Público instaurar o PPIC[43].

O PPIC é procedimento de natureza administrativa, e os elementos por meio dele coletados podem implicar instauração de inquérito civil ou até mesmo o ajuizamento direto da ação civil pública.[44] O PPIC possui caráter inquisitivo e tem como finalidade precípua a colheita de elementos de convicção concretos da prática de atos lesivos a interesses transindividuais (interesses difusos, coletivos e/ou individuais homogêneos). Possui, assim, existência autônoma, de sorte que o *nomen iuris* que lhe empresta a legislação não é capaz de limitar a sua essência ou de torná-lo um mero instrumento acessório do inquérito civil. Trata-se de procedimento investigatório.

É assim que, se os elementos probatórios apresentarem suficiente solidez, o PPIC pode embasar propositura direta de ação civil pública, dispensando-se a instauração de inquérito civil. Por outro lado, caso os elementos de convicção angariados no PPIC evidenciem a inexistência de lesão a interesses coletivos (*lato sensu*), o procedimento deverá ser fundamentadamente arquivado. A evolução do PPIC para inquérito civil é uma solução intermediária, destinada aos casos em que, a despeito de

---

[43] Art. 106, § 1º, da Lei Orgânica do MPSP: "O inquérito civil será instaurado por portaria, de ofício, ou por determinação do Procurador-Geral de Justiça, ou do Conselho Superior do Ministério Público, e em face de representação ou em decorrência de peças de informação. § 1º – Sempre que necessário para formar seu convencimento, o membro do Ministério Público poderá instaurar procedimento administrativo preparatório do inquérito civil".
Artigo 2º, III, da Resolução 23/07 do CNMP:
"§ 4º O Ministério Público, de posse de informações previstas nos artigos 6º e 7º da Lei nº 7.347/85 que possam autorizar a tutela dos interesses ou direitos mencionados no artigo 1º desta Resolução, poderá complementá-las antes de instaurar o inquérito civil, visando apurar elementos para identificação dos investigados ou do objeto, instaurando procedimento preparatório.
§ 5º O procedimento preparatório deverá ser autuado com numeração sequencial à do inquérito civil e registrado em sistema próprio, mantendo-se a numeração quando de eventual conversão.
§ 6º O procedimento preparatório deverá ser concluído no prazo de 90 (noventa) dias, prorrogável por igual prazo, uma única vez, em caso de motivo justificável.
§ 7º Vencido este prazo, o membro do Ministério Público promoverá seu arquivamento, ajuizará a respectiva ação civil pública ou o converterá em inquérito civil."
[44] Assim como o inquérito policial é instrumento dispensável na esfera processual penal, no âmbito da tutela coletiva, o inquérito civil também possui tal característica.

ABUSO DE AUTORIDADE

se ter identificado a ocorrência de lesão a interesses transindividuais, o órgão ministerial entender que necessita de mais elementos para embasar futura ação civil pública. Nota-se, assim, que não se trata de um procedimento secundário, cuja razão de ser é a futura existência de inquérito civil, mas independente, que pode ou não desaguar na instauração de inquérito civil.

Nesses termos, levando-se em conta que o referido instrumento possui caráter inquisitivo e visa formar o convencimento do seu presidente sobre a existência de lesão a interesses transindividuais, pode se afigurar como objeto material da figura típica delitiva descrita no art. 32 da Lei de Abuso de Autoridade, por ser "procedimento investigatório de infração civil", tanto quanto o próprio inquérito civil.

4.1.2. Procedimento Administrativo de Natureza Individual – PANI

O PANI encontra previsão e regulamentação em dois instrumentos normativos infralegais: i) Ato Normativo nº 619/2009-PGJ-CPJ-CGMP, de 2 de dezembro de 2009[45]; e ii) Resolução nº 174/2017 do CNMP, em seu art. 8º, III[46].

O PANI não tem por finalidade precípua a identificação de responsáveis por lesões a interesses transindividuais. Não se busca, com os elementos coligidos, promover a responsabilização, de quem quer que seja, por infrações penais, civis ou administrativas. Certo é que, acidentalmente, é possível que os elementos colhidos por meio do PANI possam servir à

---

[45] No âmbito do Ministério Público do Estado de São Paulo: art. 3º – O procedimento administrativo de que trata este Ato tem caráter inquisitorial e unilateral, instaurado e presidido pelo Ministério Público e destinado a apurar a ocorrência de danos efetivos ou potenciais a direitos ou interesses individuais, servindo como preparação para o exercício das atribuições inerentes às suas funções institucionais.

[46] Art. 8º O procedimento administrativo é o instrumento próprio da atividade-fim destinado a:
I – acompanhar o cumprimento das cláusulas de termo de ajustamento de conduta celebrado;
II – acompanhar e fiscalizar, de forma continuada, políticas públicas ou instituições;
III – apurar fato que enseje a tutela de interesses individuais indisponíveis;
IV – embasar outras atividades não sujeitas a inquérito civil.
Parágrafo único. O procedimento administrativo não tem caráter de investigação cível ou criminal de determinada pessoa, em função de um ilícito específico.

ARTIGO 32: NEGATIVA DE ACESSO AOS AUTOS DE PROCEDIMENTO INVESTIGATÓRIO...

propositura de ação visando à responsabilização de terceiros por infração penal ou civil. Contudo, o PANI presta-se especialmente à tutela de direito indisponível de pessoa determinada. Não por outra razão, consta expressamente do art. 8º, parágrafo único, da Resolução n. 174/2017, do CNMP, que procedimentos dessa natureza "não têm caráter de investigação cível ou criminal de determinada pessoa, em função de um ilícito específico"[47].

Por essa razão, não se pode afirmar que o PANI se enquadra no conceito de "investigação preliminar" ou "procedimento investigatório de infração civil", posicionando-se fora do alcance da norma penal incriminadora em comento.

O art. 8º da Resolução n. 174/2018, do CNMP, trata de outros procedimentos utilizados pelo Ministério Público na atuação extrajudicial, os quais, pelo mesmo raciocínio exposto acima, não figuram como objeto material da infração penal descrita pelo art. 32, da Lei de Abuso de Autoridade. São eles: i) Procedimento administrativo para acompanhar o cumprimento do Termo de Ajustamento de Conduta (TAC); e ii) Procedimento Administrativo de Fiscalização – PAF, utilizado para fiscalizar entidades de acolhimento de crianças ou adolescentes, de idosos, fundações públicas e privadas, dentre outras. Esses procedimentos não são instaurados com o propósito de apurar infrações penais, civis ou administrativas, mas de exercer fiscalizações *preventivas*, a tutela de direitos fundamentais ou acompanhamento do cumprimento de obrigações.

4.1.3. Sigilo dos procedimentos investigatórios civis – em relação a estes, a elementar "interessado" merece leitura própria?

Ao inquérito civil e ao PPIC aplica-se a regra geral da publicidade dos atos processuais e procedimentais, prevista no art. 37 da Constituição

---

[47] O dispositivo refere-se não apenas aos procedimentos administrativos de natureza individual, mas também ao procedimento: 1) de acompanhamento de cumprimento das cláusulas de termo de ajustamento de conduta (art. 8º, I, da Resolução n. 174/2018 – CNMP); 2) de acompanhamento ou fiscalização de políticas públicas ou instituições (art. 8º, II). Também a procedimento voltado a embasar outras "atividades não sujeitas à inquérito civil". A cláusula final expressa que esses procedimentos não se prestam às mesmas finalidades que o inquérito civil, justamente porque não tem como fim principal a apuração de infrações de qualquer natureza.

Federal[48] e no art. 7º da Resolução n. 23/07 do CNMP[49]. Contudo, considerando que nenhuma garantia ou direito fundamental é absoluto, o mencionado princípio constitucional comporta exceções. Em um primeiro momento, pode-se ventilar a hipótese em que, por meio do inquérito civil, o órgão ministerial venha a ter acesso a informações resguardadas por sigilo legal – como informações bancárias e fiscais. Nessa situação, tais dados remanescerão protegidos, de sorte que se deverá impor sigilo ao procedimento, restringindo sua publicidade externa nos limites necessários para preservá-las.

Outra hipótese de exceção ocorre quando a publicidade dada ao procedimento puder resultar em prejuízo à investigação, em aplicação analógica do art. 20 do Código de Processo Penal na tutela cível coletiva.

Em qualquer caso de decretação de sigilo, contudo, aplicam-se os mesmos argumentos tecidos acima[50] acerca do procedimento investigatório de natureza criminal, inclusive com incidência da inteligência da Súmula Vinculante n. 14 do STF, adotando-se as distinções entre publicidade interna e externa.

Contudo, a gama de pessoas juridicamente interessadas no inquérito civil ou procedimento equivalente apresenta recortes particulares em comparação ao procedimento investigatório criminal. Isso porque, embora os procedimentos investigatórios de infração civil retratados acima sejam de presidência do membro do Ministério Público, a legislação confere a diversas outras entidades legitimidade para a propositura de ação civil pública.[51] Ocorre que, sem que possuam instrumen-

---

[48] Art. 37. "A administração pública direta e indireta de qualquer dos Poderes da União, dos Estados, do Distrito Federal e dos Municípios obedecerá aos princípios de legalidade, impessoalidade, moralidade, publicidade e eficiência".

[49] Art. 7º "Aplica-se ao inquérito civil o princípio da publicidade dos atos, com exceção dos casos em que haja sigilo legal ou em que a publicidade possa acarretar prejuízo às investigações, casos em que a decretação do sigilo legal deverá ser motivada."

[50] Cf. item 1.1 supra.

[51] É que se vê da Lei n. 7.347/85: Art. 5º Têm legitimidade para propor a ação principal e a ação cautelar:

I – o Ministério Público;

II – a Defensoria Pública;

III – a União, os Estados, o Distrito Federal e os Municípios;

ARTIGO 32: NEGATIVA DE ACESSO AOS AUTOS DE PROCEDIMENTO INVESTIGATÓRIO...

tos próprios de investigação, é usual que esses colegitimados dependam de elementos coletados pelo Ministério Público e, por isso, possuem especial interesse em acessar os autos do procedimento investigatório ministerial.[52]

Destarte, salvo as hipóteses legais de sigilo, inquestionavelmente os colegitimados possuem direito de acesso aos autos do inquérito civil e do PPIC. Contudo, para fins de delimitação do alcance da elementar contida no art. 32 da Lei de Abuso de Autoridade, não é possível afirmar que os colegitimados à propositura de ação civil pública se enquadrariam na definição de "interessado". À luz dos princípios da lesividade, da taxatividade e da intervenção mínima, não é possível conferir ao termo interpretação tão alargada.

Para definição do sujeito passivo do tipo penal, deve-se recordar qual o objeto jurídico tutelado pelo art. 32 da Lei de Abuso de Autoridade. Nesse ponto, aplicam-se as premissas já defendidas acima, no comentário inaugural sobre o objeto jurídico do delito. A norma busca tutelar os interesses daqueles que podem se sujeitar diretamente às consequências jurídicas do procedimento investigatório, ou seja, os investigados do inquérito civil ou procedimento equivalente. Dessa forma, apenas o investigado, seu advogado ou defensor poderão ser vítimas de eventual conduta abusiva, jamais o colegitimado à propositura de ação civil pública.

IV – a autarquia, empresa pública, fundação ou sociedade de economia mista;

V – a associação que, concomitantemente: a) esteja constituída há pelo menos 1 (um) ano nos termos da lei civil; b) inclua, entre suas finalidades institucionais, a proteção ao patrimônio público e social, ao meio ambiente, ao consumidor, à ordem econômica, à livre concorrência, aos direitos de grupos raciais, étnicos ou religiosos ou ao patrimônio artístico, estético, histórico, turístico e paisagístico.

[52] Além disso, a publicidade assegura ao interessado que tenha elementos para recorrer de decisão de arquivamento junto ao CNMP. Sobre esses dois aspectos de interesse na publicidade do inquérito civil: "Ao fim das investigações – sempre ressalvadas as hipóteses de sigilo legal –, deve-se se dar ampla publicidade ao que nele foi apurado, inclusive para que os interessados possam arrazoar perante o colegiado competente do Ministério Público (art. 9º, parágrafo 2º, da LACP), quando da revisão do arquivamento, ou propor diretamente a ação civil pública, na qualidade de colegitimados natos e autônomos" (MAZZILLI, Hugo Nigro. *A defesa dos interesses difusos em juízo*, cit., p. 472-473).

ABUSO DE AUTORIDADE

5. Consumação e tentativa

Tanto na modalidade "negar" quanto na modalidade "impedir", trata-se de crime formal, cuja *consumação* ocorre independentemente da lesão ao bem jurídico tutelado pela norma.

Consuma-se o delito, por exemplo, no exato momento em que o presidente do procedimento investigatório exara ato formal de negativa de acesso, imbuído da finalidade específica de "prejudicar outrem ou beneficiar a si mesmo ou a terceiro, ou, ainda, por mero capricho ou satisfação pessoal" (art. 1º, §1º).

Pouco importa se o imputado obteve acesso aos elementos que lhe interessavam por qualquer outro fator, como por desobediência do servidor de secretaria, que decide descumprir o despacho denegatório.

Há consumação, também, quando servidor de secretaria, a despeito da decisão concessiva de vista, recusa-se a fornecer os elementos ao interessado, mesmo que, socorrendo-se da autoridade superior, o imputado consiga acessá-los.

Havendo possibilidade de fracionamento de conduta, é cabível a *tentativa*. Ilustrativamente, seria tentado o crime se o presidente do procedimento elaborasse decisão negando a vista e o documento fosse extraviado em secretaria, antes de ser formalmente incorporado aos autos.

6. Ação Penal e competência – Justiça Estadual, Justiça Federal e Justiça Militar

Trata-se de crime de ação penal pública incondicionada e de menor potencial ofensivo, considerando que a pena máxima cominada abstratamente é de dois anos de detenção, além de multa.

Assim, são cabíveis os benefícios da suspensão condicional do processo e da transação penal. Por ser cabível transação penal, não é possível que se faça uso do instituto da não-persecução penal, até porque as causas que impedem a transação também inviabilizam o benefício previsto no art. 28-A do Código de Processo Penal.

A competência será, regra geral, do Juizado Especial Criminal. Caso o sujeito ativo seja servidor público federal, que esteja no exercício da função ou atuando em razão dela, será competente a Justiça Federal (art. 109, IV, da Constituição), no sentido do verbete sumular n. 254 do

ARTIGO 32: NEGATIVA DE ACESSO AOS AUTOS DE PROCEDIMENTO INVESTIGATÓRIO...

extinto Tribunal Federal de Recursos[53], enquanto os servidores públicos estaduais se submetem a julgamento perante a Justiça Estadual.

Em se tratando de crime praticado por militar, na condução de inquérito policial militar ou em relação a procedimento dessa natureza, importante trazer alguns apontamentos.

O texto constitucional estabelece competir à **Justiça Militar** o processo e o julgamento dos crimes militares definidos em lei[54]. O art. **9º, incisos I e II, do** Código Penal Militar (Decreto-Lei n. 1001/69), por sua vez, em sua redação original, elencou as situações em que se deveria considerar caracterizados delitos militares.[55]

Duas espécies de crimes militares poderiam ser do texto legal extraídas. O art. 9º, I, tratava dos denominados crimes militares próprios, assim considerados os delitos expressos no Código Penal Militar, quando não previstos na legislação penal comum ou quando nesta definidos de maneira diversa.[56] **Já o art. 9º, II,** dizia respeito aos crimes militares impróprios, que encontravam previsão no Código Penal Militar e, parale-

---

[53] Dizia o verbete: "Compete à Justiça Federal processar e julgar os delitos praticados por funcionário público federal no exercício de suas funções e com estas relacionados". Entendimento que continua aplicável: "Compete à Justiça Federal processar e julgar crime praticado por funcionário público federal no exercício de suas atribuições funcionais" (CC 105.202/MG, Rel. Ministro JORGE MUSSI, TERCEIRA SEÇÃO, julgado em 09-06-2010, DJe 17-06-2010).

[54] Art. 124. "À Justiça Militar compete processar e julgar os crimes militares definidos em lei."

Art. 125. "Os Estados organizarão sua Justiça, observados os princípios estabelecidos nesta Constituição.

§ 4º Compete aos juízes de direito do juízo militar processar e julgar, singularmente, os crimes militares cometidos contra civis e as ações judiciais contra atos disciplinares militares, cabendo ao Conselho de Justiça, sob a presidência de juiz de direito, processar e julgar os demais crimes militares."

[55] Art. 9º "Consideram-se crimes militares, em tempo de paz: I – os crimes de que trata êste Código, quando definidos de modo diverso na lei penal comum, ou nela não previstos, qualquer que seja o agente, salvo disposição especial, II – os crimes previstos neste Código embora também o sejam com igual definição na lei penal comum, quando praticados: [...]".

[56] Assim, por não encontrar qualquer paralelo na legislação penal comum, considera-se crime militar, por exemplo, o delito de abandono de posto: "Art. 195. Abandonar, sem ordem superior, o pôsto ou lugar de serviço que lhe tenha sido designado, ou o serviço que lhe cumpria, antes de terminá-lo: Pena – detenção, de três meses a um ano".

ABUSO DE AUTORIDADE

lamente, definição na lei penal comum. Logo, seria necessária uma dupla previsão legal para que se configurasse crime militar impróprio, atraindo a competência para a Justiça Militar, além da concorrência de uma das circunstâncias previstas nas alíneas do art. 9º, II[57].

Nesse ambiente normativo, o processo e o julgamento de qualquer crime previsto exclusivamente na legislação penal comum, sem paralelo na legislação penal militar, seriam de competência exclusiva da Justiça Comum Estadual ou Federal. Por isso que se editou a Súmula 172 do Superior Tribunal de Justiça, que dizia competir à "justiça comum processar e julgar militar por crime de abuso de autoridade, ainda que praticado em serviço". O entendimento era irrefutável, pois a Lei de Abuso de Autoridade então vigente (Lei n. 4.895/65) não encontrava figuras correspondentes na legislação militar.

Ocorre que, ao entrar em vigor, a Lei n. 13.491/2017 promoveu mudanças na redação do art. **9º**, inciso II, do Código Penal Militar, estabelecendo um alargamento na competência material da Justiça Militar dos Estados e da Justiça Militar da União[58]. A redação atual promove uma ampliação do conceito de crime militar impróprio. Alcançam-se, agora, não só os delitos que possuem dupla tipificação – na legislação comum e na militar – mas também os crimes que, previstos exclusivamente na legislação penal ordinária, forem praticados nas circunstâncias previstas nas alíneas

---

[57] "a) por militar em situação de atividade ou assemelhado, contra militar na mesma situação ou assemelhado; b) por militar em situação de atividade ou assemelhado, em lugar sujeito à administração militar, contra militar da reserva, ou reformado, ou assemelhado, ou civil; c) por militar em serviço ou atuando em razão da função, em comissão de natureza militar, ou em formatura, ainda que fora do lugar sujeito à administração militar contra militar da reserva, ou reformado, ou civil; d) por militar durante o período de manobras ou exercício, contra militar da reserva, ou reformado, ou assemelhado, ou civil; e) por militar em situação de atividade, ou assemelhado, contra o patrimônio sob a administração militar, ou a ordem administrativa militar f) [revogada]".

[58] Redação antiga do CPM: art. 9º. "Consideram-se crimes militares em tempo de paz: [..] II – os crimes previstos neste Código, **embora também o sejam com igual definição na lei penal comum,** quando praticados:"
Redação dada pela Lei 13.491/2017: art. 9º. "Consideram-se crimes militares, em tempo de paz: [...] II – os crimes previstos neste Código **e os previstos na legislação penal,** quando praticados:".

ARTIGO 32: NEGATIVA DE ACESSO AOS AUTOS DE PROCEDIMENTO INVESTIGATÓRIO...

do inciso II do art. 9º. Não há mais necessidade de tipificação correspondente na parte especial do Código Penal Militar.

Considerada a legislação vigente, portanto, não se pode mais afirmar categoricamente que "compete à justiça comum processar e julgar militar por crime de abuso de autoridade, ainda que praticado em serviço". A Súmula 172 do STJ deve agora ser invocada com cautela, embora não reste completamente superada. Regra geral, o enunciado continua aplicável, mas, presentes as hipóteses do art. 9º, II, do Código Penal Militar, será competente para processo e julgamento do crime de abuso de autoridade a Justiça Militar, não a Justiça Comum.

Pontue-se que, para reconhecimento da competência da justiça especializada, não bastará simplesmente que o militar pratique o crime de abuso de autoridade contra civil[59]. É necessária que a conduta do sujeito ativo se enquadre em uma ou mais hipóteses elencadas nas alíneas *a* até *e* do artigo 9º, inciso II, do CPM, que permaneceram inalteradas pela Lei

---

[59] Por isso, parece equivocado o entendimento de que qualquer crime de abuso de autoridade praticado por militar contra civil deve ser considerado de competência da Justiça Militar, a exemplo do que se vê do seguinte precedente: "Ementa. Conflito Negativo de Competência. Auditoria da Justiça Militar do Estado do Maranhão e 1º Juizado Especial Criminal do termo judiciário de São Luís. Crime de abuso de autoridade supostamente praticado por policial militar em atividade contra civil. Crime militar. Prevalência da regra insculpida nos arts. 124 e 125, § 4º, ambos da CF/88. Conflito conhecido para declarar a competência do juízo suscitante. 1. A Lei nº 13.941/17, que modificou o art. 9º, II, do Código Penal Militar, ampliou o rol dos crimes militares e, por consequência, a competência da Justiça Militar, ao considerar como crime militar não somente aqueles previstos no respectivo Código, mas, também, os dispostos na legislação penal, desde que praticados por militares, em atividade, contra civil. 2. Os arts. 124 e 125, §§ 4º e 5º, da Constituição Federal, fixam a competência da Justiça Militar para processar e julgar os crimes militares definidos em lei, bem como os arts. 53 a 55, do Código de Divisão e Organização Judiciária, ressalvada a competência do Tribunal do Júri. 3. Se a conduta supostamente praticada por policial militar se amolda ao art. 9º, II, do CPM, a competência é exclusiva da Justiça Castrense. 4. Conflito conhecido, declarando-se a competência do juízo da Auditoria da Justiça Militar do Maranhão (suscitante) para processar e julgar o feito" (TJMA – Conflito Negativo de Competência n.037579/2018, Relator(a): Des. Jusé Luiz Oliveira de Almeida, julgado em 22/08/2019, Publ. 02/09/2019).

13.3491/17 [60]. **Não é possível desassociar** o inciso II das alíneas que o integram[61].

Tecidas essas considerações gerais sobre a competência da Justiça Militar para processar e julgar crimes de abuso de autoridade, há de se reconhecer que o crime previsto no art. 32 da Lei de Abuso de Autoridade será de competência da justiça especializada se presentes qualquer das circunstâncias previstas no art. 9º, II, do Código Penal Militar, especialmente porque, em se tratando de Inquérito Policial Militar, haverá "situação de atividade ou assemelhado".

7. Conclusões

Da análise do tipo penal insculpido no art. 32 da Lei de Abuso de Autoridade, extraíram-se as seguintes conclusões:

1. Sobre os procedimentos investigatórios incide o princípio da publicidade, que pode ser excepcionado para preservação da intimidade dos envolvidos ou para assegurar a eficiência dos atos investigatórios;
2. A decretação do sigilo deve ocorrer nos limites do estritamente necessário à salvaguarda dos valores citados, justamente por se tratar de medida excepcional;
3. O art. 32 da Lei de Abuso de Autoridade expressa tutela penal da publicidade interna, conferindo proteção aos direitos defensivos do imputado, o qual deve ter acesso à informação probatória para que possa exercer reação defensiva;

---

[60] Nessa linha, já decidiu o STF ao cuidar de crime de roubo e sequestro que: "O foro especial da Justiça Militar da União não existe para os crimes dos militares, mas, sim, para os delitos militares, 'tout court'. E o crime militar, comissível por agente militar ou, até mesmo, por civil, só existe quando o autor procede e atua nas circunstâncias taxativamente referidas pelo art. 9º do Código Penal Militar, que prevê a possibilidade jurídica de configuração de delito castrense eventualmente praticado por civil, mesmo em tempo de paz" (STF – 2ª T. – HC nº 110.185/SP – Rel. Min. Celso de Mello – j. 14.05.13).

[61] Nesse sentido: NUCCI, Guilherme de Souza. *Policial Militar responde por abuso de autoridade na Justiça Comum ou Militar, a depender do caso concreto*. Disponível em: <http://genjuridico.com.br/2019/01/14/policial-militar-responde-por-abuso-de-autoridade-na-justica-comum-ou-militar-a-depender-do-caso-concreto/>. Acesso em: 06 abr. 2020.

ARTIGO 32: NEGATIVA DE ACESSO AOS AUTOS DE PROCEDIMENTO INVESTIGATÓRIO...

4. É, assim, o direito à informação e o direito à reação defensiva do imputado – do diretamente interessado na persecução penal – que são violados em caso de negativa de acesso aos elementos de convicção;

5. O sujeito passivo do crime é o "imputado", ou seja, aquele em relação ao qual a autoridade que preside o procedimento exerceu juízo formal sobre a autoria delitiva, expressa ou tacitamente, alcançando também o indivíduo que, a despeito do silêncio da autoridade, passou a ser tratado como imputado. Além dele, podem figurar como sujeitos passivos do crime "seu defensor ou advogado", em defesa do interesse do assistido;

6. Situam-se fora do alcance da norma penal os atos de negativa de: a) acesso a diligências em curso; b) acesso a diligências que, embora concluídas, possam apontar para outras diligências ainda pendentes, permitindo que o imputado conheça plano de investigação ainda não encerrado; c) acesso aos autos do inquérito ou instrumento equivalente, fornecendo vista não do procedimento em sua inteireza, mas apenas dos elementos de convicção coligidos que interessam ao averiguado e não se enquadram nas duas situações anteriores;

7. A negativa de vista em ofensa à prerrogativa prevista no art. 7º, XIV, do Estatuto da OAB, não caracteriza o crime previsto no art. 32, por não afetar o bem jurídico tutelado pela norma penal;

8. O crime ora tratado só se pode caracterizar por dolo direto, jamais por culpa ou por dolo eventual;

9. Pode ser sujeito ativo do crime não só o presidente do procedimento investigatório, mas qualquer servidor que negue acesso aos elementos que interessem ao exercício de direitos defensivos ou, ainda, que impeçam a extração de cópias, bem como o juiz das garantias, no exercício da competência prevista no art. 3º-B, XV, do Código de Processo Penal. No último caso, não haverá dolo do magistrado se a negativa for produto de convencimento de que a vista prejudicaria o sucesso das investigações, especialmente quando amparado por informações fornecidas pelo presidente do procedimento investigatório;

ABUSO DE AUTORIDADE

10. Podem ser objeto material do crime previsto no art. 32 o inquérito policial, o procedimento investigatório criminal do Ministério Público ou outros procedimentos de infração penal. Da mesma forma, podem ser objeto material do crime o inquérito civil e o procedimento preparatório de inquérito civil.

11. Diversamente, não se caracteriza o delito se a conduta do agente público recair sobre procedimento administrativo de natureza individual (PANI), procedimento de acompanhamento de cumprimento de condições assumidas por meio de termo de ajustamento de conduta (TAC), procedimento administrativo de fiscalização de fundações, casas de acolhimento de crianças e adolescentes e similares.

12. Não podem ser objeto material do crime a ação penal ou a ação civil.

13. Trata-se de crime formal, cuja consumação ocorre independentemente da lesão ao bem jurídico tutelado pela norma, mas que comporta tentativa;

14. Trata-se de crime de menor potencial ofensivo. A competência será da Justiça Federal se o sujeito ativo for servidor público federal no desempenho de suas atribuições. Será de competência da Justiça Militar o processo e julgamento, caso o crime seja cometido em inquérito policial militar, em qualquer das situações previstas no art. 9º, II, do Código Penal Militar.

Referências

FARIA, Bento de. *Código de Processo Penal*. Vol. 1. Rio de Janeiro: Record, 1960.

GOMES FILHO, Antonio Magalhães. Notas sobre a terminologia da prova. In: YARSHELL, Flavio Luiz; MORAES, Mauricio Zanoide de (Org.). *Estudos em homenagem à Professora Ada Pellegrini Grinover*. São Paulo: DPJ, 2005. p. 303-318.

GRECO, Rogério; CUNHA, Rogério Sanches. *Abuso de Autoridade*: Lei 13.869/2019 comentada artigo por artigo. 2. ed. São Paulo: JusPodivm, 2020.

HOUAISS, Antonio; VILLAS, Mauro de Salles. *Grande Dicionário Houaiss da Língua Portuguesa*. Rio de Janeiro: Objetiva, 2001.

ARTIGO 32: NEGATIVA DE ACESSO AOS AUTOS DE PROCEDIMENTO INVESTIGATÓRIO...

Mazzilli, Hugo Nigro. *A defesa dos interesses difusos em juízo*. 23. ed. São Paulo: Saraiva, 2010.

Moraes, Mauricio Zanoide de. Publicidade e proporcionalidade. *In*: Fernandes, Antonio Scarance; Almeida, José Raul Gavião de; Moraes, Mauricio Zanoide de (coord.). *Sigilo no processo penal*: eficiência e garantismo. São Paulo: RT, 2005. p. 29-56.

Nucci, Guilherme de Souza. *Policial Militar responde por abuso de autoridade na Justiça Comum ou Militar, a depender do caso concreto*. Disponível em: <http://genjuridico.com.br/2019/01/14/policial-militar-responde-por-abuso-de-autoridade-na-justica-comum-ou-militar-a-depender-do-caso-concreto/>. Acesso em: 06 abr. 2020.

Pezzotti, Olavo Evangelista. *Colaboração Premiada*: uma perspectiva de direito comparado. São Paulo: Almedina, 2020.

Fernandes, Antonio Scarance. O equilíbrio na investigação criminal. *In*: Yarshell, Flavio Luiz; Moraes, Mauricio Zanoide de (Org.). *Estudos em homenagem à Professora Ada Pellegrini Grinover*. São Paulo: DPJ, 2005. p. 319-330.

Fernandes, Antonio Scarance. *Reação defensiva à imputação*. São Paulo: Revista dos Tribunais, 2002.

Tornaghi, Hélio. *Instituições de Processo Penal*. 1. ed., v. 2. Rio de Janeiro: Forense, 1959.

Tourinho Filho, Fernando da Costa. *Processo Penal*. 34. ed., v. 1. São Paulo: Saraiva, 2012.

19. O juiz herói e o abuso de autoridade: análise dos artigos 33 e 36 da Lei nº 13.869/2019

ROBERTO CARVALHO VELOSO

Introdução

A problemática da independência judicial e os seus consectários são temas recorrentes nos tribunais e na doutrina, pois constitui uma das colunas de sustentação do Estado Democrático de Direito. Nessa quadra, surge a nova Lei do Abuso de Autoridade causando sérias discussões a respeito de sua implementação, em particular quanto à mitigação do poder de o magistrado dizer o Direito no caso concreto.

O presente estudo tem como objetivo geral analisar os artigos 33 e 36 da Lei 13.869/19 e demonstrar que a atividade cotidiana do juiz não pode configurar o crime de abuso de autoridade por ofender o princípio da independência judicial, não podendo ser reservada apenas aos super--heróis a função de decidir sobre uma prisão, uma busca e apreensão ou outra medida cautelar penal.

Essa nova lei, que entrou em vigor em janeiro de 2020, ainda não foi submetida ao pronunciamento dos juízes de primeiro grau e de segundo grau, aguardando o julgamento de Ações Diretas de Inconstitucionalidade propostas por associações de juízes, membros do Ministério Público e delegados perante o Supremo Tribunal Federal.

Neste trabalho, será abordada a questão a partir da visão do juiz, não se olvidando de citar exemplos do Ministério Público, como a propositura da primeira representação por suposto descumprimento da referida lei, protocolada pela Associação Brasileira de Juristas pela Democracia (ABJD) contra o Procurador da República Wellington Divino de Oliveira por haver denunciado o jornalista Glenn Greenwald.[1]

---

[1] JURISTAS fazem representação de 'abuso de autoridade' contra procurador que denunciou Greenwald. Folha de São Paulo. São Paulo. 22 jan. 2020. Disponível em:

Por outro lado, inúmeras decisões têm sido tomadas por magistrados brasileiros, alegando a vigência da lei, para flexibilizar o cumprimento de prisão decretada ou negar a concessão de novos pedidos, sob o argumento de não desejarem responder a processos judiciais por descumprimento do novo diploma legal.

Diante dessa situação, pretende-se resolver o seguinte problema: em que medida a Lei de Abuso de Autoridade que entrou em vigor em janeiro de 2020 inibe a ação dos juízes e tribunais do Brasil ao decidirem processos envolvendo crimes praticados contra o erário público?

Ao lado dessa discussão, analisar-se-ão os artigos 33 e 36 da Lei 13.869/19 de per si, com o objetivo de mostrar à comunidade jurídica os aspectos doutrinários da aplicação prática desses dispositivos, sem deixar de analisar o aspecto da inconstitucionalidade do artigo 36 da referida lei.

Para a realização do trabalho se utilizou a metodologia da análise documental, em especial o contexto da tramitação do projeto de lei no Congresso Nacional e o conteúdo das Ações Diretas de Inconstitucionalidade propostas pelas associações perante o Supremo Tribunal Federal, em especial a da Associação dos Juízes Federais do Brasil – AJUFE.

1. O contexto da tramitação do projeto

Em março de 2017, a operação Lava Jato completou três anos desde que iniciou os seus trabalhos, tramitando pela 13ª Vara Federal de Curitiba, cuja jurisdição era atribuída ao então juiz federal Sérgio Moro, hoje ministro da Justiça. A operação não se limitava ao Brasil, expandindo-se para países como Estados Unidos, Mônaco e Suíça.

A Lava Jato levou à colaboração do Brasil com 42 países. Segundo reportagem publicada no portal G1, para os procuradores do Ministério Público Federal, os acordos de cooperação internacional constituíram-se tão importantes quanto as delações premiadas. Ainda segundo a notícia, as cooperações internacionais igualmente contribuíram para repatriar fugitivos e parte do dinheiro desviado com as fraudes. De acordo com os procuradores, de um

https://www1.folha.uol.com.br/colunas/monicabergamo/2020/01/juristas-fazem-representacao-de-abuso-de-autoridade-contra-procurador-que-denunciou-greenwald.shtml. Acesso em 25 mar. 2020.

total de R$ 756 milhões em processo de repatriação, R$ 594 milhões já foram trazidos de volta em três anos de Lava Jato.[2]

Até março de 2017, ocorreram 38 fases, com 198 prisões. Duzentas pessoas eram acusadas na primeira instância. Em Curitiba, o juiz Sérgio Moro condenara 127 acusados. A operação, além da capital paranaense, se espraiava para o Rio de Janeiro, Brasília e São Paulo.

Nesse período, já estavam presos pela Lava Jato vários políticos de projeção nacional, a saber: o ex-presidente da Câmara dos Deputados, Eduardo Cunha, o ex-governador do Rio de Janeiro, Sérgio Cabral, o ex--ministro da Casa Civil, José Dirceu e o ex-ministro da Fazenda, Antonio Palocci. Ainda seriam presos Geddel Vieira Lima, Henrique Alves, Juarez Picciani, Paulo Melo, Luiz Fernando Pezão e o ex-presidente da República, Luiz Inácio Lula da Silva.[3]

Foi nesse contexto de grande conturbação que o projeto foi apresentado em março de 2017 e, no final de abril desse mesmo ano, a matéria foi aprovada pelo Senado Federal e encaminhada à Câmara dos Deputados para deliberação. Nessa casa legislativa, a tramitação demorou por volta de dois anos até a sua aprovação no dia 14 de agosto de 2019.

O texto aprovado foi para sanção presidencial, que vetou 33 (trinta e três) dispositivos. No retorno dos vetos ao parlamento, o Congresso Nacional rejeitou 18 (dezoito) deles e o PL 7.596/2017 foi convertido na Lei Ordinária 13. 869/2019, que este livro estuda e discute a sua aplicação.

É verdade que a Lei 4.898/65 precisava de atualização diante da mudança social do Brasil e nesse ponto não é possível discordar da necessidade de uma nova legislação a respeito da matéria, contudo, sem ferir os primados constitucionais da atividade jurisdicional, posto que não se deve esperar do magistrado um comportamento acima de sua capacidade de enfrentar as situações, com o risco de responder a um processo criminal ou mesmo de vir a perder o cargo por sua atividade cotidiana.

---

[2] OPERAÇÃO Lava Jato completa 3 anos se expandindo para outros países. G1. Globo. Rio de Janeiro, 17 mar. 2017. Disponível em: http://g1.globo.com/jornal-nacional/noticia/2017/03/operacao-lava-jato-completa-3-anos-se-expandindo-para-outros-paises.html. Acesso: 26 mar. 2020.

[3] POLÍTICOS presos na Lava Jato. Globo. Rio de Janeiro. Disponível em: https://oglobo.globo.com/brasil/politicos-presos-na-lava-jato-23540433. Acesso em 25 mar. 2020.

ABUSO DE AUTORIDADE

Desde o início da tramitação do projeto de lei havia vozes questionando a oportunidade de sua aprovação em um momento de alavancagem das operações contra a corrupção. Muitos entendiam que havia uma espécie de vindita para frear o andamento das investigações. Essa afirmação é facilmente comprovada pela leitura da chamada da matéria publicada pelo site Conjur no dia em que a nova lei entrou em vigor:

COMBATE À INQUISIÇÃO
Catapultada por excessos da "lava jato", lei contra abuso entra em vigor.[4]

Não é de todo despropositada a alegação que o momento político tenha influenciado a discussão do projeto de lei no legislativo. Mesmo se sabendo que as operações da Lava Jato minguaram em 2019. São escassas as notícias de prisões ou cumprimento de mandados de busca e apreensão, sendo certo que a condução coercitiva de suspeitos para prestar depoimento à polícia se tornou em crime.

2. A figura do juiz super-herói
Quando se vai assistir a uma partida de futebol da série A do campeonato brasileiro, a grande estrela é o VAR. Uma sala equipada com monitores de televisão por todos os lados, onde árbitros da CBF averiguam a legalidade e normalidade dos lances e dos gols.

Os comentaristas estão em estado de irritação e aborrecimento, porque gritam gol e depois de alguns minutos, com o árbitro postando a mão no ouvido, o lance é anulado e a torcida do time beneficiado pelo VAR vibra como se o tento tivesse sido marcado em seu favor. Jogadas dentro da área são revistas e pênaltis marcados de lances passados desapercebidos pela arbitragem.

Depois da entrada em vigor da Lei 13.869/2019 em janeiro de 2020, a legalidade das decisões e sentenças dos juízes ficarão aguardando a avaliação de um VAR simbólico representado pelas partes e pelo ministério público, para saber se o magistrado decretou a prisão ou condenou para

---

[4] CATAPULTADA por excessos da "lava jato", lei contra abuso entra em vigor. Conjur. São Paulo. 3 jan. 2020. Disponível em: https://www.conjur.com.br/2020-jan-03/lei-abuso-autoridade-entra-vigor-nesta-sexta. Acesso em 24 mar. 2020.

prejudicar alguém, beneficiar a si mesmo ou a terceiro, ou, ainda, por mero capricho ou satisfação pessoal.

Veloso[5] diz que a lei parece não pretender punir somente os casos excepcionais, que realmente podem acontecer, mas também a atividade cotidiana do magistrado. Um exemplo da excepcionalidade que precisa ser apurada, é de um juiz por ter tido o seu veículo avariado por outro em um acidente de trânsito sem vítimas, mandar prender o motorista do carro causador da batida. Isso pode configurar um abuso de autoridade e se provado deve ser punido.

No entanto, a lei aprovada não deseja punir apenas a exceção, mas a regra. A atividade cotidiana de todo juiz criminal é analisar prisões em flagrante realizadas pela Polícia e decretar prisões requeridas. Assim, todas as decisões ficarão à mercê de uma revisão pelas partes para saber se estão enquadradas ou não na Lei 13.869/2019.

Em uma interpretação literal da lei, quando o Tribunal de Apelação conceder o Habeas Corpus declarando que a prisão decretada pelo juiz não se justifica, então não há mais o que discutir, o juiz cometeu abuso de autoridade. É essa circunstância que está a angustiar a magistratura criminal brasileira.

Em artigo publicado, Veloso[6] diz se lembrar de um magistrado que condenou uma quadrilha de assaltantes de banco, com inúmeros latrocínios praticados. Perguntado pela reportagem qual o sentimento dele naquele momento em que o bando estava preso e condenado, respondeu que estava pessoalmente satisfeito.

Se fosse agora, o juiz incidiria nas penas do art. 9º, da Lei 13.869/2019 (Lei do Abuso de Autoridade), por estar satisfeito pessoalmente com a prisão e condenação dos acusados por crimes gravíssimos, praticados contra o patrimônio por meio do homicídio ou da grave ameaça.

O magistrado cumpridor do seu dever poderia ser condenado a uma pena semelhante a quem pratica os crimes de furto, apropriação indébita

---

[5] VELOSO, Roberto Carvalho. O Var e o abuso de autoridade. O Estado do Maranhão, São Luís, p. 5 – 5, 05 out. 2019.

[6] VELOSO, Roberto Carvalho. O Var e o abuso de autoridade. O Estado do Maranhão, São Luís, p. 5 – 5, 05 out. 2019.

ABUSO DE AUTORIDADE

ou receptação. Imagino a situação das magistradas e magistrados encarregados de processar e julgar os crimes de violência contra a mulher.

Justamente no momento em que mais se precisa de medidas fortes e rápidas para coibir o aumento de feminicídios. Um tipo de crime que é praticado, na maioria dos casos, sem testemunhas. É querer um juiz Super-Homem ou uma juíza Mulher-Maravilha para decretar a prisão de um feminicida correndo o risco de responder a um processo criminal.

Por essa e outras razões, há a necessidade de o Supremo Tribunal Federal se manifestar sobre o alcance da lei aprovada. Pela reação ocorrida até o momento, com inúmeras decisões determinando a soltura de presos e não concedendo prisões provisórias, existe o risco de colapsar a Justiça criminal de 1º grau, justamente a responsável pela prestação jurisdicional de primeira hora no caso de crimes.

3. Os artigos questionados pela magistratura

A Associação dos Juízes Federais – AJUFE ajuizou uma Ação Direta de Inconstitucionalidade nº 6239[7], patrocinada pela ex-ministra da AGU, Grace Mendonça, questionando os seguintes dispositivos da Lei 13.869/2019:

> Art. 9º Decretar medida de privação da liberdade em manifesta desconformidade com as hipóteses legais:
> Pena – detenção, de 1 (um) a 4 (quatro) anos, e multa.
> Parágrafo único. Incorre na mesma pena a autoridade judiciária que, dentro de prazo razoável, deixar de:
> I – relaxar a prisão manifestamente ilegal;
> II – substituir a prisão preventiva por medida cautelar diversa ou de conceder liberdade provisória, quando manifestamente cabível;
> III – deferir liminar ou ordem de **habeas corpus**, quando manifestamente cabível.'

---

[7] BRASIL. Supremo Tribunal Federal. ADI 6239. Requerente: Associação dos Juízes Federais do Brasil – AJUFE. Adv. Grace Mendonça. Interessados: Presidente da República e Congresso Nacional. Relator: Ministro Alexandre de Moraes. Protocolada: 9 out. 2019.

O JUIZ HERÓI E O ABUSO DE AUTORIDADE: ANÁLISE DOS ARTIGOS 33 E 36...

Art. 10. Decretar a condução coercitiva de testemunha ou investigado manifestamente descabida ou sem prévia intimação de comparecimento ao juízo:
Pena – detenção, de 1 (um) a 4 (quatro) anos, e multa.

Art. 20. Impedir, sem justa causa, a entrevista pessoal e reservada do preso com seu advogado:
Pena – detenção, de 6 (seis) meses a 2 (dois) anos, e multa.
Parágrafo único. Incorre na mesma pena quem impede o preso, o réu solto ou o investigado de entrevistar-se pessoal e reservadamente com seu advogado ou defensor, por prazo razoável, antes de audiência judicial, e de sentar-se ao seu lado e com ele comunicar-se durante a audiência, salvo no curso de interrogatório ou no caso de audiência realizada por videoconferência.

Art. 25. Proceder à obtenção de prova, em procedimento de investigação ou fiscalização, por meio manifestamente ilícito:
Pena – detenção, de 1 (um) a 4 (quatro) anos, e multa.
Parágrafo único. Incorre na mesma pena quem faz uso de prova, em desfavor do investigado ou fiscalizado, com prévio conhecimento de sua ilicitude.
Art. 36. Decretar, em processo judicial, a indisponibilidade de ativos financeiros em quantia que extrapole exacerbadamente o valor estimado para a satisfação da dívida da parte e, ante a demonstração, pela parte, da excessividade da medida, deixar de corrigi-la:
Pena – detenção, de 1 (um) a 4 (quatro) anos, e multa.

Art. 43. A Lei nº 8.906, de 4 de julho de 1994, passa a vigorar acrescida do seguinte art. 7º-B:
'Art. 7º-B Constitui crime violar direito ou prerrogativa de advogado previstos nos incisos II, III, IV e V do **caput** do art. 7º desta Lei:
Pena – detenção, de 3 (três) meses a 1 (um) ano, e multa.'"

Alega-se, inicialmente, um vício de ordem formal, porque a Constituição Federal estabelece no art. 93, caput, que Lei Complementar, de iniciativa do Supremo Tribunal Federal, disporá sobre o Estatuto da Magistratura, contudo o novo diploma legal estabelece disposições sobre atividades dos juízes em lei ordinária, aprovada por maioria simples dos presentes.

De acordo com Barroso[8], a Constituição Federal possui supremacia sobre os demais atos normativos:

> Toda interpretação constitucional se assenta no pressuposto da superioridade jurídica da Constituição sobre os demais atos normativos no âmbito do Estado. Por força da supremacia constitucional, nenhum ato jurídico, nenhuma manifestação de vontade pode subsistir validamente se for incompatível com a Lei Fundamental.

A lei ordinária não poderia estabelecer sanções e penalidades à magistratura se a Constituição Federal reservou à Lei Complementar essa função. E Lei Complementar específica, no caso o Estatuto da Magistratura. Além disso, cabe ao Supremo Tribunal Federal a iniciativa da propositura da lei, o que não foi observado no processo legislativo de tramitação da Lei 13.869/2019.

Vê-se no processo legislativo do projeto de lei no Senado Federal que a proposta foi efetivada por um Senador da República e não pelo Supremo Tribunal Federal. E não se venha dizer que o legislativo pode estabelecer crimes a serem praticados por magistrados. Claro que pode, desde que não seja específico para a magistratura, ou seja, crimes que somente juízes podem praticar, porque nesse caso deveria haver uma Lei Complementar de iniciativa do Supremo Tribunal Federal para tanto.

Britto[9] em parecer explana a respeito dessa situação:

> 13.1. Com efeito, a própria Constituição é que fala de malfeitorias jurídicas dos magistrados. Malfeitorias passíveis de classificação em quatro modalidades, a saber: a) "infrações penais comuns" (alínea *c* do inciso I do art. 102) ou "crimes comuns" (alínea *a* do inciso I do art. 105); b) "crimes de

---

[8] BARROSO, Luís Roberto. Interpretação e aplicação da Constituição. São Paulo: Saraiva, 1999, p. 156.

[9] BRITTO, Carlos Ayres. Parecer proferido a pedido da Associação dos Juízes Federais do Brasil – AJUFE, juntado na ADI 6239 – SUPREMO TRIBUNAL FEDERAL. Requerente: Associação dos Juízes Federais do Brasil. Interessados: Presidente da República e Congresso Nacional. Relator: Ministro Alexandre de Moraes. Protocolada: 9 out. 2019. Data do parecer: 25 out. 2019.

O JUIZ HERÓI E O ABUSO DE AUTORIDADE: ANÁLISE DOS ARTIGOS 33 E 36...

responsabilidade" (de novo, alínea *c* do (inciso I do art. 102, mais a alínea *a* do inciso I do art. 105 e alínea *a* do inciso I do art. 108)); c) "crime contra a Administração Pública" (inciso IV do § 4º do art. 103-B); d) "abuso de autoridade" (mesmo inciso IV do § 4º do art. 103-B). Todos esses dispositivos precedidos da norma igualmente constitucional que insere nas competências dos "Tribunais de Justiça" julgar os juízes estaduais e do Distrito Federal (...) nos crimes comuns e de responsabilidade" (inciso III do art. 96). Isso de permeio: a) com a previsão de reabertura de processos disciplinares contra "juízes e membros de tribunais julgados a menos de um ano"; b) com o estabelecimento de inconfundíveis regimes normativos para os citados ilícitos, conforme a classificação que empreendo no curso deste mesmo bloco temático. **Mas ilícitos (todos eles) a se dar do lado de fora da estrutura da fundamentação da norma-judicial-de-decisão, porquanto constitucionalmente qualificada como expressão da autonomia técnica de cada magistrado. Sob regime constitucional tão direto quanto exclusivo. E definitivamente significante da própria demonstração do ato de apreender cognitivamente o descritor e o proscritor da norma geral a aplicar.** Descritor como antecedente(s) ou hipótese(s) de incidência, prescritor como consequente(s) ou mandamento(s) dessa norma geral, entenda-se de uma vez por todas. Desde que se tenha como paradigma de norma geral tanto a Constituição quanto as leis, ou então ato normativo que se dote da força de modificar primariamente a Ordem Jurídica (ressalva mais acima feita). (grifo no original)

Quando a Constituição atribui aos tribunais a competência para julgar os magistrados por crimes comuns, está fazendo para os que podem ser praticados por todos, indistintamente. Mesmo os chamados crimes contra a administração pública, não são específicos dos magistrados, porque podem ser praticados por todos os funcionários públicos, assim considerados no art. 367 do Código Penal. Portanto, não são crimes exclusivos da magistratura como fizeram vários dispositivos da Lei. 13.869/2019.

Em relação aos crimes de responsabilidade, a Lei 1.079, de 10 de abril de 1950, somente previu a prática desses tipos de crimes aos ministros do Supremo Tribunal Federal. Portanto, os demais magistrados não podem praticá-lo por ausência de lei, devendo ser respeitado o disposto no art.

ABUSO DE AUTORIDADE

5º, XXXIX, da Constituição Federal: não há crime sem lei anterior que o defina, nem pena sem prévia cominação legal.

A inconstitucionalidade do art. 36 da lei referida será tratada em tópico adiante, 4.2, quando será demonstrado que o magistrado não pode responder por esse tipo penal, por ofensa a dispositivos da Constituição Federal.

4. Análise dos artigos 33 e 36 da Lei n. 13.869/2019

Todos os tipos penais possuem, ou deveriam possuir, o bem jurídico tutelado, a ação física, o sujeito ativo, o sujeito passivo e o elemento subjetivo. Esses elementos são básicos para o entendimento do crime e suas características. Há outros elementos que não são comuns a todos os tipos, a exemplo do objeto material, do elemento subjetivo especial do tipo, do elemento normativo do tipo e do elemento científico do tipo.

Quanto mais se agregam elementos, mais difícil se torna a sua aplicação prática, ainda mais se há a necessidade de se socorrer a normas extrapenais para complementar o tipo, o que se dá nas chamadas normas penais em branco.

Roxin[10] explica a delimitação e divisão entre elementos descritivos e normativos:

A delimitação e divisão entre elementos descritivos e normativos são muito discutidos nas questões concretas. Tradicionalmente se entende por elementos descritivos aqueles que reproduzem determinados dados ou comportamentos corporais ou anímicos e que são verificados de modo cognitivo pelo juiz. Por outro lado, são normativos todos os elementos cuja concorrência pressupõe uma valoração; assim, por exemplo, conceitos como "edifício" (§ 306) ou "subtrair" (§ 242) são descritivos, enquanto que termos como "injuria" (§ 185) ou "alheio" (§§ 242, 246 ou 303) são normativos. (tradução livre)

É precisamente o que se vê nos tipos penais da Lei 13.869/19, muitos elementos normativos, subjetivos especiais do tipo e normas penais em

---

[10] ROXIN, Claus. Derecho penal. Parte general. Madrid: Marcial Pons, 1997, p. 306.

O JUIZ HERÓI E O ABUSO DE AUTORIDADE: ANÁLISE DOS ARTIGOS 33 E 36...

branco, o que vai dificultar em muito a sua aplicação prática, conforme se demonstrará a seguir em relação aos tipos penais previstos nos artigos 33 e 36 da citada lei.

4.1. O art. 33, da Lei 13.869/19 e o emaranhado de condutas

Diz o art. 33, da Lei 13.869/19:

> Art. 33. Exigir informação ou cumprimento de obrigação, inclusive o dever de fazer ou de não fazer, sem expresso amparo legal:
> Pena – detenção, de 6 (seis) meses a 2 (dois) anos, e multa.
> Parágrafo único. Incorre na mesma pena quem se utiliza de cargo ou função pública ou invoca a condição de agente público para se eximir de obrigação legal ou para obter vantagem ou privilégio indevido.

O bem jurídico protegido neste artigo é o bom funcionamento da Administração Pública, entendida como a ação administrativa do Estado por intermédio de seus órgãos e servidores. Segundo Di Pietro[11], o termo Administração Pública pode ser estudado em sentido subjetivo, formal ou orgânico e em sentido objetivo, material ou funcional:

> a) em sentido subjetivo, formal ou orgânico, ela designa os entes que exer-cem a atividade administrativa; compreende pessoas jurídicas, órgãos e agentes públicos incumbidos de exercer uma das funções em que se triparte a atividade estatal: a função administrativa;
> b) em sentido objetivo, material ou funcional, ela designa a natureza da ativi-dade exercida pelos referidos entes; nesse sentido, a Administração Pública é a própria função administrativa que incumbe, predominantemente, ao Poder Executivo.

Esse dispositivo não poderia ser enquadrado no conceito de abuso de autoridade estrito senso, porque se assemelha muito mais a um desvio de conduta do servidor público, em especial no tipo penal do parágrafo

---

[11] Di Pietro, Maria Sylvia Zanella. *Direito administrativo*. 25 ed. São Paulo, Atlas, 2012, p. 50.

ABUSO DE AUTORIDADE

único no qual, com a sua ação, ele deseja se eximir de uma obrigação ou visa a obter vantagem ou privilégio indevido.

Na classificação dos tipos penais, pode-se considerar o caput do art. 33 como aberto, implicando em verdadeiro esforço hermenêutico do juiz para complementar o dispositivo. Porque não está delimitado se o agente está ou não no exercício da função. Contudo, não é permitido que se interprete a norma extensivamente para permitir a punição do agente público quando fora da função, porque, conforme diz Faria[12], contra o acusado a interpretação não deve declarar que o preceito legal disse menos do que queria dizer.

O dispositivo pede um complemento interpretativo no que se refere aos conceitos indeterminados da informação e da obrigação. Veja-se que são termos amplíssimos, sequer o tipo de informação ou obrigação está valorado. É de se perguntar, a informação exigida é pessoal, jornalística, investigativa ou processual? E a obrigação é civil, administrativa ou tributária? O art. 33 da Lei 13.869/19 possui um vácuo normativo difícil de preencher.

Induvidoso o uso do elemento normativo do tipo ao requerer para caracterização do crime a inexistência de expresso amparo legal. Ou seja, não basta para a adequação típica que não haja amparo legal é preciso que essa ausência seja expressa. Semanticamente, a palavra expresso significa uma manifestação de vontade explícita, portanto a expressão "sem expresso amparo legal" pode ser entendida como "com expressa proibição", o que leva a entender que o tipo penal se adequaria ao fato quando a exigência da informação ou da obrigação fosse proibida expressamente ou permitida em determinados casos específicos.

A título de exemplo, parece se configura um crime impossível a requisição de informação por membro do Ministério Público, considerando que a Lei 8.625/93 que o organiza expressamente o autoriza a fazê-lo:

Art. 26. No exercício de suas funções, o Ministério Público poderá:
I – instaurar inquéritos civis e outras medidas e procedimentos administrativos pertinentes e, para instruí-los:

---

[12] FARIA, Bento de. Código Penal brasileiro comentado. Volume I. 2ª ed. Rio de Janeiro: Record Editora, 1958, p. 65.

...

b) requisitar informações, exames periciais e documentos de autoridades federais, estaduais e municipais, bem como dos órgãos e entidades da administração direta, indireta ou fundacional, de qualquer dos Poderes da União, dos Estados, do Distrito Federal e dos Municípios;

...

II – requisitar informações e documentos a entidades privadas, para instruir procedimentos ou processo em que oficie;

Poder-se-ia até discutir o poder de requisição do item I, do art. 26, da citada lei, argumentando que se trata de caso específico do Inquérito Civil Público, mas a hipótese do item II é bastante ampla, exigindo um esforço hermenêutico enorme para caracterizar a conduta do Ministério Público de requisitar informação como crime, ainda mais se sabendo que o verbo requisitar tem o sentido de exigir.

A conduta do parágrafo único nas modalidades "para obter vantagem ou privilégio indevido" produz claramente um conflito aparente de normas com o art. 317, do Código Penal, o crime de corrupção passiva:

Art. 317 – Solicitar ou receber, para si ou para outrem, direta ou indiretamente, ainda que fora da função ou antes de assumi-la, mas em razão dela, vantagem indevida, ou aceitar promessa de tal vantagem:
Pena – reclusão, de 2 (dois) a 12 (doze) anos, e multa.

E nesse caso, a defesa haverá sempre de pedir a desclassificação para o tipo penal do artigo 33, da Lei 13.869/19, porque esta é incomensuravelmente mais branda. Para comprovar essa afirmação, basta ver a pena máxima em abstrato para os dois delitos. Enquanto a máxima do tipo penal do art. 33, da Lei 13.869/19, é de dois anos de detenção, a do art. 317, do Código Penal, é de doze anos de reclusão.

4.2. A inconstitucionalidade do art. 36 da Lei 13.869/19

O art. 36, da Lei 13.869/19, é um típico caso de crime de hermenêutica, funcionando como juízo prévio de recurso, com objetivo de obrigar o juiz a ser parcimonioso no bloqueio de ativos financeiros. Ele está assim redigido:

Art. 36. Decretar, em processo judicial, a indisponibilidade de ativos financeiros em quantia que extrapole exacerbadamente o valor estimado para a satisfação da dívida da parte e, ante a demonstração, pela parte, da excessividade da medida, deixar de corrigi-la:
Pena – detenção, de 1 (um) a 4 (quatro) anos, e multa.

Ora, há um elemento normativo do tipo no dispositivo – exacerbadamente – que exigirá um pronunciamento anterior à propositura da ação penal pelo tribunal "ad quem" para dizer se a decisão extrapolou demasiadamente no bloqueio dos ativos financeiros. Isso representará uma verdadeira condição de procedibilidade para o exercício da ação penal.

Parece que há de fato a criação do crime de hermenêutica pela Lei 13.869/19 e o art. 36 é uma das hipóteses. Esse fato gera uma insegurança enorme na magistratura, que se acha tolhida na sua liberdade de julgar, temerosa de que sua conduta venha a constituir crime e ele perca o cargo e ainda responda a processo criminal. É de ver que os juízes não são os super-heróis dos quadrinhos, são pessoas comuns, pais e mães de família que dependem de seu emprego para sobreviver.

Atualíssima se acha a posição de Barbosa[13]:

Para fazer do magistrado uma impotência equivalente, criaram a novidade da doutrina, que inventou para o juiz os crimes de hermenêutica, responsabilizando-o penalmente pelas rebeldias da sua consciência ao padrão oficial no entendimento dos textos. Esta hipérbole do absurdo não tem linhagem conhecida: nasceu entre nós por geração espontânea (...) Se o julgador, cuja opinião não condiga com a dos seus julgadores na análise do direito escrito, incorrer, por essa dissidência, em sanção criminal, a hierarquia judiciária, em vez de ser a garantia da justiça contra os erros individuais dos juízes, pelo sistema de recursos, ter-se-á convertido, a benefício dos interesses poderosos, em mecanismo de pressão, para substituir a consciência pessoal do magistrado, base de toda a confiança na judicatura, pela ação cominatória do terror, que dissolve o homem em escravo.

---

[13] Barbosa, Rui. Obras Completas. Vol. XXIII, Tomo III. Rio de Janeiro: Fundação Casa de Rui Barbosa, 1919, p. 2280

Essa previsão – crime de hermenêutica – contida na Lei 13.869/19 tem gerado decisões heterodoxas, benevolentes, típicas de um período de medo, conduzindo a magistratura a se resguardar de uma eventual punição por não estar interpretando a lei ao gosto do acusado ou do Ministério Público, quando se sabe que existem recursos suficientes na legislação processual penal e nos regimentos internos dos tribunais para a revisão das decisões judiciais.

A ameaça de punição criminal a juízes por sua atividade cotidiana não se apresenta a melhor maneira para a correção de decisões judiciais. A Constituição Federal assegura o amplo grau de jurisdição e, segundo a mais recente posição do Supremo Tribunal Federal, ao interpretar o inciso LVII, do art. 5º, da CF, a execução da pena somente pode iniciar após o trânsito em julgado da sentença penal condenatória, por essa razão o tipo penal do art. 36, da Lei 13.869/19, extrapola os limites que devem ser impostos ao Direito Penal.

Conclusões

A nova lei de abuso de autoridade é típica da legislação atual da sociedade de risco, repleta de elementos subjetivos especiais, elementos normativos e normas penais em branco. O que o Direito penal preconiza para ser usado com moderação, é a regra na Lei 13.869/19, o que não é diferente nos artigos 33 e 36 aqui estudados.

Ameaçar de prisão ao magistrado não é um caminho apropriado para limitar a sua atividade jurisdicional. O Brasil é um país reconhecidamente pródigo em recursos. Além dos existentes na legislação processual penal, temos os dos regimentos internos dos tribunais, o habeas corpus, o mandado de segurança e a ação de revisão criminal.

Quando o mundo ocidental caminha para a descriminalização e para o Direito Penal ocupar o seu lugar de *ultima ratio*, o Brasil dá inúmeros passos atrás, ao criminalizar a atividade cotidiana dos juízes.

Não interessa para a sociedade um juiz temeroso, preocupado se a sua decisão vai desagradar os que podem processá-lo criminalmente. Essa mesma sociedade não pode esperar que os juízes sejam super-heróis e decidam a vida e a liberdade com a espada de Dâmocles do processo criminal sobre suas cabeças.

É importante referir que a Emenda Constitucional 45, que reformou o Judiciário, criou o Conselho Nacional de Justiça, órgão administrativo de cúpula, estando hierarquicamente abaixo apenas do Supremo Tribunal Federal, mas dividindo o mesmo inciso I, do artigo 92, da Constituição Federal.

Esse Conselho vem desempenhando bem o seu papel, inclusive e principalmente no aspecto disciplinar, punindo o mal juiz, o que age fora da lei. Afastando-o do exercício do cargo e aplicando as punições devidas. A possibilidade de punição criminal do juiz por sua atividade diária é um excesso, que se espera seja corrigido pelo Supremo Tribunal Federal.

Dessa forma, outra não pode ser a solução do problema apresentado na introdução, senão que a nova lei de abuso de autoridade inibe a atuação dos juízes, a partir da perspectiva da ameaça do processo criminal e da perda do cargo pela sua atividade cotidiana.

Faz-se necessária a intervenção da Suprema Corte de Justiça brasileira para modular a nova Lei do Abuso de Autoridade, necessária ante a ancianidade da revogada, mas que se excedeu ao punir a atividade diária do juiz. Não interessa a ninguém uma magistratura acovardada, com medo de decidir. Os maiores interessados em uma magistratura altaneira são os cidadãos que recorrem ao Judiciário para preservação de seus direitos.

Referências

BARBOSA, Rui. *Obras completas*. Vol. XXIII, Tomo III. Rio de Janeiro: Fundação Casa de Rui Barbosa, 1919.

BARROSO, Luís Roberto. *Interpretação e aplicação da Constituição*. São Paulo: Saraiva, 1999, p. 156.

BRASIL. Supremo Tribunal Federal. *ADI 6239*. Requerente: Associação dos Juízes Federais do Brasil – AJUFE. Adv. Grace Mendonça. Interessados: Presidente da República e Congresso Nacional. Relator: Ministro Alexandre de Moraes. Protocolada: 9 out. 2019.

BRITTO, Carlos Ayres. *Parecer proferido a pedido da Associação dos Juízes Federais do Brasil – AJUFE, juntado na ADI 6239 – Supremo Tribunal Federal*. Requerente: Associação dos Juízes Federais do Brasil. Interessados: Presidente da República e Congresso Nacional. Relator: Ministro Alexandre de Moraes. Protocolada: 9 out. 2019. Data do parecer: 25 out. 2019.

CATAPULTADA por excessos da "lava jato", lei contra abuso entra em vigor. *Conjur.* São Paulo. 3 jan. 2020. Disponível em: https://www.conjur.com.br/2020-jan-03/lei-abuso-autoridade-entra-vigor-nesta-sexta. Acesso em 24 mar. 2020.

DI PIETRO, Maria Sylvia Zanella. *Direito administrativo.* 25 ed. São Paulo, Atlas, 2012.

FARIA, Bento de. *Código Penal brasileiro comentado.* Volume I. 2ª ed. Rio de Janeiro: Record Editora, 1958.

JURISTAS fazem representação de 'abuso de autoridade' contra procurador que denunciou Greenwald. *Folha de São Paulo.* São Paulo. 22 jan. 2020. Disponível em: https://www1.folha.uol.com.br/colunas/monicabergamo/2020/01/juristas-fazem-representacao-de-abuso-de-autoridade-contra-procurador--que-denunciou-greenwald.shtml. Acesso em 25 mar. 2020.

OPERAÇÃO Lava Jato completa 3 anos se expandindo para outros países. *G1.Globo.* Rio de Janeiro, 17 mar. 2017. Disponível em: http://g1.globo.com/jornal-nacional/noticia/2017/03/operacao-lava-jato-completa-3-anos-se--expandindo-para-outros-paises.html. Acesso: 26 mar. 2020.

POLÍTICOS presos na Lava Jato. *Globo.* Rio de Janeiro. Disponível em: https://oglobo.globo.com/brasil/politicos-presos-na-lava-jato-23540433. Acesso em 25 mar. 2020.

ROXIN, Claus. *Derecho penal. Parte general.* Madrid: Marcial Pons, 1997.

VELOSO, Roberto Carvalho. *O Var e o abuso de autoridade.* O Estado do Maranhão, São Luís, p. 5 – 5, 05 out. 2019.

20. Aspectos relevantes dos tipos penais dos artigos 37 e 38 da nova Lei de Abuso de Autoridade

ANTONIO SERGIO CORDEIRO PIEDADE

Introdução

Aprovada recentemente pelo Congresso Nacional a Lei 13.869/2019, que *"define os crimes de abuso de autoridade cometidos por agente publico, servidor ou não, que, no exercício de suas funções ou a pretexto de exercê-las*, abuse do poder que lhe *tenha sido atribuído"*, a qual revogou expressamente a Lei 4.898/1965.

Sancionada pelo Presidente da República com vários vetos colocados em face do projeto de lei iniciamente aprovado, o legislativo acabou por não manter grande parte das ressalvas opostas pelo Presidente da República e aprovou a lei em questão, sendo que dos 30 novos tipos penais contemplados no projeto inicial, 23 foram incorporados ao nosso arcabouço legislativo.

Além da criação de novas figuras típicas, outras alterações relevantes foram implementadas na Lei de Prisão Temporária, na Lei das Interceptações Telefônicas, no Código Penal e no Estatuto da Ordem dos Advogados do Brasil.

Causou preocupação a maneira açodada como se deu o encaminhamento da lei, pois o projeto estava sobrestado no parlamento desde 2017. Na tarde de 14 de agosto de 2019, a Câmara dos Deputados pautou, em regime de urgência, e em votação simbólica, com o aval dos líderes partidários, discutiu e aprovou a nova Lei de Abuso de Autoridade.

Não há consenso quanto a constitucionalidade da nova lei e o seu conteúdo é objeto de várias ações diretas de inconstitucionalidade, ajuizadas no Supremo Tribunal Federal, dentre elas a ADI 6.236 (Associação dos Magistrados Brasileiros), a ADI 6.238 (Conamp, ANPR, ANPT, a ADI 6.239 (Associação dos Juízes Federais do Brasil), a ADI 6.240 (Associação dos Fiscais da Receita Federal), ADI 6.266 (Associação Nacional dos Delegados de Polícia Federal) e a ADI 6.302 (Partido PODEMOS), cuja relatoria é do Ministro Alexandre de Moraes, sendo que o relator originário Ministro Celso de Mello se declarou suspeito para julgar as ações, sendo os feitos redistribuidos.

O que se discute nas ações acima descritas é a violação ao princípio da legalidade, na vertente da determinação taxativa, pois os tipos penais incriminadores seriam demasiadamente abertos, vagos, lacunosos, porosos e imprecisos, o que pode dar ensejo as mais diversas interpretações do que, de fato, constituiria crime de abuso de autoridade. Além disso, argumenta-se, dentre outras questões, que a lei representa o enfraquecimento das autoridades dedicadas ao combate à corrupção e à defesa dos valores fundamentais.

No presente artigo abordaremos o princípio da legalidade na vertente da determinação taxativa e o princípio da proporcionalidade, bem como os aspectos relevantes das infrações penais descritas nos artigos 37 e 38 da Lei 13.869/2019 (a lei penal no tempo, o bem jurídico protegido, os sujeitos do crime, tipo objetivo, elemento subjetivo, consumação e a tentativa e ação penal). É adotado o método hipotético-dedutivo, por meio de pesquisa em obras doutrinárias, legislação vigente e referências jurisprudenciais.

1. Princípio da legalidade na vertente da determinação taxativa e princípio da proporcionalidade

O Direito Penal possui princípios previstos de forma expressa e implícita na Constituição Federal, que fundamentam sua atuação, pois servem como norte na criação dos tipos penais incriminadores e na imposição das penas, de modo a proteger os valores que devem ser objeto de tutela penal por parte do Estado.

Lado outro, os princípios limitam o campo de incidência do Direito Penal, a fim de evitar o excesso e o arbítrio por parte do Estado. Os limites impostos ao Direito Penal são herança do Estado Liberal. Conforme observa Maria da Conceição Ferreira da Cunha, "a necessidade limitadora resulta do Direito Penal ser um instrumento muito forte nas mãos do Estado"[1].

---

[1] Ferreira da Cunha, Maria da Conceição. *Constituição e crime. Uma perspectiva da criminalização e da descriminalização.* Porto: Editora Porto, 1995, p. 272.

A necessidade de compatibilização de critérios limitadores e legitimadores decorre, portanto, do fato de o Direito Penal apresentar dupla faceta, consoante salienta Maria da Conceição Ferreira da Cunha se

> por um lado, ele é a arma mais terrível nas mãos do Estado, não só por conter as sanções que, em princípio, mais interferem com valores fundamentais da pessoa, como pelos efeitos sociais que inegavelmente desencadeia, e precisa, assim, de ser legitimado e limitado na sua actuação; legitimando e limitando não só quanto à forma de actuação, oferecendo garantias de imparcialidade e certeza jurídica, mas também quanto ao próprio conteúdo. Mas, por outro lado, ele é imprescindível para a própria defesa dos valores essenciais à vida do homem em sociedade[2].

A influência dos princípios constitucionais do Direito Penal é de fundamental importância, na formatação de um sistema coeso e harmônico, que lhe assegure coerência e efetividade.

Francesco C. Palazzo[3] fala em princípios de Direito Penal constitucional e princípios constitucionais influentes em matéria penal. Em linhas gerais, os princípios de direito penal constitucional se impõem ao Direito Penal e têm por escopo proteger o indivíduo contra o arbítrio estatal. Dentro desse enfoque, Maria da Conceição Ferreira da Cunha ressalta que os princípios incidem diretamente no sistema penal e dão expressão à tradicional concepção, de origem liberal-iluminista, da Constituição como garantidora da liberdade e direitos dos cidadãos, como o instrumento por excelência de defesa dos indivíduos face ao poder estadual[4].

A essência dos princípios de Direito Penal constitucional é analisar os direitos fundamentais sob a perspectiva dos direitos de defesa do indivíduo face ao Estado.

Por outro lado, os princípios constitucionais influentes em matéria penal incidem sobre o conteúdo da matéria penal, ou seja, conforme afirma Francesco C. Palazzo "condicionam com prevalência, o conteúdo,

---

[2] Idem, p. 272.
[3] PALAZZO, Francesco C. Valores constitucionais e direito penal. Porto Alegre: Sergio Antonio Fabris Editor, 2009, p. 22-23.
[4] Op. cit., p. 119.

ABUSO DE AUTORIDADE

a matéria penalmente disciplinada, e não a forma penal de tutela, o modo de disciplina penalística"[5]. Na atualidade, o maior interesse dos estudiosos se refere à influência exercida pelos valores constitucionais sobre o conteúdo do Direito Penal[6]. Os princípios, portanto, darão o contorno do Direito Penal, pois serão o fio condutor para a concretização dos valores elencados pelo constituinte.

Guillermo J. Yacobucci declina que no Direito Penal há quatro ordens de princípios: os princípios constitutivos, configuradores ou materiais, que devem ser observados obrigatoriamente, não importando o modelo de sistema punitivo adotado, destacando-se em referida categoria o princípio da dignidade da pessoa humana; os princípios fundamentais do Direito Penal, os quais são de suma importância para a própria existência do Direito Penal, sendo exemplos de referida modalidade os princípios da legalidade, da anterioridade e da culpabilidade; os princípios derivados, que decorrem da adoção dos princípios constitutivos e fundamentais do Direito Penal, tais como os princípios da proporcionalidade e intervenção mínima e os princípios éticos, ligados ao conteúdo moral, ético e à própria essência de justiça que se espera quando se aplica a lei penal no caso concreto. São exemplos, de referida categoria, os princípios da adequação social e da humanidade[7].

O artigo 5º, inciso XXXIX, da Constituição Federal fixa o conteúdo das normas penais incriminadoras, ou seja, os tipos penais, mormente os incriminadores, os quais somente podem ser criados através de lei em sentido estrito, emanada do Poder Legislativo, respeitando o procedimento previsto na carta política.

O Direito Penal em um Estado Democrático de Direito se alicerça em princípios, entre os quais o da legalidade, que possui grande relevo, pois a criação de um tipo penal incriminador está atrelada necessariamente à reserva legal, pois não há crime nem pena ou medida de segurança sem prévia lei *(stricto sensu)*.

---

[5] Op. cit., p. 23.

[6] Idem, p. 23.

[7] YACOBUCCI, Guillermo J. *El sentido de los principios penales*. Buenos Aires: Editorial Ábaco, 2002, p. 126.

O postulado da determinação taxativa, segundo o qual o tipo penal incriminador deve ser bem definido e detalhado para não gerar qualquer dúvida quanto ao seu alcance e aplicação. O legislador deve evitar tipos penais vagos, genéricos, ambíguos, imprecisos, dúbios e repletos de termos valorativos que podem dar ensejo ao abuso do Estado na invasão da intimidade e da esfera de liberdade dos indivíduos.

Márcia Dometila Lima de Carvalho assevera que

> juristas de renome já salientaram que o princípio da reserva legal só pode desenvolver toda a sua eficácia, quando a vontade do legislador expressa--se com suficiente clareza, de modo a excluir qualquer decisão subjetiva e, portanto, arbitrária. (...) É mister que esta lei, temporalmente anterior, ao definir o fato criminoso, enuncie, com clareza, os atributos essenciais e específicos da conduta humana, de forma a torná-la inconfundível com outra, cominando-lhe pena balisada (sic) em limites razoáveis[8]

Ocorre que, em boa parte dos tipos penais criados pela nova lei de abuso de autoridade fica evidente a abertura demasiada dos tipos penais, o que, invariavelmente, pode dar ensejo a uma profunda carga de subjetivismo do intérprete, o que é vedado à luz do princípio em análise.

É inegável que a revogada Lei 4.898/65 clamava por um aperfeiçoamento legislativo, pois dispensava aos crimes de abuso de autoridade uma resposta penal incompatível com os bens jurídicos que se tinha por escopo proteger. Porém, não foi este o espírito que norteou o congresso nacional. Conforme obtemperou Renato Brasileiro de Lima

> Contaminados por centenas de casos de corrupção e sob constante alvo da Polícia, do Ministério Público e do Poder Judiciário na operação 'Lava Jato', o Congresso Nacional deliberou pela aprovação 'a toque de caixa' do novo diploma normativo com a nítida intenção de buscar uma forma de retaliação a esses

---

[8] CARVALHO, Márcia Dometila Lima de. *Fundamentação constitucional do direito penal*. Porto Alegre: Sergio Antonio Fabris, p. 54-55.

ABUSO DE AUTORIDADE

agentes públicos, visando ao engessamento da atividade-fim de instituições de Estado responsáveis pelo combate à corrupção[9].

É neste cenário, de antagonismo e retaliação, que surge a nova lei de abuso de autoridade que apresenta diversas atecnias na formulação de vários tipos penais, os quais, na maior parte das vezes, são demasiadamente abertos, o que dá margem a retaliações, ao arbítrio e a excessos.

É indubitável que, eventuais abusos devem ser punidos, porém na perspectiva de um equilíbrio de proteção, ou seja, a lei deve descrever de forma clara e precisa a conduta típica, não deixando margem para insegurança jurídica.

E mais, a tutela penal deve ser destinada a condutas que merecidamente demandem tipificação, respeitadando a *ultima ratio* como critério, para a criação de tipos penais, pois se trata de princípio constitutivo e fundamentador do Direito Penal, o qual serve como instrumento de contenção de sua banalização e vulgarização.

Outro vetor que deveria ter norteado o legislador na elaboração da lei seria o princípio da proporcionalidade em seu duplo enfoque, qual seja o da proibição de excesso e o da proibição da proteção deficiente.

A violação a proporcionalidade na vertente da proibição de excesso encontra-se clara, pois a lei na criação de vários tipos penais criminaliza a atividade-fim de várias instituições de Estado, a exemplo do Poder Judiciário e do Ministério Público, que devem atuar com limites, porém com autonomia e independência.

Por outro lado, também há um comprometimento da atuação de instituições republicanas, que devem cumprir sua missão constitucional com independência e sem nenhum tipo de ingerência, sendo que o direcionamento legislativo, no qual se criminaliza a atividade-fim, cria um embaraço na atuação e traz como consequência o enfraquecimento de instituições de Estado e órgãos de controle, desprotegendo o corpo social, o que viola a proporcionalidade em seu viés da proibição da proteção deficiente.

---

[9] LIMA, Renato Brasileiro de. *Nova Lei de Abuso de Autoridade*. Salvador: Editora JusPodivum, 2020, p. 24-25.

Nesse passo, conforme salienta Renee do Ó Souza

a nova lei deve ser interpretada em um ponto de equilíbrio capaz de enfrentar eventuais excessos praticados por autoridades públicas, de modo a mantê-los dentro de limites constitucionais para a atuação estatal, mediante o respeito aos direitos fundamentais. Por isso procuramos desenvolver critérios interpretativos capazes de delimitar adequadamente a nova lei, de modo a evitar a criminalização de condutas funcionais regulares, notadamente àquelas relacionadas ao poder ordenador conferido à administração pública, marcadamente impopulares e objeto de insatisfação dos destinatários. O enfrentamento aos excessos, evidentemente necessário, não pode ser argumento usado como subterfúgio para retaliações ou perseguições, seja no plano legislativo, seja nos casos concretos[10].

Os parágrafos primeiro e segundo do artigo 1º da Lei 13.869/2019 trazem um *manto protetor parcial*, na medida em que servem como instrumentos de contenção de eventuais *abusos* da Lei de Abuso de Autoridade, pois exige um elemento subjetivo ou dolo específico para justificar a tipificação das condutas, não havendo que se cogitar em dolo eventual. Deverá o agente agir com a finalidade de prejudicar outrem, beneficiar a si mesmo, beneficiar terceiro, por mero capricho ou por satisfação pessoal (parágrafo primeiro). Além disso, rechaça o denominado crime de hermenêutica (parágrafo segundo).

Apresentados os pressupostos teóricos necessários para a compreensão do espírito da lei, bem como a análise crítica a respeito de suas inconsistência, que trazem prejuízos substanciais a sua aplicação, na sequência analisaremos os tipos penais dos artigos 37 e 38 da Lei 13.869/2019.

---

[10] SOUZA, Renee do Ó. *Comentários à Nova de Lei de Abuso de Autoridade.* Salvador: Editora JusPodivm, 2020, p. 235.

ABUSO DE AUTORIDADE

2. Demora demasiada e injustificada no exame de processo que tenha requerido vista em órgão colegiado (art. 37 da lei 13.869/2019)

2.1. Dispositivo legal e lei penal no tempo

Art. 37. Demorar demasiada e injustificadamente no exame de processo de que tenha requerido vista em órgão colegiado, com o intuito de procrastinar seu andamento ou retardar o julgamento:
Pena – detenção, de 6 (seis) meses a 2 (dois) anos, e multa.

A Lei 4.898/65 não criminalizava a conduta descrita no tipo penal, sendo que por se tratar de *novatio legis* incriminadora, sua aplicação dar--se-á aos fatos perpetrados após a vigência da Lei 13.869/2019.

2.2. Bem jurídico protegido

A lei tem por escopo proteger de forma precípua a duração razoável do processo, que se encontram positivada no artigo 5º, LXXVIII da Constituição Federal que dispõe que *"a todos, no âmbito judicial e adminstrativo, são assegurados a razoável duração do processo e os meios que garantam a celeridade de sua tramitação"*, além dos valores inerentes a administração pública, a qual de forma regular, de modo a preservar a sua dignidade. Renee do Ó Souza salienta que além da duração razoável do processo a norma protege "a administração pública que tem o dever de agir com moralidade e eficiência"[11].

Porém, dentro de uma perspectiva crítica, salienta-se que o legislador ao criar um tipo penal deve ter em conta a função do Direito Penal e a compreensão de que este tem um papel de *ultima ratio*, não havendo como se banalisar a utilização do arsenal punitivo do Estado quando outras frentes do direito puderem ser utilizadas.

Importante salientar que, conforme declina Ana Elisa Liberatore Silva Bechara no âmbito do Estado Democrático de Direito, no qual

[11] Op. cit., p. 235.

o conteúdo material do delito, estritamente relacionado com a função do Direito Penal de proteção subsidiária de bens jurídicos, adquire especial significado de limitação da intervenção punitiva estatal, esperando-se que a partir de princípios fundamentais decorrentes de modelo politico, seja realizado de modo adequado o processo de seleção dos interesses sociais tuteláveis, a fim de que, em sua positivação como bens jurídico-penais, não se reelaborem incorretamente, não se manipulem degenerativamente ou não se pervertam em seus elementos essenciais.[12]

Nesse sentido, fica evidente ao analisar o conteúdo material do delito do artigo 37 da Lei 13.869/2019, que eventual atraso injustificado por parte de um julgador pertencente a um órgão colegiado do Poder Judiciário, o qual deixou de devolver o processo para julgamento, após o pedido de vista, *"com o intuito de procrastinar seu andamento ou retardar o julgamento"*, incide na hipótese de punição administrativa, a atrair a advertência prevista no artigo 43 da Lei Orgânica da Magistratura Nacional (LOMAN)[13], pois seria o caso inerente ao descumprimento de dever funcional do Magistrado.

Referido tipo penal é objeto de Ação Direita de Inconstitucionalidade, que analisará a compatibilidade vertical da lei com a Constituição Federal[14], diante da afronta aos princípios da legalidade na vertente da determinação taxativa, proporcionalidade e intervenção mínima.

---

[12] BECHARA, Ana Elisa Liberatore Silva Bechara. *Bem Jurídico-Penal.* São Paulo: Quartier Latin, 2014, p. 82.

[13] Art. 43 – A pena de advertência aplicar-se-á reservadamente, por escrito, no caso de negligência no cumprimento dos deveres do cargo.

[14] Trecho da petiçao incial da ADI 6236, que questiona a constitucionalidade do tipo penal proposta pela AMB: E como se pode ver, a norma do art. 37 da lei viola, claramente, o **princípio constitucional da tipicidade dos delitos** (CF, art. 5o, XXXIX), porque não há outra lei ou ato normativo capaz de definir o que seria *"demorar demasiada e injustificadamente"* o exame de processo.
Afinal, não há lei ou ato normativo capaz de indicar o que seria o "demorar demasiadamente" no exame de um processo. Insiste a AMB, a título de exemplo, que em um Tribunal como o TRF da 1a Região, nos dias de hoje (setembro de 2019), cada Desembargador pode ter no seu acervo mais de 30 mil processos para julgar, o que o impedira, naturalmente, de devolver de forma imediata, para julgamento, processo no qual viesse a pedir vista. Já em um Tribunal como o TJRO, considerado o mais célere do país em 2018, não haveria

2.3. Sujeitos do crime

O sujeito ativo é o agente publico integrante de órgao colegiado, que está investido na função de julgar feitos na seara judicial ou administrativa. Trata-se de delito próprio, conforme disposto no artigo 2º da Lei 13.869/2019. Poderão, em tese, perpetrar o delito integrantes de órgãos colegiados com função jurisdicional (Ministros dos tribunais superiores, Desembargadores, Juízes de primeiro grau convocados para substituir Desembargadores, integrantes de Turmas recursais, integrantes de juízos colegiados para o julgamento de crimes praticados por organizações criminosas) e agentes públicos alheios aos quadros do Poder Judiciário, tais como Ministros dos Tribunais de Constas e Conselheiros do Conselho Administrativo de Defesa Econômica (CADE).

Por outro lado, o sujeito passivo é o Estado e também a parte, que teve o andamento do seu processo postergado e protelado em virtude de demora excessiva e injustificada proveniente de pedido de vista em órgão colegiado.

2.4. Tipo objetivo

No crime em comento a ação nuclear do tipo penal, ou seja, a conduta incriminadora é *"demorar"*, que significa causar atraso, alongar, dilatar, delongar, espaçar.

O legislador valeu-se também de elementos normativos, quais sejam *"demasiada e injustificada"* que devem ser interpretadas como a demora desarrazoada, despropositada e descabida, na qual o agente não tenha causa plausível e justificada para o atraso no exame de processo de que tenha requerido vista em órgão colegiado.

---

qualquer dificuldade de o Desembargador que pedisse vista, devolvesse o feito de forma célere para ser julgado. Se um Desembargador do TRF da 1a Região teria imensa dificuldade para devolver um pedido de vista apresentado, o mesmo não se pode dizer de um Desembargador integrante de um Tribunal como o TJRO. Inaceitável, assim, o tipo aberto da norma, que padece de inconstitucionalidade manifesta. Não é só. A norma do art. 37 pressupõe uma conduta omissiva de não devolver o processo para julgamento, após ter o magistrado solicitado a vista em órgão coletivo. É evidente a ofensa aos **princípios da intervenção penal mínima,** assim como ao princípio da **proporcionalidade** (CF, art. 5o, LIV), porque se trata de conduta manifestamente desprovida de qualquer ilicitude ou grau de lesividade. Pesquisa realizada no site: www.portalstf.jus.br, acesso em: 14/04/2020.

A questão que merece registro é de que não há lei ou ato normativo capaz de indicar o que seria o *"demorar demasiadamente"* na análise de um processo. É notório que os tribunais, de uma forma geral, possuem um expressivo acervo de feitos, para julgamento, o que compromete a celeridade e a devolução imediata de um feito, no qual o integrante de um órgão colegiado venha a requerer vista.

Outro ponto importante é a complexidade de algumas demandas, as quais exigem uma análise mais detalhada e demorada de um processo, sob pena de comprometer o seu resultado justo.

Fica patente, portanto, que o legislador criou um tipo demasiadamente aberto e lacunoso. É evidente, também, a violação aos princípios da intervenção penal mínima, assim como ao princípio da proporcionalidade, porque se trata de conduta, no âmbito do Poder Judiciário, catalogada como infração administrativa, o que não justifica a intervenção do Direito Penal e torna o tipo penal de discutível constitucionalidade.

2.5. Elemento subjetivo

Segundo Francisco de Assis Toledo, "são elementos subjetivos os fenômenos anímicos do agente, ou seja, o dolo, especiais motivos, tendências e intenções"[15].

Exige-se no tipo penal em análise, a presença do elemento subjetivo, para justificar a tipificação das condutas. Deverá ficar demonstrado que o agente agiu com as seguintes finalidades e alternativas: de prejudicar outrem, beneficiar a si mesmo, beneficiar terceiro, por mero capricho ou por satisfação pessoal, conforme disposto no parágrafo primeiro do artigo 1º da Lei 13.869/2019. Além disso, o delito exige uma finalidade específica, qual seja, a intenção de procrastinar e retardar o julgamento.

O crime em testilha, será punido somente a título de dolo, não se admitindo a modalidade culposa.

2.6. Consumação e tentativa

Cuida-se, na espécie, de crime omissivo. Discute-se qual seria o momento de sua consumação. Para Renato Brasileiro de Lima o delito se consuma

---

[15] TOLEDO, Francisco de Assis. *Princípios básicos de direito penal: de acordo com a Lei n. 7.209/84, de 11-7-1984, e com a Constituição de 1988.* São Paulo: Saraiva, 1991, p.154.

ABUSO DE AUTORIDADE

"no exato- e impreciso- momento em que restar caracterizada a demora demasiada e injustificada no exame do processo de que o agente público tenha requerido vista do órgão colegiado"[16]. Por se tratar de crime omissivo, não há que se cogitar em delito tentado.

2.7. Ação penal

Trata-se de crime objeto de ação penal pública incondicionada, conforme preconiza o artigo 3º da Lei 13.869/2019. Em razão da pena cominada, detenção de 6 (seis) meses a 2 (dois) anos, e multa, a infração penal é de menor potencial ofensivo, sendo cabível a incidência dos institutos despenalizadores da Lei 9.099/1995.

3. Antecipação de atribuição de culpa por meio de comunicação, inclusive rede social, antes de concluídas as apurações e formalizada a acusação (art. 38 da lei 13.869/2019)

3.1. Dispositivo legal e lei penal no tempo

> Art. 38. Antecipar o responsável pelas investigações, por meio de comunicação, inclusive rede social, atribuição de culpa, antes de concluídas as apurações e formalizada a acusação:
> Pena – detenção, de 6 (seis) meses a 2 (dois) anos, e multa.

A Lei 4.898/65 criminalizava como abuso de autoridade, na forma do art. 4º, alínea "h" *ato lesivo da honra, do patrimônio de pessoa natural ou jurídica, quando praticado com abuso ou desvio de poder ou sem competência legal*, cujo preceito penal secundário cominava uma pena privativa de liberdade de detenção de 10 (dez) dias a 06 (seis) meses.

O tipo penal do artigo 38 da Lei 13.869/2019, apesar de não reproduzir na íntegra o conteúdo do tipo penal anterior, possui em sua descrição a conduta de agente público responsável pela investigação que antecipa a atribuição de culpa, antes de concluídas as apurações e formalizada a acusação, o que ofende a honra de pessoa alvo de investigação.

---

[16] Op. cit., p. 318.

Em razão do novo tipo penal ter cominado uma reposta penal mais gravosa deverá incidir o princípio da irretroatividade da lei penal, que é corolário do princípio da legalidade, ou seja, não punirá fatos anteriores a sua vigência, sob pena de prejuízo à segurança jurídica.

3.2. Rejeição do veto presencial

O Presidente da República vetou o art. 38 do Projeto de Lei 7.596/2017, com fundamento nos seguintes argumentos: "A propositura legislativa viola o princípio constitucional da publicidade previsto no art. 37, que norteia a atuação da Administração Pública, garante a prestação de contas da atuação pública à sociedade, cujos valores da coletividade prevalecem em regra sobre o individual, nos termos da jurisprudência do Supremo Tribunal Federal. Por fim, a comunicação a respeito de determinadas ocorrências, especialmente sexuais ou que violam direitos de crianças e adolescentes, podem facilitar ou importar em resolução de crimes." Porém, o veto foi rejeitado pelo parlamento e o tipo penal está positivado em nosso ordenamento jurídico.

3.3. Bem jurídico protegido

O bem jurídico a ser protegido pela norma é a dignidade e a lisura do exercício da função pública, bem como a honra do investigado, sua imagem e, via de consequência, a presunção de inocência

No entanto, verifica-se como foi salientado nas razões do veto, que o princípio da publicidade deve ser observado, na forma do artigo 37, *caput*, da Consituição Federal. Ou seja, tem o agente público, em nome da transparência, o dever de informar à sociedade sobre sua atividade, esclarecendo-a sobre os assuntos que são do seu interesse.

Em uma democracia é imprescindível a liberdade de expressão, que está atrelada ao dever, ínsito a quem exerce função pública, de dar informações a respeito dos serviços publicos prestados em nome da publicidade, do direito à informação e da transparência.

Há, portanto, uma discutível constitucionalidade no tipo penal criado, pois o legislador criminaliza o exercício da liberdade de expressão e cria uma contradição com os deveres de publicidade e transparência, que devem nortear a atuação funcional dos agentes públicos, os quais assegurem à sociedade o direito à informação.

Referido tipo penal é objeto de Ação Direita de Inconstitucionalidade, que fará o controle concentrado de sua constitucionalidade[17].

3.4. Sujeitos do crime

O sujeito ativo é o agente público *responsável pelas investigações* tanto na seara criminal como extrapenal. É o caso do Promotor de Justiça, do Delegado de Polícia, do Presidente de uma Comissão Parlamentar de Inquérito, de um militar encarregadoda condução de um inquérito policial militar, que apure um crime militar. Trata-se de delito próprio, conforme disposto no artigo 2º da Lei 13.869/2019.

Por outro lado, o sujeito passivo é o Estado e também o indivíduo a quem foi atribuída culpa, antes de concluídas as apurações e formalizada a acusação.

3.5. Tipo objetivo

No crime em análise, a conduta incriminadora é *"antecipar"*, que significa precipitar, acelerar, avançar prematuramente a culpa, antes de concluídas as apurações e formalizada a acusação. O objetivo do legislador foi conter os excessos e o achincalhamento com a propagação de juízos açodados, no curso da investigação, os quais venham a expor o investigado e, via de consequência, trazer danos a sua imagem.

Verifica-se que o legislador buscou proteger a honra de quem é alvo de uma investigação, coibindo o espetáculo midiático desarazoado e irresponsável, mas para isso deveria ter respeitado a taxatividade, com a elaboração de um tipo penal delimitado, sem margens para o arbítrio e para o enfraquecimento da atuação funcional.

---

[17] Trecho da petiçao incial da ADI 6238, que questiona a constitucionalidade do tipo penal proposta pela CONAMP: "(...) não há como negar que o artigo supracitado criminaliza o cumprimento por parte dos Membros do Ministério Público do dever de dar publicidade de seus atos e de prestar informações à sociedade de suas atividades. Ao membro do Ministério Público deve ser assegurada ampla liberdade de expressão, que se faz necessária ao cumprimento do dever de prestar informações acerca dos serviços públicos por ele prestados, em respeito aos postulados da publicidade, transparência e ao direito de informação, tão caros a uma sociedade democrática". Pesquisa realizada no site: www.portalstf.jus.br, acesso em: 14/04/2020.

É necessário compatibilizar, por consequência, a liberdade de expressão, a publicidade e a transparência exigidas dos agentes públicos com a imagem, a honra e a presunção de inocência do investigado.

Além de elementos descritivos, na elaboração do tipo penal, valeu-se o legislador também de elementos normativos, que são *"antes de concluídas as apurações ou formalizada a acusação"*, criando um marco temporal lacunoso. Quando se dá a formalização da acusação? Com o oferecimento da denúncia? Com o seu recebimento por parte do juízo competente?

A delimitação temporal inserida no tipo penal não é adequada, pois existem situações, como no caso das prisões em flagrante delito, que ocorre antes de encerrada as investigações, na qual fica evidente a responsabilidade do investigado em um patamar elevado a ensejar a alta viabilidade de sua culpa. Fica evidenciado, portanto, uma porosidade no tipo penal criado.

Ademais, como já mencionado, se de um lado deve ser preservada a presunção de inocência, que é um direito fundamental do indivíduo investigado, por outro deve ser assegurada a liberdade de expressão, a publicidade e a transparência na atuação funcional, pois não deve haver antinomia entre pricípios, mas sim uma convivência harmonica.

3.6. Elemento subjetivo

Exige-se no tipo penal em apreço, a presença do elemento subjetivo, para justificar a tipificação das condutas. Deverá ficar demonstrado que o agente agiu com as seguintes finalidades e alternativas: *de prejudicar outrem, beneficiar a si mesmo, beneficiar terceiro, por mero capricho ou por satisfação pessoal*, conforme disposto no parágrafo primeiro do artigo 1º da Lei 13.869/2019. Além disso, o delito exige uma finalidade específica, qual seja, a vontade deliberada de antecipar a atribuição de culpa de um investigado antes de concluídas as apurações e formalizada a acusação.

O crime em testilha, será punido somente a título de dolo, não se admitindo a modalidade culposa.

3.7. Consumação e tentativa

O crime se consuma no instante em que o agente der publicidade e divulgar conteúdo de juízo antecipado acerca da culpa do investigado. Renee do Ó Souza[18] assevera que se trata de crime de mera conduta e de que é possivel a tentativa quando o comunicado for realizado na forma escrita.

3.8. Ação penal

Trata-se de crime objeto de ação penal pública incondicionada, conforme preconiza o artigo 3º da Lei 13.869/2019. Em razão da pena cominada, detenção de 6 (seis) meses a 2 (dois) anos, e multa, a infração penal é de menor potencial ofensivo, sendo cabível a incidência dos institutos despenalizadores da Lei 9.099/1995.

Conclusões

Conclui-se que, a nova lei de abuso de autoridade apresenta diversas atecnias derivadas do açodamento em sua elaboração, que se deu em um cenário de antagonismo e retaliação. Foram criados vários tipos penais que, na maior parte das vezes, são demasiadamente abertos, o que dá margem ao arbítrio e a excessos, pois o diploma normativo, em várias infrações penais, criminaliza a atividade-fim de instituições de Estado, a exemplo do Poder Judiciário e do Ministério Público.

Além disso, a tutela penal deve ser destinada a condutas que merecidamente demandem tipificação, respeitando a *ultima ratio* como critério, para a criação de tipos penais, pois se trata de princípio constitutivo e fundamentador do Direito Penal, o qual serve como instrumento de contenção de sua banalização e vulgarização.

A previsão legal como crime e a maneira como se descreveu o conteúdo do tipo do artigo 37 da Lei 13.869/2019 fere os princípios limitadores e legitimadores do Direito Penal, especialmente a legalidade, manifesta no postulado da determinação taxativa, a proporcionalidade e a intervenção minima ou *ultima ratio*, pois se trata de conduta, no âmbito do Poder Judiciário, catalogada como infração administrativa, o que perverte e desnatura sua função de proteção subsidiaria de bens juridicos e torna o tipo penal de discutível constitucionalidade.

No que se refere ao tipo penal do artigo 38 da Lei 13.869/2019, conclui-se que o legislador não respeitou o princípio da taxatividade, criando

---

[18] Op cit. p. 242.

um tipo penal aberto e sem delimitação, o que dá margem ao arbítrio e ao enfraquecimento da atuação funcional. Não se compatibilizou, portanto, a liberdade de expressão, a publicidade e a transparência exigida dos agentes públicos, no exercício da sua atividade-fim com a imagem, a honra e a presunção de inocência do investigado, de modo a assegurar a convivência harmonica entre os princípios.

Por fim, fica evidenciado que, a criminalização da atividade-fim de agentes públicos do Sistema de Justiça e de outras instituições de controle, com desrespeito aos princípios constitucionais que norteiam o Direito Penal, vulnera a democracia e apequena a proteção de valores caros à sociedade, que ficará desprotegida com o enfraquecimento das autoridades dedicadas ao combate à corrupção e à defesa dos valores fundamentais, as quais devem atuar com independência e eficiência.

Referência

BECHARA, Ana Elisa Liberatore Silva Bechara. *Bem Jurídico-Penal*. São Paulo: Quartier Latin, 2014.

CARVALHO, Márcia Dometila Lima de. *Fundamentação constitucional do direito penal*. Porto Alegre: Sergio Antonio Fabris, 1992.

FERREIRA DA CUNHA, Maria da Conceição. *Constituição e crime. Uma perspectiva da criminalização e da descriminalização*. Porto: Editora Porto, 1995.

LIMA, Renato Brasileiro de. *Nova Lei de Abuso de Autoridade*. Salvador: Editora JusPodivum, 2020.

PALAZZO, Francesco C. Valores constitucionais e direito penal. Porto Alegre: Sergio Antonio Fabris Editor, 2009.

SOUZA, Renee do Ó. *Comentários à Nova de Lei de Abuso de Autoridade*. Salvador: Editora JusPodivm, 2020.

TOLEDO, Francisco de Assis. *Princípios básicos de direito penal: de acordo com a Lei n. 7.209/84, de 11-7-1984, e com a Constituição de 1988*. São Paulo: Saraiva, 1991.

YACOBUCCI, Guillermo J. *El sentido de los principios penales*. Buenos Aires: Editorial Ábaco, 2002.